新・労働契約Q&A

会社であなたをまもる10章

東京南部法律事務所［編］

日本評論社

はしがき

この本は、働く人々が職場でさまざまな困難に出会ったときに、どのようにして自分の権利を守ることができるかをアドヴァイスするために編まれたものです。私たちは、一九六八年に法律事務所を設立してから五〇年近くにわたり、働く人々のために数多くの相談や労働裁判を手がけてきました。本書ではそのような立場から、働く人々や労働組合の役員たちが日常ぶつかる問題を、Q&A形式で、わかりやすく解説するように心がけました。一九九九年に初版を、二〇〇〇年に第二版、二〇〇八年に第三版を刊行しました。その後も、労働契約法・労働者派遣法・育児介護休業法・労働安全衛生法・高年齢者雇用安定法・パート労働法などの改正、女性活躍推進法の制定と重要な立法が相次ぎました。これらの法改正と最近の重要な判例・裁判例をできるだけ盛り込み、新版としました。残業代の請求に関する様々な問題、パート・有期労働者の格差是正、アスベスト問題、個人情報保護・マイナンバー等の新しい問題や、航空産業やハイヤー・タクシー産業など、従来の労働法の解説書ではとりあげられていない問題についても解説をしています。労働相談や事件を担当する若手の弁護士や労働審判や労働ADRで紛争解決を担当される方のお役にも立つと思います。労働組合にかかわる問題については、姉妹編の『新・労働組合Q&A』を参照してください。

執筆には、本書末尾に記載した当事務所の弁護士一七名があたり、塚原が全体の調整をしました。この本が働く皆さまの力になることを願ってやみません。

二〇一六年六月

執筆者を代表して
弁護士　塚原英治

この本の特長と利用のしかた

この本では、Q&Aの形で、法律・判例・通達について、詳しく解説しています。

◎法令は批判的な観点から詳しく解説

この本では、皆さんが実際に根拠を知ることができるよう、法令をできるだけ引用しています。最近の法令の名は長いものが多いので、そのような法律については、通常用いられている略称を用い、注として下段に正式名称を記載しています。

また、法律については無批判に解説するのではなく、不十分なところ、国際水準から遅れているところなどを明らかにするよう努めました。日本が批准していないＩＬＯ条約についてふれているのもそのためです。労働基準に関わる法律がどのように作られ、改正されてきたかは、「労働条件改善の歴史」をみてください。

◎判例は変わりうるもの

この本では、具体的な問題にふれるために、判例（最高裁の判決・決定で先例としての意味を持つもの）や裁判例（下級審の個別の判断）をいくつも引用しています。これは、現在ものごとが裁判所でどのように扱われているかを示したものです。

裁判所の判断は変わりうるものです。ここに書かれたことを固定的に考えないでください。私たちは、闘いの中から判例を作り出す努力、判例を動かしていく努力をしています。

◎通達とは

労働立法については、厚生労働省の解釈（通達）が実際上大きな力をもっています。これはそれが絶対的に正しいからということではなくて、実施にあたる労働基準監督署など厚生労働省の担当者は、局長らが発する通達に拘束されるからです。そこで、この本でも厚生労働省の通達はできるだけ引用しています。しかし通達は、行政庁内部の指示にすぎず、国民や裁判所は通達に拘束されません。裁判などでは、「法律」のあるべき解釈を追求することができます。たとえば、過労死の認定基準をめぐっては、過労死弁護団などの批判や裁判例のつみ重ねにより、厚生労働省の認定基準を何回も変えさせてきています。

◎**指針とは**

男女雇用機会均等法や労働者派遣法など近年の立法では、厚生労働省が「指針」を定めることができるとするものが増えています。指針とは、特定条文の意味内容に関する行政庁の解釈等を当該条文に関する関係者の行動指針として公にしたものであり、右に述べた通達と同様の機能をもち、行政指導や都道府県労働局長の紛争解決はこれに従ってなされます。専門家の研究会や関係審議会の審議を経て出されるため、通達以上に重きを置かれています。

◎**法令名の略称について**

最もよくでてくる以下の法令についてはつぎのように略しています。

労働基準法→労基法
労働基準法施行規則→労基則
労働組合法→労組法
労働者災害補償保険法→労災保険法
雇用の分野における男女の均等な機会及び待遇の確保等に関する法律→男女雇用機会均等法（均等法）
育児休業、介護休業等育児又は家族介護を行う労働者の福祉に関する法律→育児・介護休業法
短時間労働者の雇用管理の改善等に関する法律→パート労働法
労働者派遣事業の適正な運営の確保及び派遣労働者の保護等に関する法律→労働者派遣法（派遣法）

◎**通達の略称について**

よくでてくる通達については、つぎの略称を用いています。

基発→厚生労働省労働基準局長が発する通達
基収→厚生労働省労働基準局長が疑義に答えて発する通達
婦発→労働省婦人少年局長が発する通達（現在は厚生労働省女性局長の「女発」）
雇児発→厚生労働省雇用均等・児童家庭局長が発する通達

◎労基法の適用範囲

労基法は、同居の親族のみを使用する事業および家事使用人を除くすべての労働者に適用されることになっています（労基法一一六条一項）。船員については一部を船員法に譲っているので、適用除外があります（同条二項）。

一般職国家公務員は労基法の適用が排除されていますが（国家公務員法附則一六条）、第一次改正法律附則（昭和二三年一二月三日法律二二二号）三条により、「別に法律が制定実施されるまでの間、国家公務員法の精神にてい触せず、且つ、同法に基く法律又は人事院規則で定められた事項に矛盾しない範囲内において、労働基準法及び船員法並びにこれらに基く命令の規定を準用する。」とされています。行政執行法人に勤務する一般職公務員（行政執行法人の労働関係に関する法律二条）には適用されます。地方公務員には適用されますが、いくつかの適用除外があります（地方公務員法五七条、五八条但書）。

◎労働契約法の適用範囲

労働契約法は、同居の親族のみを雇用する場合には適用されません（同法一九条二項）。船員については、一二条と一七条の適用が除外されています（同法一八条一項）。

労働契約法は、国家公務員および地方公務員については適用されません（同法一九条一項）。

労働契約法とは

二〇〇七年に労働契約法が制定され、二〇〇八年三月一日から施行されています。二〇一二年に重要な改正がありました。

これまでは、労働契約に関して、民法の雇用の規定の他には、労基法に若干の規定があるだけであったため、解雇、出向、就業規則の効力といった重要な事項については、裁判所の判決の集積による判例法が形成されていました。しかし、これでは一般の人にはわかりにくく、特に中小・零細企業の経営者に理解されていないという問題がありました。そこで、日本労働弁護団や労働団体は、以前から法制化の提言をしてきました。

労使の対立が大きく、立法について合意のできた範囲が狭いため、「労働契約法」といっても、すべての分野を扱っているわけではありません。制定時の内容は、これまで判例法が固まっている部分を明文化したものと労基法から移設したものにとどまっています。しかし、労働関係は契約であること、解雇には「客観的で合理的な理由」が必要なこと等を確認する教育効果があり、関係者の行為規範としての意味は少なくありません。さらに、二〇一二年改正で、有期雇用者の保護に関する規定を新設するなど内容が広がっています（Ⅸ-7、9、10問参照）。

労働契約法で規定された個々の内容は、本文の該当箇所で説明しています。

目次

第Ⅱ章 労働条件の決定と変更

第Ⅲ章 賃金

第Ⅳ章 労働時間と休日

第Ⅴ章 人事（配転・出向・解雇・服務規律と懲戒）

第VI章 働く女性の権利・男女の雇用平等・男女労働者の家族的責任の保障

第Ⅶ章 休暇と休業・休職

第VIII章　安全衛生と災害補償

第Ⅸ章 パート・アルバイト・派遣

第Ⅹ章 問題が起こったら

労働条件改善の歴史――労働基準とは何か

◎労働基準立法の歴史

資本主義の勃興期には、日本でも『女工哀史』[*1]とか、映画にもなった『あゝ野麦峠』[*2]などに描かれているように、女工さんが紡績工場や製糸工場でたいへんな働かされ方をしていました。一日の労働時間は一三時間、長いときには一六時間、あるいは一二時間二交替制がとられていました。非常に過酷な勤務ですから、一二時間二交替制をとると、交替時に来ない人がいるのです。そうすると、ぶっ通しでやる。三六時間連続勤務ということが、政府が当時の労働者の状態を調査した『職工事情』[*3]という本の中に出てきます。その中に、今でいえば就業規則にあたる工場の規則が幾つか紹介されていますが、「食事時間は五分を過ぐべからず」というのがでてきます。五分以下ではならないというのではない、五分を超えてはならないという規則を持っている工場もある。どうするかというと、立ったままおにぎりを食べるのです。手は休めないという働かされ方をしている。[*4]

それで、どういう状態が起こるか。たちまちにして結核その他の病気が蔓延する。『あゝ野麦峠』では、おみねさんは飛騨の山を見ながら腹膜炎で死ぬわけです。これは、政府としても放置できない。その人たちが郷里へ帰って、農村に結核が蔓延する。教育もできませんし、国の労働力そのものがだめになる。よい兵隊もとれない。ところが個別の資本にとってみれば、それが利益だからこそやるわけです。一時間でも余計に働かせる、工場は絶対に休ませないということが、個別の使用者、資本家にとっては利益なのです。個別の資本家はどうしても目先の利益を考えるので労働者を酷使する。しかし、国全体からみたら、そのようなことをやったのでは労働力がダメになるわけですから、利益にはならない。そこで、労働者保護の最低線（「労働基準」）を決めていくわけです。

◎労働者の闘い

労働立法は、もちろん国の社会政策的な動きだけから生まれたものではありません。労働者のさまざまな闘いがありました。

八時間労働制という、今では当たり前になっていることも、一九世紀には革命的な要求でした。一八八六年五月一日、アメリカの労働者は八時間労働制を要求して二〇万人が一斉にストライキに入りました。シカゴでは五月四日、ヘイマーケット広場に集まった労働者と警官隊が衝突して多数の死傷者を出す事件がおこりました。[*5] 第二インターナショナルは一八八九年の創立に際し、このアメリカの労働者の闘いを記念し、この日をメーデーとして労働者の統一行動日としたのです。八時間労働制が世界的に確立するのは、ロシア革命を経て、一九一九年のＩＬＯ一号条約においてです。

年次有給休暇は、フランスの地下鉄労働者が一九〇〇年に最初に獲得したものです。[*6] いつも地下で働いているので太陽が見たいというわけです。年休を法制化させたのは、フランスでは、一九三六年人民戦線（ファシズムに対抗してできた社・共・急進社会党による左翼連立政権）のブルム内閣のときで、このときは、二週間の休暇でした。

現在、当たり前のように受け止めている権利には、それぞれ長い闘いの歴史が秘められています。労基法上の権利は、世界と日本の労働者の闘いの成果・到達点です。これを維持するにも、不断の闘いが必要なのです。

◎労働者政党が政権をとれば労働立法は進む

労働法は労働者の闘いの中から生まれた法の分野です。法律を作るのは国（政府や議会）ですから、その時どのような政党が政権をとっているかによって法律の中身もかわってきます。

労働時間を例に取りましょう。フランスでは、週四八時間制を定めたのが、第一次大戦直後の労働運動の高揚期です。これを四〇時間に短縮したのは、一九三六年人民戦線のブルム内閣のとき、三九時間に短縮したのは一九八一年社会党のミッテランが大統領になった翌一九八二年です。一九九七年に社会党が選挙に勝利し、一九九八年に週三五時間法（実施は二〇〇〇年から）を制定したのです。

残業時間の規制の厳しいのはヨーロッパ各国で、アメリカや日本は規制がほとんどありません。これはフランス、ドイツなどは、二〇世紀になって労働者政党が政権をとったことがあることと無縁ではありません。

イタリアでは一九七三年に労働裁判を迅速に解決するための法律を作りましたが、その時国会では「労働裁判が遅延することは、労働者に一方的に不利益で、それは著しく正義に反する」という議論がされたのです。

◎公正労働基準としての役割

たとえば大企業が労働条件を上げる。中小企業がそれに対して、非常に低劣な労働条件で競争をすると、まともな（フェアな）競争にならない。ですから、最低の基準を決めて、ある程度共通の土俵に乗せるということが労働基準法の役割です。それは、大きな企業にとっても利益になるわけです。

◎ＩＬＯ条約

社会が進んだ国では、労働者の闘いや国の施策で労働条件をある程度守っていく。そういうことをしていると、一九世紀末あるいは二〇世紀初頭、日本のようなソーシャルダンピングをしている労働条件の低いところとは競争に負けてしまう。今でいえば、年間一三〇〇～一四〇〇時間で働かせているところと二千数百時間働かせているところとでは勝負にならないわけです。そうなると、競争条件がアンフェアだということで、そろえていく。それを強制していくという動きが出てくる。これが国際条約です。国際的に「この程度」という水準を決めてそれを満たしてないところは非難される仕組みを作っていく。それが、人道主義の理想とともに、ＩＬＯ条約のような労働条件に関する規定ができてくる理由です。

ＩＬＯ（国際労働機関）[*7]は、政労使の三者構成になっています。そこで成立する条約は、政労使の多数が一致しないと条約になりません。ですから条約になっているものは、批准され実現しているかどうかはともかく、少なくとも理念としては国際的に当たり前だというところまできているものです。一九九八年、ILO総会は、差別の禁止や団結権の保障などの基本的な条約については、加盟国は、批准していなくとも尊重する義務を負う旨の決議をしています。

*1　細井和喜蔵『女工哀史』改造社（一九二五年）・岩波文庫（一九五四年）。紡績・織布女工の生活記録。大正期の悲惨な女工の労働状態をなまなましく伝える貴重な資料です。

*2　山本茂実『あゝ野麦峠』角川文庫（一九七七年）。映画は、山本薩夫監督・大竹しのぶ主演で、一九七九年公開。

*3　農商務省『職工事情』一九〇三年刊。農商務省が綿糸紡績、生糸、織物、鉄工をはじめ各産業にわたり工場労働者の実情を調査した報告書。岩波文庫で三冊で復刊（一九九八年）されました。三六時間連続勤務は岩波文庫版上巻四六頁。

*4　『職工事情』岩波文庫版上巻二三九頁。

*5　一八八九年パリで開かれた社会主義者・労働者の国際大会で創立。ドイツ社会民主党が中心で、欧米・アジア諸国社会主義政党の連合機関でした。

*6　野田進＝和田肇『休み方の知恵』有斐閣（一九九一年）一一五頁。

*7　一九一九年ベルサイユ条約に基づき、国際連盟の一機関として設置、第二次大戦後は国際連合の専門機関となりました。各加盟国は政府二、資本家一、労働者一の代表を総会に出し、多くの条約・勧告を決議しています。常設事務局はジュネーブにあります。

新・労働契約Q&A

会社であなたをまもる10章

1 入社のとき経歴は正直に言わなければならないのですか

履歴書にどこまで書かせてよいのか

　会社が労働者の採用を決めるときには、従業員募集に応募した人たちに、履歴書などの提出を求め、それに基づいて選考することがふつうです。使用者には原則として採用の自由があります。

　しかし、本人の能力や適性と関係のない、戸籍謄（抄）本を提出させたり、支持政党などを履歴書に書かせることは就職差別につながるおそれがあります。性別・年齢は書かせることは問題ありませんが、募集・採用について均等な機会を与える義務があります（均等法五条[*1]、雇用対策法一〇条、雇用対策法施行規則一条の三）（27頁かこみ参照）。また、性同一性障害の人たちに不利益を与えないことが求められます[*2]。国籍・信条・社会的身分・組合所属を理由として採用で差別することは、公の秩序に反し違法だと考えられます[*3]。

　職業安定法に基づき、厚生労働大臣により「職業紹介事業者、労働者の募集を行う者、募集受託者、労働者供給事業者等が均等待遇、労働条件等の明示、求職者等の個人情報の取扱い、職業紹介事業者の責務、募集内容の的確な表示等に関して適切に対処するための指針」（平成一一年一一月一七日労働省告示一四一号。直近の改正は平成二四年厚生労働省告示五〇六号）が発せられています。職業安定法五条の四（求職者等の個人情報の取扱

*1　男女雇用機会均等法五条（性別を理由とする差別の禁止）
「事業主は、労働者の募集及び採用について、その性別にかかわりなく均等な機会を与えなければならない。」

*2　LGBT（性的マイノリティ）の人たちに対する扱いが差別や違法なハラスメントになる可能性があります。内藤忍「性的指向・性自認に関する問題と労働法政策の課題」季刊労働法二五一号二頁参照。

*3　ただし、三菱樹脂事件・最高裁昭和四八年一二月一二日判決は、国籍・信条・社会的身分を理由とする労働条件の差別を禁止した労基法三条は、採用後の労働条件差別に適用されるものであり、採用には適用されないとし、政治的信条による採用差別も違法とはいえないとしています。
　また、JR北海道・東日本貨物鉄道事件・最高裁平成一五年一二月二二日判決は、組合活動を理由とした不利益取扱を禁止する労組法七条一号は、原則として採用には適用されないとしています。
　いずれも妥当ではありません。

い）[*4]に関して、指針第四は、以下のように定めています。

(1) 職業紹介事業者等（「労働者の募集を行う者」はこれに含まれます）は、その業務の目的の範囲内で求職者等の個人情報を収集することとし、次に掲げる個人情報を収集してはなりません。ただし、特別な職業上の必要性が存在することその他業務の目的の達成に必要不可欠であって、収集目的を示して本人から収集する場合はこの限りでありません。

イ 人種、民族、社会的身分、門地、本籍、出生地その他社会的差別の原因となるおそれのある事項

ロ 思想及び信条

ハ 労働組合への加入状況

(2) 職業紹介事業者等は、個人情報を収集する際には、本人から直接収集し、又は本人の同意の下で本人以外の者から収集する等適法かつ公正な手段によらなければなりません。

経歴についてうそをつくと

多くの就業規則は経歴詐称（いつわって言うこと）を懲戒事由としています（懲戒についてはⅤ-[11]問参照）。そこで採用時に経歴についてうそをついたことが懲戒理由となるかが問題となります。[*5]

雇用関係は、労働者と使用者との相互の信頼関係に基礎をおく継続的な契約関係であることから、労働者は、労働契約を締結しようとする場合、労働力の評価と企業秩序に必要

*4 職業安定法五条の四（求職者等の個人情報の取扱い）

「①公共職業安定所等は、それぞれ、その業務に関し、求職者、募集に応じて労働者になろうとする者又は供給される労働者の個人情報（以下この条において「求職者等の個人情報」という。）を収集し、保管し、又は使用するに当たつては、その業務の目的の達成に必要な範囲内で求職者等の個人情報を収集し、並びに当該収集の目的の範囲内でこれを保管し、及び使用しなければならない。ただし、本人の同意がある場合その他正当な事由がある場合は、この限りでない。

②公共職業安定所等は、求職者等の個人情報を適正に管理するために必要な措置を講じなければならない。」

*5 本来は、契約締結にあたっての詐欺（民法九六条）や錯誤（民法九五条）の問題です。売買契約において、商品に隠れた瑕疵があった場合、買主は損害賠償請求権と、その瑕疵によって契約の目的が達せられない場合に限り契約解除権を取得すること（民法五七〇条、五六六条一項）との対比から、一定の場合に解雇をすることは可能でしょう。

な事項について聞かれたら、答える義務を負っているとされています（炭研精工事件・東京高裁平成三年二月二〇日判決、最高裁平成三年九月一九日判決で維持）。

判例では、「採否の決定の判断に重大な影響を及ぼす経歴」（学歴・職歴・犯罪歴など）について、うそをつくことは懲戒解雇の事由になりうるとされています。そして、「採否の決定の判断に重大な影響を及ぼすかどうか」は、「事前に発覚すれば、その者を雇用しなかったであろうと考えられる場合であり、かつ客観的にもそのように認めるのが相当であるかどうかによって決せられるべきである」とされています（弁天交通事件・名古屋高裁昭和五一年一二月二三日判決）。この事件では、以前にタクシー会社に勤務し、その会社において勤務時間中に職場を放棄したり、飲酒したり、料金をごまかすなどしてその会社を懲戒解雇されたことを秘していたことを理由としてなされた懲戒解雇が有効とされました。

高学歴を低学歴と偽った場合も同様ですが、学歴不問として募集されていたことなどから懲戒解雇が無効とされた事例もあります（三愛作業事件・名古屋高裁昭和五五年一二月四日決定）[*6]。また、履歴書中の賞罰の「罰」とは確定有罪判決だけをいい、係属中の刑事事件は含まれません（前述の炭研精工事件・東京高裁判決）。少年時の非行歴は、少年法の目的・趣旨に照らして申告義務はないとした裁判例もあります（西日本警備保障事件・福岡地裁昭和四九年八月一五日判決）。

いずれにしても、採用後かなりの年月が経ってから、かつ具体的な支障が生じていないときに、経歴についてうそをついたことのみを理由に懲戒解雇をするのは行き過ぎです。[*7]

＊6　この事件では、学歴に関する採用条件が不明確であったこと、従事した労働に関して学歴が重要性を持たないこと、大学中退を高卒と偽ったもので詐称の程度も低いこと等を総合して、信義則違反ではあるが解雇は解雇権の濫用であるとされています。

＊7　下井隆史『労働基準法［第四版］』（有斐閣、二〇〇七年）四〇三頁は、＊5で触れた民法の瑕疵担保責任に一年間の除斥期間があること（五六六条三項）を援用して同旨を述べています。

募集・採用における年齢差別の禁止

二〇〇七年に改正された雇用対策法一〇条[*8]、雇用対策法施行規則一条の三により、募集・採用については、年齢にかかわらず均等な機会を与えなければなりません。例外として許されるのは以下の場合に限られています。

一　定年を定めているときに定年未満を条件にすること（期間の定めのない労働契約を締結することを目的とする場合に限る）

二　法令により年齢制限がある場合（労基法の年少者の規定等）

三　合理的な制限

イ　長期間の継続勤務による職務に必要な能力の開発及び向上を図ることを目的として、青少年その他特定の年齢を下回る労働者の募集及び採用を行うとき（期間の定めのない労働契約を締結することを目的とした新卒採用）

ロ　当該職種の業務の遂行に必要な技能及びこれに関する知識の継承を図ることを目的として、特定労働者の募集及び採用を行うとき（技能承継。これも期間の定めのないものに限る）

ハ　芸術又は芸能の分野における表現の真実性等を確保するために特定の年齢の範囲に属する労働者の募集及び採用を行うとき

ニ　高年齢者の雇用の促進を目的として、特定の年齢以上の高年齢者（六〇歳以上の者に限る）である労働者の募集及び採用を行うとき等

＊8　雇用対策法一〇条（募集及び採用における年齢にかかわりない均等な機会の確保）
「事業主は、労働者がその有する能力を有効に発揮するために必要であると認められるときとして厚生労働省令で定めるときは、労働者の募集及び採用について、厚生労働省令で定めるところにより、その年齢にかかわりなく均等な機会を与えなければならない。」

この規定には罰則はなく、行政上の指導の対象にはなりますが、私法上の効力はありません。

2　労働組合に入ること、入らないことを採用の条件にできるのですか

労働組合に入らないことを雇い入れる条件にすることはできない

労働組合に入らないことを、会社が採用する条件にすることは、不当労働行為であり[＊1]、許されません（労組法七条一号[＊2]）。労働者が労働組合を作ること、労働組合に入ること、労働組合の活動をすることは、労働者の基本的な権利として、憲法で保障されています（憲法二八条[＊3]）。仮に労働組合に入らないという約束をしたとしても、このような約束は公序に反し無効ですから（民法九〇条）、入社後労働組合に入るのは自由です。

労働組合に入らなければならないという条件があるときは

労働組合と会社が、①従業員はその労働組合に入らなければならない、②使用者はその労働組合に加入しない者を解雇する、と定める協定を結んでいることがあります。この協定のことを「ユニオン・ショップ」協定といいます。その労働組合が事業場の労働者の過半数を組織している場合は効力が認められています（労組法七条一号但書）。

この協定があるときは、労働組合に加入しないでいたり、除名されたり、脱退したときは、会社を解雇されることがあります。

労働者には、労働組合に入る自由も、入らない自由もあります。ですから、この協定のため、労働組合に入りたくないと思う人は働くことを制限されるのではないか、憲法二七条一項で「すべて国民は、勤労の権利を有し、義務を負ふ。」と定められているのに、こ

＊1　不当労働行為（ふとうろうどうこうい）
　使用者が労働者の団結権を侵害する行為。労組法は、憲法二八条の労働者団結権保障の精神に基づいて、使用者の不利益取扱、団体交渉拒否、支配介入などを不当労働行為として禁止しています。不当労働行為に対しては、労働者または労働組合は、労働委員会への救済申立、または裁判所への提訴によって対抗できます。なお、X－5問、東京南部法律事務所編『新・労働組合Q＆A』（日本評論社、二〇一六年）第Ⅶ章参照。

＊2　労働組合法七条一号
「使用者は、左の各号に掲げる行為をしてはならない。
一　労働者が労働組合の組合員であること、労働組合に加入し、若しくはこれを結成しようとしたこと若しくは労働組合の正当な行為をしたことの故をもつて、その労働者を解雇し、その他これに対して不利益な取扱をすること又は労働者が労働組合に加入せず、若しくは労働組合から脱退することを雇用条件とすること。但し、労働組合が特定の工場事業場に雇用される労働者の過半数を代表する場合において、その労働者がその労働組合の組合員であること

れに反することになるのではないか、が問題となります。[*4]

判例は、労働者が団結することを権利として保障している憲法二八条の趣旨（労働者が団結することによって労働者自身の生活が守られその向上が実現可能となる）からみて、労働者の団結を強化しようとするユニオン・ショップ協定は有効であるとしています（日本食塩製造事件・最高裁昭和五〇年四月二五日判決）。

ですから、労働組合と会社がそういう協定を結んでいるときは、労働組合に入らなければならないでしょう。もっとも、その労働組合が、使用者の利益代表者を組合員としたり、会社から経費援助を受け組合としての自主性が失われている「御用組合」であるときは、協定の効力も否定されます（労組法二条）。また、その組合が組合員の権利を無視する活動をしているような労働組合であるときなどは、つぎに述べるように、別の労働組合に入ったり、新しい組合を作ることもできます。

複数の組合があるときは

会社内に複数の労働組合があるときに、使用者が特定の組合への加入を働きかけることは不当労働行為として違法です（労組法七条三号）。労働者はどちらの組合に入るのも自由です。

組合を脱退しあるいは除名されて別組合に入った者または新たな労働組合を結成した者に対してなした、ユニオン・ショップ協定を理由とする解雇は無効です（三井倉庫事件・最高裁平成元年一二月一四日判決、日本鋼管鶴見製作所事件・最高裁平成元年一二月二一日判決）。

を雇用条件とする労働協約を締結することを妨げるものではない。」

＊3　憲法二八条
「勤労者の団結する権利及び団体交渉その他の団体行動をする権利は、これを保障する。」

＊4　違憲論も有力です（西谷敏『労働組合法〔第三版〕』〔有斐閣、二〇一二年〕一〇三頁）。

3 採用が内定しました。入社までの私の地位はどういうものですか

採用内定とは

採用内定とは、新規卒業者に対し早期に採用試験を行って採用を内定しておき、卒業ができないなど不都合な事情があるときは、その内定を取り消す制度です。

労働者は採用が内定されれば、雇入れを期待して他の企業への就職の機会と可能性を放棄するのがふつうです。ところが、途中で雇入れを拒否されると、新規定期一括採用・終身雇用制[*1]が一般的であるわが国では、労働者は取り返しのつかない不利益を受けます。その会社の採用内定がなかったならば、他の企業への就職の機会や可能性があったのに、それらを奪われる結果となるからです。そこで、使用者と労働者の利益を調整することが必要になります。

採用内定の取消は制限される

採用内定について、最高裁判所は、つぎのような判断を示しています（大日本印刷事件・昭和五四年七月二〇日判決、電電公社近畿電通局事件・昭和五五年五月三〇日判決）。

すなわち、使用者は採用の段階では、採用するかしないかについて広範な自由をもっている。しかし、採用を内定すると、労働契約は成立し、不適格と認めるときは解約できる権利が保留されているだけである、というものです。[*2*3]

そしてこの解約権を使って採用内定を取り消すには、つぎの二つの条件を満たさなければ

＊1　終身雇用制
　企業が、従業員の入社から定年までの長期間について雇用する制度。法律に基づくものではなく、使用者と従業員の間の暗黙の了解の上に成立している慣行です。この意味の長期・安定雇用は別にわが国に限った制度ではなく、西欧先進諸国にも広範囲に見いだされます。しかし、低成長の下、企業は柔軟な雇用体系を志向しているため、終身雇用の基盤はかなり侵食されています。

＊2　留保された解約権は、採用内定通知や誓約書に記載された事項に限られてはいません（電電公社近畿電通局事件・最高裁昭和五五年五月三〇日判決）。

ばならないとしています。①採用内定当時、知ることができず、または知ることが期待できないような事実があること。②その事実を理由に採用内定取消をすることが、これらの制度の趣旨、目的に照らして客観的合理性があり、社会一般の考え方からも是認できること。

一般に、経歴詐称などの労働力の評価を左右する事実を理由とする場合は合理性があり行為として合理性を欠くものとされています。[*4] 経営上の理由による取消は、内定時に予測できなかった重大な経営状態の激変がないかぎり、認められるべきではありません（インフォミックス事件・東京地裁平成九年一〇月三一日決定）。
（I－1問参照）、国籍・思想信条や組合活動などを問題にするのは不当な差別や不当労働

取消に合理的な理由がないときは、裁判により、正社員としての地位を確認し賃金の支払いを求めることや、損害賠償を求めることができます。

研修等を受ける義務はあるか

内定時に契約が成立しているといっても、入社までは、現実に働いて賃金をもらうという通常の労働契約とは異なります。内定期間中にレポートを提出したり、研修に参加することが義務となるかは、当事者がどのように合意したかで決まります。[*5]

採用内々定

近年では、内定の前に内々定を出すところもあり、労働契約が成立したと言えるのかが争われています。最高裁が契約の成立を認めた前記の大日本印刷事件では、原告は、入社試験に合格して採用内定の通知を受け、会社からの求めに応じて、「大学卒業のうえは間

＊3 新規学卒者の採用内定取消については、厚生労働省が指針を作成しています（「新規学校卒業者の採用内定に関する指針」）。新規学卒者に対して内定取消を行おうとする事業者は、あらかじめ公共職業安定所に通知する必要があります（職業安定法施行規則三五条二項）。

＊4 日立製作所事件・横浜地裁昭和四九年六月一九日判決は、国籍差別による内定取消は労基法三条に違反するとしています。

＊5 宣伝会議事件・東京地裁平成一七年一月二八日判決は、会社から採用内定通知を受けていた大学院博士課程の学生が、研究発表のため入社前の研修に参加しなかったこと等を理由として内定を取り消された場合において、入社前の研修は内定者の同意に基づいて行われるものであり、内定者が合理的な理由に基づき研修への参加を取りやめる旨申し出た場合には、使用者は研修を免除すべき信義則上の義務を負うとしています。

違いなく入社する旨」を記載した誓約書を提出し、その後、会社からの指示により近況報告書を送付していました。会社においては、採用内定通知のほかには労働契約締結のための特段の意思表示をすることを予定していませんでした。

会社がどう名付けているかではなく、実態が問題になりますが、内々定が契約締結の途中の段階であると理解されるようなものであれば、[*6]労働契約が成立したとは言えません。ただし、この場合でも、内々定後、労働契約が確実に締結されるであろうという学生の期待が法的保護に値する場合で、内々定取消しがやむをえない経営判断に基づくものということができない場合には、不法行為として慰謝料請求が認められます（コーセーアールイー事件・福岡高裁平成二三年三月一〇日判決。五〇万円を認容）。

労働者からの解約はできる

労働者からの内定の解約は、「間違いなく入社する」という誓約書を入れていても、二週間前に予告すれば自由にできます（民法六二七条一項）[*7]。入社してからでも二週間の予告で辞められるのだから当然です（Ⅰ-⑫問参照）。ただし、新規卒業者が複数の内定を取り付けている場合に、辞退の連絡をせずそのまま就労開始日を迎えるなど、著しく信義に反する対応をした場合は、入社しない会社との関係では債務不履行ないし不法行為となり、損害賠償責任を負うこともあり得ます[*8]。その会社に行かないことを決めたときには、すぐに連絡しましょう。

＊6　正式な内定行為が別途予定されており、学生も複数の内々定を得て正式内定の段階で一社に決めることにしているという場合などがあります。

＊7　民法六二七条一項（期間の定めのない雇用の解約の申入れ）「当事者が雇用の期間を定めなかったときは、各当事者は、いつでも解約の申入れをすることができる。この場合において、雇用は、解約の申入れの日から二週間を経過することによって終了する。」

＊8　一般論として、このことを明言する裁判例があります（アイガー事件・東京地裁平成二四年一二月二八日判決。結論は否定）。

4 入社時に労働条件をはっきりさせるにはどうしたらよいですか

労働条件の明示義務

使用者が労働者を募集する場合、職業安定法の規制を受けます。職業安定法は、募集主に労働条件明示義務を課し、労働者に対して、その従事すべき業務の内容および賃金、労働時間その他の労働条件を明示することを定めています（同法五条の三、四二条）。*1

また、労基法は、労働契約を結ぶにあたって、使用者に労働条件明示義務を課し、賃金、労働時間その他の労働条件の明示を求めています（同法一五条一項）。この明示義務に違反すると、三〇万円以下の罰金に処せられます（同法一二〇条一号）。

明示すべき事項は、労基則五条一項につぎのように詳しく記載されています。

一　労働契約の期間に関する事項
一の二　期間の定めのある労働契約を更新する場合の基準に関する事項
一の三　就業の場所及び従事すべき業務に関する事項
二　始業及び終業の時刻、所定労働時間を超える労働の有無、休憩時間、休日、休暇並びに交代制に関する事項
三　賃金（退職手当及び第五号に規定する賃金を除く）の決定、計算及び支払の方法、賃金の締切り及び支払の時期並びに昇給に関する事項
四　退職に関する事項（解雇の事由を含む）

*1　パート労働者については、Ⅸ－2問参照。

四の二　退職手当の定めが適用される労働者の範囲、退職手当の決定、計算及び支払の方法並びに退職手当の支払の時期に関する事項
五　臨時に支払われる賃金、賞与及び最低賃金額に関する事項
六　労働者に負担させるべき食費、作業用品その他に関する事項
七　安全及び衛生に関する事項
八　職業訓練に関する事項
九　災害補償及び業務外の傷病扶助に関する事項
十　表彰及び制裁に関する事項
十一　休職に関する事項

書面による確認

右のうち、一、一の二、一の三、二、三（昇給に関する事項を除く）、四については書面を交付して明らかにしなければなりません（労基則五条二項、三項）。他の事項は、就業規則に記載を義務づけられているので、就業規則を示すのがふつうです。

また労働契約法四条は、「労働契約の内容の理解の促進」と題して、つぎのように定めています。「①使用者は、労働者に提示する労働条件及び労働契約の内容について、労働者の理解を深めるようにするものとする。②労働者及び使用者は、労働契約の内容（期間の定めのある労働契約に関する事項を含む。）について、できる限り書面により確認するものとする。」

労働条件が違っていたら

明示された労働条件と事実が違っていた場合には、労働者は締結した労働契約を即時に解除することができます（労基法一五条二項）。さらに、就業のため住居を変更した労働者が労働契約を解除した日から一四日以内に帰郷する場合に、使用者は必要な旅費を負担しなければなりません（同法一五条三項）[*2]。

ハローワークに出された求人票や募集広告に記載された賃金額と、入社日に示された賃金額が違っていた場合、その差額の請求ができるかについては、前者は「見込額」として明示されたものだから、差額請求権は発生しないとした裁判例があります（八州測量事件・東京高裁昭和五八年一二月一九日判決）。他方、求人票記載の労働条件は、当事者間においてはこれと異なる別段の合意をするなど特別の事情のない限り、雇用契約の内容となるとした裁判例もあります（千代田工業事件・大阪高裁昭和六三年三月二八日判決、ただしその後に締結された契約により当初の契約が変更されたとした）。

中途採用に際して、「もちろんハンディはなし、八九年卒の方なら八九年に入社した社員の現時点での給与と同等の額を保障します。」との求人広告を見て応募し採用された八一年卒の労働者に対し、実際には平均的格付を下回る格付による基本給しか払われていなかったことが発覚した事件で、裁判所は、同等額を支払うという契約は成立していないが、会社が誤認させる説明をしたことは、労働条件明示義務に反し、雇用契約締結に至る過程における信義誠実の原則に反し、不法行為を構成するとして一〇〇万円の慰謝料を認めています（日新火災海上保険事件・東京高裁平成一二年四月一九日判決）。

*2　この場合の「旅費」は、交通費だけでなく食費、宿泊費なども含まれます。

5 雇用期間はどのように決めればよいですか

契約期間の意味

契約期間は、その間は雇用する・その間は働くという約束ですから、労働者・使用者ともに「やむを得ない事由」がないかぎり中途での解約はできません（民法六二八条、労働契約法一七条一項）（I-12問参照）。また、その事由が当事者の一方の過失によって生じたときは、相手方に対し損害賠償をしなければなりません（民法六二八条但書）。

そうすると、損害賠償などの制裁を加えるという脅しのため辞められなくなり、労働者が長期の雇用契約に拘束される危険があるため、労基法は契約期間を定める場合の上限を規制しています。

三年を超える期間を定めることは許されない

労基法一四条一項[*1]では、労働契約では、三年を超える期間を定めることはできないとされています（二〇〇三年の改正までは一年でした）。それ以上働かせたいときには、期間の定めのない通常の契約をすることになります。ただし、「一定の事業の完了に必要な期間を定めるもの」、たとえば、四年間で完了する土木工事において技師を四年契約で雇い入れる場合などについては三年を超える期間を認めています。

雇用期間を決めなければ、労働者は少なくとも二週間前に申し出ることによって、いつでもやめる自由があります（I-12問参照）。

*1 労基法一四条（契約期間等）
「①労働契約は、期間の定めのないものを除き、一定の事業の完了に必要な期間を定めるもののほかは、三年（次の各号のいずれかに該当する労働契約にあつては、五年）を超える期間について締結してはならない。
一 専門的な知識、技術又は経験（以下この号において「専門的知識等」という。）であつて高度のものとして厚生労働大臣が定める基準に該当する専門的知識等を有する労働者（当該高度の専門的知識等を必要とする業務に就く者に限る。）との間に締結される労働契約
二 満六十歳以上の労働者との間に締結される労働契約（前号に掲げる労働契約を除く。）」

ふつうは、期間を定めない場合が多いでしょう。

五年契約が認められる場合

労基法上、つぎの二つの場合に限って五年以内の期間を定めることができます（一四条一項）。

①厚生労働大臣が定める基準に該当する高度の専門的知識、技術または経験を有する労働者が当該専門的知識等を必要とする業務に就く場合*2

②満六〇歳以上の労働者

また、大学教員と研究公務員については、一九九七年から、一定の要件の下に任期制が導入されています（大学教員等の任期に関する法律二条四号、四条、五条）。任期については上限はなく、途中での辞職は最初の一年間を除き、妨げられません（同法五条五項）。

三年を超える契約をした場合の効力

では、右の例外にあたらない場合に五年、六年という契約をしたらどうなるでしょうか。この場合、期間満了で契約終了（クビ）となるのかどうかが、しばしば争われています。裁判例では、三年を超える期間を定めた労働契約は、労基法一四条、一三条*3により、期間が三年に短縮され、その期間満了後労働者が引き続き労務に従事し、使用者がこれを知りながら異議を述べないときは、民法六二九条一項により、黙示の更新がされ、以後期間の定めのない契約として継続すると解されています（青山学院事件・東京高裁昭和五三年二月二〇日判決、旭川大学事件・札幌高裁昭和五六年七月一六日判決、読売日本交響楽団事件・東京地裁平成二年五月一八日判決）。

*2 「厚生労働大臣が定める基準」（平成一五年一〇月二二日厚生労働省告示三五六号）は概ね以下のとおりです。
①博士の学位を有する者
②公認会計士、医師、歯科医師、獣医師、弁護士、一級建築士、税理士、薬剤師、社会保険労務士、不動産鑑定士、技術士、弁理士のいずれかの資格を有する者
③システムアナリスト、アクチュアリーの資格試験に合格している者
④特許法に規定する特許発明の発明者、意匠法に規定する登録意匠を創作した者または種苗法に規定する登録品種を育成した者
⑤農林水産業・鉱工業・機械・電気・土木・建築に関する専門的技術者、システムエンジニア、デザイナーであって、所定の実務経験を有し、年収が一〇七五万円以上の者
⑥国、地方公共団体、公益法人等によりその有する知識、技術または経験が優れているものであると認定されている者

*3 労働基準法一三条（この法律違反の契約）
「この法律で定める基準に達しない労働条件を定める労働契約は、その部分につ

労働者の退職の自由

なお、二〇〇三年改正に際し、雇用期間の上限が一年から三年に延長されたことに伴い、労働者の拘束を防ぐため、暫定的な措置として、一定の事業の完了に必要な期間を定めるものと五年契約が認められる①②の場合を除き、その期間が一年を超えるものについては、労働者は契約締結から一年経過後は、いつでも退職することができることとされています（労基法附則一三七条）。

有期の雇用契約が更新された場合

期間を定めた契約をした場合、その期間が満了すれば雇用契約は終了します。しかし期間を定めた契約が反復継続された場合について、労働契約法は期間の定めのない契約への転換（一八条）、労働者側からの更新申込に対するみなし承諾の制度（一九条）を定めています。詳細はⅨ-7、9問を参照してください。

いては無効とする。この場合において、無効となった部分は、この法律で定める基準による。」

6 試用期間とはどういうものですか

試用期間とは

雇入れの時点では労働者の資質、能力、適性などについて充分な判断ができない場合に、期間を限って、雇入れ後の本人の勤務態度や実績などをみて本採用を拒否することができる制度を試採用といいます。また、この期間を試用期間といっています。

本採用拒否は制限されている

使用者は採用の段階では、採用するかしないかについて広範な自由をもっています。しかし、いったん採用すれば、試用期間のはじめから期間の定めのない労働契約が成立し、不適格と認めるときは解約できる権利があるだけであり、この解約権を使って本採用を拒否できるのは、「解約権留保の趣旨、目的に照らして、客観的に合理的な理由が存し社会通念上相当として是認されうる場合」のみです（三菱樹脂事件・最高裁昭和四八年一二月一二日判決）。

この合理的な理由とは、当初知ることができなかった事情に限られますが、本採用後の解雇の場合よりは広いとされています。

試用期間の長さは

試用期間の長さは、就業規則や契約で定められますが、三カ月程度が多く見られます。[*1] 不当に長いときは公序良俗違反[*2]として無効になります。六カ月程度の見習い期間の後、さ

＊1 神戸弘陵学園事件・最高裁平成二年六月五日判決は、使用者が労働者を新規に採用するにあたり、その適性を評価・判断するために雇用契約に期間を設けたときは（本件では一年）、右期間の満了により右雇用契約が当然に終了する旨の明確な合意が当事者間に成立しているなどの特段の事情が認められる場合を除き、右期間は契約の存続期間ではなく試用期間であると解するのが相当であるとしています。この場合は、期間の満了ではなく、解約権の行使にあたるため、「客観的に合理的な理由が存し社会通念上相当」であることが必要とされます。

らに六カ月から一年の試用期間を経ないと正社員になれないという制度は、後者の部分が無効とされています（ブラザー工業事件・名古屋地裁昭和五九年三月二三日判決）。

試用期間の延長はできない

試用期間の延長は、就業規則に規定がないかぎり許されません。規定がある場合でも、労働者の身分をいっそう不安定にするものですから、特別の事情がないかぎり許されません。

契約制スチュワーデスの問題点

航空各社では一九九四年に、スチュワーデスの正社員採用を凍結し、契約制スチュワーデスを導入して、一年契約で二回まで更新する契約をしていましたが、三年経過した時点で打ち切りにはせず、正社員にしていました。これは三年の契約が女子若年定年制（Ⅵ－6問参照）の復活ではないかという批判に応えたものです。しかし、スチュワーデスの採用が契約制社員からの登用に一本化されたため、結果として、試用期間が大幅に延長されたのと同じことになります。従来三カ月や六カ月という短期間であるゆえに合理性を認められていた試用期間ですから、一年ごとに拒絶できて最長三年というのはまったく例を見ないものであり、合理性はありません。[*3] その後、全日空は二〇一四年四月以降の採用から正社員の採用を再開し、日本航空も契約社員制度を廃止し二〇一六年四月以降に客室乗務員を正社員として採用しています。

＊2　公序良俗（こうじょりょうぞく）
「公の秩序、善良の風俗」の略語。公の秩序とは、国家社会の一般的利益をさし、善良の風俗とは、社会の一般的道徳観念をさします。両者を合わせて、行為の社会的妥当性を意味します。公序良俗に反する法律行為は無効です（民法九〇条）。

＊3　この合理性を認めた日本航空事件・東京高裁平成二四年一一月二九日判決は不当なものです。

7 管理職に労働法は適用されますか

管理職も労働者

労基法九条[*1]は、「労働者」とは、職種を問わず事業に使用される者で、賃金を支払われる者をいう、と定めています。管理職であっても、労務を提供してそれに対する賃金の支払いを受けていることには変わりありませんから、「労働者」にあたります。

管理職は時間管理について別扱いされることがある

しかし、労基法は、「監督若しくは管理の地位にある者」（管理監督者）については労働時間、休憩および休日の規定を適用しないと定めています（四一条二号[*2]）。そのため、この管理監督者にあたるかどうかが問題となります。

「管理監督者」とは、労働条件の決定その他労務管理について経営者と一体的立場にある者のことをいい、部長、店長などといった名称にとらわれることなく実態に即して判断すべきとされています。具体的には、①経営の方針の決定に参画しあるいは労務管理上の指揮権を有する等、その実態からみて経営者と一体的な立場にあり、②出退勤について厳格な規制を受けず、自己の勤務時間について自由裁量権を有しており、③特別手当などによりその地位にふさわしい待遇が与えられている者をいいます[*3]（昭和六三年三月一四日基発一五〇号、弥栄自動車事件・京都地裁平成四年二月四日判決）。

裁判例でも、経営を左右するような仕事にはまったく携わらず、出退勤を厳格に規制さ

＊1　労基法九条
「この法律で「労働者」とは、職業の種類を問わず、事業又は事務所（以下「事業」という。）に使用される者で、賃金を支払われる者をいう。」

＊2　労基法四一条（労働時間等に関する規定の適用除外）
「この章、第六章及び第六章の二で定める労働時間、休憩及び休日に関する規定は、次の各号の一に該当する労働者については適用しない。
一　別表第一第六号（林業を除く。）又は第七号に掲げる事業に従事する者
二　事業の種類にかかわらず監督若しくは管理の地位にある者又は機密の事務を取り扱う者
三　監視又は断続的労働に従事する者で、使用者が行政官庁の許可を受けたもの」

＊3　細川二郎「労働基準法四一条二号の管理監督者の範囲について」判例タイムズ一二五三号五九頁が、二〇〇六年までの裁判例を詳細に検討しています。

れていた銀行の支店長代理は、役職手当が支給されていても、管理監督者にあたらないとされました（静岡銀行事件・静岡地裁昭和五三年三月二八日判決）。金融機関における管理監督者については、労働省が「都市銀行等における管理監督者の範囲」（昭和五二年二月二八日基発一〇四号の二）などの通達を出しています。

スタッフ管理職

指揮命令のライン上にないため部下のいない管理職（「スタッフ管理職」）は、どう扱われるでしょうか。行政解釈では、ライン上の管理職と同格以上の職能資格に位置づけられていて、経営上の重要事項に関する企画立案等の業務を担当する者は、管理監督者と扱われています（昭和六三年三月一四日基発一五〇号）。しかし、裁判例では、前記の一般的基準によって判断されており、開発部部長の管理監督者性が否定された事例もあります（岡部製作所事件・東京地裁平成一八年五月二六日判決）。

名ばかり管理職

労基法上の管理監督者にはあたらないにもかかわらず、社内的に「管理職」として、長時間労働をさせたり残業料を支払わないという例が多発し、これが「名ばかり管理職」として社会問題となりました。日本マクドナルド事件では、チェーン店の店長としてアルバイトの採用、昇格・昇給や社員の人事考課の一次評価を行っていたとしても、労務管理に関して経営者と一体的立場にあったとは言い難く企業経営に係わる重要な職務と権限を付与されていたとは認められないこと、労働時間決定に形式的な裁量性があっても実質的な裁量権限がなかったこと、給与は管理監督者に対する給与として十分であったとは言い難いことから、時間外手当、休日労働に対する割増賃金、付加金の請求が認められています（東京地裁平成二〇年一月二八日判決）。これを受けて、厚生労働省は、二〇〇八年九月九日「多店舗展開する小売業、飲食業等の店舗における管理監督者の範囲の適正化について」（基発〇九〇九〇〇一号）を発して、管理監督者性が否定される要素を明らかにしています。*4

管理職と深夜勤務

管理監督者であることによって適用が除外されるのは、労働時間、休憩、休日に関する規定だけであり、深夜労働に関する割増賃金（Ⅳ-⑩、⑱問参照）や年次有給休暇については除外されていません。管理監督者であってもこれらを請求する権利を持っています（ことぶき事件・最高裁平成二一年一二月一八日判決）。*5

管理職は組合を作ることができるか

管理職も労働者であり、組合を結成することや既存の組合に加入することは可能です。詳しくは、本書姉妹編の『新・労働組合Q＆A』のⅠ-③問を参照してください。

＊4　簡単に知るためには、厚生労働省のパンフレット「労働基準法における管理監督者の範囲の適正化のために」（二〇〇八年九月）が便利です。

＊5　もっとも、管理監督者に対しては、労基則五四条五号が深夜労働時間数の記載を免除するなど、労働時間管理をしなくてよいとされていることとの関係で、深夜割増賃金の支払いを義務づけることには異論も出されています（Ⅳ-①問参照）。

8 取締役であっても労働法は適用されますか

従業員兼務役員は労働者として扱われることがある

取締役である一方、部長や工場長など常勤者として働き、役員報酬以外に従業員として給与を受けている者を従業員兼務役員（使用人兼務役員）といいます。このような立場にある人も「労働者」です。

労基法九条は、「労働者」とは、職種を問わず事業に使用される者で、賃金を支払われる者をいう、と定めていますから、名目が役員であっても、共同経営事業の出資者であっても（昭和二三年三月二四日基発四九八号）、代表者の指揮命令に従って労務に従事し、それに対する賃金を受け取るという場面においては「労働者」として扱われ、労基法による保護を受けることができるのです。

ただし、代表取締役は労働者ではありませんし、取締役会非設置会社（特例有限会社[*1]など）の取締役のように業務執行権[*2]を持っている場合には「労働者」ではないとされています（昭和二三年三月一七日基発四六一号）。

報酬・退職金

従業員兼務役員が受け取る報酬は、従業員としての給与と役員としての報酬の二つの部分からなりたっています。

株式会社においては、役員の報酬・退職慰労金は、定款の定めがないかぎり、株主総会

＊1　二〇〇六年五月一日に施行された会社法により、「有限会社法」が廃止され、従来の有限会社は、「特例有限会社」として、特殊な株式会社と扱われることになりました（会社法の施行に伴う関係法律の整備に関する法律二条一項、三条）。

＊2　業務執行権
法人の事業に関する各種の事務を処理する権限。対外的な業務執行権は「代表権」といいます。

の決議によって決められます（会社法三六一条一項）。しかし、退職金支給規程などに基づく従業員としての退職金は、株主総会で支給の決定がなくても会社に対して請求することができます（前田製菓事件・大阪高裁昭和五三年八月三一日判決）。[*3]

従業員兼務役員は労災保険や雇用保険に加入できるか

労災保険（Ⅷ－3問参照）は労働者を対象としていますが、従業員兼務役員であっても労働者として労災保険に加入することができます。ただし、法令、会社の定款等の規定に基づいて業務執行権を有する者や、取締役会規則その他内部規定によって業務執行権がある者は除かれます（昭和三四年一月二六日基発四八号）。特例有限会社の取締役の場合は、代表取締役を定めた場合であっても、本来有する対内的業務執行権まで否定されるものではないと解されているため、定款その他の内部規定によって積極的に業務執行権が剥奪されている場合、または実態として業務執行権を持たず、労働者の実態を有する場合に限って、加入を認められます（昭和六一年三月一四日基発一四一号）。

なお、従業員兼務役員の場合、補償給付の対象は、従業員としての業務が原因で発生した災害に限られ、給付額は、従業員としての賃金のみを対象として算定されます。

雇用保険法は「労働者が失業した場合及び労働者について雇用の継続が困難となる事由が生じた場合に必要な給付を行う」ことを目的とするので（同法一条）、会社との委任契約に基づく役員はその対象ではありません。しかし、従業員兼務役員については、賃金が役員報酬を上回る場合には、労働者として雇用保険に加入することができます。この場合、労働者としての業務内容と賃金の額の届け出が必要です（兼務役員雇用実態証明書）。

＊3　同判決の上告審最高裁昭和五六年五月一一日判決では、この点は判断されていません。遠藤賢治解説・商事法務九一八号三九〇頁参照。

興栄社事件・最高裁平成七年二月九日判決は、合資会社の有限責任社員（業務執行権はない）で、専務取締役の名称の下に経営実務を行っていた者について、従業員退職金規程の適用を認めています。

9 外国人にも労働法は適用されますか

日本で働くには就労資格が必要

日本で外国人が働くためには、就労することが可能な在留資格が必要です。在留資格は外国人登録証明書に記載されています。また資格外活動許可の有無は「資格外活動許可書」あるいは「就労資格証明書」により確認することができます。

在留資格に定められた範囲内での就労が認められているものには、「教育」「技術・人文知識・国際業務」「特定活動」など一七の種類があり、その資格によって可能な活動の範囲が限られています（入管法[*1]二条の二、別表第一[*2]）。

一般に問題となるのは、外国人が単純労働に従事しようとする場合ですが、つぎのような在留資格を持っていれば単純労働をすることが可能です（入管法一九条一項、別表第二）。

①永住者
②日本人の配偶者など
③永住者の配偶者など
④定住者　インドシナ難民、条約難民、日系三世、外国人配偶者の実子などです（定住者告示[*3]）。
⑤「留学」「就学」「家族滞在」の在留資格を持っているもので資格外活動の許可を受け

*1　正式には「出入国管理及び難民認定法」。簡明な解説として、山田鐐一・黒木忠正『よくわかる入管法〔第三版〕』（有斐閣、二〇一二年）。

*2　この規定も概括な規定の仕方をしていますので、更に細かく規定した「基準省令」（「出入国管理及び難民認定法第七条第一項第二号の基準を定める省令」）により在留資格毎に認められる就労内容にあたるかを判断する必要があります。

*3　出入国管理及び難民認定法第七条第一項第二号の規定に基づき同法別表第二の定住者の項の下欄に掲げる地位を定める件（平成二年法務省告示第一三二号）

たもの（入管法一九条二項）。就労可能の範囲は資格外活動許可書または証印シールに記載されています。[*4]

⑥ワーキングホリデイ査証[*5]を持つオーストラリア人、ニュージーランド人、カナダ人、韓国人、フランス人、ドイツ人、イギリス人、アイルランド人、デンマーク人、中華民国（台湾）人、香港、ノルウェー人、ポーランド人、ポルトガル人

右のような在留資格がないにもかかわらず就労することや、認められた就労の範囲を超えて就労することは違法であり、就労した外国人だけでなく、在留資格がないと知りながら就労させた事業主のいずれもが処罰されます（入管法七〇条、七三条、七三条の二）。

適法な就労の場合であっても、特別永住者を除く外国人を就労させる場合、その氏名、在留資格、在留期間等を、翌月一〇日までに厚生労働大臣に届け出る必要があります。離職の場合も同様です（雇用対策法二八条[*6]、同法施行規則一〇条、一二条）。外国人の雇用に関しては、雇用対策法九条に基づき、詳細な指針が出されています（「外国人労働者の雇用管理の改善等に関して事業主が適切に対処するための指針」平成一九年八月三日厚生労働省告示二七六号。最近改正平成二四年九月二七日告示五一八号）。

不法就労者にも労基法は適用される

入管法に違反して在留資格を持たずに働く者であっても、労働契約は有効であり、労基法などの労働法が適用されます（昭和六三年一月二六日基発五〇号、職発三一号）。

国籍による差別は許されない

労基法三条は、「使用者は、労働者の国籍……を理由として、賃金、労働時間その他の

＊4　なお、「留学」の在留資格による在留する外国人が在籍する大学または高等専門学校（第四学年第五学年及び専攻科に限る）との契約に基づいて報酬を受けて行う教育または研究を補助する活動については資格外活動の許可を得る必要はありません。

＊5　青少年に相手国の文化や生活様式を理解する機会を提供するため、一定期間休暇を主目的として在留する青少年に対して、その間の旅行資金を補うため付随的に働くことを認めるものです。入管法別表第一の五による「特定活動」の在留資格が与えられます。

＊6　届出をせず、または虚偽の届出をしたときは、三〇万円以下の罰金に処せられます（雇用対策法三八条一項二号）。

労働条件について、差別的取扱をしてはならない」と定めています。たとえ不法就労者であっても、外国人であるということで差別的な取扱いをすれば、労基法違反となります。

研修生に労基法は適用されるか

日本では、永住者や定住者の資格を得ている日系二世、三世など特定の外国人しか単純労働を行うことが許されていないため、研修生の資格で入国し、実務研修という名目で就労している外国人が少なくなく、最低賃金法に違反する低賃金で就労したり、労基法などの労働者保護規定の適用を受けられない場合がありました。その実態が「労働者」である場合には労働者として保護する必要があり、裁判などでは労基法、労災保険法が適用された事例がありましたが、決して十分な保護の下に置かれたとはいえない実態でした。

そこで二〇〇九年の入管法改正により、「研修」を、実務研修を伴わない本来の「研修」(非就労資格)と、実務研修を伴う在留資格としての「技能実習」にわけ、「技能実習」による就労については労基法などの労働者保護規定の適用を認めることとしました(入管法二条の二、別表第一)。[*7] この資格での技能実習は、「イ」として海外にある合弁企業など事業上の関係を有する企業の社員を受け入れて行う活動(企業単独型)、「ロ」として、商工会など営利を目的としない団体の責任と監理の下で行う活動(団体監理型)に分類され、それぞれについて一号と二号の段階を設けています。一号は講習段階(日本語習得などの座学や見学で、機械操作教育や安全衛生教育は含まれない)と、企業などでの技能習得段階があり、技能習得段階から技能実習生と実習実施機関との間に雇用関係が生じ、労働関係法令の適用があります。二号は一号の活動に従事して習得した技能に習熟す

*7 政府は、二〇一五年三月、「外国人の技能実習の適正な実施及び技能実習生の保護に関する法律案」を国会に上程し、審議中です。

るための活動で労働関係法令の適用があります。

右のような法整備がなされていますが、それでも技能実習生が単純労働者として就労させられたり、宿舎からの外出禁止、旅券や在留カードの取り上げ、本来技能実習生に負担させるべきものではない「管理費」の徴収など、人権侵害が行われる例があります。[*8] 実態として労働者か研修生かの判断が必要な事態はなくならないと思われます。この判断基準としては、法務省の研修生受入基準が参考になります。それによれば、「修得しようとする技術、技能又は知識が、同一の作業の反復のみによって修得できるものではないこと」「研修の中に実務研修が含まれている場合、実務研修の時間が研修を受ける時間全体の三分の二以下であること」（出入国管理及び難民認定法第七条第一項第二号の基準を定める省令［平成二年五月二四日法務省令一六号。最終改正平成二七年一二月二八日法務省令五九号］）等が研修生として受け入れる基準とされています。また、残業の有無、深夜労働の有無、手当が渡航費・滞在費等の実費支払いの範囲を超えて実質的な労働の対価としての意味を持つものか否かという点も判断の基準となります。

*8 不正行為などについて、法務省「技能実習生の入国・在留管理に関する指針」（二〇〇九年一二月・二〇一三年一二月改訂）を参照。

外国人労働者の労災

外国人であっても、労基法九条の「労働者」にあてはまる者については、労災保険法が適用されます。不法就労者であってもその実態が「労働者」といえる場合には、労災保険法が適用されます。

不法就労の場合、そのことを入国管理局に通報されることをおそれて、労働災害が発生したにもかかわらず、災害そのものを隠そうとすることがあります。

しかし、労働安全衛生法一〇〇条に基づき労働安全衛生規則九七条は、「事業者は、労働者が労働災害その他就業中又は事業場内若しくはその付属建設物内における負傷、窒息又は急性中毒により死亡し、又は休業したときは、遅滞なく、様式第二十三号による報告書を所轄労働基準監督署長に提出しなければならない。」と定めており、この報告書を提出しない場合には、五〇万円以下の罰金に処せられます（労働安全衛生法一二〇条五号）。また、労働者が療養のために休業する場合には、「使用者は、労働者の療養中平均賃金の百分の六十の休業補償を行わなければならない。」（労基法七六条一項）とされており、これに違反すれば六カ月以下の懲役または三〇万円以下の罰金に処せられます（同法一一九条一号）[*9]。労働基準監督署は、法律上は入国管理局に通報する義務を負っていますが（入管法六二条二項）、実務では、不法就労者であっても、法違反の是正を先行させ、原則として入管当局に対する通報を行わないことになっています（平成元年一〇月三一日基監発四一号）。労災の場合も、まず補償手続を行っています。ですから、不法就労している外国人の場合であっても、労災隠しをせず、労災保険の給付申請をすべきです。

外国人労働者の組合員資格

労組法五条二項四号は、「何人も、いかなる場合においても、人種、宗教、性別、門地又は身分によって組合員たる資格を奪われない」ことが労組法の認める労働組合の要件だとしています。条文に「国籍」は明記されていませんが、差別を許す趣旨ではありません。

*9　労災保険法に基づく給付がされる場合は災害補償責任は免れます（労基法八四条一項）。

10 外国勤務の場合、どのような地位におかれるのですか

出張と派遣の区別

海外で勤務する場合でも、「出張」と「派遣」では扱いが異なっています。後で述べる労災保険の扱いでは、「出張」とは、「国内の事業場に所属し、国内事業場の使用者の指揮命令に従って勤務する」ことで、「単に労働の提供の場が海外にあるにすぎ」ないものとされています(昭和五二年三月三〇日基発一九二号)。

これに対して「派遣」とは、「日本国内で行われる事業から派遣されて海外支店、工場、現場(引用者注:以上は次に述べる配転に該当します)、現地法人、海外の提携先企業(引用者注:この二つは次に述べる出向に該当する可能性があります)等海外で行われる事業に従事する」ことをいいます(同通達)。これは、労働者派遣法でいう「派遣」とは意味が違います。なお、労働者派遣法は海外派遣については通常とは別の規制をしています(二六条三項)。本問では「海外派遣」という言葉を右の労災保険の通達の意味で使います。

海外派遣を一方的に命じることはできるか

海外出張については、原則として国内出張と同様の扱いを受けますが、海外派遣については使用者が一方的に命じうるか否かが問題となります。

配転にあたる場合、就業規則または労働協約に配転の規定はあっても、海外派遣につい

ての根拠規定（たとえば、「会社は従業員に国外の事業所への配転を命ずることがある」など）がない場合は、会社が従業員に一方的に海外派遣を命じることはできないと考えるべきでしょう。国内勤務と海外勤務では労働条件のみならず、家族を含めた生活条件に著しい相違がありますから、国内の配転を前提とした就業規則や労働協約の規定を当然に海外勤務の法的根拠とすることはできないのです。[*1]

また、前述のような就業規則や労働協約があり、労働契約上海外勤務も含まれていると解された場合であっても、海外勤務を命じる業務上の必要性と労働者の生活上の利益などを比較衡量して、海外への配転命令が濫用とされることがあります（V－2問参照）。

出向にあたる場合は、使用者の変更ですから、本来一方的になしうるものではありません（民法六二五条一項）。国内の出向については、一定の場合に労働者の個別的同意なしに出向を命じることができるとする判例もありますが（新日本製鐵〔日鐵運輸第2〕事件・最高裁平成一五年四月一八日判決）（V－3問参照）、海外の関連会社への出向については、労働者にとって極めて大きな環境の変化を伴うものである点に鑑み、労働者の個別的同意が必要です。[*2]

労基法などの適用はあるか

海外派遣労働者に対する労基法の適用に関しては、つぎのような厚生労働省の通達があります。「（イ）日本国内の土木建築事業が国外で作業を行う場合には労働基準法はこの事業に適用される。（ロ）労働基準法違反行為が国外で行われた場合には、刑法総則の定めるところにより罰則は適用されない。但し日本国内にある使用者に責任がある場合にはこ

＊1　花見忠編著『海外勤務の実態と法理』（日本労働協会、一九八七年）一〇頁参照。

＊2　経営側の弁護士も、海外出向に労働者の個別同意が必要であることを明言しています（石嵜信憲『転勤・出張・出向・転籍・海外異動の法律実務』〔中央経済社、一九九三年〕二六一頁）。就労ビザの取得等海外出向のためには、労働者の協力が不可欠ですから、同意なしに実行するのは困難です。

の使用者は処罰される。(ハ)前記(ロ)に述べた如く使用者が国外において労働基準法違反行為をしても罰則の適用はないが、その場合でも労働者は使用者の民事上の責任を追及することを妨げない」(昭和二五年八月二四日基発七七六号)。

現在の厚生労働省の解釈では、(イ)は、土木建築等で国外における作業場が独立した事業としての実態を備えない場合を意味しており、それ自体として独立した事業とみられる場合(海外の合弁・子会社などの関連会社への出向、支店などへの配転)は、当該事業には刑罰法規としての労基法は適用がないとされています。[*3]

なお、労基法は、民事法(私法[*4])と公法[*5]との両側面をもっています。労働契約は私法上の契約ですから、準拠法(どの国の法律によるか)は原則として当事者の選択の自由に委ねられ(法の適用に関する通則法七条)、当事者の意思が明らかでない場合は、当該法律行為に最も密接な関係がある地の法によることとされ(同法八条一項)、労働契約の場合は、労務提供地の法がこれにあたると推定されます(同法一二条三項)。また、労働者の意思表示により、労働契約に最も密接に関係する国の労働者保護規定などの強行規定の適用を受けられるようになっています(同法一二条一項)。

労働契約では準拠法の選択を当事者が明示に行うことは稀ですが、日本からの派遣の場合は、日本法による意思だと推測されることが多いでしょう。そこで、海外派遣労働者についての契約上の法律問題は多くは日本の民法、労働契約法、労基法などにより処理されることになります(以上については、次問も参照)。

また、今日では、ほとんどの国で労働法は公法の側面をもっていますから、属地主義[*6]に

*3 厚生労働省労働基準局編『平成二三年版労働基準法 下』(労務行政、二〇一一年)一〇四三頁。

*4 私法(しほう) 対等な私人間の生活関係を規律する法。民法・商法などをさします。

*5 公法(こうほう) 国・地方公共団体などの統治者と国民との関係を規律する法。憲法・行政法・刑法・訴訟法・国際法などをさします。

*6 属地主義(ぞくちしゅぎ) 人の住所、国籍にかかわらず、法の支配する領域においては、原則としてその領域の法を適用すべきであるという主義。これに対し、自国民であるかぎり内外を問わず自国法を適用すべきであるとする主義を「属人主義」(ぞくじんしゅぎ)といいます。

より現地法の適用も認められる可能性が強いといえます。

就業規則・労働協約の適用

多くの場合、海外勤務者の労働条件については、各企業において特別の規程（「海外勤務者取扱規程」「海外駐在員取扱規則」「海外勤務者取扱基準」など）が定められています。このような規程に定めのない部分については、就業規則や労働協約が適用されているのが一般です。すなわち、支店・駐在員事務所へ派遣される者は、国内本社の従業員としての身分を保持するのが一般ですし、海外関連会社への出向の場合も在籍出向が一般で、この場合も従業員の身分を保持しますから、就業規則が海外勤務労働者にも適用されるわけです。

労働協約は協約を締結した労働組合の全組合員に適用されますから、海外派遣労働者が海外派遣中にも組合員としての地位を保持していれば、その性質が許すかぎりで労働協約の規定が適用されます。

労災保険の適用

労災保険は、属地主義により日本国内の事業に適用されます。海外の事業に所属するものには原則として適用されず、派遣先の国に労災保険制度があれば、それが適用されます。しかし、現状では国外における労働災害保護制度が十分でないことから、海外派遣者に国内労働者と同じ保護を与えるために、特別加入制度が作られています（労災保険法三三条七号、三六条）[＊7]。海外派遣者がこれに加入していなければ、労災の適用は受けられません。もっとも、同じく海外にあっても、前述した「出張者」には労災保険法の適用があります（昭和五二年三月三〇日基発一九二号）[＊8]。

＊7 厚生労働省のホームページからダウンロードできる「労災保険と特別加入制度のしおり（海外派遣者用）」を参照して下さい。

＊8 なお、業務外の場合、海外における傷病治療についても健康保険で療養費が支払われることになっています。これは海外でいったん自費で支払ったうえ、日本で海外療養費払いの手続をするものです。二年以内に、海外の病院で発行された「診療内容明細書」「領収明細書」に日本語の翻訳を付けて、申請書とともに健康保険組合（国民健康保険の場合は市区町村）に提出します。

11 外国会社に勤務する場合、日本の会社に勤めるのと何か違いはありますか

労働契約の準拠法

日本にある外国の会社に、あるいは外国にある外国の会社に勤務する場合、労働契約の「準拠法」が問題となることがあります。「準拠法」とは、「どこの国の法律を適用するか」という問題です。

準拠法を定めているのは、日本では「法の適用に関する通則法」（以下「通則法」）という法律ですが、契約については、その七条で、「法律行為の成立及び効力は、当事者が当該法律行為の当時に選択した地の法による。」と規定し、九条で、「当事者は、法律行為の成立及び効力について適用すべき法を変更することができる。」と定めています。

したがって、労働契約に準拠法の定めがあれば、原則として契約に定められた国の法律を適用することになります。[*1]

なお、かつて準拠法について定めていた「法例」[*2]が適用されていた時代の裁判例は、当事者が明示的に準拠法を定めていない場合、当事者の黙示の意思を探究し、国籍、住所、採用地、労務給付地、給与支払地などさまざまな点を考慮していました。通則法七条でも、このような黙示の意思による準拠法の選択が排除されるわけではありません。[*3][*4]

準拠法の定めがない場合

準拠法の定めがないときについては、通則法八条一項で、「前条の規定による選択がな

*1 ユナイテッド航空事件・東京高裁平成一二年一一月二八日判決は、契約書に合意管轄と準拠法についての明文が入っていた事例で、米国連邦裁判所あるいはイリノイ州裁判所の専属管轄の合意があるとして、日本では裁判できないとして訴えを却下したものです。後述のように、現在ではこのような労働契約締結時になされた管轄合意の効力は認められません。

*2 法例七条
「①法律行為の成立及び効力については当事者の意思に従いそのいずれの国の法律によるべきかを定む。②当事者の意思が分明ならざるときは行為地法による。」

*3 小出邦夫編著『一問一答新しい国際私法』（商事法務、二〇〇六年）四五頁。

*4 黙示の意思を探究する場合、基本的には、労働者の国籍と住所が重視されるべきです。国際的に展開する企業が、その営業活動に関係する国の法律を調査し熟知することは、使用者として当然のことです。他方、一労働者が、労務提供地の法であれ、雇入地の法であれ、あるいは労働契約の締結地の法であれ、その母国法、あるいは居住地ではない、つまりみずからにとって親近性の薄い外国の法の内容を認識したうえで、国際労働契約を締結するということは、あらかじめ使

いときは、法律行為の成立及び効力は、当該法律行為の当時において当該法律行為に最も密接な関係がある地の法による。」とされ、労働契約については、「当該労働契約において労務を提供すべき地の法を当該労働契約に最も密接な関係がある地の法と推定」することになっています（通則法一二条三項）。*5

日本でローカル・スタッフとして採用され、日本で働いている場合、日本法が適用されるのは当然です（ノースウェスト航空事件・東京高裁昭和五七年七月一九日判決）。

準拠法の定めがあっても、日本法が適用される場合もある

労基法のように労働者を保護する法制があっても、使用者の側でそのような法制がない国の法を契約準拠法として選択することによって、保護が不十分となることがおこります。そこで、通則法は、このような場合でも、労働者が意思表示をすることにより、労働契約に最も密接に関係する国の労働者保護規定などの強行規定の適用を受けられるようにしています（一二条一項）。この意思表示は、訴訟上・訴訟外どちらで表示してもよいのですが、適用されるべき保護規定は具体的にあげる必要があります。*6

このような意思表示がなくとも、日本での契約について日本で裁判をするのであれば、労基法のような強行法規は、*7 準拠法がどこかとは関わりなく、法廷地の「絶対的強行法規」として、適用されます。

スチュワーデスの場合

国際運送を行う航空機の乗務員という、労働者の業務活動が複数国にまたがって行われる労働関係においては、準拠法の定めがなく、黙示の意思も認定できない場合、労務供給

用者側からの説明がなされるなどの特段の事情がないかぎり、通常は考えにくいことだからです。

*5 法の適用に関する通則法一二条
「① 労働契約の成立及び効力について第七条又は第九条の規定による選択又は変更により適用すべき法が当該労働契約に最も密接な関係がある地の法以外の法である場合であっても、労働者が当該労働契約に最も密接な関係がある地の法中の特定の強行規定を適用すべき旨の意思を使用者に対し表示したときは、当該労働契約の成立及び効力に関しその強行規定の定める事項については、その強行規定をも適用する。
② 前項の規定の適用に当たっては、当該労働契約において労務を提供すべき地の法（その労務を提供すべき地を特定することができない場合にあっては、当該労働者を雇い入れた事業所の所在地の法。次項において同じ。）を当該労働契約に最も密接な関係がある地の法と推定する。
③ 労働契約の成立及び効力について第七条の規定による選択がないときは、当該労働契約の成立及び効力については、第八条第二項の規定にかかわらず、当該労働契約において労務を提供すべき地の法を当該労働契約に最も密接な関係がある

地（通則法一二条三項）が特定できないため、当該労働者を雇い入れた事業所の所在地の法が最密接関係地法と推定されます（同条二項）。*8

「法例」時代の裁判例ですが、東京をベースとするエール・フランスの日本人スチュワーデスの事件（東京地裁昭和四八年一二月二二日判決）、エアー・インディアの日本人エア・ホステスの事件（東京地裁平成四年二月二七日判決）はいずれも、日本法を適用して判断されています。国際航空労働の場合においては、「勤務の基地（ベース）」を支配する法が準拠法となる、と考えるのが当事者の意思に合致するものです。

ルフトハンザドイツ航空の東京ベースの日本人スチュワーデスが提起した賃金請求で、東京地裁は、採用の決定や労働条件の決定がドイツの事業所で行われていること、契約においてドイツの組合との労働協約適用の合意があること等を理由として、ドイツ法が準拠法であるとする判決をしました（平成九年一〇月一日）。*9 しかし、この事件は一九九八年七月に東京高等裁判所において、日本法の解釈を前提とする和解が成立し、会社が金銭を支払っています。

今後は、雇入事業所が日本支社なのか本社なのかが争われることになるでしょう。

国際裁判管轄

二〇一一年の民事訴訟法改正により、国際裁判管轄の規定が整備されました。個別労働関係民事紛争事件については、労務提供地が日本にあれば、労働者は日本で裁判を起こせます（民事訴訟法三条の四第二項）。管轄の合意は、紛争発生後や退職時になされたものに限り効力が認められます（同法三条の七第六項）。

地の法と推定する。」

*6 小出前掲書八三～八四頁。

*7 労働契約法の規定も多くは絶対的強行法規と考えられます（山口浩一郎監修『統合人事管理』〔経団連出版、二〇一五年〕三〇頁〔山川隆一執筆〕）。解雇権濫用法理が判例法理に止まっていた時代は、判例法理は絶対的強行法規に含まれないと解されていました（土田道夫他『ウォッチング労働法〔第二版〕』〔有斐閣、二〇〇七年〕二八三頁）。

味の素職務発明事件・東京地裁平成一六年二月二四日判決は、職務発明について、特許法三五条が絶対的強行法規に当たると解したものですが、最高裁は日立製作所事件で、そのようには解さない考えを採っています（平成一八年一〇月一七日判決）。

*8 小出前掲書五九頁。

*9 塚原英治・則武透「外国航空会社のスチュワーデスの労働契約の準拠法はどこか」労働法律旬報一四二六号。

12 会社を辞めたいのですが、いつでも自由に辞めることはできますか

退職とは

退職とは労働者による労働契約の解約です。退職については、労基法等による規制はなく、民法の「雇用」の規定に従うことになります。労働者と使用者の合意があれば、期間を含め制約はありません。[*1] 一方的な解約については、民法の規定は契約期間に定めがない場合と期間の定めがある場合で異なっています。[*2]

契約期間の定めがない場合

民法によれば、労働契約期間の定めがない場合は、二週間の予告期間をおけばいつでも労働契約を解約できます（民法六二七条一項）。[*3] 理由の如何を問いません。ただし、遅刻や欠勤をしても賃金がカットされない完全月給制の場合は、解約は翌月以降に対してのみ行うことができ、しかも当月の前半に予告をしなければなりません（同条二項）。つまり、一五日までに解約の予告をすれば、当月いっぱいで退職となります。一六日以降での予告の場合は翌月いっぱいでの退職となります。この予告期間の間は労務の提供をしなければならないので、勝手に休むと損害賠償の責任を負うこともあり、懲戒処分につながることもあります。しかし、有給休暇を消化することはできます。[*4]

就業規則によりこの二週間の期間を短縮したり延長したりできるかについては、まず、短縮の場合は労働者に特に不利益はなく可能と考えられています。延長については、民法

＊1 退職強要や退職の意思表示に思い違いがあった場合については、V－10問参照。

＊2 ここでは労働者による一方的な解約を説明します。使用者による一方的な解約は「解雇」と呼ばれ、労基法、労働契約法の規制を受けます（V－6問参照）。

＊3 民法六二七条（期間の定めのない雇用の解約の申入れ）
「① 当事者が雇用の期間を定めなかったときは、各当事者は、いつでも解約の申入れをすることができる。この場合において、雇用は、解約の申入れの日から二週間を経過することによって終了する。
② 期間によって報酬を定めた場合には、解約の申入れは、次期以後についてすることができる。ただし、その解約の申入れは、当期の前半にしなければならない。
③ 六箇月以上の期間によって報酬を定めた場合には、前項の解約の申入れは、三箇月前にしなければならない。」

＊4 菅野和夫『労働法［第一一版］』（弘文堂、二〇一六年）五三八頁。なお、退職ではなく解雇予定日が二〇日後である労働者が二〇日の年次有給休暇を有している場合、労働者の時季指定に対して、「当該二〇日間の年次有給休暇の権利が

に定める予告期間を超える部分については無効と考えられています。[*5]

また、退職について、使用者の承諾を要件とすると定めることは、労働者の退職の自由を不当に制約するもので無効です。

期間の定めがある場合

契約期間の定めがある場合は、民法上は「やむを得ない事由」がある場合にかぎり、期間の途中でもただちに解約ができることになります（民法六二八条）。[*6]「やむを得ない事由」としては、本人の病気とか、両親が病気になり看護しなければならない場合、あるいは両親が急死して家業を継がなければならないなどもこれにあたります。解約の理由が労働者の過失によって生じた場合や理由もなく勝手にやめた場合は、使用者に対して損害賠償の義務を生じます（同条但書）。労働者が突然解約したため、後任が補充できず、請けていた仕事ができなかった場合などに使用者からの損害賠償の請求が考えられます。ただし、損害は具体的に発生しなければ賠償義務が生じませんし、使用者が損害の発生を回避する努力をしたかも問われます。なお、このような拘束を伴う労働契約の期間は原則として「三年」を超えてはならないとされています（I-5問参照）。

期間の定めのある雇用契約が期間満了後も双方異議なく事実上継続されている場合、たとえば一年契約の期間が満了したがそのまま勤務を継続していたような場合、前契約と同一の条件で更新されることになりますが（黙示の更新）、この更新期間中は労働者はいつでも期間の定めのない場合と同様に解約ができることになります（民法六二九条一項）。[*7]

労働基準法に基づくものである場合、当該労働者の解雇予定日をこえての時季変更は行えない。」とした解釈例規（昭和四九年一月一一日基収五五五四号）があります。

*5 高野メリヤス事件・東京地裁昭和五一年一〇月二九日判決。水町勇一郎『労働法［第六版］』（有斐閣、二〇一六年）一八六頁注198。

*6 民法六二八条（やむを得ない事由による雇用の解除）
「当事者が雇用の期間を定めた場合であっても、やむを得ない事由があるときは、各当事者は、直ちに契約の解除をすることができる。この場合において、その事由が当事者の一方の過失によって生じたものであるときは、相手方に対して損害賠償の責任を負う。」
なお、I-5問で説明したとおり、一定の事業の完了に必要な期間を定めるものと、五年契約が認められる場合を除き、その期間が一年を超えるものについては契約締結から一年経過後は、いつでも退職することができます（労基法附則一三七条）。

*7 民法六二九条一項（雇用の更新の推定等）
「雇用の期間が満了した後労働者が引き

退職金の不支給

就業規則等で「会社の承認を受けずに一方的に退職した者」あるいは「退職申出後○○日間正常に勤務しなかった者」には退職金を支給しない（減額する）などの定めがされていることがあります。会社が承認しなくとも、予告期間等前述の法律に従って解約が行われていれば退職が認められますので、退職金の不支給（減額）はできません。「○○日間正常勤務」については、この期間が民法の規定の範囲内であれば有効とした裁判例がありますが（大宝タクシー事件・大阪高裁昭和五八年四月一二日判決）、一般に退職金の減額が認められる場合の要件との関係で学説の批判があります。

退職の手続

使用者は、労働者が死亡または退職した場合、権利者の請求があった場合は、七日以内に賃金を支払い、積立金、貯蓄金その他名称の如何を問わず、労働者の権利に属する金品を返還しなければなりません（労基法二三条一項）。この賃金または金品に関して争いがある場合でも、使用者は、異議のない部分を右期間中に支払い、または返還しなければなりません（同条二項）。退職金については、支給規定に定めがあれば、七日以内でなくとも許されます（Ⅲ－⑭問参照）。

また、労働者が、退職にあたり、使用期間、業務の種類、その事業における地位および賃金または退職の事由（解雇の場合は解雇理由）について証明書を請求した場合は、使用者は、遅滞なくこれを交付しなければなりません（労基法二二条一項）。この証明書には、労働者の請求しない事項を記入してはなりません（同条三項）。

続きその労働に従事する場合において、使用者がこれを知りながら異議を述べないときは、従前の雇用と同一の条件で更に雇用をしたものと推定する。この場合において、各当事者は、第六百二十七条の規定により解約の申入れをすることができる。」

13 会社を退職して同業他社に就職しようと思っているのですが、問題がありますか

在職中は競業避止義務を負う

在職中の競業行為については、明文の就業規則や合意があればもちろん、それがなくても信義則上、使用者の利益に反する競業行為を差し控える義務があることが認められています。*1

退職後は原則として自由競争

退職後であっても自由競争の範囲を逸脱した態様により顧客を奪うこと、使用者に損害を加える目的で一斉に退職することなどは、不法行為を構成するので、損害賠償責任を負います。しかし、金属工作機械部品の製造等を業とする会社を退職した従業員が、別会社を作って退職した会社と同種の事業を営み、その取引先から継続的に仕事を受注した場合でも、それが会社の営業秘密に係る情報を用いたり、その信用をおとしめたりするなどの不当な方法で営業活動を行ったものでなく、会社と取引先との自由な取引を阻害したものでないときは、社会通念上自由競争の範囲を逸脱するものではなく、不法行為にはならないとされています（三佳テック事件・最高裁平成二二年三月二五日判決）。

退職後の同業他社への就職は制限できるか

会社が労働者に対して、就業規則の規定や誓約書などで「労働者は退職後に会社と競争関係にある他社に就職したりしてはならない」との義務を課すことができるかは問題で

*1 顧客に競業他社を紹介して発注させ、雇用主の取引を奪った労働者に損害賠償責任を認めた事例があります（エープライ事件・東京地裁平成一五年四月二五日判決）。

す。退職後は労働者には職業選択の自由（憲法二二条一項[*2]）があり、労働者が自己の知識、技能を生かして就労することは当然のことでもあるので、一般的に退職後に競業避止義務[*3]を負っているということはありません（中部機械製作所事件・金沢地裁昭和四三年三月二七日判決）。

しかしながら、使用者に「保護されるべき利益」[*4]（①）が認められる場合には、判例上、退職後の競業禁止を定める合意や就業規則規定がある場合、以下を総合判断してその有効性が認められています。具体的には、①を最重要の要件として、②労働者の地位の高さ・職務内容、③競業が禁止される期間・地域・対象職種、④代償措置[*5]の有無などが検討されています。

損害賠償・差止め

競業禁止は本来自由競争の原則に反すること、職業選択の自由という憲法上の権利を制約するものであること、営業秘密等を保護するためには、不正競争防止法上の保護がされていること（V-14問参照）から、近年裁判所は、使用者に保護されるべき利益[*6]があるかどうかを厳密に判断する傾向にあります。医薬品等の開発研究のための薬理試験等を業とし製薬会社等からの受託で医薬品等の治験を行っていた会社が、臨床開発業務に従事し治験のモニター業務を行っていた従業員に対し、退職時の特約に基づき退職後一年間の競業避止義務があると主張した事案について、一年間の競業避止約定につき必要性が少なく代償措置も不十分として、競業避止義務を否定した裁判例があります（新日本科学事件・大阪地裁平成一五年一月二二日判決）。

＊2　憲法二二条一項
「何人も、公共の福祉に反しない限り、居住、移転及び職業選択の自由を有する。」

＊3　競業避止義務（きょうぎょうひしぎむ）
同業他社への就職、同業の起業、競合会社への協力など、営業者の営業と競争的性質をもつ行為を避ける義務。会社法上は、取締役と執行役が会社に対してこの義務を負っています（会社法三五六条一項一号、四一九条二項）。

＊4　就業規則に規定があればよいとするものに、モリクロ事件・大阪地裁平成二一年一〇月二三日決定があります。しかし、就業規則は退職後は効力が及ばないのが原則ですし、労働者がその条項を現実に認識していなくとも競業が禁止されてしまうことがありうるので、個別の合意に限られるとする学説も有力です。

＊5　退職金は在職中の労働の対象として支払われるものですから、原則として代償措置にはなりません。

＊6　営業秘密やノウハウに限定されると解されます。

特に差止めには「当該競業行為により使用者が営業上の利益を現に侵害され、又は侵害される具体的なおそれがあることを要」するとされています（東京リーガルマインド事件・東京地裁平成七年一〇月一六日決定）。

退職金の不支給

最高裁は、就業規則の「退職後同業他社へ転職した場合は退職金は自己都合退職の二分の一」とするという規定について、「退職後の同業他社への就職をある程度の期間制限することをもってただちに社員の職業の自由等を不当に拘束するものではない」としてこの規定を有効としました（三晃社事件・最高裁昭和五二年八月九日判決）。[*7]

しかし、右事件と同様な規定による退職金全額不支給の事件で、たとえ拘束期間が退職後六カ月にすぎなくてもその適用範囲を厳格に制限し会社に対する背信性がある場合にかぎり適用されるとして、退職に至った経緯や退職者の競業行為による会社への影響を考慮して退職金不支給を認めなかった裁判例もあります（中部日本広告社事件・名古屋高裁平成二年八月三一日判決）。最近は退職金についても、使用者の正当な利益の有無を厳しく判断するものが増えています。空調の保守点検作業に従事してきた労働者について、従事した作業は主に機械メーカーの操作説明書に従って行うもので、この作業のノウハウは営業機密にあたるとは認めがたいとして、会社からの退職金返還請求を認めなかった裁判例があります（三田エンジニアリング事件・東京高裁平成二二年四月二七日判決）。[*8]

*7　退職金請求の場合は、そもそも退職金の発生が就業規則等によるため、そこで規定されていることが合理的であれば、退職金自体が発生しない（損害賠償の問題ではない）との考え方を前提にしたものです。

*8　執行役員の退職金請求について、競業避止条項を定めた会社の目的はそもそも正当な利益を保護するものとはいえないなどとして特約を公序良俗違反で無効とした裁判例もあります（メットライフアリコ生命保険（アメリカン・ライフ・インシュアランス・カンパニー）事件・東京高裁平成二四年六月一三日判決）。

14 定年制にはどのような問題がありますか

定年制とは

定年制とは、一定の年齢に達した労働者を自動的に退職させる制度です[*1]。これは労働者が働きたいと思っていても、それとかかわりなく雇用関係を終了させるものですから、労働者にとってはたいへんなことです。しかし、企業としては、能率も落ちているのに比較的に高賃金である高年齢労働者にやめてもらい、経営効率を高めること、人事の刷新・組織運営の適正化のために必要だということで、法律上も認められています[*2]。一般職の公務員には定年制の定めがありませんでしたが、一九八一年以降は六〇歳定年制が導入されています（国家公務員法八一条の二[*3]、地方公務員法二八条の二）。したがって、定年制が就業規則に定められていれば、個々の従業員を採用する際に定年に達すれば退職するという約束をしていなくても退職させることができます（労働契約法七条）。しかし、労働者の意思に反しても退職させる制度ですから、その定年制が社会通念からみて労働者の労働権・生存権を侵害するような場合には許されません。

五五歳定年制は、一九五七年に新設された場合の合理性が認められていました（秋北バス事件・最高裁昭和四三年一二月二五日判決）。一九九〇年時点でもなお、公序良俗に反するものとはいえないとされていました（アール・エフ・ラジオ日本事件・東京高裁平成八年八月二六日判決）。

＊1　日本における定年制の歴史について以下が参考になります。野村正實『日本的雇用慣行』（ミネルヴァ書房、二〇〇七年）一〇九頁以下、櫻庭涼子『年齢差別禁止の法理』（信山社、二〇〇八年）二三頁。

＊2　年功賃金を取らないアメリカでは、年齢差別禁止法があり、定年制は違法とされています。ドイツでは定年制が法律では廃止されましたが、判例は六五歳定年制を有効だとしています（櫻庭・前掲書一七四頁）。

＊3　定年制導入にいたる経緯について、鵜飼信成『公務員法〔新版〕』（有斐閣、一九八〇年）一一一頁。
なお、国家公務員法八一条の二第二項但書に例外が定められています。

六〇歳未満の定年は違法

「高年齢者等の雇用の安定等に関する法律」の改正により、一九九八年四月一日からは、六〇歳未満の定年を定めることが違法とされています（同法八条）[*4]。また、六五歳未満の定年を設けている事業主には、定年の引き上げや継続雇用制度の導入など、六五歳までの雇用確保措置を講じる義務があります（同法九条）（Ⅰ－15問参照）。

定年延長に伴う問題

定年延長に伴い、労働条件の見直しを行うことはよくありますが、五五歳定年を六〇歳定年に延長して、五五歳以降の賃金を六〇％に切り下げることは、他の事情とあわせて合理性が認められています（第四銀行事件・最高裁平成九年二月二八日判決）（Ⅱ－8問参照）。

定年後の再雇用

定年後の再雇用については、期間一年ごとの更新、賃金は在職時の六〇ないし七〇％程度としているところが多いようです。労働政策研究・研修機構が二〇一三年に実施した調査では、定年後再雇用者の年間給与は、定年到達時の六八・三％が平均となっています。もっとも、一〇〇〇人以上の企業では、五〇％以下が三七・一％と多数で、大企業の方が低くなっています（「高年齢社員や有期契約社員の法改正後の活用状況に関する調査結果」）。定年後再雇用の場合、定年時の給与より下がることは、いわゆる「就業規則の不利益変更」（Ⅱ－8問参照）になることはありませんが（したがって労契法一〇条の合理性は不要）、契約内容となるに足る合理性（労契法七条の合理性）は必要になります（協和出

＊4　六〇歳未満の定年の定めが無効となった場合、定年の定め自体がなくなることとなると解する説（牛根漁業協同組合事件・福岡高裁宮崎支部平成一七年一一月三〇日判決）と、無効となった部分が「定年六〇歳」と読み替えられるとの二つの説があります。同判決では、無効とされた定年後の労働条件は、定年前の労働条件が延長となった期間の労働条件となるとされました。

＊5　同判決は、「就業規則が使用者と労働者との間の労働関係を規律する法的規範性を有するための要件としての、合理的な労働条件を定めていることは、単に、法令又は労働協約に反しないというだけではなく、当該使用者と労働者の置かれた具体的な状況の中で、労働契約を規律する雇用関係についての私法秩序に適合している労働条件を定めていることをいうものと解するのが相当である。」

版販売事件・東京高裁平成一九年一〇月三〇日判決参照）[*5]。高年齢者の雇用促進という法の趣旨を没却するほど低い場合は合理性が否定されます（同判決及びX運輸事件・大阪高裁平成二二年九月一四日判決は一般論としてこれを認めています［結論は、それほど低くはないとの判断］）。仕事の内容が同一であるのに、有期の雇用だからという理由で賃金を下げる場合は、労働契約法二〇条に違反するとされることがあります（長澤運輸事件・東京地裁平成二八年五月一三日判決[*6]）（Ⅹ－10問参照）。

期間については、五年とすることが認められ（Ⅰ－5問参照）、また年休取得の関係ではそれまでの勤続年数が通算されることがあります（Ⅶ－1問参照）。一九九五年からは六〇歳台前半層の労働者に対し、その就業を援助するため、雇用保険から賃金の一定割合を給付する高年齢雇用継続給付制度が実施されています（雇用保険法六一条）。

女性の差別的定年・若年定年制は違法

性別を理由とする差別的定年制は違法です（均等法六条四号）（Ⅵ－6問参照）。

定年の引き下げ

大学教員の定年年齢を七二歳ないし七〇歳から六五歳に引き下げる旨の就業規則の変更が合理的だとされた事例がありますが（芝浦工業大学事件・東京高裁平成一七年三月三〇日判決）、特殊なものです。その後大学教授の定年を七〇歳から六七歳に引き下げる就業規則の変更の合理性が否定された事例があります（大阪経済法律学園事件・大阪地裁平成二五年二月一五日判決）。六五歳以上の定年を六五歳未満に切り下げる場合は、高年齢者雇用安定法の趣旨に照らして合理性が認められることはないでしょう。

として、「就業規則に定められた従前の定年から同法に従って延長された定年までの間の賃金等の労働条件が、具体的状況に照らして極めて苛酷なもので、労働者に同法の定める定年まで勤務する意思を削がせ、現実には多数の者が退職する等高年齢者の雇用の確保と促進という同法の目的に反するものであってはならないことも、前記雇用関係についての私法秩序に含まれるというべきである。」としています。

＊6　同判決は「賃金コストの無制限な増大を回避しつつ定年到達者の雇用を確保するため、定年後継続雇用者の賃金を定年前から引き下げることそれ自体には合理性が認められる」としながら、「その財務状況ないし経営状況上合理的と認められるような賃金コスト圧縮の必要性があったわけでもない状況の下で、しかも、定年後再雇用者を定年前と全く同じ立場で同じ業務に従事させつつ、その賃金水準を新規採用の正社員よりも低く設定することにより、定年後再雇用制度を賃金コスト圧縮の手段として用いることまでもが正当であると解することはできない」としています。

15 高年齢者雇用安定法による再雇用制度とはどういうものですか

六五歳までの雇用確保が義務づけられている

二〇〇四年に高年齢者雇用安定法[*1]が改正され、二〇〇六年四月より、事業主は「定年の引き上げ」「継続雇用制度の導入」または「定年制の廃止」により、六五歳までの雇用を確保するための措置（高年齢者雇用確保措置）をとることが義務づけられました（九条一項）。

同法は事業主に雇用確保措置にかかる制度導入を義務づけているもので、さしあたり六〇歳に達する労働者がいない場合でも制度導入の措置を講じなければなりません。

継続雇用制度とは

継続雇用制度とは、「現に雇用している高年齢者が希望しているときは、当該高年齢者をその定年後も引き続いて雇用する制度」とされており（同法九条一項二号）、自社での雇用継続、特殊関係事業主による雇用があります（同条二項）。特殊関係事業主とは、①当該事業主の子法人等、②当該事業主を子法人とする親法人等、③当該事業主を子法人とする親法人等の子法人等（当該事業主、①及び②を除く）、④当該事業主の関連法人等、⑤当該事業主を子法人等とする親法人等の関連法人（④を除く）となっています（同法施行規則四条の三）[*2]。

この継続雇用制度として再雇用制度を導入する企業が多くみられます[*3]。再雇用制度と

＊1　高年齢者等の雇用の安定等に関する法律。

＊2　当該事業主と、特殊事業主の間には経営を支配する関係などが必要です。規則の解説については平成二四年一一月九日職発一一〇九第二号通達があります。

＊3　厚生労働省「平成二七年『高年齢者の雇用状況』集計結果」（二〇一五年一〇月二一日発表）によると、三一人以上規模の企業のうち、九九・二％が高年齢者雇用確保措置をとっており、そのうち、定年廃止が二・六％、定年の引き上げが一五・七％、継続雇用制度の導入が八一・七％となっています。

は、これまでの雇用契約を定年退職で終了し、新たな雇用条件で間を置かずに働き始めるものです。以下では再雇用制度を前提に説明を行います。

高年齢者雇用安定法に適合する再雇用制度は、原則として希望する者全員を再雇用するものでなければなりません（九条二項）。しかし、「心身の故障のため業務に耐えられないと認められること、勤務状況が著しく不良で引き続き従業員としての職責を果たし得ないこと等就業規則に定める解雇事由または退職事由（年齢に係るものを除く）に該当する場合には、継続雇用しないことができる」（「高年齢者等の雇用確保措置の実施及び運用に関する指針」平成二四年一一月九日厚生労働省告示五六〇号）とされています。

二〇一二年改正法の施行（二〇一三年四月一日）前は、労使協定などにより、再雇用の対象となる者の基準を定め、一定の労働者を排除することを可能にしていましたが、この制度は廃止されています。改正法施行前にこの制度を定めていた場合は、二〇二五年三月三一日までの間は、厚生年金報酬比例部分の支給開始年齢に到達した以降の者を対象に、既に定められた基準によることができるとされています（高年齢者等の雇用の安定等に関する法律の一部を改定する法律附則三条）。

雇用継続にあたって賃金や人事制度の見直しを行うときは、六五歳前に契約の終了する契約をする場合には六五歳までは契約を更新できる旨を周知するなど、雇用確保のための事項に留意しなければならないこととなっています（高齢者雇用確保措置の実施及び運用に関する指針）。期間や賃金については前問を参照してください。

再雇用契約締結の義務はあるか

高年齢者雇用安定法は事業主に高年齢者雇用確保の措置を講じることを、公法上義務づけるもので、違反した場合は指導、勧告等の対象となりますが（同法一〇条）、私法上、雇用契約締結の直接の根拠となるものとはされていません（ＮＴＴ西日本事件・大阪高裁平成二一年一一月二七日判決）。

しかし、法改正を受け、またはそれ以前から、就業規則や労働協約で定年退職者に欠格事由のない限り再雇用の権利を与えていたり、そのような取扱いが慣行として確立され黙示の契約内容となっていたと認められる場合には、定年退職者には再雇用契約の締結を求める権利が生じると解されています。裁判例においても、定年退職後特段の欠格事由のないかぎり、本人が希望すれば従前と同一の条件をもって再雇用される労働慣行が成立していると認定し、これにより再雇用契約が締結されたものと認めたものがあります（大栄交通事件・東京高裁昭和五〇年七月二四日判決、最高裁昭和五一年三月八日判決で維持）。

法に基づく継続雇用制度を設けた会社において、在職中の勤務実態が規定の継続雇用基準を満たしていた場合、定年後に締結した嘱託雇用契約の終了後も雇用が継続されるものと期待することには合理的な理由があるとして、嘱託雇用契約の終期の到来により雇用が終了したものとすることは合理的な理由を欠き社会通念上相当と認められず、嘱託雇用契約終了後も継続雇用規程に基づいて「再雇用されたのと同様の雇傭関係が存続しているものとみるのが相当」とした判例があります（津田電器計器事件・最高裁平成二四年一一月二九日判決）。

16 退職の際、研修費用を返還する義務はありますか

損害賠償の予定は禁止されている

労基法一六条は、「使用者は、労働契約の不履行について違約金を定め、又は損害賠償を予定する契約をしてはならない。」と定めています。第二次大戦前には、労働者を足止めするために、退職した場合に違約金を払うなどの約定が行われており、このような定めは人身拘束につながることから労基法はこれを禁止したのです。同条に違反する違約金約定は無効となります。また、このような契約をすると使用者は処罰されます（労基法一一九条一号）。

研修費用の返還約定については、右条項に違反するかが問題となります。

留学費用・技能修得費用

使用者が費用を出して労働者に海外留学や技能修得をさせる場合に、費用を労働者に貸与する形をとり、留学や技能修得後一定期間の勤続を行った場合にはその返還を免除する約束がされることがあります。

その留学、技能修得が、業務命令に基づくものではなく、担当業務に直接役立つものではなく、本人に利益があるなど、業務とみられないものについては、契約で費用の負担を定めることが許され、労基法違反にはならないとされました（長谷工コーポレーション事件・東京地裁平成九年五月二六日判決）。[*1*2]

＊1　この事件は、労働者が本人の選択した大学に留学してＭＢＡの学位を取得したもので、事前に誓約書を入れていました。

＊2　タクシー運転手として雇用された者が、業務に必要な普通第二種運転免許を取得するための研修を受けて免許を取得し、その直後に退社した場合について、免許は個人に付与され退職後も利用できるという個人的利益のあること、返還すべき費用が二〇万円に満たないこと、費用免責のための就労期間が二年間であったことなどから、費用返還条項は労基法一六条に違反しないとして、会社が立替えていた研修費用の請求を認めた裁判例もあります（コンドル馬込交通事件・東京地裁平成二〇年六月四日判決）。同様の請求を認めたものに、東亜交通事件・大阪高裁平成二二年四月二二日判決があります。

しかしながら、業務命令による場合や、本人の応募によるものであっても、海外企業で研修させ、あわせて派遣先企業の経営内容を調査し報告するという業務にも従事していた場合は、派遣費用は、本来、業務を遂行するために必要な費用として会社が負担すべきであり、費用返還を定めることは労基法一六条違反となります（富士重工業事件・東京地裁平成一〇年三月一七日判決）。

美容院で、従業員が会社の意向に反して退職した場合には、会社が行った美容指導の講習手数料として一カ月四万円を採用時に遡って支払うとの約定について、退職の自由を不当に制限するもので労基法一六条に違反するとされた事例もあります（サロン・ド・リリー事件・浦和地裁昭和六一年五月三〇日判決）。

なお、国家公務員の海外留学については、二〇〇六年に「国家公務員の留学費用の償還に関する法律」が定められています。[＊3]

請求を受けた場合

退職をしようとしたときに使用者から研修費用の返還の請求を受けた場合、研修の性格などから右の労基法違反に該当しないかどうか検討することになります。

仮に右の観点から使用者による返還請求が可能とされる場合においても、返済方法などにつき分割払い等現実性のあるものにするよう求めて交渉する余地はあります。[＊4] また、返還の請求が可能であるとしても、退職自体が禁止されるわけではありません。

＊3　公務員の場合は、留学そのものは大学院等での研修であって業務ではなく、国費で留学しているという性格から償還義務が認められています。留学費用の償還については、三条一項で、留学中の退職は留学費用全額（一号）、帰国後五年以内の退職の場合は、在職期間一月ごとに六〇分の一ずつ逓減した額です（二号、人事院規則一〇—一二）。

＊4　野村証券事件・東京地裁平成一四年四月一六日判決では、留学費用の返還が免除される勤続年数と実際の勤続年数の比率に応じて減額された額が請求され、認容されています。公務員の場合と同じ考え方です。

17 損害賠償と身元保証の責任はどの程度負うのですか

損害賠償を請求すると脅されたら

契約期間を定めているときに、「やむを得ない事由」なしに（「やむを得ない事由」があっても、それが自己の過失によるときは）中途で退職すると使用者に生じた損害を賠償する責任を負うことがあります（民法六二八条）（Ⅰ－12問参照）。もっとも、アルバイトなどであれば、突然に退職した場合でなければ大きな損害が生じることはあまりありません。自分の過失によらない「やむを得ない事由」があるときは、辞めても何の問題もありません。

また、仮に損害賠償請求ができる場合でも、使用者がこれを一方的に賃金から差し引くことはできません（労基法二四条）（Ⅲ－8問参照）。ですから、ブラックバイトなどで脅されているときは、まず退職して、それから対応を考えることができます。

損害賠償の予定は禁止されている

労基法一六条は、「使用者は、労働契約の不履行について違約金を定め、又は損害賠償額を予定する契約をしてはならない。」と定めています。契約に違約金条項が入っていても、無効です（Ⅰ－16問参照）。

損害賠償義務の制限

労働者が会社に損害を与えてしまった場合、たとえば機械操作業務に従事中居眠りをして機械を破損してしまったなどの場合、労働者に損害賠償の義務が発生することになります（民法四一五条[*1]、七〇九条[*2]）。しかしながら、使用者から労働者に対するこうした場合の損害賠償請求については、何らかの形で制限すべきとするのが一般的です。[*3]

裁判例では、職務遂行上の注意義務違反は認められるものの、就業規則に定める「重大な過失」はない等として、使用者から労働者への損害賠償請求を棄却した例があります（つばさ証券事件・東京高裁平成一四年五月二三日判決）。労働者に責任を認める場合においても、たとえば、労働者が業務遂行中に交通事故を起こしたため、使用者が第三者に損害賠償をし、労働者に求償した事件につき、「使用者は、その事業の性格、規模、施設の状況、被用者の業務の内容、労働条件、勤務態度、加害行為の態様、加害行為の予防若しくは損失の分散についての使用者の配慮の程度その他諸般の事情に照らし、損害の公平な分担という見地から信義則上相当と認められる限度において、被用者に対し損害の賠償を請求することができる」として、使用者の請求を損害額の四分の一に制限した例があります（茨城石炭商事事件・最高裁昭和五一年七月八日判決）。

また、前述の機械破損の例で、労働者の賠償負担能力が決して大きくないこと、使用者において損害軽減措置（機械保険の加入）を採っていなかったこと、深夜勤務中であったことなどを考慮して賠償額を四分の一に制限した裁判例もあります（大隅鉄工所事件・名古屋地裁昭和六二年七月二七日判決）。

身元保証

労働者が損害賠償責任を負う場合、身元保証人が請求を受けるということがあります。

*1　民法四一五条（債務不履行による損害賠償）
「債務者がその債務の本旨に従った履行をしないときは、債権者は、これによって生じた損害の賠償を請求することができる。債務者の責めに帰すべき事由によって履行をすることができなくなったときも、同様とする。」

*2　民法七〇九条（不法行為による損害賠償）
「故意又は過失によって他人の権利又は法律上保護される利益を侵害した者は、これによって生じた損害を賠償する責任を負う。」

*3　角田邦重「労働者に対する損害賠償請求」講座21世紀の労働法第四巻九二頁。

法的な意味での身元保証とは、「従業員の行為によって会社が被った損害を賠償することを約する」契約です（身元保証法[*4]一条）。

この身元保証契約については、身元保証法によって規制されており、身元保証人の責任範囲を合理的な範囲に制限しています。この法律の規定よりも身元保証人に不利な契約は無効とされています（同法六条）。この法律の主な内容はつぎのとおりです。

身元保証の期間について、契約に期間の定めがなければ三年で終了します（同法一条）。契約に期間の定めをする場合でも五年が限度であり、五年を超える契約は五年に短縮されます（同法二条）。合意による更新は可能ですが、自動更新の規定は無効とされています。

会社は、労働者に一定の事由[*5]が生じ身元保証人の責任が加重される可能性があるときなどに、身元保証人に対し通知をなす義務があります（同法三条）。この通知を受けた身元保証人は、将来に向けて身元保証契約を解除することができます（同法四条）。

身元保証人が負担すべき責任の範囲については、会社側の過失や保証をするに至った経緯その他一切の事情を考慮して裁判所が定めます（同法五条[*6]）。

＊4 「身元保証ニ関スル法律」

＊5 労働者に身元保証人の責任を生じさせるおそれのある不適任または不誠実な事跡や、身元保証人の責任を加重し、または監督を困難ならしめるような任務の変更、任地の変更など。

＊6 X農協事件・旭川地裁平成一八年六月六日判決は、農協の営農部長だった従業員が部下の不正行為の監督を怠ったとして三億円の賠償義務を負ったケースで、身元保証人の責任は一割程度としましたが、それでも三〇〇〇万円もの賠償が認められています。

18 会社が合併したり分割された場合、労働者の地位はどうなりますか

合併の場合

合併には、A社が解散するB社を吸収する吸収合併と、A社とB社が解散して新たにC社を新設する新設合併があります。

吸収合併の場合には存続会社のA社が、解散会社であるB社の権利義務を包括的に承継し、新設合併の場合には新設会社であるC社が、A社とB社の権利義務をやはり包括的に承継するので（会社法二条二七号、七五〇条、二条二八号、七五四条）、いずれの場合も労働契約関係（労働契約上の地位と労働条件）はそのまま承継されることになり、解散会社の従業員は存続会社または新設会社によって全員受け入れられることになります（日本合同トラック事件・松江地裁昭和三九年六月四日判決）。

会社分割の場合

会社分割制度は、企業の事業部門を切り離して新会社を設立する「新設分割」（会社法二条三〇号）、分割した事業部門をすでにある別会社に受け継がせる「吸収分割」（会社法二条二九号）の二つのタイプを規定しています。企業の優良部門の分離独立や不採算部門の切り離しなどを容易にするものです。

分割計画書等に記載された権利義務[*1]は分割会社から設立会社または承継会社に包括的（一括して法律上当然）に承継され、権利義務の承継を行うに際して、債権者の同意を得

＊1　会社分割において包括的に承継される権利義務は、会社分割により承継させる事業の全部または一部を構成するものです。分割計画書等に記載された権利義務については、分割会社から設立会社等に包括的に承継され、記載されなかった権利義務は承継の対象となりません。

ること等承継のための特段の行為をする必要はないとされています（会社法七五九条一項、七六一条一項、七六四条一項、七六六条一項[*2][*3]）。

会社分割においては、従業員との労働契約も吸収分割契約・新設分割計画の定めに従い、個々の労働者の承諾なしに承継会社・設立会社に承継されます。この枠組みによると、労働契約の承継（別会社に移ることになるので労働者からは転籍[*4]になります）について労働者の同意を必要としないこととなるため、労働者保護に欠けるおそれがあります。そこで、同時に労働契約承継法（会社分割に伴う労働契約の承継等に関する法律）が作られることとなったのです（平成一二年商法改正法附則五条）。

会社には、会社分割を承認する株主総会の日の二週間以上前に、対象労働者に通知し（労働契約承継法二条、同法施行規則一条）、分割計画書又は分割計画書を本店に備え置くべき日までに協議することが義務づけられています（商法改正法附則五条一項[*5]）。分割によって切り離される事業部門の社員（「承継会社等に承継される事業に主として従事する労働者[*6]」）については、新会社への転籍にあたり本人の同意は必要ないとされますが（同法三条）、労働条件などの権利義務はそのまま承継されます。

一方、分割される部門で働いていた社員が元の会社に残留・配置転換される場合は、通知された日から株主総会の前日までに書面により異議を申し立て、新会社に転籍することができます（同法四条）。逆に、分割されない部門で働いていたのに新会社に転籍させられる場合には、同様に異議を申し立て、拒否することができます（同法五条）。

*2　ただし、債権者・株主については、債権者保護手続（会社法七八九条一項二号、八一〇条一項二号、七九九条一項二号等）、株主総会における特別決議（会社法七八三条一項、七九五条一項、三〇九条二項一二号。簡易分割・略式分割を除く）や分割無効の訴えの手続（会社法八二八条一項九号、一〇号）等が用意されており、権利の保護が図られています。

*3　すでに発生した賃金債権や退職金（一時金および年金）債権、社内預金債権等を有する労働者は、債権者となるので、債権者保護手続、分割無効の訴えの手続が利用できます。

*4　転籍については、V-3問参照。

*5　商法等の一部を改正する法律（平成一二年法律第九〇号）（平成一七年七月二六日一部改正）附則五条一項（労働契約の取扱いに関する措置）
「会社法（平成十七年法律第八十六号）の規定に基づく会社分割に伴う労働契約の承継等に関しては、会社分割をする会社は、会社分割に伴う労働契約の承継等に関する法律（平成十二年法律第百三号）第二条第一項の規定による通知をすべき日までに、労働者と協議をするもの

合併、分割後の労働条件

合併や分割の場合は、労働契約関係が承継されると労働条件もそのまま承継されることになります。[*7] したがって、同一企業内に労働条件を異にするグループが併存することになります。このような場合に労働条件を調整することになりますが、本来的には使用者が一方的に行うのではなく労働者の意向を十分に取り入れるべきです。労働条件の一本化にあたってこれまでの労働条件が不利益に変更される場合は就業規則の不利益変更の問題となります（Ⅱ－8問参照）。合併などの場合は労働条件の統一的画一的処理の要請があり、労働条件を変更する必要性が高いと一般的には判断されています（大曲市農協事件・最高裁昭和六三年二月一六日判決）。

会社分割における労働協約の扱い

会社と労働組合との間に労働協約が締結されている場合、新会社に転籍した労働者がその労働組合の組合員であるときには、その労働協約は、新会社とその労働組合との間で同一の内容で締結されたものとみなされます（労働契約承継法六条三項）。

労働組合が会社との間に労働協約を締結している場合は、会社は、分割を承認する株主総会の二週間前までに、労働組合に対して分割に関する情報を書面で通知しなければなりません（同法二条二項）。[*8]

とする。」

この協議が行われず、または協議での会社からの説明が協議の内容が著しく不十分な場合には労働契約承継の効力を争うことができるとした判例があります（日本アイ・ビー・エム事件・最高裁平成二二年七月一二日判決）。

＊6　承継事業に「主として」従事する労働者にあたるか否かの判断基準につき、厚生労働省の指針が示されています（平成一二年一二月二七日労働省告示一二七号第二―二（三））。右指針は労働契約の承継について詳細に説明しており、参考になります。

＊7　この制度を利用した会社分割手続では、労働条件を不利益に変更することはできません。このため、労働契約は除外して会社分割を行い、労働者には労働契約の解約と新規契約させるという方法（いわゆる「転籍同意方式」）により不利益変更した例について、このような方法が労働契約承継法の趣旨を潜脱するもので無効とした上で、不利益変更前の労働契約が承継されたものとした判決があります（阪神バス事件・神戸地裁尼崎支部平成二六年四月二二日判決）。

＊8　合併・分割と労働協約については、『新・労働組合Q&A』Ⅱ－15問参照。

19 事業が譲渡された場合、労働者の地位はどうなりますか

事業譲渡とは

　合併や会社分割では前問のように、当事者の権利義務が包括的に承継されるのですが、事業譲渡（会社法四六七条）の場合は、事業[*1]を構成する権利義務の個別的承継であり、譲渡契約によって権利義務の承継の範囲を取り決めることとなります。さらに債務の移転については債権者の同意等を必要とします。

　譲渡される事業に従事してきた労働者の労働契約が譲り受け会社に承継されるかどうかは、譲渡会社、譲受会社、労働者の合意により決まります。使用者がその事業を他に譲渡したとき、その事業に従事していた労働者との間の労働契約上の地位は事業譲渡当事者間で特段の定めをしないときは、譲り受け会社に承継されるとした裁判例があります（エーシーニールセン・コーポレーション事件・東京高裁平成一六年一一月一六日判決）。事業譲渡に伴って労働契約を承継の対象とする場合、使用者が変わることになるので、労働者には同意不同意の自由があります（民法六二五条）。同意しなかった場合は、元の会社に残ることになりますが、整理解雇の対象となる可能性があります（V－4、8問参照）。

労働者の選別は許されるか

　譲渡の内容は事業譲渡契約で決まることなので、労働契約の全部または一部を対象としないこともありえます。しかし、企業の全部が他の会社に引き継がれるなどのように会社

＊1　従来は「営業」という用語でしたが、二〇〇五年制定の「会社法」により「事業」と改められました）。法律上「事業」の定義はありませんが、従来の「営業」についての理解すなわち、「一定の営業目的のために組織化され、有機的一体として機能する財産」（最高裁昭和四〇年九月二二日判決）を指すことになります。株式会社の場合、事業の全部の譲渡あるいは事業の重要な一部の譲渡については株主総会の事前の承認を受ける必要があります（会社法四六七条）。

の実体は実質的には変わりがない場合に、事業譲渡にあたって従業員を恣意的に差別・選別することは許されるべきではありません。組合員を承継対象から排除する合意は不当労働行為として無効です（青山会事件・東京高裁平成一四年二月二七日判決）。

また、営業譲渡に際し、譲渡当事者間で、従業員全員の労働契約を承継することを原則としつつ、労働条件の引下げに異議のある労働者を排除するため、全員からいったん退職届を提出させ、提出した者を再雇用するという形式をとり、提出しない者は会社解散を理由に解雇すると合意したことについて、かかる合意は公序良俗に反するものとして無効であり、全員の労働契約が承継されたとする裁判例があります（勝英自動車事件・東京高裁平成一七年五月三一日判決）。

譲渡後の労働条件は

事業譲渡により労働契約が承継される場合には、譲渡企業の労働条件が引き継がれるのが原則です（公共社会福祉事業協会事件・大阪地裁平成一二年八月二五日判決）。譲受企業の就業規則が当然に適用されることはなく、労働者の合意が必要ですが（エーシーニールセン・コーポレーション事件・東京高裁平成一六年一一月一六日判決）、労働者が譲受企業の労働条件を承認したものと見られることもあります（同判決では誓約書を入れていたことが認定されています）。

1 労働条件はどのようにして決められるのですか

労働条件

労働者が使用者のもとで、労働力を提供して賃金を得る契約を、労働契約といいます。[*1]「契約書」を取り交わすことがなくても、一定の条件で就労する約束ができている以上、「契約」は成立しているのです。[*2] どのような条件で労働力を提供して賃金を得るのか、具体的には、一週何日働き、一日何時間働き、休日はいつで（何日）、給与はいくらで、というその条件を労働条件といいます。[*3]

労働条件の労使対等決定の原則

労働条件は、使用者が一方的に決められるものではありません。労働契約は労働力の売買契約ですから、一般の売買契約などと同じように、売主と買主が対等の立場で売り買いの取引条件を決定すべきものです。このことを労基法二条一項は「労働条件は、労働者と使用者が、対等の立場において決定すべきものである。」と明示しています。

この労使対等決定の原則は、労働契約を初めて結ぶ場合だけでなく、その後労働条件を変更する場合にも当てはまります（労働契約法三条一項）。[*4]

労働基本権による対等性の保障

「対等な立場」でといっても、労働者個人と使用者は実際には対等とはいえません。一

＊1　労働契約法では、「労働契約は、労働者が使用者に使用されて労働し、使用者がこれに対して賃金を支払うことについて、労働者及び使用者が合意することによって成立する。」としています（六条）。

＊2　もちろん書面になっていたほうがよいので、労働契約法四条二項は、「労働者及び使用者は、労働契約の内容（期間の定めのある労働契約に関する事項を含む。）について、できる限り書面により確認するものとする。」としています。

＊3　労基法は「労働条件は、労働者が人たるに値する生活を営むための必要を充たすべきものでなければならない。」（一条一項）といっています。

＊4　労働契約法三条一項
「労働契約は、労働者及び使用者が対等の立場における合意に基づいて締結し、又は変更すべきものとする。」

＊5　日本国憲法二八条
「勤労者の団結する権利及び団体交渉その他の団体行動をする権利は、これを保障する。」

方的に労働者に不利な労働条件が押しつけられ、「契約」の名のもとにそれを強制されかねません。そこで法は、労働者に団結権、団体交渉権、争議権を与え（憲法二八条）[*5]、労働者が労働組合を作ることによって、使用者と実質的に対等の立場になれるよう保障し、あわせて労働条件の最低基準を定めて、弱い立場の労働者を守ることにしています（憲法二七条二項）[*6]。労働組合が使用者と文書で取り交わした合意が労働協約です（Ⅱ-4問参照）。労働条件は労使対等の立場で決定するとの原則からすれば、労働協約で労働条件を決定するのが本来あるべき姿なのです。

労基法は最低基準

憲法でいう勤労（労働）条件の最低基準を定めた法律が労働基準法（労基法）です。この法律に違反する労働条件を定めた労働契約や就業規則は無効とされます（労基法一三条[*7]、九二条一項[*8]）。また、労基法の基準を守らないと使用者は処罰されます。使用者が労基法を守らないときは、労働者は労働基準監督署に申告する権利があり、使用者は労働者が申告したことをもって不利益に扱ってはならないことになっています（同法一〇四条）[*9]。労基法さえ守られていない職場も多くありますが、他方で労基法を守ってさえいればそれでよいわけではありません。「この法律で定める労働条件の基準は最低のものであるから、労働関係の当事者は、この基準を理由として労働条件を低下させてはならないことはもとより、その向上を図るように努めなければならない。」のです（同法一条二項）。しかし、労基法を守らせ、それ以上の労働条件をかちとるためには、法に頼っているだけではダメで、労働者が団結し使用者と対等の立場を堅持することが不可欠です。

*6　日本国憲法二七条二項
「賃金、就業時間、休息その他の勤労条件に関する基準は、法律でこれを定める。」

*7　労基法一三条（この法律違反の契約）
「この法律で定める基準に達しない労働条件を定める労働契約は、その部分については無効とする。この場合において、無効となつた部分は、この法律で定める基準による。」

*8　労基法九二条（法令及び労働協約との関係）
「①就業規則は、法令又は当該事業場について適用される労働協約に反してはならない。
②行政官庁は、法令又は労働協約に抵触する就業規則の変更を命ずることができる。」

*9　労基法一〇四条（監督機関に対する申告）
「①事業場に、この法律又はこの法律に基いて発する命令に違反する事実がある場合においては、労働者は、その事実を行政官庁又は労働基準監督官に申告することができる。
②使用者は、前項の申告をしたことを理由として、労働者に対して解雇その他不利益な取扱をしてはならない。」

2 就業規則とは何ですか。私の労働条件と関係あるのですか

労働契約の内容となる就業規則

使用者は一定の場合、就業規則を作成することが義務づけられています[*1]（Ⅱ-3問参照）。労働契約を締結する場合において、就業規則が周知されている場合は、規定が合理的であるかぎり[*2]、その規定は労働契約の内容になります（労働契約法七条[*3]）。

就業規則と労働基準法との関係

労基法は労働条件の最低基準を定める法として非常に強い効力を持っていますから、これに反するような労働条件は、就業規則で定めても無効です（労基法九二条一項）。たとえ労働組合がそれでよいと認めても（たとえば労働協約を締結しても）、無効です。就業規則や労働協約よりも法律のほうが強いのです。

就業規則違反の労働契約の効力

就業規則に規定のある労働条件について、それに満たない労働条件を定めた労働契約は無効です。その無効部分は就業規則に定めた内容に変更されます（労働契約法一二条、労基法九三条[*4]）。たとえば契約で月給を二〇万円と定めたとしても、就業規則では月給を二五万円と定めていたならば、その労働者は二五万円の賃金を請求できるのです。あるいは一日の所定労働時間を七・五時間と契約しても、就業規則では七時間と定めていれば、七時間に短縮されます。七時間を超えて働いたならば、超えた部分について所定外労働とし

＊1 ここでいう「周知」は、労基法、労基則に列挙された方法によるものに限られず、実質的周知を指すとされています（菅野和夫『労働法〔第一一版〕』〔弘文堂、二〇一六年〕一九九頁）。

＊2 合理的でない就業規則の条項は労働契約の内容にならず、労働者はこれに従う義務を負いません。所持品検査についてのⅤ-13問参照。民間航空機の運航乗務員の労働条件について、会社による就業規則の一方的変更により大幅に延長された乗務時間の規定が安全性に問題があり、合理性がないとされた事例があります（日本航空事件・東京地裁平成一一年一一月二五日判決）。

＊3 労働契約法七条（労働契約の内容と就業規則との関係）
「労働者及び使用者が労働契約を締結する場合において、使用者が合理的な労働条件が定められている就業規則を労働者に周知させていた場合には、労働契約の内容は、その就業規則で定める労働条件によるものとする。ただし、労働契約において、労働者及び使用者が就業規則の内容と異なる労働条件を合意していた部分については、第十二条に該当する場合を除き、この限りでない。」

＊4 労働契約法一二条（就業規則違反の労働契約）

ての賃金を請求できます。

就業規則より優遇された労働契約の場合はどうか

就業規則に定める労働条件より優遇された個別の労働契約を結んでいた場合は、契約のほうが優先します（労働契約法七条但書）。一般の人の基準より上乗せで特別な契約をしている場合には、それはそのまま効力を持つのです。

就業規則に規定のないタイプの労働契約の効力

就業規則とは別の条件で、使用者が労働者と労働契約を結ぶことは、ふつうはありません。ときどき見かける例としては、パートタイマー・契約社員などの場合、あるいは外国の航空会社で一部あるように、本来の規定にない人をインストラクターなどの名前をつけて乗務させるときに個別の労働契約で行っている場合、などがあります。これらの場合も、本来その会社の従業員である以上、就業規則が原則として適用されます。就業規則にパートタイマーには適用しないとの規定があり、かつパートタイマーに適用する別の規定（就業規則）があればその規定に従うことになります。パートタイマーに適用する別の規定（就業規則）がない場合、性質に反しない限り、パートタイマーにも正規従業員に適用する就業規則が適用されることになります（日本ビクター事件・横浜地裁昭和四一年五月二五日決定［臨時工・解雇条項準用］、清風会事件・東京地裁昭和六二年八月二八日判決［医師・退職金］、大興設備開発事件・大阪高裁平成九年一〇月三〇日判決［高齢中途雇用者・退職金］）（X－2問参照）*5。

「就業規則で定める基準に達しない労働条件を定める労働契約は、その部分については、無効とする。この場合において、無効となった部分は、就業規則で定める基準による。」

労基法九三条（労働契約との関係）

「労働契約と就業規則との関係については、労働契約法（平成一九年法律第一二八号）第一二条の定めるところによる。」

*5 就業規則作成義務の違反にもなります。パート等に正社員の就業規則が当然に適用されるとすると、残業義務を定めた規程など不利益なものも適用されることになることから、個別に合理的に解釈すべきとされています（荒木尚志『労働法［第二版］』［有斐閣二〇一三年］三二三頁）。

3 就業規則はどのように作成されるのですか。変更の場合はどうですか

常時一〇人以上の労働者を雇用する使用者には就業規則の作成義務がある

常時一〇人以上の労働者を雇用する使用者は、賃金、労働時間等重要な労働条件について就業規則を作成することが必要です（労基法八九条）。違反すると三〇万円以下の罰金に処せられます（同法一二〇条一号）。

この場合の「一〇名以上」という場合の労働者は、その契約のタイプには関係ありません。正社員は一名だけで、他はパート（あるいはアルバイト）ばかり一〇名が雇用されている場合も「一〇名以上」に変わりなく、使用者は就業規則の作成義務があります。

賃金等は別規定にすることができますが、別規定にしたものも就業規則の一部ですから、その規定の作成・変更については、就業規則と同じ手続を踏まなければなりません。

正規の労働者とパートの労働者、臨時社員、嘱託社員などとで別々の就業規則を定めることはかまいません。しかし、就業規則でパート労働者等を適用除外とする場合は、パート労働者等に適用する就業規則を別途作らねばなりません。作らないと作成義務違反として処罰されます。

就業規則の記載事項

I-4問で説明した、明示すべき労働条件の二から十と同じです。このうち、①始終業時刻、休憩時間、休日および休暇に関する事項、②賃金の決定・計算・支払方法、締切、

支払時期および昇給に関する事項、③退職に関する事項は、常に規定しなければなりません。それ以外は、使用者がその定めをする場合にのみ記載が義務づけられるものです。

就業規則の作成・変更の手続は

使用者は就業規則の作成および変更について、「当該事業場に、労働者の過半数で組織する労働組合がある場合においてはその労働組合、労働者の過半数で組織する労働組合がない場合においては、労働者の過半数を代表する者」（Ⅱ-⑫問参照）の意見を聴き（労基法九〇条一項）、その意見を書いた書面を労働基準監督署に提出しなければなりません（同条二項）。職場の労働者の意見を少しでも反映させようとするものです。違反すると三〇万円以下の罰金に処せられます（同法一二〇条一号）。

なお、パート労働者に関して就業規則を作成しようとするときは、その事業所において雇用するパート労働者の過半数を代表する者の意見を聴くよう努めることになっています（パート労働法七条）。

作成・変更した就業規則は、労働基準監督署に届け出なければなりません（労基法八九条）。また、使用者は就業規則を、労働者に周知させなければなりません。周知の方法は、常時各作業場の見やすい場所に掲示または備え付けることや、労働者に書面を交付すること、オンラインで閲覧できるようにすることです（労基法一〇六条一項、労基則五二条の二）。いずれも違反すると三〇万円以下の罰金になります（労基法一二〇条一号）。

労働組合が反対の意見を出した場合はどうなるか

就業規則の作成あるいは変更に労働組合が反対の意見を出しても、そのことで就業規則が無効になるわけではありません。労基法九〇条一項は、「意見を聴かなければならない」と規定するに留まるからです。同様に、意見を求められたのに労働組合が相当期間内に回答しない場合は、使用者はその旨を付記して労働基準監督署に届け出てよい扱いになっています。その意味で中途半端な制度ですが、これは最低基準だからであり、労働者は労働組合の団結の力により、労働協約で労働条件を定めていけばよいのです（Ⅱ-4問参照）。

手続に違反して作成・変更された就業規則の効力

労働基準監督署への届出を怠った場合、労働組合などの意見を聴かなかった場合など、そのことでただちに就業規則が無効になるわけではありません。特に就業規則の最低基準としての効力（労基法九三条、労働契約法一二条）（前問参照）は、使用者がこうした手続を怠ったことで否定されるべきではありません。ただし、届出か実質的周知は必要です。[*1] 意見聴取・届出を欠くが周知されていた退職金規程に基づく退職金請求が認められた事例があります（インフォーマテック事件・東京高裁平成二〇年六月二六日判決）。

就業規則に定める労働条件に労働者を拘束する効力については、実質的周知が必要です（労働契約法七条）（前問参照）[*2]。周知していない規則に書かれた懲戒などの不利益処分は、労働契約の中身になる根拠がないので、行えません（フジ興産事件・最高裁平成一五年一〇月一〇日判決）（Ⅴ-11問参照）。

就業規則の合理的変更に労働契約を変更する効力を認める場合（労働契約法一〇条）（Ⅱ-8問参照）は、周知に加え、意見聴取と届出が必要です（労働契約法一一条）[*3]。

＊1　就業規則が不利益に変更されたときに、この最低基準効がどうなるかについて議論があります。実質的周知によって最低基準効も切り下げられるとする説（荒木尚志他『詳説労働契約法』［弘文堂、二〇〇八年］一一七頁）と最低基準効の切り下げには意見聴取・届出・周知という労基法上の措置をとっている必要があるとの説（水町勇一郎『労働法［第六版］』［有斐閣、二〇一六年］八九頁）が対立しています。

＊2　有利とは言えない労働条件に拘束することになるので、意見聴取・届出が必要であるとする説もあります（川口美貴『労働法』［信山社、二〇一五年］一〇五頁）。

＊3　労働契約法一一条は、「就業規則の変更の手続に関しては、労働基準法第八九条及び第九〇条の定めるところによる。」としています。これは、労働契約法一〇条に定める「就業規則の変更」は、労基法に定める手続をすべて遵守したものであることを求める趣旨と解されます。野川忍『わかりやすい労働契約法［第二版］』（商事法務、二〇一二年）一四〇頁、土田道夫『労働契約法』（有斐閣、二〇〇八年）五一三頁。これに対して、菅野和夫『労働法［第一一版］』（弘文堂、二〇一六年）二〇九頁

一〇人未満の事業所における就業規則

常時一〇人以上の労働者を雇用していない事業場においては、就業規則の作成義務はありませんが、作成することもできます。就業規則を作成し、労働者に周知させれば、Ⅱ－2問で説明した、最低基準としての効力（労働契約法一二条）、就業規則が労働契約の内容となる効力（労働契約法七条）が認められます。

一〇人未満の事業場においては、就業規則の作成又は変更について労働者の意見を聴取し、その意見を書いた書面を労働基準監督署に提出する義務（労基法九〇条一項、二項）はありませんし、労基署への届出義務もありませんが、これらを行った場合には、Ⅱ－8問で説明する、就業規則が合理的に変更された場合の労働契約に及ぼす効力（労働契約法一〇条）も認められます。*4

は、要件ではなく、一〇条の「その他就業規則変更に係る事情」の一つとして考慮されることを明らかにしたものとしています。

*4 西谷敏『労働法〔第二版〕』（日本評論社、二〇一三年）五七頁。このような場合、届出や意見聴取のない就業規則にも労働契約法一〇条の効力を認める説もありますが、労働契約法一一条に反し、合理性を担保する手続を欠くので妥当とは言えません。

4 労働協約とは何ですか。どんな効力がありますか

労働協約とは

労働組合と使用者が労働条件や団体的労使関係のルール等について合意し、その内容を文書で取り交わした場合、その文書は労働協約と呼ばれ、特別な効力が認められています。[*1] ですから、団体交渉で勝ち取った内容は文書にして労使双方が署名しておくべきです。署名のかわりに記名押印（組合や会社名のゴム印を押し組合や会社の印鑑を押すこと）でもかまいません。このようにして作られた文書は、「協定」、「覚書」、「確認書」、「議事録」など、付けられたタイトルがどうであれ（タイトルがついていなくても）、すべて法律上労働協約として認められます。使用者が「協約」というタイトルを付けることに抵抗を示すことがありますが、タイトルを気にすることはまったくありません。重要なのは、書面に、労使双方が署名、押印しているか否かなのです（労組法一四条[*2]）。

労働協約と労働契約の関係

労組法一六条は、「労働協約に定める労働条件その他の労働者の待遇に関する基準に違反する労働契約の部分は、無効とする。この場合において無効となった部分は、基準の定めるところによる。労働契約に定めがない部分についても、同様とする。」と定めています。個別の労働契約に定める労働条件は、労働協約のレベルまで引き上げられるのです。たとえば、ある労働者が、契約で（あるいは就業規則で）賃金を二〇万円と定めていたと

＊1　労働協約に関して詳しくは、東京南部法律事務所編『新・労働組合Q＆A』（日本評論社、二〇一六年）第Ⅴ章を参照。

＊2　労働組合法一四条（労働協約の効力の発生）「労働組合と使用者又はその団体との間の労働条件その他に関する労働協約は、書面に作成し、両当事者が署名し、又は記名押印することによってその効力を生ずる。」

しても、その労働者の所属する労働組合が、労働協約で賃金を二五万円と定めれば、その組合員は二五万円の賃金を請求できるのです。これはその労働者が労働協約締結後に組合に加入した場合でも同様です。

組合員が労働協約を上回る条件の個別契約を結ぶことができるかも問題となります。ドイツでは労働協約は最低基準なので、これを上回る契約は認められています（「有利原則」と呼んでいます）。日本では労働協約の適用範囲が企業ごとであり、標準的・定型的な労働条件を規定していることや、個別交渉を認めることは労働組合の交渉力を弱めることから、労働協約締結当事者の意思解釈の問題になりますが、原則としてこのような契約は許されないと考えられています。すなわち、労働協約基準に切り下げられるのです。

労働協約に違反した就業規則の効力

労基法九二条一項は、「就業規則は、法令又は当該事業場について適用される労働協約に反してはならない。」と定めています。[*3] 労働協約に違反する就業規則については労働基準監督署が変更命令を出せます（同条二項）。[*4]

労働協約の有効期間

労働協約の締結にあたって、有効期間の定めをするかどうかは当事者の自由です。労働協約は一種の平和協定ですから、有効期間中は、その改定を求めて争議行為を行うことはできません（これを「平和義務」といいます）。期間を定める際にはそのことをよく考えておく必要があります。

有効期間を定めた場合は、その期間中は双方に協約遵守義務があるので、労働条件が一

＊3　さらに、労働契約法一三条は「就業規則が法令又は労働協約に反する場合には、当該反する部分については、第七条、第十条及び前条の規定は、当該法令又は労働協約の適用を受ける労働者との間の労働契約については、適用しない。」として、協約締結労働組合の組合員には、労働協約に違反する就業規則条項の効力が及ばないことを明確にしています。当該の労働組合員以外に対する関係では、なお就業規則が効力を有することがあるわけです。

＊4　ルフトハンザ航空では、一九九〇年に、一日七・五時間、週三七・五時間という労働協約を持っているのに、それを超える時間を定めた変形労働時間制を会社が一方的に導入しようとして、就業規則の改正をしたことがあります。労働組合は労働協約違反の指摘をしたのですが、会社は改めなかったため、組合が労基署に申告したところ、労基署は、会社を呼んで、ただちにこれを撤回するよう勧告したのです。会社はその勧告に従い、就業規則の改悪を撤回しました。

方的に切り下げられることはありません。ただし、有効期間の定めをする場合は三年を超えることができません（労組法一五条一項）。三年を超える定めをした場合は、三年の有効期間を定めたものとして扱われます（同条二項）。

有効期間の定めがない場合は、解約をされないかぎり、いつまでも有効です。解約は、少なくとも九〇日の予告期間をおいて、署名または記名押印した書面で通告すれば、どちらからでも自由にできるとされています（同条三項、四項）。しかし、労働協約の解約についても、「恣意的な解約が権利濫用等の理由によりその効力を否定されることがありうるのはいうまでもない」ことです（ソニー事件・東京高裁平成六年一〇月二四日決定）。

非組合員にも労働協約が適用されることがある

原則として、労働協約はその協約を結んだ労働組合の組合員にのみ適用があります。例外として、「一の工場事業場に常時使用される同種の労働者の四分の三以上の数の労働者が一の労働協約の適用を受けるに至ったときは、当該工場事業場に使用される他の同種の労働者に関しても、当該労働協約が適用される」（労組法一七条）のです。右のような労働組合が締結した労働協約は、その工場あるいは事業場の「同種の労働者」である非組合員にも適用されるのです。その結果、労働組合が就業規則の規定よりも有利な労働条件を協約で獲得した場合、非組合員の労働者もその恩恵を受けることができます。判例上、この規定は労働条件の切り下げについても適用があるとされています（Ⅱ-6問参照）。

5 労働条件の変更はどのようになされるのですか

労使対等決定の原則

労働条件の変更についても、Ⅱ－1問で説明した労使対等決定の原則が適用されます（労働契約法三条一項）。したがって労働条件の変更も合意でなされるのが原則です（同法八条）[*1]。

労働組合と会社の団体交渉で条件を向上させていくのがあるべき姿です。切り下げる場合もそれに準じて考えられます（Ⅱ－6問参照）。

法律による変更

労働条件に関する法律が制定・改正されると、労働者に有利なものについては自動的に労働条件が変更されることがあります（Ⅱ－7問参照）。

就業規則の変更

就業規則の変更により個人の労働条件が変更されるかについては、Ⅱ－8、9問で説明します。

変更解約告知

勤務場所・職種などを契約で限定している場合は、使用者は一方的にこれを変更することはできません。労働者との合意がとれないときに解雇の脅しでこれを変更しようとするのが変更解約告知です（Ⅱ－10問で詳しく説明します）。

＊1　労働契約法八条（労働契約の内容の変更）
「労働者及び使用者は、その合意により、労働契約の内容である労働条件を変更することができる。」

6 私が属する労働組合が従来よりも労働条件を切り下げる労働協約を結んでしまいました。私には納得できませんがどうなりますか

原則として労働条件は切り下がることになる

労働協約上の労働条件が新たな協約により切り下げられた場合、その協約が「特定の又は一部の組合員をことさら不利益に取り扱うことを目的として締結されたなど労働組合の目的を逸脱して締結された」場合でないかぎり、その協約に反対している組合員もこれに従わなければなりません（朝日火災海上保険事件・最高裁平成九年三月二七日判決）。したがって、あなたの労働条件は切り下げられる結果となります。

ただし、賃金の切り下げなどの重大な労働条件の低下をもたらすものである以上、組合内部の討議を経ての組合大会や組合員投票など、その不利益を受ける労働者の意思が十分反映されていることが必要なことは当然です（神姫バス事件・神戸地裁姫路支部昭和六三年七月一八日判決）。前述の朝日海上火災保険事件の最高裁判決でも、その労働協約が労働組合の目的を逸脱して締結されたか否かの判断にあたっては、その協定により労働者が受ける不利益、その協約が締結されるに至った経緯、当時の会社の経営状態、その労働協約に定められた基準の全体としての合理性等を考慮するとしています。この最高裁判決以後も、五三歳以上の高齢者の月例給を二三％減額する労働協約につき、組合規約において要求されている組合大会の決議を経ずに締結されたことから、締結手続に瑕疵があるとして無効とされた事件があります（中根製作所事件・東京高裁平成一二年七月二六日判決、

最高裁平成一二年一一月二八日決定で維持）。これは、従前の労働協約と同様に職場会における意見聴取や代議員会の決議が経由されていたとしても、従前の協約は労働条件を不利益に変更するものではなく、また、本件協約のもたらす不利益が極めて大きいことからすると、組合大会の決議が不要であるとはいえないとされたものです。高裁判決は、さらに変更の必要性・合理性など協約内容の合理性も問題にし、これを否定しています。

同様に、希望退職に応じなかった五六歳以上の従業員の基本給を三〇％減額する協約につき、手続上の瑕疵のみならず内容的にも合理性を欠くとしてその労働協約の適用を否定した裁判例（鞆鉄道事件・広島高裁平成一六年四月一五日判決）があります。[*1]

このように、労働協約は組合員による集団的自己決定ですから、裁判所の判断枠組みは、使用者が一方的に作成する就業規則における場合とは異なって当然ですが、組合員の一部に重大な不利益を及ぼすような協約条項については、裁判所による手続審査、内容審査が及ぶと考えられます。

組合を脱退した場合はどうか

あなたが組合を脱退した場合、その時から労働協約は適用がなくなると考えられます（北港タクシー事件・大阪地裁昭和五五年一二月一九日判決）。ただし、そのことであなたの労働条件が元の有利なものに戻るかは別問題です。有利な労働条件が従来の労働組合の協約によって得られたのであれば、その従来の協約は存在しなくなりましたし、かつあなたはその組合員でもないのですから、元には戻りません。あなたの労働条件は、就業規則の定めによることになり、この就業規則が新しい労働協約と同じ内容に変更されたとき

＊1　中央建設国民健康保険組合事件では、労使協定の締結により、退職金が約三七八〇万円から三二四〇万円に減額された事案について、原告にも意見を述べる機会が保障されていたこと（組合の意思決定過程の公正さ）、経費削減＝規定の見直しの必要性、減額後も公務員より高く母体組織と同水準になったに過ぎないこと（基準の合理性）から、適用が肯定されています（東京高裁平成二〇年四月二三日判決）。

は、Ⅱ－[8]問でご説明する就業規則の不利益変更の効力の問題になります。

この点については、別の考え方もあります。従来の労働協約の内容が労働契約の内容になっていたので、組合が新労働協約を締結する前に脱退すれば、従来の契約内容が維持できるとするのです。しかし、この場合でも、合理性のある就業規則の変更により、新しい労働条件への切り下げができると考えられています。

非組合員でも適用されることがある

労働協約を締結したその組合が、特定の工場あるいは事業場の「同種の労働者」の四分の三以上を組織する場合、その協約はその工場あるいは事業場の同種の労働者である非組合員にも適用されます[*2]（労組法一七条）（Ⅱ－[4]問参照）。判例では、その労働協約が労働条件を不利益に変更する内容であっても、原則的には同じだとされています（朝日火災海上保険事件・最高裁平成八年三月二六日判決）。

しかし、非組合員は労働組合の意思決定に関与する立場にありませんから、その協約によって受ける不利益の程度、内容、協約締結の経緯、非組合員がその組合に加入する資格があるかなどの事情を総合的に判断し、非組合員に適用することが著しく不合理である場合は、適用が認められません。右事件の最高裁判決は、この理由から、組合加入資格のない非組合員の退職金の減額を否定しています。

右の理由からすれば、そもそも、切り下げについては、非組合員への拡張適用を否定すべきだという考えも有力です[*3]。

＊2　『新・労働組合Q＆A』一二五頁参照。

＊3　他の考え方として、組合員資格を否定されている管理職などは、「同種の労働者」とは言えないと考える説も有力です。

7 労基法などが改正された場合、私の労働条件はどうなりますか

労働条件の改善は当然適用される

労基法等の労働保護法規の多くは、労働条件の最低基準を定めた法律ですから、育児・介護休業法による育児・介護休業の法制化や、労基法改正による年次有給休暇の日数の増加（三九条一項）のように、これまでの労働条件を向上させる改正の場合は、改正法以下の条件を定める労働協約・就業規則は無効となり、労働条件は法の定める水準まで引き上げられます（労基法一三条、九二条一項）。つまり、就業規則等の改正がなくとも、改正法の定める労働条件が適用されるのです。（Ⅱ－1問参照）

なお、労働基準監督署は、法令に反する就業規則の変更を命ずることができ（労基法九二条二項）、この命令に従わない使用者は三〇万円以下の罰金に処せられます（労基法一二〇条三号）。

労働条件の切り下げは簡単にはいかない

一九九八年労基法改正における労働時間の弾力化（二〇〇三年改正で要件を緩和。二〇一五年通常国会に改正案が提出され継続審議中）や女性の深夜勤の解禁、時間外・休日労働制限の廃止などは、それが具体化されれば、それを望まない労働者にとって、労働条件の切り下げとなります。しかし、もともと労基法は、それ以下で労働者を働かせてはいけない最低基準を定めたものです。したがって、労基法の基準が引き下げられたからといっ

て、労働条件が自動的に切り下げられるようなことはありません。

労基法一条二項では、「この法律で定める労働条件の基準は最低のものであるから、労働関係の当事者は、この基準を理由として労働条件を低下させてはならないことはもとより、その向上を図るように努めなければならない。」と定めています。基準が変わったから下げるということは許されないといっているわけです。

それでは使用者が、労基法にそって就業規則を改正した場合はどうでしょうか。

この場合、労基法一条二項の「この基準を理由として労働条件を低下させ」ることになるので、本条違反として無効だとする考えもありますが、厚生労働省はそのような解釈をとっていません。一般には、就業規則の改正によって労働条件の切り下げができるか、という問題になると考えられており、裁判所は「合理性」があれば可能としています（Ⅱ-8問参照）。

一九九九年の改正の場合は、女性の時間外労働規制・深夜勤の禁止の廃止は、女性労働者の雇用機会や待遇の均等を図ることを目的とするものですから、その職場において雇用機会や待遇の均等扱いについて何の改善もせずに、労働条件の切り下げだけをしようとする場合は「合理性」を欠くことになると考えられました（Ⅳ-18問参照）。労働時間規制の弾力化も、それにより労働者にプラスになる改訂と併せて初めて合理性が認められることになるでしょう。

8 使用者が一方的に就業規則を変更し、労働条件を切り下げることができるのですか

労働条件の労使対等決定原則との関係

労働条件は使用者が一方的に決めることはできません（労働条件の労使対等決定の原則。労基法二条一項、労働契約法三条一項）（Ⅱ－1問参照）。労働条件の変更は同意によるのが原則です（労働契約法八条）。ところが就業規則は、使用者が、労働者・労働組合が反対しても作成・変更できます（労基法九〇条）（Ⅱ－3問参照）。そして就業規則はその規定が合理的であるかぎり労働契約の内容となります（労働契約法七条）（Ⅱ－2問参照）。それでは、使用者が労働者・労働組合の反対を押し切って就業規則を変更（改悪）し、労働条件を切り下げてきた場合、どうなるのかが問題です。

たとえば、あなたの会社入社当時、就業規則では一日の所定労働時間は七時間であったとします。あなたは一日七時間働く契約をしたことになります。後日使用者が一日七・五時間労働にしようと就業規則を改定したらどうなるのか。あなたの所定労働時間は七・五時間になってしまうのか。この種のことはしばしば問題となります。

原則的には一方的切り下げはできず、改定後に入社した労働者のみに効力は及ぶ

就業規則の変更は、労働条件を不利益に変更するものであっても、使用者は有効に変更できます。ただし、どの範囲の労働者に効力が及ぶか（すなわち改定以前からの従業員の労働条件が切り下がるか）は別の問題です。

労働条件は使用者が一方的に決めることはできませんから、改定された就業規則は、改定以降に労働契約を結んだ労働者だけに効力が及ぶのが原則です[*1]。就業規則による労働条件は労働契約の内容になっているのですから、「新たな就業規則の作成または変更によって、既得の権利を奪い、労働者に不利益な労働条件を一方的に課することは原則として許され」ないのです（秋北バス事件・最高裁昭和四三年一二月二五日判決）。したがって、改定前に入社した労働者は改定前の労働条件のままです（労働条件は切り下げられない）。右の例でいえば、あなたの所定労働時間は七時間のままです。改訂後に新規に入社した人は所定労働時間七・五時間の契約になります。これは自分が労働契約を結んだときの条件（就業規則）がどうであったかということで決まるのです。

二〇〇七年に制定された労働契約法では、あらためてこの原則を確認するとともに、つぎに述べるように例外のあることも規定しています（同法九条[*2]）。なお、就業規則の変更に労働者が同意すれば、合意による労働条件の変更（労働契約法八条）として効力が認められます（次問参照）。

例外―変更に合理性があるときは、労働条件が変更される

日本の裁判所は、会社側に就業規則変更の必要性があり、それを変更することに合理性がある場合には、例外的に就業規則を変更することによって労働条件を不利益に変える（切り下げる）ことを認めてきました。二〇〇七年に制定された労働契約法は、これを、変更後の就業規則の周知を要件として明文化しましたが、合理性の判断要素についてはつぎのものを掲げています（一〇条[*3]）。

＊1　改定された就業規則が、「労働契約内容となるべき合理性」を欠く場合は、改定以後に労働契約を結んだ労働者も自己への適用を争うことができるとした裁判例があります（日本航空事件・東京地裁平成一一年一一月二五日判決）。

＊2　労働契約法九条（就業規則による労働契約の内容の変更）
「使用者は、労働者と合意することなく、就業規則を変更することにより、労働者の不利益に労働契約の内容である労働条件を変更することはできない。ただし、次条の場合は、この限りでない。」

＊3　労働契約法一〇条
「使用者が就業規則の変更により労働条件を変更する場合において、変更後の就業規則を労働者に周知させ、かつ、就業規則の変更が、労働者の受ける不利益の程度、労働条件の変更の必要性、変更後の就業規則の内容の相当性、労働組合等との交渉の状況その他の就業規則の変更に係る事情に照らして合理的なものであるときは、労働契約の内容である労働条件は、当該変更後の就業規則に定めるところによるものとする。ただし、労働契約において、労働者及び使用者が就業規則の変更によっては変更されない労働条

件として合意していた部分については、第十二条に該当する場合を除き、この限りでない。」

①労働者の受ける不利益の程度、②労働条件の変更の必要性、③変更後の就業規則の内容の相当性、④労働組合等との交渉の状況、⑤その他の就業規則の変更に係る事情。

就業規則変更の合理性は、これらの判断要素を総合的に考慮して判断されます。

これらの判断要素は、これまでの判例が積み上げてきたものをほぼそのまま成文化したものであり、その解釈にあたっては、これまでの判例が重要な役割を果たします。これまでの判例では、①については、その不利益をカバーするための代償措置をとっているかもしばしば問題とされていました。③については、変更の社会的相当性として、社会通念・同業他社の労働条件などとの比較で判断することが多かったものです。④については、他の労働者・労働組合などの意見は変更に賛成か反対か、使用者は労働者・労働組合を説得する努力を重ねたかどうかなども問題とされてきました。立法の過程では、多数派の労働組合が賛成した場合は合理性を推定するという規定を入れる案も出されましたが、反対が強く、立法からは落とされたものです。

労働条件変更の「必要性」の程度は、右①③④⑤との総合判断の重要な要素になりますが、判例では、特に賃金・退職金などについては、その変更の合理性が認められるためには高度の必要性のあることが求められてきました（第四銀行事件・最高裁平成九年二月二八日判決、みちのく銀行事件・最高裁平成一二年九月七日判決）。

変更は例外ですから、その必要性・合理性は使用者が主張し、それを証明すべきです。ただし、労働者の九〇％を組織する多数組合と労働協約を結びそれに従って改正した場合などは、「労使間の利益調整がされた結果としての合理的なものと一応推測」できるとした判例があります（前記第四銀行事件判決）。他方、七三％を組織する労働組合が同意した五五歳以降の賃金水準を大幅に切り下げる就業規定の変更につき、「変更の合理性を判断する際に労組の同意を大きな考慮要素と評価することは出来ない」とした判例（前記みちのく銀行事件判決）もあります。

また、制度としては変更の合理性が認められる場合でも、特定の個人に適用することが不合理であるとして、その個人の労働条件の切り下げの効力が否定されることがあります（前記みちのく銀行事件判決。第四銀行事件判決の河合裁判官の反対意見参照）。

合理性が認められたものは

これまでに合理性が認められた事件としては、つぎのようなものがあります。[*4]

秋北バス事件（最高裁昭和四三年一二月二五日判決）では、主任以上の地位にある従業員に五五歳定年制を新設した事案について、「定年制に関する当時の社会通念」「五〇歳定年制という他の従業員とのつりあい」「主任以上の従業員の一般的受容」などから、合理性を認めています。

タケダシステム事件（最高裁昭和五八年一一月二五日判決）では、有給の生理休暇を年二四日間から月二日間に変更し、かつ有給の率も一〇〇％から六八％に変更した事案について、「変更により被る不利益は僅少」「この変更との関連で賃金の大幅な改善が行われた（代償措置がある）」「旧規定の下では生理休暇取得が濫用される傾向があった」「会社は団交を重ね、労働組合の同意を得るべく努力した」ことなどから、変更は十分な合理性があるとしました。

＊4　その後の裁判例で、変更の合理性を認めたものには次のようなものがあります。

会社更生の場合、更生手続開始後に会社都合で退職した者の退職金が全額共益債権となるため（会社更生法一二七条二号、一三〇条四項）、随時弁済をしなければならず、更生会社が資金繰りに窮することがあります。このために、退職金を二〇％として減額支給し、更生手続の推移により追加退職金を支給するとの就業規則改正が、破産を回避し、現実に追加支給と合わせて七四ないし七七％の支給を確保したとの実績から、合理性が認められています（新潟鐵工所事件・東京地裁平成一六年三月九日判決）。この事

第四銀行事件（最高裁平成九年二月二八日判決）では、定年延長に伴う賃金減額の合理性を認めました。旧就業規則には五五歳定年が定められるとともに、本人の願い出により引き続き在職を必要と認めたものについては、賃金の減額なしに三年間を限度とする定年延長が認められていましたが、銀行は従業員組合と協約を締結の上、就業規則を変更し、六〇歳定年を実施しました。これに伴い、五五歳以降の年間賃金は五四歳時の六割に減額、この結果、従来の五五歳から五八歳までの賃金総額が新定年制下での五五歳から六〇歳までの賃金総額とほぼ変わらなくなったという事案で、定年延長の高度の必要性、延長による労働条件改善の利益、福利厚生制度の適用延長などの不利益緩和の措置、組合との労働協約の締結等々の諸事情を総合判断して、合理性を肯定しています。

函館信用金庫事件（最高裁平成一二年九月二二日判決）では、完全週休二日制の実施に伴い、平日の所定労働時間を二五分延長する旨の就業規則の変更につき、合理性を認めました。年間を通してみれば変更の前後で所定労働時間に大きな差がなく、完全週休二日制の実施は労働者にとって大きな利益であること等から、労働者が被る実質的不利益は必ずしも大きくないこと、他方、経営側にとって変更の必要性は人件費の抑制の点等からも必要性が高いこと、変更後の所定労働時間はわが国の水準として必ずしも長時間といえず社会的相当性があること、等から合理性を認めたものです。ほぼ同様の事案・判決として、羽後銀行事件（最高裁平成一二年九月一二日判決）があります。

合理性を否定したものは

御国ハイヤー事件（最高裁昭和五八年七月一五日判決）では、経営困難を理由として退

件では最終的に一〇〇％の支払いがなされました。

自動車教習所が少子化等社会的な流れの影響を受けて経営が悪化し、基本給の額を二二万九二〇〇円から一九万四二〇〇円に引き下げ、勤務給、技術給、年齢給、調整給を廃止するなどの給与規定改訂を行ったことについて、減額割合が八・一％と重大ではないこと、同職種の契約社員よりなお三～四万円高く、県内の他の教習所と比べても低額とは言えないことから合理性が肯定されています（シオン学園事件・東京高裁平成二六年二月二六日判決）。

職金の算定基礎である勤続年数を頭打ちにすることは、その代償となる労働条件も提供されない以上、合理性なしとしています。

みちのく銀行事件（最高裁平成一二年九月七日判決）では、従前から六〇歳定年制を採っていたところ、五五歳以上のもの全員を「専任職」とし、その賃金を約三〇％ないし五〇％程度削減する就業規定の変更について、その変更に同意しない原告らに対する効力を否定しました。判決は、銀行側にこのような就業規則変更の高度の経営上の必要性があったことは認めながら、原告ら高年層の行員の賃金面の不利益が極めて大きいこと、このような賃金削減を正当化するに足りるほどの職務の軽減が図られていないこと、代償措置が不利益を補うような重要なものではないこと、行員の約七三％を組織する労働組合が変更に同意しているがこうした不利益性の程度や内容を考えれば労組の同意を大きな考慮要素とはできないこと、この就業規則の変更を行う経営上の高度の必要性は認められるが差し迫った必要性に基づくものとはいえないこと、等から、変更の合理性を否定したものです。

航空機の運航乗務員（副操縦士、航空機関士）の乗務時間・勤務時間制限が大幅に延長され（予定着陸回数一回の場合、乗務時間九時間・勤務時間一三時間を各々一一時間と一五時間に延長など）、国内線連続乗務における最長連続三日の制限を最長五日まで延長した事例について、安全性を欠くおそれがあるとして、変更の合理性を否定した裁判例があります（日本航空事件・東京地裁平成一一年一一月二五日判決）。[＊5]

この事件の控訴審もこの就業規則変更の効力を否定しています。高裁判決は、この乗務

＊5　船尾徹・宮川泰彦・海部幸造・佐藤誠一・則武透・塚原英治「日本航空乗員の『勤務基準不利益変更裁判』勝利判決の意義」労働法律旬報一四七七号。

時間および勤務時間の制限の延長が運航乗務員にとって大幅な不利益変更であること、日本航空の経営改善の観点からこの変更の必要性はあったといえるが高度の必要性までは認められないこと、変更された内容自体も勤務基準の安全性の点から、不相当とまではいえないものの相当性には疑問が残ること、その変更に伴う代替措置も十分なものとはいえないこと、変更について日本航空の管理職を含め運航乗務員の大半が反対し、他の従業員も同意するに至っていないこと、等を総合考慮すれば、就業規程は被控訴人らとの間において法的規範性を是認することができるだけの合理性を有すると認めることはできない、としたものです（東京高裁平成一五年一二月一一日判決）。*6

航空会社における機長（管理職）を対象とする長時間乗務手当にかかる就業規則の不利益変更につき、同変更を行う経営上の必要性は存在するが必ずしも高度ではないこと、変更に際して機長らになされた説明が説得性を欠いていたこと、変更によってもたらされる不利益が大きいこと、代償措置がとられていないこと、外国他社と比較して人件費コストに大きな差があったとはいえないこと等を考慮して、不利益変更の合理性を否定し、機長らの、旧規定に基づく手当との差額支払請求を認容した事例があります（日本航空事件・東京地裁平成一五年一〇月二九日判決）。*7*8

＊6　海部幸造解説・季刊労働者の権利二五三号四五頁。

＊7　山口泉解説・季刊労働者の権利二五三号四一頁。

＊8　最近の裁判例で変更合理性を否定したものとしては次のようなものがあります。

リーマンショック以降の業績の悪化に対応するため、会社休日を四日削減したことについて、年間所定労働時間が増加し、賃金カットと同様の効果を生じさせることになるので、不利益の程度は必ずしも小さいとはいえないところ、労働者に上記不利益を受任させることを正当化するまでの高度な必要性があるとまではいえず、内容の相当性についても疑問が残ることなどから合理性を否定した事例（フェデラルエクスプレスコーポレーション事件・東京地裁平成二四年三月二一日判決）。

役職定年制の導入（五五歳到達時以降毎年一〇％の割合で給与が減額され六〇歳で定年を迎えるときには削減率が五〇％）について労働者の受ける不利益が大きい一方、変更の必要性の程度は会社の破綻等の危機が迫っているほど高度ではなく、代償措置は不十分として、合理性を否定した事例（熊本信用金庫事件・熊本地裁平成二六年一月二四日判決）。

9 就業規則が変更されたとき、黙っているとどうなりますか。同意書を書かされたときはどうですか

就業規則変更への同意

「労働契約の内容である労働条件は、労働者と使用者との個別の合意によって変更することができるものであり、このことは、就業規則に定められている労働条件を労働者の不利益に変更する場合であっても、その合意に際して就業規則の変更が必要とされることを除き、異なるものではないと解される（労働契約法八条、九条本文参照）。」（山梨県民信用組合事件・最高裁平成二八年二月一九日判決）。就業規則が変更されていなければ、就業規則で定める基準に達しない労働条件を定める合意として労契法一二条により無効となり、従来の就業規則による条件になります（同判決）。

就業規則が変更され、これに同意すれば、一方的変更ではないので、労働契約法一〇条の変更合理性は問題にならず、労働条件は変更されるのです。

同意の判断は慎重になされるべき

前記の山梨県民信用組合事件における退職金規程の改正は、赤字の信組が吸収合併されるに際して退職金債務を削減するために行われたもので、退職金総額を従前の二分の一以下とする一方で、従前のとおり退職金総額から厚生年金給付額を控除し、さらに企業年金還付額も控除するというもので、原告らの合併前の勤務に係る退職金額が、自己都合退職の係数が用いられた結果として〇円となるような改正でした。原告らが同意書に署名押印

していたことについて高裁が同意の効力を認めたのに対し、最高裁は次のように述べて差し戻しています。[*1]

「使用者が提示した労働条件の変更が賃金や退職金に関するものである場合には、当該変更を受け入れる旨の労働者の行為があるとしても、労働者が使用者に使用されてその指揮命令に服すべき立場に置かれており、自らの意思決定の基礎となる情報を収集する能力にも限界があることに照らせば、当該行為をもって直ちに労働者の同意があったものとみるのは相当でなく、当該変更に対する労働者の同意の有無についての判断は慎重にされるべきである。そうすると、就業規則に定められた賃金や退職金に関する労働条件の変更に対する労働者の同意の有無については、当該変更を受け入れる旨の労働者の行為の有無だけでなく、当該変更により労働者にもたらされる不利益の内容及び程度、労働者により当該行為がされるに至った経緯及びその態様、当該行為に先立つ労働者への情報提供又は説明の内容等に照らして、当該行為が労働者の自由な意思に基づいてされたものと認めるに足りる合理的な理由が客観的に存在するか否かという観点からも、判断されるべきものと解するのが相当である。」

「本件基準変更による不利益の内容等及び本件同意書への署名押印に至った経緯等を踏まえると、管理職上告人らが本件基準変更への同意をするか否かについて自ら検討し判断するために必要十分な情報を与えられていたというためには、同人らに対し、旧規程の支給基準を変更する必要性等についての情報提供や説明がされるだけでは足りず、自己都合退職の場合には支給される退職金額が〇円となる可能性が高くなることや、被上告人の従

*1 同様に、労働者が就業規則に同意すれば、その内容の合理性や周知性は就業規則の変更の要件にはならないと解したうえで、労働者の同意を慎重に判断しているものに、協愛事件・大阪高裁平成二二年三月一八日判決、熊本信用金庫事件・熊本地裁平成二六年一月二四日判決があります。

学説の詳細は、土田道夫「労働条件の不利益変更と労働者の同意」西谷古稀『労働法と現代法の理論　上』（日本評論社、二〇一三年）三四九頁以下参照。

前からの職員に係る支給基準との関係でも上記の同意書案の記載と異なり著しく均衡を欠く結果となることなど、本件基準変更により管理職上告人らに対する退職金の支給につき生ずる具体的な不利益の内容や程度についても、情報提供や説明がされる必要があったというべきである。」

10 変更解約告知とは何ですか

契約が明確な場合の職種・労働条件の変更は

Ｖ－1問で説明するように、日本の裁判所は使用者の配転命令権を広く認めています。また、Ⅱ－8問で説明したように、日本では就業規則の変更により労働条件を変更することが多いのです。画一的に処理をしなければいけないからといって一方的に変更できるというのは、本来おかしいのですが、日本の労働契約が曖昧であることが多いために、そういう処理をしているのです。それでは、契約が明確だったらどうなるでしょうか。

一つの職種Ａに限定して契約を結んでいる場合、使用者が他の職種Ｂに移ってくれというのは、業務命令ではできません。契約は元の職種での契約しかしていないからです。合意を得てやるのが原則ですが、合意ができないときは、移転先の条件を提示して、移らなければクビだというのが、「変更解約告知」（労働条件変更のための解雇）です。ドイツでは法律にこのような規定があり、配転にも労働条件の変更にも使います。ただしドイツでは、手続上の保障があり、労働者は異議を述べた上でＢに移って、変更解約告知を争うことができます（解雇制限法二条）。したがって、裁判で負けてもクビにはなりません。

ところが日本ではこのような解雇の場合、暫定的に身分を保障するような措置がありません[*1]。そのため解雇の脅しのもとに、労働契約内容の変更を迫られることになります。したがって、現段階で変更解約告知を認めるべきではありません。

＊1　民法五二八条が、契約の申込みに対する条件付きの承諾を申込みの拒絶とみなしているため、異議留保つきの承諾は、変更を拒否する意思表示だとみなした裁判例があります（日本ヒルトン事件・東京高裁平成一四年一一月二六日判決）（後述）。

これに対して、契約の成立ではなく、継続的契約の内容の変更である申込み（変更解約告知）には、同条の適用はなく、留保つき承諾が認められるとの学説もあります（土田道夫『労務指揮権の現代的展開』［信山社、一九九九年］四六〇頁、荒木尚志『雇用システムと労働条件変更法理』［有斐閣、二〇〇一年］三〇九頁、土田道夫『労働契約法』［有斐閣、二〇〇八年］五三三頁、西谷敏『労働法［第二版］』［日本評論社、二〇一三年］四二五頁）。

これまでの裁判では

契約の変更を拒否したことを理由に解雇しようとした事例として、エールフランス事件とパンアメリカン航空事件があります。前者は、フランスの航空会社がスチュワーデスの東京のベース（乗務基地）をパリに移そうとして、拒否したスチュワーデスを解雇したものですが、裁判所は解雇権の濫用だとしました（東京高裁昭和四九年八月二八日判決）[*2]。

パンアメリカン航空では、就業規則に配転には本人の同意が必要であることが明記されていました[*3]。会社が通信・営繕部門を廃止するから別の部署に移らなければクビだといった事件では、労働者側が、実際には仕事がなくなるわけではないことを明らかにして、解雇権濫用だということで勝っています（千葉地裁佐倉支部昭和五七年四月二八日決定）[*4]。

これを認めた日本の裁判例

その後、「労働条件の変更が会社業務の運営にとって必要不可欠であり、その必要性が労働条件の変更によって労働者が受ける不利益を上回っていて、労働条件の変更を伴う新契約締結の申込みがそれに応じない場合の解雇を正当化するに足りるやむを得ないものと認められ、かつ、解雇を回避するための努力が十分に尽くされているときは、会社は新契約締結の申込みに応じない労働者を解雇することができる」（スカンジナビア航空事件・東京地裁平成七年四月一三日決定）との裁判例が現われました。

この決定に対しては、会社の必要性を安易に認定したものであること、一年契約への変更や賃金の大幅な減額などの著しい労働条件の変更を解雇の脅しのもとに迫ることを容認するものであることから、決定が出された直後から、朝日新聞の社説をはじめとするマス

＊2　澤藤統一郎「スチュワーデス訴訟三つの判決」労働法律旬報八六七号二九頁。

＊3　欧米の会社では、配転は一方的にはできません。欠員が生じたときは、まず企業内で公募し、応募者の中から選考します。誰も適任者がいなければ、外部から採るのです。

＊4　安原幸彦解説・労働法律旬報一〇四九号五四頁。

コミや労働法学者から批判が続出しました。結局、同事件は、高等裁判所で、条件変更に応じなかったため解雇された労働者全員の解雇が撤回され復職するという形で和解が成立しています。このような点から、先例としての意義は乏しいといえるでしょう。[*5]

その後の裁判例

その後の大阪労働衛生センター第一病院事件では、病院の医局員に対し、賃金等の労働条件の切り下げを伴う職種の変更を申し入れ、拒否されたために解雇した病院側の措置が違法・無効とされました。裁判所は、本件に変更解約告知の法理を適用せよとの病院側の主張について、日本には実定法上の根拠がなく、経済的必要性に基づく解雇として整理解雇法理を適用すれば足りるとしています(大阪地裁平成一〇年八月三一日判決、大阪高裁平成一一年九月一日判決)。日本ヒルトンホテル事件は、約一四年間、日々雇用の労働契約を継続していた配膳係に対して、使用者が労働条件の引き下げを通知し、労働者が異議留保付きの承諾を意思表示したところ、使用者が雇止めをした事例ですが、裁判所は、異議留保付きの承諾を労働条件変更拒否の意思表示とし、雇止めについて合理性が認められるか否かを判断して、その合理性を認めています(東京高裁平成一四年一一月二六日判決)。

＊5 塚原英治ほか「スカンジナビア航空事件勝利和解の意義と課題」労働法律旬報一三八〇号一七頁。

11 労使慣行の効力とその変更

これまで就業規則上四五分とされている休憩時間が、慣行で六〇分認められてきました。今度使用者が一方的に就業規則のとおり、四五分までしか認めないと通告してきましたが、どうなりますか。

労使慣行

労働現場では、労働条件、職場規律、施設管理、組合活動など、就業規則や労働協約などに規定がないか、規定の明文と違った扱いが長年続いていることがあり、それが、労使双方にとって職場のルールと考えられていることがあります。これを労使慣行と呼びます。

労使慣行の法的意味合い

労働契約の変更は、労使双方の合意によるのが原則ですから（Ⅱ－5問参照）、労使慣行が、黙示の合意等により労働契約の内容になっていると考えられるかぎり、その労使慣行を使用者の一方的な判断で破棄することは許されません。しかし、労使慣行が単に事実上のものにすぎず、労働契約の内容になっていないと考えられれば、使用者がある時からこれを一方的に認めないといってきたときは、それに従わざるをえないことになります。

労働契約の内容となる労使慣行

それでは、労使慣行が労働契約の内容となっているかどうかはどのように判断されるの

＊1　民法九二条（任意規定と異なる慣習）
「法令中の公の秩序に関しない規定と異なる慣習がある場合において、法律行為の当事者がその慣習による意思を有しているものと認められるときは、その慣習に従う。」

＊2　「規範意識」とは、これに従わねば

でしょうか。

裁判例では、これを民法九二条[*1]の「事実たる慣習」の成否の問題としてとらえ、①同種の行為または事実が反復継続して行われていたこと、②労使双方が、その行為・事実を明示的に排斥していないこと、③当該労働条件について決定権ないし裁量権を持つ者が「規範意識[*2]」をもってこれに従っていたことを必要としています（商大八戸の里ドライビングスクール事件・大阪高裁平成五年六月二五日判決。同事件の最高裁平成七年三月九日判決は結論を維持[*3]）。

つまりあなたの職場の例でいえば、六〇分の休憩が長い間認められてきたこと（休憩時間は毎日の労働日のことですから、毎日これが認められてきたことが必要でしょう）、使用者が四五分経過した時点で休憩は終わったんだから仕事に戻れ、などとクレームを付けてこなかったことが必要です。

その後の裁判例では、右の判断枠組みによりつつ、「規範意識」の点を緩く解し、定年を六〇歳とする就業規則があるが、七〇歳まで延長する事実たる慣習の存在を認めて、定年延長をしない教授会決議（解雇）を無効とした事例があります（日大事件・東京地裁平成一四年一二月二五日判決）。

慣行上の権利の変更

慣行上の権利も、就業規則の改正により変更することが可能だとされています（Ⅱ-8参照）（ソニー褒賞休暇事件・東京地裁昭和五八年二月二四日判決[*4]）。

ならないものと考えていたという程度の意味で、何の意識もなく漫然となされていたものを除く意味です。民法九二条の解釈上、「規範意識」は必ずしも要件とされていないことから、これを要件とすることには疑問がありますが、一職場の慣行に過ぎないものを「事実たる慣習」と扱うための工夫とも言えます。

＊3　電車区長と組合の分会が合意していた時間内入浴について、協約締結権者が合意したものではなく、規範意識もないので悪慣行に過ぎないとされた事例があります（国労蒲田電車区事件・東京地裁昭和六三年二月二四日判決）が、疑問です。

労使慣行に基づいて一時金請求権を認めた事例もあります（立命館事件・京都地裁平成二四年三月二九日判決）。

＊4　船尾徹・塚原英治「就業規則の不利益変更と労働慣行」労働法律旬報一〇六九号参照。

最近でも、一律に基本給を二二万九二〇〇円とする就業規則を上回る内容の労使慣行、および年齢給、勤続給、技術給等を支給する労使慣行が成立していたことを認めた上で、これらを廃止する給与規定の改定を就業規定の不利益変更の問題として、その合理性を肯定した裁判例があります（シオン学園事件・東京高裁平成二六年二月二六日判決）。

12 労使協定を結ぶ労働者の過半数代表者とはどういうものですか

労基法上の協定

労基法は、一定の制度を労使協定が結ばれている場合にのみ認めています。社内預金（労基法一八条二項）、賃金の控除（労基法二四条）（Ⅲ‐8問参照）や労働時間に関するものが多くあります。一カ月単位の変形労働時間制（Ⅳ‐6問参照）、一年単位の変形労働時間制（Ⅳ‐7問参照）、一週間単位の変形労働時間制、フレックスタイム制（Ⅳ‐8問参照）、一斉休憩の例外（Ⅳ‐19問参照）、時間外・休日労働協定（Ⅳ‐13問参照）、事業場外労働のみなし時間（Ⅳ‐16問参照）、専門業務型裁量労働制（Ⅳ‐17問参照）、年休の時間単位取得（Ⅶ‐1問参照）、計画年休（Ⅶ‐4問参照）、年休中の賃金に関する協定（Ⅶ‐5問参照）などがそれです。これらの労使協定は、従業員に周知させなければなりません（労基法一〇六条）（周知の方法につき、Ⅱ‐3問参照）。

労働者の過半数で組織する労働組合がある場合

これらの協定は、その事業場に労働者の過半数で組織する労働組合があるときは、その労働組合と結ぶことになります。ここでいう労働者とは、その事業場の全労働者を指すと解されています（昭和四六年一月一八日基収六二〇六号）。ただし、これには、労基法の労働時間規制の対象とならない同法四一条の管理監督者等（Ⅰ‐7問参照）は除くべきだという反対論も有力です。

事業場に二つの労働組合がある場合には、その事業場の過半数を組織する労働組合と協定すれば、その効力は他方の労働組合の組合員や労働組合に所属していない労働者にも及ぶことになります。どちらも過半数を組織していないが、両組合を合わせれば過半数を超えるという場合には、両組合代表が連署して協定を締結することが必要です。[*1]

労働者の過半数を代表する者とは

労働者の過半数を組織する労働組合がない場合は、労働者の過半数を代表する者を選び、その者と協定を締結することになります。この代表者をどうやって選んだらよいかについては、規則でつぎのように規定されています。

過半数代表者になる者は、①労基法四一条二号に規定する監督または管理者の地位にある者でないこと、[*2] ②労基法に規定する協定等をする者を選出することを明らかにして実施される投票、挙手等の方法[*3]による手続により選出された者であること、が必要です（労基則六条の二第一項）。使用者は、労働者が過半数代表者であること、もしくは過半数代表者になろうとしたことまたは過半数代表者として正当な行為をしたことを理由として不利益な取扱いをしないようにしなければなりません（同条三項）。

使用者が勝手に管理職を協定の当事者にして届けているところもありますが、そういうものは無効です。三六協定について、役員を含めた全従業員によって構成される親睦会の会長は、協定を締結する権限を持つ過半数代表ではないとして三六協定を無効とした判例もあります（トーコロ事件・東京高裁平成九年一一月一七日判決、最高裁平成一三年六月二二日判決）。

＊1　厚生労働省労働基準局編『平成二二年版　労働基準法　上』（労務行政、二〇一一年）四七五頁

＊2　全員が管理監督者である事業場の場合は、②の要件を満たしていれば足ります（労基則六条の二第二項）。

＊3　労働者の話し合い、持回り決議でもよいとされています（平成一一年三月三一日基発一六九号）。

13 労使委員会とはどういうものですか

企画業務型裁量労働制の導入には労使委員会の決議が必要

一九九八年の労基法改正により、企画業務型裁量労働制が創設されました（Ⅳ-17問参照）。この裁量労働制の導入のためには、労使委員会の決議が必要とされています。

労使委員会の目的と構成

右の労使委員会は、「賃金、労働時間その他の当該事業場における労働条件に関する事項を調査審議し、事業主に対し当該事項について意見を述べることを目的とする」（労基法三八条の四第一項柱書）ものです。

労使委員会は、労使同数の委員で構成されます。労働者代表は、当該事業場に従業員の過半数で組織する労働組合があるときはその労働組合、それがない場合は従業員の過半数を代表する者（Ⅱ-12問参照）が、任期を付して指名します（同条二項一号）。指名される者は労基法上の管理監督者（Ⅰ-7問参照）であってはなりません（労基則二四条の二の四第一項）。裁量労働の対象となる労働者を委員に含めるのは、現場の意見を反映させるために有効です[*1]。

労使委員会決議は労使協定の代わりになる

この労使委員会は、裁量労働制に関する決議にとどまらず、委員全員の五分の四以上の多数による議決により、労基法上の労使協定に代わる決議をすることができます（労基法

＊1　「労働基準法第三十八条の四第一項の規定により同項第一号の業務に従事する労働者の適正な労働条件の確保を図るための指針」（平成一一年一二月二七日労働省告示一四九号、改正平成一五年一〇月二二日厚生労働省告示三五三号）第四に、労使委員会についての指針が記載されています。これはガイドラインであって必ずしも法的拘束力はありませんが、参考になるものです。

三八条の四第五項)。

労使委員会決議によって代替しうる労使協定は、労基法第三章に定められた労働時間に関する労使協定に限られますが、それは、一カ月単位変形制、フレックスタイム制、一年単位変形制、一週間単位変形制、一斉休憩の例外、時間外・休日労働協定、事業場外労働のみなし時間、専門業務型裁量労働制、時間年休、計画年休、年休中の賃金に関する協定のすべてです。これらの労使協定に代わる決議は、労使協定と同様の届出義務が課されるほか、周知義務の対象ともなります(労基法一〇六条一項)。

労使委員会の運営規程

使用者は、労使委員会について、その招集、定足数、議事など運営に必要な事項について規程を定めなければなりません(労基則二四条の二の四第四項)。規程の作成・変更には労使委員会の同意が必要です(同条五項)。

労使委員会の議事については議事録を作成し、三年間保存するとともに、当該事業場の労働者に対し周知しなければなりません(労基法三八条の四第二項二号、三号、労基則二四条の二の四第二項、三項)。

不利益取扱いの禁止

使用者は、労働者が労使委員会の委員であること、もしくは委員になろうとしたこと、または労使委員会の委員として正当な行為をしたことを理由として、不利益な取り扱いをしないようにしなければなりません(労基則二四条の二の四第六項)。

1　賃金は誰がどのように決めるのですか。賃金額について法律上何か規制があるのですか

賃金は労使の合意で決定する

賃金[*1]は、使用者が一方的に決めるものでもなければ、法律が決めるものでもありません。労働契約も契約であり、賃金はその最も重要な内容なのですから、使用者と労働者双方の合意により決定されるものです。法が、労働契約は「労働者及び使用者が対等の立場における合意に基づいて締結し、又は変更すべきもの」（労働契約法三条一項）とし、労働条件は労使が「対等の立場において決定すべきもの」（労基法二条一項）としているとおりです（Ⅱ－1問参照）。

とはいっても、労働者は一人では、使用者と実質的に対等とはいえないので、憲法は労働者に団結権・団体交渉権・争議権を保障し、労働者が労働組合を作って賃金交渉することを期待しているのです。

最低賃金の保障がある

賃金額についての法律上の規制としては、最低賃金制と、出来高払いの保障給の規定があります。

最低賃金法は、団結して地位を守れない労働者のために、厚生労働大臣または都道府県労働局長が、最低賃金審議会の調査・審議を経て、地域ごとに最低賃金を決定することと

＊1　労基法一一条（賃金）

「この法律で賃金とは、賃金、給料、手当、賞与その他名称の如何を問わず、労働の対償として使用者が労働者に支払うすべてのものをいう。」

＊2　二〇〇七年の改正により、産業別最低賃金については、労使の申出により一定の事業もしくは職業にかかる最低賃金（特定最低賃金）が、地域別最低賃金を上回る場合に、厚生労働大臣または都道府県労働局長により決定されることになりました（同法一五条、一六条）。

以前規定のあった「労働協約に基づく地域的最低賃金」の決定方式は、実例が乏しいことから二〇〇七年改正で廃止されました。

＊3　たとえば、二〇一五年一〇月に改訂された東京の最低賃金は、時間あたり九〇七円です。

しています（同法九条、一〇条）[*2]。最低賃金は時間によって定められ（同法三条）、この額は厚生労働省のホームページや労働基準監督署で知ることができます[*3]。最低賃金額以下の取決めをした場合は、賃金は法定額まで引き上げられ[*4]、また使用者は五〇万円以下の罰金に処せられます（同法四条一項、四〇条）。

出来高払制の保障給

タクシーの運転手やセールスマンの販売額に応じた歩合給などの「出来高払制その他の請負制で使用する労働者については、使用者は、労働時間に応じ一定額の賃金の保障をしなければならない。」（労基法二七条）とされており、これに違反すると三〇万円以下の罰金に処せられます（労基法一二〇条一号）。

ここにいう「請負制」とは、労働時間に応じて賃金が支払われるのではなく、労働の結果としての生産量に応じて賃金が支払われるものを意味しており、出来高払制や歩合制などがこれにあたります[*5]。年間の労働をあらかじめ定めた目標に照らして評価する年俸制は、これにあたらないとされています[*6]。

この「一定額」については、「常に通常の実収賃金を余りへだたらない程度の収入が保障されるように保障給の額を定める」べきものとされています（昭和二二年九月一三日基発一七号、昭和六三年三月一四日基発一五〇号）。労基法は休業の場合でも六〇％を保障していることから、出来高払いの場合も平均賃金の六〇％程度が具体的な行政指導基準とされています[*7]。

＊4　関西医科大学事件・最高裁平成一七年六月三日判決は、研修医について労働者性を認め、最低賃金額と研修医に支払われていた奨学金の差額の支払いを命じています。

五十川タクシー事件・福岡地裁平成二五年九月一九日判決も、タクシー運転手について、実労働時間に最低賃金額を乗じた額と実際の支払額の差額の支払いを命じています。

＊5　出来高払制については、Ⅳ-5問および遠藤公嗣『賃金の決め方』（ミネルヴァ書房、二〇〇五年）七八頁、一二五頁参照。

＊6　東京大学労働法研究会編『注釈労働基準法　上』（有斐閣、二〇〇三年）四三三頁。年俸制にも労基法二七条の保護を援用して極端な減額を規制しようとするものに、土田道夫『労働契約法』（有斐閣、二〇〇八年）二六五頁。

＊7　厚生労働省労働基準局編『平成二三年版　労働基準法　上』（労務行政、二〇一一年）三七八頁。自動車運転手については、「歩合給制度が採用されている場合には、労働時間に応じ、固定的給与と併せて通常の賃金の六割以上の賃金が確保されるような保障給を定めるものとする。」との「改善基準」が示されています（平成元年三月一日発九三号）。

2 自分の賃金がどのように計算されているかわかりません。何を見ればよいですか

賃金の明示は法律上の義務

雇入れの際に、使用者は、賃金についての基本的な事項（決定・計算・支払の方法、締切・支払の時期、昇給に関する事項）を、労働者に書面を交付して明示しなければなりません（労基法一五条一項、労基則五条）（Ⅰ－4問参照）。賃金は労働者の生活の糧であり、最も重要な労働条件ですから、この点をはっきりさせておくことが大切です。

就業規則をみる

常時一〇人以上の労働者を使用する使用者は、就業規則に右の基本事項を記載しなければならないので（労基法八九条二号）、労働者は、賃金の計算に疑問があるときは、就業規則を見せるよう使用者に要求できます。就業規則は、作業場に備え付ける等して、労働者に周知させなければならないことになっています（労基法一〇六条一項）（Ⅱ－3問参照）。使用者が違反すると、三〇万円以下の罰金に処せられます（労基法一二〇条一号）。使用者が見せてくれないときは、労基署に行って、開示を求めることもできます。労基署によっては、行政上取得したもので、労働者に閲覧権はないと主張して見せてくれないところもありますが、コピーまではできないものの書き写しを認めるところもあります。

賃金台帳

使用者は、各事業所ごとに賃金台帳を作成しなければならず、そこには各労働者の賃金

計算の基礎となる事項や賃金額等を、賃金支払いのつど遅滞なく記載しなければなりません（労基法一〇八条）。賃金台帳は三年間保存を義務づけられています（労基法一〇九条）。

未払いの時間外労働手当の請求事件に際し、賃金台帳を証拠保全[*1]することも可能です（三和工芸製作所事件・大森簡裁昭和六〇年一〇月二日決定）。賃金差別事件で、賃金台帳や労働者名簿等につき、民事訴訟法二二〇条に基づく文書提出命令を認めた裁判例もあります（藤沢薬品工業事件・大阪高裁平成一七年四月一二日決定）。

＊1　証拠保全
民事訴訟における正規の証拠調べを待っていたのでは、その証拠の使用が困難になる場合（証人の死亡や証拠文書の消失のおそれがある場合など）に、本来の訴訟手続とは別個に証拠調べをしてその結果を保存しておく手続です（民事訴訟法二三四条）。医療事件では、しばしばカルテの証拠保全が行われています。

3 賃金のカット・切り下げはどのような場合にできるのですか

欠勤の控除はできる

賃金は労働の対価とされているので、欠勤・ストライキ等で労務を提供しない労働者に対しては、提供されない労働に対応する賃金をカットすることが認められています（「ノーワーク・ノーペイの原則」。正確にいうと、賃金請求権そのものが発生しないことになります）。ただし、従来カットされていなかったものを組合対策のためにカットすると不当労働行為になることがあります（西日本重機事件・最高裁昭和五八年二月二四日判決）。

もっとも、この原則を適用してカットできるのは、労働時間に対応して支給される部分に限るべきであり、残業割増の基礎に加えられていない家族手当などはカットされるべきではありません。しかし、最高裁は、家族手当をカットする慣行があるときは、それも許されるとしています（三菱重工長崎造船所事件・昭和五六年九月一八日判決）。

これらは労働契約の内容によって変わってきます。戦前の月給制（第二次大戦前は社員〔職員〕だけが月給で、工員等は日給ないし出来高給でした）は、遅刻・欠勤でもカットしない扱いでした[*1]（完全月給制）。現在でも会社により規定が異なります[*2]。就業規則を点検してみてください。

懲戒によるカットの限界

懲戒処分として減給をする場合については、労働者の生活を保護するため、一回の額は

＊1　野村正實『日本的雇用慣行』（ミネルヴァ書房、二〇〇七年）二二七頁、濱口桂一郎「時間外手当と月給制」季刊労働法二二一号二二一頁。

＊2　厚生労働省「平成二二年就労条件総合調査」によると、複数回答なので合計が一〇〇％を超えますが、月給制を採っている企業は九四・一％、欠勤等による差引がない完全月給制が四四・七％、欠勤や遅刻によって差引がある月給制が六八・五％となっています。

平均賃金の一日分の半額以下、月の総額は賃金総額の一〇分の一以下でなければならないとされています（労基法九一条）（Ⅴ-11問参照）。

過払金の相殺

賃金の過払いがあったときに、その過払い分を後に支払われる賃金と相殺する、いわゆる「調整相殺」は、その時期が過払いの時期に接着しており、かつ、あらかじめ予告されるとか金額が多額にわたらないなど、労働者の経済生活の安定を脅かすものでない場合は、Ⅲ-8問で説明する全額払いの原則に違反しないとされています（福島県教組事件・最高裁昭和四四年一二月一八日判決［二万二九六〇円の勤勉手当から九四〇円の過払金額を四カ月後に予告して控除することは適法］、群馬県教組事件・最高裁昭和四五年一〇月三〇日判決［最高一カ月分の二七・三％最低三・八％に相当する過払金額を五カ月後（一部三カ月後）に控除することは違法］）。それ以外の一方的相殺は許されません（Ⅲ-8問参照）。

業績悪化を理由とする賃金のカット

賃金は労働契約の最も重要な内容となっていますので、一方的な削減はできません（京都広告社事件・大阪高裁平成三年一二月二五日判決）。

管理職などでは、合意による返上という処理をすることがありますが、就業規則で定められた労働条件以下の条件を合意しても無効で、就業規則の規律に従います（労働契約法一二条、労基法九三条[*3]。北海道国際航空事件・最高裁平成一五年一二月一八日判決）。賃金請求権を放棄することは、それが既発生のものであって、労働者の自由な意思に基づい

＊3　労働契約法一二条（就業規則違反の労働契約）
「就業規則で定める基準に達しない労働条件を定める労働契約は、その部分については、無効とする。この場合において、無効となった部分は、就業規則で定める基準による。」
労基法九三条（労働契約との関係）
「労働契約と就業規則との関係については、労働契約法（平成十九年法律第百二十八号）第十二条の定めるところによる。」

ていると認められる合理的理由が存在している場合に限り有効とされています（三井埠頭事件・東京高裁平成一二年一二月二七日判決、北海道国際航空事件・最高裁前掲判決）。合意は書面でなされることが必要であり、放棄について労働者側にも利益がある場合に限られるでしょう。*4*5

就業規則の定め以上の賃金を合意していた場合に、これを削減する趣旨で「賃金年額を五〇〇〇万円にしたい」旨の説明ないし提案を受けた際、「ああ分かりました」と応答したとしても、これは「会社からの説明は分かった」という趣旨に理解され、減額に合意したものとは言えないとされた裁判例があります（ザ・ウィンザー・ホテルズインターナショナル事件・札幌高裁平成二四年一〇月一九日判決）。

労働協約による削減についてはⅡ‐6問、就業規則の変更による削減についてはⅡ‐8問をみてください。*6 なお、賃金規程の変更により、既発生の賃金請求権を奪うことはできません（香港上海銀行事件・最高裁平成元年九月七日判決）。

資格や等級を一方的に引き下げる場合の賃金切下げ

会社が労働者の職能資格や等級を見直して、能力以上に格付けされていると認めた者の資格・等級を切り下げて賃金を下げることはできるでしょうか。

会社がこのような不利益処分を一方的に行うには、賃金規程等において明確な定めがあることが必要です（チェース・マンハッタン銀行事件・東京地裁平成六年九月一四日判決）。資格や等級の見直しやそれによる減給の可能性についての明確な規定がないかぎり、一方的な降格・降級、減給は許されません（Ⅴ‐5問参照）。*7

*4　山川隆一評釈・ジュリスト一二九七号一六四頁。

*5　新潟鉄工所では、倒産前に労働組合とは労働協約を結び、管理職には一方的な通告のもとに賃金カットがなされていましたが、管理職がカットされた賃金の請求訴訟を提起したところ、二〇〇三年一一月一九日更生管財人はこれを全額支払う旨の和解をしました（東京地裁平成一五年（ワ）第一四九七〇号事件）。

*6　労働者のほぼ全員が加入している労働組合が合意した場合に、就業規則を変更して二年間にわたり約一〇％の賃金減額をしたことに合理性を認めた事例があります（住友重機工業事件・東京地裁平成一九年二月一四日判決）。

*7　降格的な配転の事件で、裁判所は、「配転と賃金とは、別途の問題であって、配転命令に従わなければならないということが直ちに賃金減額に服しなければならないということを意味するものではない」とし、「使用者は、より低額な賃金が相当であるような職種への配転を命じた場合であっても、賃金については従前のままとすべき契約上の義務を負っている」としています（デイエフアイ西友事件・東京地裁平成九年一月二四日決定）。

4 労基法上の賃金・平均賃金とは

労基法上の賃金とは

労基法上の賃金は、「賃金、給料、手当、賞与その他名称の如何を問わず、労働の対償として使用者が労働者に支払うすべてのもの」をいいます（一一条）。

平均賃金とは

解雇予告手当（Ⅴ－7問参照）、休業手当（Ⅰ－16問参照）、年次有給休暇の手当（Ⅶ－5問参照）、労働災害の補償（Ⅷ－5問参照）、減給の制裁の上限（Ⅴ－11問参照）については、労基法・労災保険法は「平均賃金」を用いています。これはつぎのように計算します。

① 基本的には、これを算定すべき事由の発生した日以前三カ月間の賃金総額[*1]を、その期間の総日数で割った額です（労基法一二条一項）。

② 賃金の締切日があるときは、直前の締切日から起算します（同条二項）。

③ この計算をする場合、業務上傷病による休業、産前産後休業、使用者の責に帰すべき休業、育児・介護休業、試用期間については、その日数及びその期間中の賃金は総日数と賃金総額から控除します（同条三項）。

④ ボーナス等「三カ月を超える期間毎に支払われる賃金」は含まれません（同条四項）。ただし、年俸制の「業績賞与」は含まれる扱いです（平成一二年三月八日基収七八号）[*2]。

＊1 賃金総額には、通勤手当も含まれます（昭和二二年一二月二六日基発五七三号）。時間外・休日労働の賃金も、もちろん含まれます。

＊2 Ⅴ－10問参照。

5 賃金が差別されている場合、どのように救済されますか

男女同一賃金の原則

労基法四条は、「使用者は、労働者が女性であることを理由として、賃金について、男性と差別的取扱いをしてはならない。」と定めています。[*1]

職務、能率、技能、年齢、勤続年数が異なる場合に、賃金に差異が生ずることは本条の差別ではありませんが、これらのものが男性労働者と同一であるのに差別的な賃金（手当を含む）が払われているときは、労働基準監督署に申し立て、是正させることができます（Ⅵ－7問参照）。

組合活動を理由とする差別の禁止

労働組合員であることを理由に差別したり、労働組合つぶしのために特定組合について賃金差別を行うことは、不当労働行為として禁止されています（労組法七条一号、三号）。

不当労働行為については、個人あるいは組合が、労働委員会に救済を申し立て、命令により差別を是正させることができます。第二組合がある職場で、昇給の際の人事考課＝査定を利用して第一組合に対する賃金差別が行われている場合、組合側で組合間の集団的な差別の実態を明らかにすれば、使用者側が差別に合理的な理由があることを証明できないかぎり差別意思が推定され、救済されています（大量観察方式。紅屋商事事件・最高裁昭和六一年一月二四日判決で是認）。[*2]

＊1　同一価値労働同一賃金の原則
　ＩＬＯ一〇〇号条約「同一価値の労働についての男女労働者に対する同一報酬に関する条約」は、一九五一年に採択され、日本は一九六七年に批准しています。この条約は、「性別による差別なしに定められる報酬率」を確保することを求めています（一条、二条）。「同一労働」に限らず、「同一価値労働」に広げている点が重要です。同一価値労働の判定には、「職務の客観的な評価」が必要になってきます（三条）。その意味で「職務給」に親和的なものですが、職務給を採用することまで求めているわけではありません。日本政府は、労基法四条があるので、この条約の要請は満たしているとの見解を取っています。
　同条約についての簡潔な解説としては、浅倉むつ子『労働法とジェンダー』（勁草書房、二〇〇四年）第五章を参照。

＊2　東京南部法律事務所編『新・労働組合Ｑ＆Ａ』（日本評論社、二〇一六年）Ⅶ－7問参照。

国籍・思想・信条等による差別の禁止

労基法三条は、「使用者は、労働者の国籍、信条又は社会的身分を理由として、賃金、労働時間その他の労働条件について、差別的取扱をしてはならない。」と定めています。[*3]

これらの差別的取扱いについては、労働基準監督署に申告することもできますし、裁判所に差額請求の訴訟を起こすこともできます。会社が労働者の思想・信条を理由として不利益な賃金査定をしたことは不法行為を構成するとして、平均賃金と現実に支払われた賃金の差額相当額の損害賠償請求と慰謝料請求が認容された事例があります（東京電力（山梨）事件・甲府地裁平成五年一二月二二日判決）。

差別の判定と回復

出勤率が低い、技能が劣る等の理由で低査定を受けても差別とはいえないので、現在の賃金が思想・信条等を理由とした差別に基づくものであることを明らかにする必要があります。平均賃金と現実に支払われた賃金の差額に、能力・業績・資質に対する正当な考課査定の結果生じた部分が含まれる場合でも、全体として思想・信条による不合理な差別である場合には、格差のうち一定割合についての損害賠償請求と慰謝料請求が認容されています（東京電力（千葉）事件・千葉地裁平成六年五月二三日判決、東京電力（神奈川）事件・横浜地裁平成六年一一月一五日判決）。

雇用形態による差別

パートなど勤務が短時間であること、雇用期間が定められていることなどを理由とする差別については、X－3問、10問を参照してください。

＊3 差別待遇の禁止

ＩＬＯ一一一号条約「雇用及び職業についての差別待遇に関する条約」は、一九五八年に採択されましたが、日本は批准していません。この条約では「人種、皮膚の色、性、宗教、政治的見解、国民的出身又は社会的出身に基づいて行われる全ての差別、除外又は優先」を禁止していますが、職業に内在する要請としてのもの（一条二項）や、他の条約で定められる特定の人々への保護や国内の労使代表の意見を取り入れたうえで採用された各種の保護は除かれています（五条）。母性保護などがこれに当たります。

「国民的出身」は「国籍」とは異なります。公務員や一部の職種に国籍要件を課している国でも批准できるようにとの配慮によるものです。

6 給与を現金以外で支払うことは認められますか

通貨払いの原則

給与を現金以外のもの、たとえば、自社製品や商品券で支払うことは、通貨払いの原則に反し、原則として許されません（労基法二四条一項）。違反すれば使用者は三〇万円以下の罰金に処せられます（労基法一二〇条一号）。この原則にいう「通貨」とは、日本で通用するお金のことですから、外国の通貨（たとえばドルなど）も認められませんし、いわゆる現物給与は禁止されているのです[*1]。

ただし、法令もしくは労働協約に別段の定めがある場合、または厚生労働省令で定める賃金について確実な支払いの方法で厚生労働省令で定めるものによる場合においては、通貨以外のもので支払うことができるとされています（労基法二四条一項但書）。ですから、あなたの所属している労働組合が通貨以外の物での支払いについて労働協約を締結している場合は許されるわけです。

給与振込みには労働者の同意が必要

労基則七条の二は、給与について、労働者の同意のある場合に、その労働者の指定する銀行などの労働者本人の口座に振り込むことを認めています。この場合、振り込まれた賃金の全額が所定の賃金支払日に払い出し得ることが必要です（昭和六三年一月一日基発一号）。労働者が昼休み時間を利用して払い出しができるよう、所定の賃金支払日の午前一

＊1　ストックオプションは、労基法上の賃金にはあたりませんが、労働条件の一部ではあるので、就業規則に記載すべきだとされています（平成九年六月一日基発四一二号）。また、税務上は給与所得として扱われます（最高裁平成一七年一月二五日判決）。

○時頃までに払い出しが可能となっていること、賃金支払日に労働者に支払計算書を支給することが行政指導されています（昭和五〇年二月二五日基発一一二号）。

小切手での支払いは

給与は労働協約での取決めがないかぎり、小切手での支払いを認められていません。退職金については、口座振込みの他、労働者の同意により、銀行その他の金融機関が自己宛に振り出した、あるいは支払いを保証した小切手または郵便為替による支払いが認められています（労基則七条の二第二項）。

通勤手当と定期券

通勤手当は、生活補助的な賃金の一つです。日本では、大都市周辺における住宅難のため、従業員の多くが遠距離通勤をせざるをえないことから、この手当は広く採用されています。厚生労働省の通達によれば、定期券で現物支給している場合でも労基法一一条の賃金であり、賃金台帳に記入しなければならないものとされています。[*2] なお、この場合は現物給与となるので、労基法二四条により労働協約の定めが必要と考えられます（昭和二五年一月一八日基収一三〇号、昭和三三年二月一三日基発九〇号）。また、通勤手当は、所得税法上も給与とされ（最高裁昭和三七年八月一〇日判決）、バス、電車等を利用する人に支給する通勤手当または定期乗車券は月額一五万円までが非課税とされています[*3]（所得税法九条一項五号、同法施行令二〇条の二）。

＊2　賃金は、「労働の対償」であり、「実費弁償」とは異なります。出張旅費は、業務遂行のための経費であって使用者が負担すべきものです。通勤に要する費用は、本来労働の給付をする債務者である労働者が負担すべきものです（民法四八五条）から、使用者がこれを支払うときは、「賃金」として扱うことになるのです。

＊3　二〇一六年の税制改正で、一〇万円から増額されました（二〇一六年一月一日に遡って施行されています）。

7 第三者が労働者の賃金債権の譲渡を受けたといって会社に請求してきたら、会社は第三者に払ってよいのですか。賃金の差押えをしてきたときはどうですか

直接払いの原則

賃金は、直接労働者に支払われなければならないのが原則です（労基法二四条一項）。違反は処罰されます。さまざまな形での中間搾取を防止するためです。未成年者であっても独立して賃金を受け取ることができ、親が代わって受け取ることはできません（労基法五九条）。

委任を受けた代理人などへの支払いも認められていません。もっとも本人が病気なので妻が代わりに（本人の使者として）受け取ることは許されています。[*1]

したがって労働者が賃金債権を第三者に譲渡した場合も、使用者はその第三者でなく労働者に支払わなくてはなりません（小倉電話局事件・最高裁昭和四三年三月一二日判決）。その労働者が第三者に払って欲しいと会社に依頼していても、会社は労働者に賃金を支払わなければならないのです。

差押えの場合は例外

国税徴収法や民事執行法に基づいて賃金が差し押さえられた場合は、会社が、差押えをした行政官庁や債権者に支払うことができます。差し押さえることのできる金額には限度額が定められていて、民事執行法に基づく差押えでは、給与、賞与、退職金等について、原則として、手取額の四分の三に相当する部分は差し押さえることはできません（民事執

*1　厚生労働省労働基準局編『平成二二年版労働基準法　上』（労務行政、二〇一一年）三五一頁。
ただし、裁判で請求している場合は、訴訟代理人である弁護士には、弁済の受領権が法定されているので（民事訴訟法五五条一項）、代理人として受領することができます。

行法一五二条一項、二項）。ただし、月給や賞与については、手取額が四四万円以上の場合は、三三万円を残した残額全額の差押えが可能です（民事執行法施行令二条一項、二項）。

夫婦の婚姻費用の分担や養育費の不払で強制執行する場合は、手取額の二分の一まで差し押さえることが可能です（民事執行法一五二条三項、一五一条の二第一項二号、三号）。

差押禁止債権でも、銀行口座に振り込まれてしまえば、普通の預金にすぎませんので、全額の差押ができます（東京高裁平成四年二月五日決定、最高裁平成一〇年二月一〇日判決）。

ただし、年金受給権者が受給した年金を金融機関・郵便局に預け入れている場合について、当該預金・貯金の原資が年金であることの識別・特定が可能であるときは、特別な事情（年金受給権者が別の財産を所有し、これにより生計を立てているが、それらが隠匿されるなどしているため、強制執行可能な、顕在化している財産としては、当該預貯金しかないという事情）のない限り、当該預・貯金に対する差押えは禁止されるとした裁判例もあります（東京地裁平成一五年五月二八日判決）[*2]。同様に、県税局において児童手当が銀行口座に振り込まれる日であることを認識した上で、口座に振り込まれた九分後に、児童手当によって大部分が形成されている預金債権を差し押さえた差押処分を違法とした裁判例もあります（広島高裁松江支部平成二五年一一月二七日判決）。

*2 債務者は、民事執行法一五三条一項により差押えの範囲の変更を申し立てることができますが、この事件では取消決定の前に債権者が取立てをしてしまったために、裁判所が取り消したものです。

8 賃金の控除と相殺（そうさい）

全額払いの原則

賃金は、その全額が支払わなければならず、使用者が一方的に賃金を控除することは許されません（労基法二四条一項）。違反すると使用者は三〇万円以下の罰金に処せられます（労基法一二〇条一号）。

ただしこれには例外が認められていて、⑴法令に別段の定めがある場合、⑵当該事業場の労働者の過半数で組織する労働組合があるときはその労働組合、そのような労働組合がないときは労働者の過半数を代表する者（Ⅱ-⑫問参照）との、書面による協定がある場合に、賃金の一部を控除して支払うことができます（労基法二四条一項但書後段）。

ですから、社宅費、寮費その他福利厚生施設の費用、組合費等[*1]については、こうした書面による「協定」がある場合には、使用者は賃金から控除することができます。

「法令に別段の定めのある場合」には、所得税の源泉徴収、社会保険料の控除、財形貯蓄金の控除などがあり、これらについても使用者は賃金から控除することができます。

相殺の禁止と例外

賃金全額払いの原則は、使用者が労働者に対して有する債権を労働者の賃金債権と相殺することをも禁ずるものと解されています（日本勧業経済会事件・最高裁昭和三六年五月三一日判決）。[*2]

*1 組合費のチェックオフについては、労働協約があれば、過半数組合との協定は不要だとする説も有力です（『新・労働組合Q&A』Ⅱ-⑩問参照）。

*2 過払金の相殺
賃金の過払いがあったときに、その過払い分を後に支払われる賃金と相殺する、いわゆる「調整相殺」については、Ⅲ-③問参照。

したがって、使用者は、労働者の業務懈怠や背任を理由とする損害賠償債権をもってしても賃金と相殺することは許されません（関西精機事件・最高裁昭和三一年一一月二日判決、日本勧業経済会事件・最高裁昭和三六年五月三一日判決）。使用者からの借入金についても同様です。

ただし、判例は、使用者が労働者の同意を得てする相殺は、その同意が労働者の自由な意思に基づくものと認めるに足りる合理的な理由が客観的に存在するときは、全額払いの原則に違反しないとしています（日新製鋼事件・最高裁平成二年一一月二六日判決［住宅資金貸付と退職金の相殺］）。この判例に対しては、労基法違反は労働者の同意があったからといって治癒されないはずだとする批判があります。企業の貸付金の精算などについては、前に述べた賃金の一部を控除できる旨の協定を締結して、これに基づいて精算できるようにするべきでしょう。

労働者からの相殺はできる

労働者の側が、自分の賃金債権について会社からの借入金などと相殺することは禁じられていません。もちろんそれは、労働者の自由な意思によるものであることが前提です。

同様に、労働者が賃金債権を放棄した場合、それが労働者の自由な意思に基づくものであることが認められる合理的な理由が客観的に存在するときは、使用者はその放棄された賃金を支払わなくとも全額払いの原則に反しないとされています（シンガー・ソーイング・メシーン・カムパニー事件・最高裁昭和四八年一月一九日判決）。この点については、Ⅲ-3問も参照してください。

9 賃金の支払時期はどのように規制されていますか

賃金は後払いが原則

賃金は、特別な約束がないかぎり、後払いです。期間を定めた賃金（月給・週給など）の場合は、その期間の経過後に支払われます（民法六二四条）[*1]。

毎月一回以上払いの原則

賃金は毎月一回以上、一定[*2]の期日を定めて支払わなければなりません（労基法二四条二項）。したがって、年俸制を採用しても、その年の賃金額を分割して毎月支払わなければなりません。ただし、この原則は、臨時に支払われる賃金、賞与、その他これに準ずるもので命令で定めるもの（精勤手当、勤続手当等［労基則八条］）には及びません。

非常時払い

使用者は、労働者が非常の場合に、その費用に充てるために請求したときは、支払期日前であっても、前に支払われた賃金分以降その日までに働いた労働に対する賃金を支払わなければなりません（労基法二五条）。「非常の場合」とは、⑴労働者の収入によって生計を維持している者が出産し、疾病にかかり、災害を受けた場合、⑵労働者またはその収入によって生計を維持する者が結婚し、または死亡した場合またはやむをえない事由により一週間以上帰郷する場合をいいます（労基則九条）。

＊1　民法六二四条（報酬の支払時期）
「① 労働者は、その約した労働を終わった後でなければ、報酬を請求することができない。
② 期間によって定めた報酬は、その期間を経過した後に、請求することができる。」

＊2　「一定」というのは、月給であれば「毎週金曜日」とか、週給であれば「毎月二五日」といった決め方です。予定された支払日が休日にあたるための繰り上げ、繰り下げは許されます。月給の場合に「毎月第三月曜日」といった決め方は許されません。月により七日の範囲で変動するからです。
賃金を定期に払わないと、使用者は労働者一人一回につき三〇万円以下の罰金に処せられます（労基法一二〇条一号）。なお、使用者が社会通念上誠意と全力を尽くしても賃金の支払いができなかった場合は、処罰されない扱いです。

10 年俸制にはどのような問題点がありますか

年俸制とはどんなものか

年俸制は、賃金の計算期間を年とする賃金の決め方です。いわゆる日本型年俸制は、「賃金の全部または相当部分を労働者の業績等に関する目標の達成度を評価して年単位に設定する制度」とされていますが[*1]、近年、管理職をはじめ専門職、営業職、研究職などを中心に導入されています。裁量労働制（Ⅳ－17問参照）になじみやすいものですが、対象者が一致しているわけではありません。

年俸制にも労基法上の規制がある

年俸賃金も、「労働の対償として使用者が払う」労基法上の賃金（同法一一条）であることに変わりがありません。したがって「毎月一回以上」支払わなければならないので、年俸制を採用しても、その年賃金額を分割して毎月支払うことになります（Ⅲ－9問参照）。

また、時間外・休日労働の割増賃金も、裁量労働制の労使協定を締結している場合や管理監督者である場合（Ⅰ－7問参照）を除き、支給しなければなりません[*2*3]。割増賃金を含めた年俸という考え方は、現在の労基法では許されません（システムワークス事件・大阪地裁平成一四年一〇月二五日判決）（Ⅳ－11問参照）また、深夜労働の割増賃金については、適用除外がありませんから、支払いが必要です（Ⅰ－7問参照）。

年俸制は賃金の決定方法ですから、就業規則に必ず記載しなければなりません（労基法

＊1　菅野和夫「年俸制」日本労働研究雑誌四〇八号七四頁。厚生労働省「平成二六年就労条件総合調査」によれば、全体での導入状況は、九・五％ですが、従業員一〇〇〇人以上の大企業についてみてみると二六・四％と導入の割合が高くなっています。

＊2　前年の業績により確定した賞与を支払う「業績賞与併用型確定年俸制」の場合は、支給額があらかじめ確定していることから、割増賃金の算定基礎から除外される「賞与」（労基法三七条四項、労基則二一条）には該当しないものとされています（平成一二年三月八日基収七八号）。つまり、あらかじめ確定している賞与は割増賃金の算定基礎に入れなければならないのです。

＊3　労働時間管理を不要とする「高度プロフェッショナル制度」を含む労基法改正案が、二〇一五年に国会に上程されています。

第Ⅲ章　賃金

八九条二号)。

賃下げはできるか

年俸額を合意のうえ確定した場合は、使用者がその年度の途中に年俸額を引き下げることは許されません(シーエイアイ事件・東京地裁平成一二年二月八日判決)。

当該年度の成績により、翌年度の年俸額を減額することは、給与の決め方の中で確認していれば、契約で約束した範囲として可能です。ただし、その場合でも、減俸額の妥当性がチェックされる必要があります。極端な減額は、労基法二七条(出来高払制の保障給)の趣旨を類推し、人事評価権の濫用として無効になると考えられます[*4](Ⅲ-1問参照)。翌年度の年俸額の変更について、明確な規定がない場合は、使用者が一方的に変更することはできず、前年度の年俸額になるとした裁判例があります(日本システム開発事件・東京高裁平成二〇年四月九日判決)。

年俸制の導入の要件

年俸制の導入は、賃金というもっとも基本的な労働条件の変更ですから、企業において一方的に導入しうるものではありません。

年俸制の導入は、それが就業規則の変更によって行われる場合、従来の賃金の固定部分を査定部分に切り換えて賃下げの結果をもたらしうるものですから、就業規則の不利益変更に関する労働契約法一〇条とこれまでの判例法理(Ⅱ-8問参照)が適用されます[*5]。したがって、高度の必要性に基づいた合理的なものであることが必要です。

使用者は、年俸制を採用する以上、就業規則において、適用対象労働者の範囲、成果・

*4 土田道夫「年俸制をめぐる法律問題」獨協法学五三号一七五頁。

*5 年俸制の下で標準的評価を受けた場合の予測賃金が現行の標準的賃金を下回る場合や、賃金支払の原資総額が現在より減少する場合は、当然不利益変更といえます。土田・前掲論文一八四頁。

業績評価基準、年俸額決定手続、減額の限界の有無、不服申立手続などを定める必要があるとした裁判例があり（日本システム開発事件・東京高裁平成二〇年四月九日判決）、支持できるものです。*6

業績の評価はむずかしいものです。客観性、透明性、公平性があり、納得の得られる評価制度を確立することなしに導入すべきものではありません。

年俸制と雇用期間

年俸制にしたとしても、雇用期間を一年にしたことにはなりません。期間の定めのない労働契約において年俸制が導入されているのが一般です。なお、民法六二七条三項が「六箇月以上の期間によって報酬を定めた場合には、前項の解約の申入れは、三箇月前にしなければならない。」と定めているため、解雇予告期間（労働者の退職予告期間）が三カ月に延長されるという説があります。*7

労働組合による規制

スカンジナビア航空労働組合では、年俸制を受け入れるにあたって、年俸の削減の場合には、本人と組合の同意が必要であるという労働協約を結び歯止めをかけています。

*6 日本労働弁護団「年俸制の問題点と当面の対応について（一九九六年一一月九日）」。

*7 土田道夫「年俸制をめぐる法律問題」獨協法学五三号一六五頁。

11 使用者による査定はどこまで許されるのですか

査定の枠組みの明示が必要

一時金の支給、昇給、昇格については査定（人事考課）がされることがあります。

賃金は労使間の合意で決定されるべきものですから、使用者が一方的に額を決めることはできません（Ⅱ－1問参照）[*1]。賃金について査定を行うためには、就業規則（賃金規程）に、査定実施者、査定要素、手順、内容を知る権利、不服申立てとその処理など、査定が公平であるための枠組みが明示されている必要があります。

合理的な査定が必要

労働は大量画一的に、あるいはチームを組んで提供されますから、労働者一人ひとりの成績判定はむずかしいものです。これまでは査定は昇格の場合に利用されることが多く、さほど問題になることはありませんでした。しかし成果主義賃金のかけ声の下、年俸制が導入されたり、年度ごとの給与改定や一時金にも査定が利用されることが増えてきました。その結果、紛争が増えています。

査定は恣意的に行われてはならず、査定される者が納得しやすいよう、公平に、合理的に行われなければなりません。恣意的な運用は、不法行為として損害賠償の理由となります（住友生命保険事件・大阪地裁平成一三年六月二七日判決、マナック事件・広島高裁平成一三年五月二三日判決、日本レストランシステム事件・大阪地裁平成二一年一〇月八日

＊1　欧米の労働組合は、ブルーカラーの賃金については査定を許さないのが普通です。

判決)。

一時金の場合

一時金は規定によりますが、功労報償の性格を持つ場合は、部門別や労働者の個別成績によって左右されるのはやむをえないものがあります。しかしこの場合も、協定、就業規則、給与規則等で査定の範囲を明示し、かつ、明示された合理的理由と範囲内のものでなければなりません。

組合バッジを着用したことのみを理由に一時金を減率査定したことが合理性を欠くとされた事例があります(国労広島地本事件・広島高裁平成一〇年四月三〇日判決)。

昇給の場合

昇給は賃金規程や労働協約、慣行などで明確な場合を除き、労働者の権利とはいえません。明確な規定や慣行があるにもかかわらず、性別や思想・信条上の差別により昇給しない場合は、そうした理由が証明できれば、平均程度の昇給が認められます(Ⅲ-5問参照)。

昇格・降格の場合

配置(業務の配分および権限の付与を含む)・昇進について「労働者の性別を理由として、差別的取扱いを」することは禁止されています(均等法六条一号)。

降格については、Ⅴ-5問を参照してください。

12 成果主義賃金が導入され、賃金が減額されました。争うことはできますか

成果主義賃金とは

近時、人口の高齢化と技術革新の影響を受けて、年齢と在籍年数に応じて昇給する年功型賃金制度を改めて、個々の労働者の業務の達成度（成果）に応じて賃金額が変動する成果主義賃金制度を導入する企業が増えてきました。この成果主義賃金制度は、高度経済成長期の横並びの人事制度から労働者を個別に処遇する人事制度への転換の流れの中に位置づけられるものです。

成果主義賃金制度は、成果によって賃金が上昇する場合だけでなく、賃金が減少する場合もあることから、労働者の生活にとって重大な意味を持っています。

成果主義賃金制度導入の要件

成果に応じて賃金額を変動させる（特に減少させる）のは、労働条件の変更にあたりますから、そのことを明記した労働契約、就業規則あるいは労働協約が必要です。就業規則に定められた年功型賃金制度を改めて賃金が下がる可能性のある成果主義賃金制度を導入する場合には、就業規則の不利益変更の問題が起こります（Ⅱ－⑧問参照）。

第一小型ハイヤー事件・最高裁平成四年七月一三日判決は、ハイヤー乗務員の歩合給の計算方式を乗務員に不利益に変更した就業規則の法的効力について、歩合給の前提となるタクシー運賃が改定されたことから、規則の変更の必要性を認めつつ、①賃金総額が変更

により全体として減少しているか否か、②減少していない場合にあっては、変更後の労働強化との関連性、③支給率の減少がこれまでの計算方法の変更と比較して急激かつ大幅な労働条件の低下であって、労働者に不測の損害を被らせるものではないか、④会社が新しい計算方法を採用した理由、⑤労働組合との協議の経緯などを考慮して判断すべきであるとしています。

成果主義賃金の導入は、このような枠組みに従って判断されることになるでしょう。新しく成果主義賃金制度を導入する必要性と合理性を認めた裁判例があります（ノイズ研究所事件・東京高裁平成一八年六月二二日判決）。

成果主義賃金制度による賃金の切下げ

成果主義賃金制度による賃金の切下げは、就業規則などに定められた職能資格等級における資格や等級の低下、給与範囲内における査定による切下げによって行われるのが通常です。企業においては、職務遂行能力に応じて職掌を設け、これを種々の資格に類型化した上で、各資格中にさらに等級を設け、これに対応する賃金額の上限と下限額（給与範囲）を定めた上で、労働者を特定の資格・等級に格付け、給与範囲内で賃金額を決定することが行われています。

使用者が労働者の職務内容を変更せず、資格等級を上位の等級から下位の等級に下げるためには、明確な契約上の根拠、すなわち個別に労働者と同意するか、就業規則などに労働者の資格等級の引き下げを行いうることが明示されていなければなりません（アーク証券事件・東京地方裁判所平成八年一二月一一日決定）（Ⅴ－5問参照）。

ただ、そのような要件を満たす場合にあっても、なお使用者による恣意的な判断が介入する余地が大きく、裁判でもしばしば争われています。こうした紛争を未然に回避するために、使用者には、降格や給与範囲における賃金額の引き下げにあたって、①公正・透明な評価制度を整備・開示すること、②それに基づいて適正な評価を行うこと、③評価結果を開示・説明するとともに、④賃金切り下げ額の幅や下限額を設定することが求められます。これらに違反する賃金の切下げは、人事考課権の濫用を理由とする損害賠償の対象となると考えられます。[*1]

*1 土田道夫『労働契約法』(有斐閣、二〇〇八年)二五八頁以下参照。

⑬ 一時金がもらえなくなるのはどういう場合ですか

不景気や本人の成績が悪いから出さないということはできるか

　一時金（賞与、ボーナス）の性格は、支給対象期間の勤務に対応する賃金の後払い的な面と、業績次第の報奨金的な面とを持っています。一時金は、平均賃金（Ⅲ-④問参照）や時間外・休日労働の割増賃金（Ⅳ-⑩問参照）の算定基礎に入らないため、使用者に有利なものになっています。日本では、固定の賃金を抑えるために、業績により変動する一時金が利用され、賃金総額に占める割合が高いのが特徴です*1（ヨーロッパではバカンス・クリスマス手当として年に一カ月分が支給される程度です）。このため、一時金を支給するという規程や慣行があっても、その支給率等が具体的に定められていないことが多く、「それは原則として抽象的な一時金請求権ともいうべきものにとどまる」（ヤマト科学事件・東京地裁昭和五八年四月二〇日判決）のです。

　したがって労使間で具体的な一時金の支給合意がないかぎり、例年と違って、ゼロまたは少ししか出さないということもありえます*2。もちろん、規程に係数が明記されていたり、年間支給協定ができていたりすれば、一方的不利益変更は許されず、ちゃんと支給しなければなりません。また、少数組合の組合員だけ不支給というのも合理性のない差別になります。これが不当労働行為にあたるときは、その組合員との間に支給合意がない場合でも、労働委員会では、一時金の支給が命じられることがあります（日本メールオーダー

*1　厚生労働省平成二七年「賃金引上げ等の実態に関する調査」によると、一〇〇人以上で組合があり賞与について妥結した企業平均で年に月給の四・八六カ月の賞与（一時金）が支給されています。より広範囲を調査している「毎月勤労統計調査」によれば、二〇一五年夏期の賞与は事業所規模五人以上・調査産業計で〇・九五カ月（五〇〇人以上で一・四八カ月）、年末賞与は一・〇三カ月（同一・五四カ月）となっています。大企業ほど支給係数が高くなっています。日本貿易振興会『西欧の労働事情』（一九八五年）によると、日本が四カ月であるのに対し、西ドイツ〇・五〜二カ月、フランス一カ月、イタリア二カ月と報告されています。

　一時金の歴史については、野村正實『日本的雇用慣行』第四章を参照。

*2　もっとも、支給基準に関する合意が成立していない年度の一時金についても、年額一五万円を下らないという労使間の黙示の合意が成立しているとして、請求を認容した判決があります（上尾タクシー事件・東京高裁平成六年一二月二六日判決）。

　一〇年以上の間支給率が一定で労使慣行化していた賞与に関する労使合意につ

事件・最高裁昭和五九年五月二九日判決）[3]。

勤務成績や個別業績で減額するのは

出勤日数や、出来高で一時金の額を左右することは可能です。しかし、年休取得を理由にして減額することは許されず（Ⅶ－6問参照）、法律上の権利である産休などの取得を理由にして減額することは、それらの取得を不当に制限すると認められる場合は許されません[4]（Ⅵ－2問参照）。また、考課・査定に裁量権の濫用があれば、使用者は不法行為責任を負います（マナック事件・広島高裁平成一三年五月二三日判決）。

支給日在籍要件については

労働協約、就業規則などで支給日に在籍した者のみに一時金を支給すると定めてある場合、それは有効とされています（大和銀行事件・最高裁昭和五七年一〇月七日判決）。働く人もいつ一時金が支給されるのかは予測できるわけですからやむをえないとの考えによりますが、一時金の性格によって合理性の判断は異なるので個別に判断すべきものです。

規定の支給日に在籍していたのに、労使間解決が遅れたために賞与の支給が遅れ、実際の支給日前に退職せざるを得なかった退職者には賞与の請求権が認められます（ニプロ医工事件・最高裁昭和六〇年三月一二日判決）。

いて、労働契約としての効力を認めた判決（秋保温泉タクシー事件・仙台高裁平成一五年六月一九日判決）もあります。

同様に労使慣行に基づいて一時金請求権を認めた事例もあります（立命館事件・京都地裁平成二四年三月二九日判決）。

信義則から一時金請求を認めた決定もあります（ノースウエスト航空事件・千葉地裁平成一四年一一月一九日決定）。

＊3　『新・労働組合Q＆A』Ⅳ－8問参照。

＊4　賞与の支給要件として九〇％以上の出勤率を求めている場合、産前産後休業日数及び勤務時間短縮措置による短縮時間分を出勤日数に含めない旨の就業規則の定めは、産休を取れば自動的に賞与がもらえなくなるので、公序良俗に反し無効です（学校法人東朋学園事件・最高裁平成一五年一二月四日判決）。しかし、受給資格を認めた上で、産前産後休業の日数等を欠勤日数に算入して減額することは、適法とされています（同判決）。

14 退職金はどういう場合にもらえますか

退職金をもらうには就業規則などの規定が必要

退職金は当然に発生するものではありません。労働協約、就業規則、労働契約などで支給基準が定められている場合は、労基法上の賃金となり、権利としてもらえます。[*1] 退職手当の有無・計算方法は入社時に明示すべき労働条件の一つです（I－4問参照）。

ただし、支給規程がなくても、いくつか支払実例があり、かつ、その金額が勤続年数など機械的に計算可能な出し方で行われていた場合は、慣行があったものとして請求が認められることがあります（宍戸商会事件・東京地裁昭和四八年二月二七日判決、某病院事件・東京地裁平成一七年四月二七日判決［就業規則には別に定める退職金規程に従い支払うと規定されているのに退職金規程が定められていなかった事例］、学校法人石川学園事件・横浜地裁平成九年一一月一四日判決［就業規則に定められている額より上乗せして支払う慣行を認めた］）。

直接全額払い

労基法上の賃金とされますから、全額直接払いの対象になります（同法二四条）。ただし、労働者の自由な意思による合意に基づいて行う会社からの住宅貸付、労働金庫からのローンなどの清算は有効とされます（III－8問参照）。

*1 早期退職優遇制度における割増退職金については、V－10問参照。

支給時期

退職金も賃金ですから、退職した労働者の請求があった場合は、使用者は七日以内に支払うことになります（労基法二三条）。[*2] ただし、支払時期を退職日より七日以上後とすることや分割払いとすることを規定することは、労基法二三条違反にならないとされています（昭和二六年一二月二七日基収五四八三号、昭和六三年三月一四日基発一五〇号）。退職金制度を設けるか否か、設けた場合でもその支給基準、支給時期等をどう定めるかについて、法は関与していないこと、退職金は非常時払や毎月払等の対象になっておらず月例給与と扱いを異にしていること等からです。最近では、一時金と年金の併用制度が増加していますが、右の理由から年金方式が許されるのはもちろんです。

懲戒解雇と退職金

退職金は功労報償的な性格をあわせ持っていますので（三晃社事件・最高裁昭和五二年八月九日判決）、使い込みなど会社に損害を与えたために懲戒解雇される場合は、退職金が不支給ないし減額とされるのもやむをえないものがあります。しかし、退職金が賃金の後払い的なものであり、賠償予定や違約金が禁止されている（労基法一六条）ことからすると、それらは規定が明確であり、また事案の内容との比較で処分が過酷でなく、権利の濫用にならないことが前提となります。

裁判例も、退職金不支給規定を有効に適用できるのは、労働者のそれまでの勤続の功績を抹消（全部不支給の場合）、または減殺（一部不支給の場合）してしまうほどの著しく信義に反する行為があった場合に限られるとしています（日本高圧瓦斯工業事件・大阪高

*2　労基法二三条一項（金品の返還）「使用者は、労働者の死亡又は退職の場合において、権利者の請求があつた場合においては、七日以内に賃金を支払い、積立金、保証金、貯蓄金その他名称の如何を問わず、労働者の権利に属する金品を返還しなければならない。」
請求から七日を過ぎると遅延損害金を支払わなければなりません（平和運送事件・大阪地裁昭和五八年一一月二二日判決）。

裁昭和五九年一一月二九日判決、トヨタ工業事件・東京地裁平成六年六月二八日判決）[*3][*4]。

退職金の保全など

規定があっても、使用者に支払能力がなければ意味がありません。事業主は、退職金の保全措置をとる努力義務があります（賃金の支払確保に関する法律五条）。具体的には、金融機関との保証契約等により、労働者全員が自己都合退職した場合に必要な額の四分の一相当額を保全すべきとされます（同法施行規則五条、五条の二）。適格年金、厚生年金基金、中小企業退職金共済制度（中退共）[*5]などの社外積み立ては望ましいやり方です。

中退共の場合は、使用者（契約者）が掛金を支払い（国の補助もある）、労働者（被共済者）は、機構から直接支払いを受けます（中小企業退職金共済法一〇条）。

会社がかけた生命保険金は

労働者が在職中死亡した場合の弔慰金、死亡退職金の支払い負担の軽減のため、企業が生命保険会社の団体定期保険に加入したり、労働者に個人保険をかけていることがあります。第三者に生命保険をかける場合は、本人の同意が必要ですが（保険法三八条）、本人に説明もないものが少なくありませんでした。この場合は、遺族が受取人になっていなくても企業が独占することは許されないとして、遺族に相当額を支払う黙示の合意を認めたり、第三者のためにする契約などの法理を用いて、遺族に全部または相当部分の支払いを命じる下級審の裁判例がありましたが、最高裁は具体的な事例において、黙示の合意や第三者のためにする契約を否定しています（団体定期保険につき、住友軽金属工業事件・最高裁平成一八年四月一一日判決）[*6]。

*3　私生活上の非行（電車内での痴漢）を理由とする懲戒解雇を有効としながらも、勤続の労を抹消するほどの強度の背信性はないとして退職金額の三割について請求を認めた事例があります（小田急電鉄事件・東京高裁平成一五年一二月一一日判決）。

*4　労働者が退職した後に背信行為が発覚した場合は、退職金請求権はすでに発生しているため、減額・不支給は、賃金の全額払の原則（労基法二四条一項）に違反します。この場合は、別途労働者に対し不法行為に基づく損害賠償請求を行うしかありません（水町勇一郎『労働法［第六版］』［有斐閣、二〇一六年］二三八頁）。

*5　中小企業退職金共済法（中小企業者の従業員の退職金について共済制度を定めた法律）五七条に基づき設置された「独立行政法人勤労者退職金共済機構」が運営しています。中退共からの退職金と使用者の関係について、東京高裁平成一七年五月二六日判決と山田哲評釈（労働判例九一〇号五頁）が参考になります。

*6　水野幹男解説・法学セミナー六二六号二二頁。

15 退職年金（企業年金）が廃止されたり減額されたりすることはありますか

企業年金とは

企業年金とは、会社が従業員のために公的年金とは別個の私的年金を支給する仕組みです。[*1] 自社年金と厚生年金基金の場合があります。近年、会社側が、企業年金を廃止または減額し、年金受給者が会社を訴えるという紛争が生じています。会社側が切り下げを行う理由としては、バブル経済崩壊後の低金利と株価低迷により運用利回りが低迷し制度維持が困難になり、退職者のために現役労働者を犠牲にすることになることがあげられます。他方、年金受給者の側とすれば、年金額を前提に生活設計をしていたわけですから、年金減額の影響は甚大となります。

自社年金の場合

自社年金とは、年金給付のための資産を企業の外に取り分けていない制度をいいます。この年金についてはほ法的な制約がほとんど存在しないので、各年金でまちまちです。裁判上は、第一に、契約や規定上、廃止や減額の根拠があるかどうか、第二に、廃止や減額について必要性・相当性が認められるか、との観点から、廃止・減額の可否が判断されています。[*2] 退職者には、就業規則変更の効力は及びませんから、改廃のためには、個々の受給者の同意を得るか、支給規定に定められた変更権限によるか、事情変更の原則[*3]による変更権限を用いることになります。

＊1 森戸英幸『企業年金の法と政策』（有斐閣、二〇〇三年）参照。

＊2 森戸英幸「事業再生と企業年金――受給者減額を中心に」ジュリスト一四〇一号三八頁、「特集企業年金減額訴訟の動向」労働法律旬報一六二〇号など参照。

＊3 事情変更の原則
契約はその時の社会的事情を前提として締結されるものであることから、契約締結後の経済事情の重大な変動に際して、信義誠実の原則の適用の一つとして、契約の消滅あるいは契約内容の変更を認める原則のこと。理論は認められており、これを認めた下級審の裁判例もありますが、最高裁が実際に変更を認めた例はありません。

年金規定に改廃条項があった松下電器産業事件では、年金の二％の給付利率引き下げが有効とされています（大阪高裁平成一八年一一月二八日判決）。

「この規則による年金制度は、五年ごとに、教職員の増減、俸給の改訂、貨幣価値の変動、年金基金の利殖の状況等に照らして再検討を加えるものとし、必要に応じて、調整を図るものとする。」との規定があった早稲田大学事件では、一審では年金規則に減額規定がないとして減額が否定されましたが（東京地裁平成一九年一月二六日判決）、控訴審では、同条項は、「本件年金制度の維持のために必要な合理的な範囲内であれば、年金額の減額変更も許容しているものと解すべきである。」として、改定の必要性・相当性を認め、改定を行うに当たり信義則上要請される相応の手続を履践したものと認められるとして、給付額の減額を有効としています（東京高裁平成二一年一〇月二九日判決）。

外部積立型制度の場合

外部積立型制度としては厚生年金基金と確定給付企業年金があります。これらの給付を減額するためには、厚生労働大臣の承認・認可が必要です（厚生年金保険法一一八条一項一号、一一五条二項、確定給付企業年金法六条、一九条一項一号、一六条一項）。厚生年金基金の場合の要件は、①企業・基金の財政状態が悪いこと、②受給者の三分の二以上の同意を得ること、③希望者には一時金（最低積立基準額）での精算を認めること、です（厚生年金基金設立許認可基準第三―7(5)等）。

厚生労働大臣が減額を認めず、これに対して会社側が取消訴訟を提起したが、認められなかった事案があります（ＮＴＴグループ企業年金規約変更不承認処分取消請求事件・東京高裁平成二〇年七月九日判決）。

厚生労働大臣が認可した場合、規約の変更は、原則として、加入員であった者へも及びます。加入員であった者への給付の水準を下げることは原則として許されないとしつつ、「給付水準の変更による不利益の内容、程度、代償措置の有無、内容変更の必要性、他の受給者又は受給者となるべき者（加入員）との均衡、これらの事情に対する受給者への説明、不利益を受けることとなる受給者集団の同意の有無、程度を総合して、当該変更が加入員であった者（受給者）の上記不利益を考慮してもなお合理的なものであれば、このような変更も許される」とした裁判例があります（りそな銀行事件・東京高裁平成二一年三月二五日判決）。公的資金が投入された銀行であることも考慮されているでしょう。

16 会社が休業になったときの給与はどうなりますか

使用者に責任のある休業の場合は賃金支払義務がある

労働者が支障なく仕事に就く用意をしているのに、仕事がない。しかもそれが不可抗力によるものでなく、責任が使用者にあるものなら、給料は約束どおり支払ってもらわなければ困ります。それが民法上の原則です（民法四一三条[*1]、五三六条[*2*3]）。

いすゞ事件・東京高裁平成二七年三月二六日判決は、リーマンショック後に会社が一方的に有期雇用労働者に対し休業を命じ、平均賃金の六〇%の休業手当しか支給しなかった事案について、差額四〇%の支払いを命じています。有期雇用であるため、期間内の賃金支払の期待が高いことが考慮されています。

労基法上の休業手当

労基法二六条は、使用者に責任がある休業の場合、一〇〇分の六〇以上の手当の支払いを命じています。これは四〇%分の支払義務を免れさせたものではなく、六〇%分の支払いを罰則付きで命じたものであり（同法一二〇条一項）、使用者の責任原因については、民法上の責任より広いのだとされています[*4]。つまり、責任原因を広くするかわり、強制する金額が低くなっているのです。

休業手当支給の要件・使用者の責めに帰すべき事由とは

広く使用者側に起因する経営、管理上の障害を含むものとされます。したがって、

*1　民法四一三条（受領遅滞）
「債権者が債務の履行を受けることを拒み、又は受けることができないときは、その債権者は、履行の提供があった時から遅滞の責任を負う。」

*2　民法五三六条（債務者の危険負担等）
「①前二条に規定する場合を除き、当事者双方の責めに帰することができない事由によって債務を履行することができなくなったときは、債務者は、反対給付を受ける権利を有しない。
②債権者の責めに帰すべき事由によって債務を履行することができなくなったときは、債務者は、反対給付を受ける権利を失わない。この場合において、自己の債務を免れたことによって利益を得たときは、これを債権者に償還しなければならない。」
なお、二〇一五年に国会に上程された民法改正案では法文を変更する提案がされています。

*3　東日本大震災でいろいろ問題になったので、休業手当とあわせて厚生労働省がホームページで詳しい解説を載せています。
「平成二三年東北地方太平洋沖地震に伴う労働基準法等に関するQ&A［第3版］」
http://www.mhlw.go.jp/stf/houd

イ　ストライキは、使用者が解決しようとすればできることなのですから、ストライキを打った組合の組合員でない者には、給料全額を支払う義務はないとしても（ノースウエスト航空［一部スト］事件・東京高裁昭和五七年三月二四日判決）、休業手当は支払うべきです（明星電気事件・前橋地裁昭和三八年一一月一四日判決）。しかし、自分の所属する組合が部分ストを打ったことによる休業の場合は、組合員は休業手当を得られないとされています（ノースウエスト航空［部分スト］事件・最高裁昭和六二年七月一七日判決）。

ロ　関連企業の責任で資材や仕掛品が廻ってこないという場合も、他から手当てしたり、その企業に責任を取らせることも可能なのですから、手当を支払うべきです（昭和二三年六月一一日基収一九九八号）。

手当の額

手当は休業期間中、平均賃金の六〇％以上を支払います。一労働日の一部休業の場合、時間割合で支給した金額が六〇％に達しない場合は、六〇％との差額を払います。

一時帰休と雇用調整助成金

一時帰休とは、不況、操業短縮などを理由に、一定人員の労働者に対し、一定期間休業させる制度です。この場合にも、数カ月間というように比較的長期にわたって帰休させるものと、一カ月間に数日間の休業措置をとるという形式のものがあります。いずれにしても、使用者は休業手当を支払うことになります。

なお、比較的長期間の帰休の賃金補償については、雇用調整助成金制度[*5]（雇用保険法六二条、同法施行規則一〇二条の三）の利用が考えられます。

二〇一六年四月に発生した熊本地震についても同様の解説がされています。http://www.mhlw.go.jp/file/06-Seisakujouhou-10600000-Daijinkanbou kouseikagakuka/20160520.pdf

＊4　「計画停電の休業手当が実施される場合の労働基準法第二六条の取扱いについて」（平成二三年三月一五日基監発〇三一五第一号）http://www.mhlw.go.jp/stf/houdou/2r98520000017l2k.html

＊5　雇用調整助成金制度
景気変動、産業構造の変化等、経済上の理由により事業活動の縮小を余儀なくされ、労働者を休業、教育訓練または出向させる事業主に対して、その間の賃金・休業手当の一部を助成することで、労働者の失業を予防し、雇用の安定を図る制度。助成金の支給を受けるには、雇用調整を行うについてあらかじめ公共職業安定所に届け出ることが必要です。

17 会社が経営危機だといって賃金が支払われません。どうしたらよいですか

賃金の支給遅延・未払いは労基法で禁止されている

労基法は賃金の支払いについては、使用者に対し、毎月一回以上、一定の期日に全額を支払うことを義務づけ、これに違反すると三〇万円以下の罰金を科することにしています（労基法二四条、一二〇条）。そこで、賃金の遅延・未払いが生じたら、会社の所在する労働基準監督署に、労基法二四条違反に対する是正勧告をさせ、賃金の遅延、未払いを解消させる方法があります。[*1]

もちろん、労働契約に基づく賃金請求権の実現を求めて裁判所に訴えを提起することもできます。賃金請求権は二年間、退職手当請求権は五年間で消滅時効にかかりますので（労基法一一五条）[*2]、注意が必要です。

なお、使用者が会社や商人の場合は商事債権として商事法定利率年六％の、会社や商人でない場合は民事法定利率の年五％の遅延損害金の請求ができます。[*3] 退職した労働者が未払賃金（退職金は除く）を請求する場合は、年一四・六％の遅延損害金を請求できます（賃確法六条一項、同法施行令一条）。ただし、この規定は倒産の場合は適用されません（賃確法六条二項、同法施行規則六条二項、同法施行令二条一項）。

民法による優先扱い

使用者の財産には労働者の労働の果実としての側面があることから、使用者と労働者と

＊1　ただし、使用者が最善の注意を尽くしても賃金を支払うことが不可能である場合には、賃金不払罪は成立しないと解されており（東京大学労働法研究会『注釈労働基準法』［有斐閣、二〇〇三年］上巻四二三頁、下巻一一〇一頁）、送検もされないのが、実務の扱いです（有泉亨『労働基準法』［有斐閣、一九六三年］二五三頁）ので、倒産の場合には実効性がありません。

＊2　労基法一一五条（時効）
「この法律の規定による賃金（退職手当を除く。）、災害補償その他の請求権は二年間、この法律の規定による退職手当の請求権は五年間行わない場合においては、時効によつて消滅する。」

＊3　民法四一九条、四〇四条、商法五一四条。二〇一五年に国会に上程された民法改正案では、公定歩合を基礎とした変動利率とすることが提案されています。併せて上程された整備法案では商法の商事法定利率に関する条文は削除されることになっています。

の「雇用関係に基づいて生じた債権」については、全額について、使用者の一般財産に対する優先的な権利が保障されています（雇用関係の先取特権[*4]、民法三〇六条、三〇八条）。「雇用関係に基づいて生じた債権」には、賃金、退職金のほか、労災事故についての使用者に対する損害賠償請求権などが含まれます。社内預金を含むかについては、裁判例・学説が分かれていますが、強制的な預金は含み、任意のものは含まないというのが、裁判例では主流です（浦和地裁平成五年八月一六日判決、札幌高判平成一〇年一二月一七日判決）。

先取特権の行使は、一般債権のように裁判を起こし、判決を得てから執行する必要はなく、担保権の行使として使用者の財産を差し押さえ、換価してその換価代金から弁済を受けることができます。動産・不動産の差押え・換価の手続は、動産・不動産の所在地の裁判所に、債権の差押え・換価の手続は、使用者の所在地の裁判所に申し立てます。二〇〇三年の執行法改正により、一般先取特権を有するものに、強制管理・担保不動産収益執行手続の優先配当受領資格（民事執行法一〇五条一項、一八八条）、財産開示手続開始の申立権（同法一九七条二項）が認められています。

賃金台帳、給与明細書などを確保する

担保権を行使するには、担保権の存在を証明する文書が必要です（民事執行法一八一条一項四号、一九三条一項）。その証明として、賃金台帳、給与明細書などが求められます。倒産の場合における賃金確保の手続においてもこれらの証明が求められます。経営が危なくなった場合に、賃金債権、退職金債権の特定のために賃金台帳などの帳簿類を確保

＊4　先取特権（さきどりとっけん）
法律の定めた特定の債権を有する者が、債務者の一定の財産から他の債権者に優先して弁済を受けることのできる担保物権。

しておいたり、コピーをとっておくことは実務上有益です。労働者がこの証明をすることは困難であることが多いので、一定の文書形式を要求して労働者に過重な証拠収集の負担をかけることなく迅速な権利実現が図られるようにとの附帯決議が、二〇〇三年の担保法・執行法改正の審議において、衆参両院の法務委員会でなされています。

賃金確保法の活用

次問で説明するように、会社更生法、破産法により優先的配当権が確保されていますが、倒産会社に残存財産が乏しい場合は、きわめて不十分な弁済しか受けられなかったり、長い期間を要しますので、立替制度を活用することは有意義です（Ⅲ-⑲問参照）。

労働組合の力を利用する

労働者が、個々に未払賃金などの労働債権を経営者に要求しても、実現はそう簡単ではありません。そこで、労働組合が、経営者と団体交渉を行い、労働債権の確定に必要な各種資料を提出させたり、会社資産や売掛金債権の譲渡を要求し、譲渡協定を締結するなど、労働債権確保のために力を尽くすことはきわめて有益です。もし、労働組合がない場合は、労働組合を結成し、団体交渉を申し入れ、右のような要求を行うことができます。職場内に組合事務所を設置することを認めさせ、活動拠点を確保しつつ、他の債権者や経営者が一方的に会社財産を持ち出すことのないよう監視し、労働債権支払いの担保となる物件の保全をはかるなど、団結は労働債権を確保する大きな力です。[*5]

＊5　倒産時における労働組合の活動については、『新・労働組合Q＆A』第Ⅷ章を参照。

18 会社が倒産した場合、賃金はどのように保護されていますか

会社更生法

会社更生法では、会社更生手続開始前六カ月の従業員の賃金は「共益債権」となります（会社更生法一三〇条）。「共益債権」とは、更生会社の事業運営に必要な費用として、更生手続によらず、管財人によって、随時優先的に支払われる債権をいいます（同法一三二条）。更生手続開始後の賃金は全額共益債権となります（同法一二七条二号）。

退職金については、更生計画認可決定前の退職者については、退職前六カ月間の賃金に相当する分か退職手当額の三分の一のいずれか多い額が共益債権とされます（同法一三〇条二項）。更生計画認可決定後に退職した場合は、退職金は全額、共益債権となります。

更生手続開始後に会社都合による解雇、管財人による勧奨退職、業務上の事故による死亡等自己都合でない事由により退職する場合の退職金は全額が共益債権になります（同法一二七条二号、一三〇条四項）。更生手続開始後に定年退職した場合の退職金は、旧法の立法関係者は全額が共益債権になるとしていましたが、裁判所は解雇等とは異なり更生会社の事業経営に寄与するものではないとして、これを否定しています（日本航空事件・東京高裁平成二二年一一月一〇日決定）。

退職金が定期金債権であるときは、各期における定期金につき、その額の三分の一に相当する額が共益債権となります（同法一三〇条三項）。

社内預金については、全額を共益債権としていた規定を二〇〇二年に改正し、更生手続開始前六カ月間の賃金に相当する額または預金額の三分の一のいずれか多い額が共益債権とされています（同法一三〇条五項）。

共益債権となるからといって必ず全額が支払われるわけではありません。会社更生計画に際して、退職金規定の改正（切り下げ）をする事例がいくつか生じています。[*1][*2]

共益債権とならない労働債権は、優先的更生債権とされ（同法一六八条一項二号）、更生計画の中で他の一般債権よりは優先して支払いがなされます。ただし、更生会社が営業を続けて利益を出していくなかで支払われるので、時間はかかりますし、それだけの原資が生み出せないこともあります。

破産法

二〇〇四年の破産法改正により、破産手続開始前三カ月間の賃金債権は、財団債権として配当手続によらず破産債権に優先して弁済を受けられることになりました（破産法一四九条一項、一五一条）。破産手続開始後解雇の効力が生じるまでの労働に対する賃金、予告手当、打切補償は、すべて財団債権となります（同法一四八条一項四号、八号）。同改正により、租税債権の優先性に制限が加えられています（同法一四八条一項三号、一五二条）。

退職金については、退職前三カ月間分または破産手続開始前三月間の賃金総額のいずれか多い額が財団債権とされます（同法一四九条二項）。これは、退職が破産手続開始の前であるか後であるかを問いません。

＊1　更生計画遂行中の造船会社が、退職金規定を変更して、退職金を減額し、一五年間の分割払としたことに合理性を認めた事例（日魯造船事件・仙台地裁平成二年一〇月一五日判決）があります。

＊2　前述したように、更生手続開始後に会社都合で退職した者の退職金は全額共益債権となり随時弁済をしなければならないので、更生会社が資金繰りに窮することがあります。このために、退職金を二〇％として減額支給し、更生手続の推移により追加退職金を支給するとの就業規則改正が、破産を回避し、原告らに追加支給と合わせて七四ないし七七％の支給をなしたという実績から合理性が認められています（新潟鐵工所事件・東京地裁平成一六年三月九日判決）。同事件では、最終的に一〇〇％の支給がなされています。

財団債権による強制執行は禁止されます（同法四二条一項）。

上記以外の雇用関係に基づき生じた債権は優先的破産債権として、破産手続内で弁済を受けることができます（同法九八条）。優先的破産債権である賃金・退職金債権を有する者が、これらの破産債権の弁済を受けなければ生活の維持に困難を生ずるおそれがあるときは、管財人は、裁判所の許可を得て随時弁済をすることができます。労働者に申立権はありませんが、管財人に申立てをするよう請求することができます（同法一〇一条）。

民事再生法

民事再生の場合、再生手続開始前に発生している労働債権は、一般優先債権となります（民事再生法一二二条一項）。民事再生手続開始後の賃金は、共益債権となるので、ほかの債権よりも優先して随時支払われます（民事再生法一一九条二号、一二一条）。

一般優先債権となった部分は、再生手続外で行使をすることになります。

19 会社が倒産した場合に未払い給料、退職金を国が立て替えてくれる制度があると聞いていますが、どのような制度ですか

未払賃金の立替払制度

未払賃金の立替払制度とは、企業が「倒産」したために、賃金が支払われないまま退職した労働者に対して、その未払賃金の一定範囲について独立行政法人労働者健康安全機構[*1]が事業主に代わって支払う制度です。「賃金の支払の確保等に関する法律」がこれを定めています。

立替払いを受けられる労働者

立替払いを受けられるのは、つぎの要件に該当する労働者です。

① 労災保険の適用事業（労働者を雇用するすべての事業）で一年以上にわたって事業活動を行ってきた事業主（個人、法人を問いません）に労働者として雇用されてきて、企業の倒産に伴い退職し、未払賃金がある人（未払賃金の総額が二万円未満の場合は除かれます）。

② 裁判所に対する破産手続開始等の申立日または労働基準監督署長に対する倒産の事実に関する認定申請日（事実上の倒産の場合）の六カ月前の日から二年の間に退職した人です。図1を参照してください[*2]。

立替払いの対象となる未払賃金

退職日の六カ月前から労働者健康安全機構に対する立替払請求日の前日までに支払期日

＊1　労働者健康安全機構は法律に基づいて設立された独立行政法人です（「労働者健康福祉機構」から、二〇一六年四月に名称変更）。所在地は、〒二一二―〇〇一三　神奈川県川崎市幸区堀川町五八〇番地　ソリッドスクエアビル　東館（電話〇四四―五五六―九八三三）です。立替払請求書等の書類は企業の所在地に関係なく、右に送ることになります。

図1　立替払いを受けられる労働者

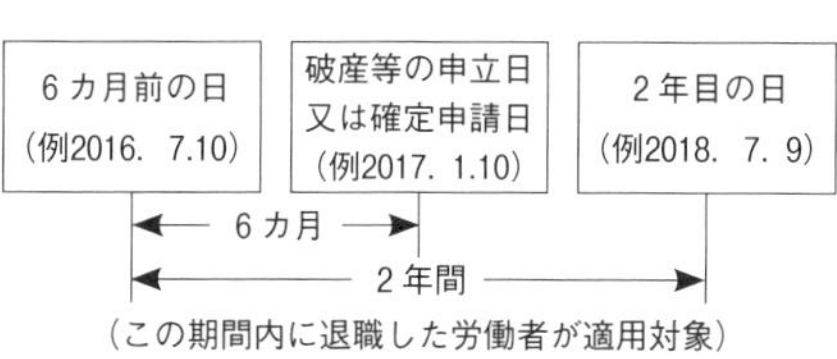

が到来している「定期賃金」および「退職手当」であって未払いとなっている賃金。
「定期賃金」とは、労基法二四条二項に規定する毎月一回、一定の期日を定めて支払われる賃金をいいます。
「退職手当」とは、就業規則（その付属規程である退職手当規程など）などに基づいて支給される退職一時金、退職年金をいいます（退職金請求権の存否に関しては、Ⅲ-⑭問参照）。

定期賃金、退職手当以外の賃金、たとえば賞与、祝い金、各種割増手当金は立替払いの対象にはなりません。

なお、未払賃金の額は賃金台帳および退職手当に関する規程により確認できるものに限られていますので、倒産のおそれがある場合は、それらの書類を確保しておくと、迅速な請求・認定に役立つでしょう。

立替払いを受けられる額

立替払いの対象となる未払賃金の総額には退職日の年齢に応じて限度額が設けられており、この限度額の八〇パーセントが立替払いをする額の上限となります。退職時の年齢に応じた未払賃金の限度額および立替払いの限度額は図2のとおりです。

立替払いの請求手続

(1) 立替払請求の要件、未払賃金等に関する証明、認定・確認手続

① 破産など法的手続がなされている場合は、「証明者」または事件が係属している裁判所から、破産等の申立日・決定日、労働者の退職日・未払賃金額、賃金債権の

＊2 A社を二〇〇二年五月に退職し、三カ月分の未払い賃金請求について訴訟を起こし勝訴したが、A社が二〇〇三年一月に破産申立をしたというケースでは、破産申立前六カ月以前に退職しているため、賃確法の適用は受けられませんでした。

図2 立替払いの限度額

退職時の年齢	未払賃金の限度額	立替払いの限度額
45歳以上	370万円	296万円
30歳以上45歳未満	220万円	176万円
30歳未満	110万円	88万円

裁判所への届出額等を証明する「証明書」の交付を受けます。

「証明者」とは、破産・会社更生の場合は管財人[*3]、民事再生の場合は再生債務者（管財人が選任されている場合は管財人）、特別清算の場合は清算人[*4]です。管財人等から証明を受けられない場合は、労働基準監督署長に確認申請ができます。

② 事実上の倒産の場合は、倒産した企業の本社所轄の労働基準監督署長に「認定申請書」を提出し、企業が事業活動を停止し、再開する見込みがなく、かつ、賃金支払能力がないことについての認定を受けます。この認定を申請することができる期間は、倒産した企業を退職した日の翌日から起算して六カ月以内に限られますので、注意が必要です。右認定を受けた後に、労働基準監督署長に「確認申請書」を提出して、認定申請の日、認定の日、退職日、未払賃金の額および立替払額等についての「確認通知書」の交付を受けます。

(2) 立替払請求書の提出

右(1)により証明書または確認通知書の交付を受けたら、「未払賃金の立替払請求書」および「退職所得の受給に関する申告書・退職所得申告書」に必要な事項を記入し、以上の書類を合わせて労働者健康安全機構に提出します。

立替払請求ができる期間は、裁判所の破産等の決定の日（右①の場合）または労働基準監督署長の倒産認定の日（右②の場合）の翌日から起算して二年以内に限られています。

なお、申請に必要な用紙はすべて労働基準監督署にありますので、労働基準監督

＊3　管財人
倒産会社の業務および財産の管理・処分を行う権限を持っています。

＊4　清算人
会社などが解散して清算する場合に清算事務を執行する者。会社では通常取締役がなりますが（法定清算人）、特別の場合には裁判所が選任します。

署に行けば用意できます。

(3) 立替払いの支払

「未払賃金の立替払請求書」等の書類を受け取った労働者健康安全機構が書類を審査し、請求の内容が賃金確保法、同法施行規則等に適合していると認めたときは、請求者が指定した金融機関を通じて立替金が支払われることになります。立替払請求書が届いてから支払までは、書類に問題がなければ三〇日以内のようです。

立替金を受領した場合の効果

立替払いを受けた賃金の請求権は、その範囲において労働者健康安全機構に移転し、あとは未払企業に対して労働者健康安全機構が権利を行使します。労働者は、立替払いを受けられなかった残りの賃金については依然として未払企業に対し請求権を有しています。

20 会社が厚生年金保険料を払っていなかったので、年金がもらえません。会社に何か請求できますか

会社が届出をしなかった場合

常時五人以上の従業員を雇用する事業所・事務所は原則として厚生年金の強制適用事業になります（厚生年金保険法六条一項）。事業主は、従業員を雇用したときは臨時雇用や特定の短時間雇用である場合を除き、資格取得の届出をしなければなりません（同法二七条）。その上で、事業主が負担する保険料と従業員が負担する保険料の両方を納付する義務があります（同法八二条二項）。

会社が資格届出の義務を怠った場合は、労働者には自治体から国民年金の支払い請求が来ますから、それでわかるはずです。労働者が要求したにもかかわらず会社が手続をしなかった場合は、会社は労働契約上の債務不履行として、労働者が得られたはずの年金給付との差額について、損害賠償義務を負います（豊國工業事件・奈良地裁平成一八年九月五日判決）[*1]。同判決は、労働者の合意があったからといって義務違反が当然に正当化されることはないとしています。ただし、過失相殺されて賠償額が減額されることはあり得ます。

被保険者（労働者）は、使用者が届出をしない場合、厚生労働大臣に対して、被保険者資格の確認請求をすることができます（同法三一条一項、一八条二項）。このため、確認請求をするなど権利を保全するための行動に出なかったことを理由に三割の過失相殺をし

＊1　堀勝洋『年金保険法〔第三版〕』（法律文化社、二〇一三年）三八四頁以下が詳細です。

た裁判例があります（京都市役所事件・京都地裁平成一一年九月三〇日判決）。しかし、確認請求は被保険者の義務ではなく、そもそものような仕組は知られていないので、知っていて確認請求をしなかった場合を除き過失相殺の対象とはならないと考えるべきです。

会社が低い保険料しか払わなかった場合

会社が本来払うべき保険料より低い額しか払っていなかったために受給できる額が減少した場合も、労働者は会社に対して差額について損害賠償を求めることができます（牛根漁業協同組合事件・福岡高裁宮崎支部平成一七年一一月三〇日判決［雇用保険の事例］）。

会社が給与から保険料を控除しながらその額を納付しなかった場合は、横領に当たるので、不法行為による損害賠償義務を負うのは当然です（仙台地裁平成一六年二月二七日判決）。

特別法による救済

消えた年金問題の際に、厚生年金特例法[*2]が制定され、二〇〇七年に制定・施行されました。同法は、保険料が給与から控除されているのに、事業主が保険料を納付しておらず、かつそのことを労働者が知らなかった場合に、時効消滅した保険料に基づく年金の支給を可能にするものです。詳しくは厚生労働省のホームページを見てください。

＊2　「厚生年金保険の保険給付及び保険料の納付の特例等に関する法律」

1 労働時間は法律で どのように規制されているのですか

八時間労働制の原則

労基法三二条は、「使用者は、労働者に、休憩時間を除き一週間について四十時間を超えて、労働させてはならない。」（一項）、「使用者は、一週間の各日については、労働者に、休憩時間を除き一日について八時間を超えて、労働させてはならない。」（二項）と定めています。これが八時間労働制の原則です。

八時間労働制は、「労働条件改善の歴史」（18頁）で述べたように、労働者の長い闘いの結果かちとられた大原則です。これに違反する約束（たとえば一日の労働時間を一〇時間と約束すること）は無効ですし、違反して働かせた使用者は六カ月以下の懲役または三〇万円以下の罰金に処せられます（労基法一一九条一号）。

なお、労基法に定める労働時間・休憩・休日の規定は、①農業および畜産・水産業従事者、②管理監督者（Ⅰ－7問参照）、③監視・断続的労働従事者で労基署長の許可を得た者（Ⅳ－4問参照）には、適用されません（労基法四一条[*1]）。

また、商店・映画館・診療所・旅館・飲食店などで常時一〇人未満の労働者を使用している事業については、労基法四〇条[*2]で特例措置として、週四四時間とされています（労基則二五条の二第一項）。

*1 労基法四一条（労働時間等に関する規定の適用除外）
「この章、第六章及び第六章の二で定める労働時間、休憩及び休日に関する規定は、次の各号の一に該当する労働者については適用しない。
一 別表第一第六号（林業を除く。）又は第七号に掲げる事業に従事する者
二 事業の種類にかかわらず監督若しくは管理の地位にある者又は機密の事務を取り扱う者
三 監視又は断続的労働に従事する者で、使用者が行政官庁の許可を受けたもの」

*2 労基則で一部を除外して引用されている労基法別表第一の事業はつぎのとおりです。
八号 物品の販売、配給、保管若しくは賃貸又は理容の事業
十号 映画の映写、演劇その他興行の事業
十三号 病者又は虚弱者の治療、看護その他保健衛生の事業
十四号 旅館、料理店、飲食店、接客業又は娯楽場の事業

使用者が一日八時間・週四〇時間を超えて労働者を働かせるには、以下のように変形労働時間制をとるか、時間外労働として三六協定を締結したうえで割増賃金を支払わなければなりません。

変形労働時間制

使用者は就業規則（または労使協定）で定めることにより、一カ月を平均して一週の労働時間が四〇時間以内におさまっているかぎり、特定の週に四〇時間を超えたり、特定の日に八時間を超える労働時間を定めることができます（労基法三二条の二）。たとえば、週休三日とする代りに、一日九時間にしたり、隔日勤務で一六時間労働にするようなことができるわけです（Ⅳ－6問参照）。この一カ月単位のほかに、一週単位、[*3]一年単位の変形制（Ⅳ－7問参照）やフレックスタイム制（Ⅳ－8問参照）などが認められています。[*4][*5]

三六協定による時間外労働

八時間労働制は、人間が人間らしく働くための最低条件ですから、八時間を超えて働くことはあくまでも例外でなければなりません。しかしそうはいっても、残業の必要が生ずることもあるので、労基法三六条は、事業場に働く労働者の過半数で組織する労働組合か、過半数の労働者を代表する者との書面による協定（三六協定）を結んで労働基準監督署に届け出た場合は、協定の範囲内であれば、時間外労働をさせても処罰されないとしています（Ⅳ－9、13問参照）。逆にいえば、三六協定なしに、あるいは三六協定で認められた範囲を超えて時間外労働をさせると、使用者は処罰されます（労基法一一九条一号）。[*6]

＊3　一週単位の変形労働時間制（労基法三二条の五）は、常時三〇人未満の労働者を使用する小売業、旅館、料理店、飲食店（＊2参照）に適用されます。一日に労働させることのできる時間は一〇時間までに限定されています（労基法三二条の五、労基則一二条の五）。

＊4　妊産婦は、変形制のもとでの八時間以上の労働を断わることができます（労基法六六条一項。Ⅵ－3問参照）。また、使用者は、育児を行う者、老人等の介護を行う者職業訓練または教育を受ける者その他特別の配慮を要する者については、育児などに必要な時間を確保できるような配慮をしなければなりません（労基則一二条の六）。

＊5　厚生労働省の「就労条件総合調査」（平成一一年度までは「賃金労働時間制度等総合調査」）によると、何らかの変形労働時間制度を導入している企業の割合は、調査が開始された一九八八年の七・〇％から一九九六年は四〇・五％、二〇一五年は五二・一％に大幅に拡大しています。適用労働者数割合では、一九八八年の一五・三％から一九九六年は四四・一％、二〇一五年は四七・六％になっています。

＊6　処罰された事例として、大阪地裁平成一二年八月九日判決。

災害等による臨時の必要がある場合の時間外労働

災害その他避けることのできない出来事によって、臨時の必要がある場合は[*7]、使用者は、労働基準監督署長の許可を受けて、その暇がないときは事後に届け出て、その必要の限度で労働時間を延長し、または休日に労働させることができます（労基法三三条）。

労働時間の把握・管理は使用者の義務

労基法による労働時間規制の前提として、使用者には、各労働者の労働時間をきちんと把握し、適正に管理する義務があります。各労働者の「労働時間数」は、使用者が作成する義務がある賃金台帳の必要的記載事項です（労基法一〇八条、労基則五四条一項五号）。厚生労働省は二〇〇一年四月六日に、「労働時間の適正な把握のために使用者が講ずべき措置に関する基準」（基発三三九号）を発して、以下の指導をしています[*8]。①使用者は労働者の労働日ごとの始業・終業時刻を確認し、これを記録すること。②その方法としては、原則として、使用者自ら現認するかタイムカード等の客観的な記録を基礎とすること。③自己申告制をとらざるをえない場合には、（ア）制度導入前に正しい申告を行うよう労働者に十分な説明を行い、（イ）申告時間の正確性につき必要に応じて実態調査を行い、（ウ）適正な申告を阻害する目的で時間数の上限を設定するなどの措置を行わないこと。

後に説明する「みなし労働時間制」の場合（Ⅳ－15、16問参照）および「管理監督者」（Ⅰ－7問参照）については、実際の労働時間の把握が求められないので、右通達でも対象から除外されています。

＊7　これは阪神淡路大震災のような予想しえない事態を指し、予想しうる台風や事故に対処する場合は含まれません。そのようなケースは三六協定の中にあげておくべきです。

＊8　厚生労働省のＨＰのうち「報道発表資料」で読めます（http://www.mhlw.go.jp/houdou/0104/h0406-6.html）。

労働時間を規制する目的・方法

労働時間を規制する目的は、①労働者の健康保護、②余暇の保障、③雇用の創出（ワークシェアリング）にあります。最も重要な目的は、①ですが、②「余暇」の保障も重要です。八時間労働制は、「八時間は労働に、八時間は休息（睡眠）に、八時間は自由時間に」という思想に基づいています。労働時間を規制することによって、労働者の家庭生活と社会的・文化的生活を確保するのです。一九六〇年代に労働時間短縮を求めた西ドイツの組合運動のスローガンが、「土曜日のパパは僕のもの」であったことが、この目的を象徴しています。*9

労働時間を規制する方法としては、上限規制が端的な方法です。また、休息期間を義務づける方法もあります（いわゆるインターバル規制）。ＥＵの「労働時間指令」では、労働時間の上限規制として、時間外労働を含めた七日当たりの平均労働時間が四八時間と規制されています（六条）。また、一日当たりの休息期間として、二四時間につき連続一一時間以上の休息を与えなければならない（三条）としているので、結果として一日当たりの上限は一三時間になります。さらに、一週間当たりの休息期間として、一週間に一度は連続三五時間以上の休息を与えなければなりません（五条）。*10

なお、労働時間を規制するのは法律ばかりではありません。労使の合意によって上限規制やインターバル規制を導入することは可能です。*11

＊9　西谷敏『人権としてのディーセント・ワーク』（日本評論社、二〇一一年）二四〇頁

＊10　ＥＵのほか、ドイツ、フランス、イギリス、アメリカの労働時間規制については、独立行政法人労働政策研究・研修機構『労働時間規制に係る諸外国の制度についての調査』（二〇一二年）参照。

＊11　情報労連傘下のＫＤＤＩ労働組合、ＵＡゼンセン傘下の労働組合が、二〇一五年春闘において勤務間インターバル規制の導入について合意したと報道されています。なお、三六協定の締結において、過半数労働組合が上限規制を厳格化させること等も可能です。

2 所定労働時間とはどういうものですか。実際の労働時間はどうなっていますか

所定労働時間

労働契約は時間決めの労働力の売買ですから、労働時間は賃金と並ぶもっとも本質的な労働条件です。労働契約や就業規則などで定められた始業時刻から終業時刻までの時間のうち、休憩時間を除いた時間を「所定労働時間」と呼んでいます。

所定労働時間は、労働契約上、労働者が労働を提供する義務を負う時間です。これは、Ⅳ-3問で説明する労基法上の労働時間とは区別しなければなりません。所定労働時間が、Ⅳ-1問で説明した法定労働時間に反した場合はその定めは無効となり、法定労働時間が所定労働時間となります（労基法一三条）。[*1]

時間外労働・休日労働とは

労基法でいう時間外労働は、Ⅳ-1問で説明した法定労働時間を超える労働時間（Ⅳ-3問）のことをいいます。しかし、一般の企業では法定労働時間以下の所定労働時間を定めていることも多く、その所定労働時間を超える労働時間を時間外労働と呼んでいるのがふつうです。この労基法上の時間外労働と企業の所定時間外労働は区別して考えなければなりません。所定時間外労働ではあるが、労基法上の時間外労働には至らないものを、「法内残業」とか「法内超勤」と呼んでいます。

休日労働についても同じことがいえます。労基法上の休日労働とは、労基法三五条で毎

*1　たとえば、始業時間を午前八時三〇分、就業時間を午後六時三〇分、休憩時間を午前一二時～午後一時とする一日九時間の所定労働時間の定めは、「一日八時間を超えてはならない」という労基法三二条二項に違反し、最後の一時間の部分が無効となり、就業時間が午後五時三〇分に修正されると解されています。菅野和夫『労働法［第一一版］』（弘文堂、二〇一六年）四六三頁。

週一回または四週四日与えなければならないとされている法定休日（Ⅳ－22問参照）に労働させることをいいます。しかし、一般の企業では、労基法上の休日以外にも所定の休日を与えているでしょうし、そうした所定休日に労働させることも、一般には休日労働と呼んでいます。法定休日の休日労働と所定休日の休日労働も区別して考えましょう。

総実労働時間

労働時間統計では、所定労働時間のうち遅刻・早退・休暇・ストライキなどの不就労時間を除いた部分を所定内労働時間とし、これと所定外労働時間を合計したものを、総実労働時間と呼んでいます。

厚生労働省「毎月勤労統計調査」によれば、一九八〇年代半ばに二一〇〇時間もあった年間総実労働時間は、減少傾向にあります。一九九五年は一九一〇時間、二〇〇〇年は一八五三時間、そして、二〇一五年には一七三四時間となっています。[*2] ただし、この統計は、パートタイム労働者を含んでいることに留意しなければなりません。[*3]

統計の取り方が違うため、厳密な比較は難しいのですが、二〇一三年で見ると日本の雇用者の平均年間総実労働時間が一七四八時間であるのに対して、アメリカは一七九五時間、イギリスは一六五九時間、フランスは一四〇一時間、ドイツは一三一三時間となっています。[*4] 同じデータで、週当たり四九時間以上労働している労働者の割合を見ると、日本が二一・六％（男三〇・五％、女九・八％）であるのに対し、アメリカは一六・四％、イギリスは一二・三％、フランス、ドイツは一〇％台と、日本は欧米諸国と比較して高くなっています。[*5]

＊2　もっとも、「毎月勤労統計調査」には、時間外労働をしていても賃金や割増賃金が支払われなかった時間数は計上されていません。同調査の調査対象となった事業所は、賃金台帳をもとに集計表に記入するため、不払い残業は含まれず、「事業場外みなし労働時間制」や「裁量労働制」が適用されている場合は、労使協定であらかじめ決められた時間だけが計上されます。

＊3　二〇一五年の調査では、パートタイム労働者の比率は三〇・四八％にも上ります（一九九五年は一四・四七％でした）。そのパートタイム労働者の年間総実労働時間が一〇六八時間であるのに対して、パートタイム労働者を除く一般労働者は二〇二五・六時間にもなります。労働者全体の実労働時間の統計が減少している主な要因は、パートタイム労働者の増加にあると考えられます。

＊4　労働政策研究・研修機構『データブック国際労働比較　二〇一五年版』二〇〇頁。

＊5　＊4掲書二〇二頁。
労働時間に関する文献として、森岡孝二『働きすぎの時代』（岩波新書、二〇〇五年）、ジュリエット・ショアー（森岡他訳）『働きすぎのアメリカ人』（窓社、一九九三年）、小倉一哉『エンドレ

ス・ワーカーズ――働きすぎ日本人の実像』(日本経済新聞出版社、二〇〇七年)、厚生労働省『平成二七年版 労働経済の分析』第三章、森岡孝二『過労死は何を告発しているか――現代日本の企業と労働』(岩波書店、二〇一三年)第二章が参考になります。

乗務時間、勤務時間、就業時間

航空機乗務員の労働時間は複雑です。実際に乗務した時間を「乗務時間」と呼んでいますが、これが労働時間であることは疑う余地がありません。乗務の前後の時間を加えたものを「勤務時間」と呼んでいますが、このうちには乗務開始前あるいは乗務終了後の定められた時間(たとえば一時間)が入っています。これらが労働契約上の労働時間であることは明らかです。では労基法上はどうかというと、たとえば、乗務終了後三〇分で勤務から解放されたとすれば、その後の三〇分は実労働ではありませんので労働時間ではありません。

なお、日本航空では勤務時間とは別に、乗務員が会社業務に従事する時間として「就業時間」という定めを置いて、「各勤務の始業時刻から、終業時刻または実際の業務終了時刻のいずれか後にくる時刻までの時間」と定義しています。これは、天候や空港の混雑などによって起きる所定時間外労働の発生を防ごうとするものと思われます。航空会社ではどこでも、乗務時間や勤務時間について健康上の配慮から時間制限を置いているのですが、それとは別に就業時間なるものを置いて、時間外労働を減らそうとするのは、時間制限を設けた趣旨を没却させるものとして問題のある扱いです。

3 どこまでが「労働時間」に入るのですか

労働時間とは何か

労基法は労働時間について特に定義はしていませんが、一般的に労働者が使用者の指揮監督下にいる時間をいうとされています。[*1] ただ、具体的に何をもって「指揮監督下にいる」とみるかは、後にみるように見解が分かれているものがあります。

ここで区別をしておかなければならないのは、「労基法上の労働時間」（実労働時間）と「労働契約上の労働時間」です。

労基法上の労働時間は、これに反して働かせれば処罰の対象となったり、これを超えて働かせれば割増賃金の対象となるものですから、労使の主観的な意思を離れて客観的に定まるものでなければなりません（三菱重工業長崎造船所事件・最高裁平成一二年三月九日判決）。これに対して労働契約上は、労使が取り決めた時間こそが労働時間となるわけで、本来それは賃金支払の対象となる時間です。たとえば、始業時刻に一時間遅刻した労働者がいたとしましょう。この一時間は、使用者の指揮監督下にいたわけではありませんから、労基法上は労働時間ではありませんが、本来労働する義務のあった時間ですから労働契約上の労働時間です。仕事が早く終わったので終業時刻三〇分前に労働者を帰した場合、この三〇分は労基法上の労働時間ではありませんが労働契約上の労働時間です。労働契約上の労働時間のうち、実際に就労しなかった時間を有給とするか無給とするかは労働

＊1　厚生労働省労働基準局編『平成二二年版　労働基準法上』三九九頁。なお、判例は、「労働者が使用者の指揮命令下に置かれていると客観的に評価できる時間」と定義していますが、同じ趣旨だと思われます（三菱重工長崎造船所事件・最高裁平成一二年三月九日判決）

契約上の取決めによって決まることになります。

特に断らず「労働時間」という場合は、労基法上の労働時間（実労働時間）を指すと考えてください。

準備作業など

作業服への着替えや工具などの準備作業、掃除や湯茶の準備、朝礼や打ち合わせ、後始末や洗車など業務の前後の時間が労働時間かどうかが問題になります。使用者はとかく、着替え等は労働力の提供の準備だとか、掃除などは自発的にやっていることだとか、後始末などは実作業ではない、等として労働時間から外そうとするからです。しかし、労働者に義務づけられたり、しないと不利益を受けるもの、業務に必要不可欠あるいは業務と密接不可分なものは労働時間とすべきです。労働者が自由意思で始業前あるいは終業後に仕事をしたときは労働時間とはいえませんが、そうせざるをえないような仕事の与え方をしたときは、指示があったものとして扱うべきでしょう。

なお、作業服への着替えに関しては、裁判所の判断が分かれていましたが、三菱重工業長崎造船所事件で、最高裁は、「労働者が就業を命じられた業務の準備行為等を事業所内において行うことを使用者から義務付けられ、又はこれを余儀なくされたときは」「当該行為に要した時間は、それが社会通念上必要と認められるものである限り、労働基準法上の労働時間に該当する」として、更衣所での作業服と保護具の装着および更衣所から準備体操場への移動時間、始業時刻前の副資材の受け出しおよび散水を労働時間としました（最高裁平成一二年三月九日判決）。

研修や小集団活動

企業外で行われる活動についても、使用者の指示で参加するものについては労働時間として扱うべきです。ただ指示といっても、明示されるものばかりではなく、職務内容そのものである場合（たとえば経理担当者が税務署の説明会に出るケース）や、使用者が奨励するなど黙示の指示で参加する場合も含むと解すべきでしょう[＊2]。

企業が時間外に実施する研修も同じことがいえます。職場の全従業員の出席を求めて開催された職場安全会議への出席は労働時間とみるべきで、時間外賃金を支給すべきだとされています（丸十東鋼運輸倉庫事件・大阪地裁堺支部昭和五三年一月一一日判決）。また全従業員が経営に参加する趣旨で設けられた経営協議会専門委員会や教習用語の統一のために開かれた研修会へ時間外に出席した時間は、時間外の労働時間であるとして割増賃金の支払いが命じられています（八尾自動車興産事件・大阪地裁昭和五八年二月一四日判決[＊3]）。

ＱＣ運動、ＺＤ運動などの小集団活動などは、建前上は労働者の自発的な意思によってなされるものですが、実際には使用者が発表会などをお膳立てしたり、参加を事実上強制しているケースも多くみられます。使用者の指示（黙示の指示を含む）のある場合や職務遂行上参加しないと不都合が生じるような場合には労働時間として扱うべきです[＊4]。

自宅での仕事

自宅への持ち帰り仕事、いわゆる風呂敷残業はどうでしょうか。本来使用者は自宅での仕事を労働者に命じる権限はありません。労働者はこれを命じられても従う義務はありま

＊2　行政解釈は、就業時間外の教育訓練について、「労働者が使用者の実施する教育に参加することについて、就業規則上の制裁等の不利益取扱いによる出席の強制がなく自由参加のものであれば、時間外労働にはならない」としています（昭和二六年一月二〇日基収二八七五号）。

学習塾の講師の勉強会参加について、参加者、日時、場所が会社によって決められ、参加後感想文の提出が求められ、遅刻・欠席について上司から指導を受ける以上、不参加についてペナルティが課されなくても労働時間と認められるとされた例があります（類設計室事件・大阪地裁平成二二年一〇月二九日判決）。

業務時間終業後にパソコンを利用して行うＷＥＢ学習について、会社が労働者に業務関連の技能を習得させるべく奨励していたこと、教材の内容は業務と密接に関連していたこと、学習状況は社内システムで会社に把握されていたことなどから労働時間であるとした例もあります（ＮＴＴ西日本ほか事件・大阪地裁平成二二年四月二三日判決）。

＊3　学習塾の講師の経営協議会の参加についても、自発的なものではなく、指揮命令に基づくものと言わざるを得ないとして労働時間性が認められた例があります（＊2の類設計室事件判決）。

せん。ですから逆に、自宅で仕事をしても、労働者の自発的なものとして労働時間として扱われないと覚悟しなければなりません。*5

使用者からの要請で自宅で仕事をする場合に無償というのも変な話ですが、きちんとした取決めなしに自宅で仕事をすれば、無給として扱われる公算が大です。風呂敷残業はその分の賃金をどうするのかをはっきりさせてからにしたいものです。

なお、いわゆる在宅勤務は、原則として事業場外労働（Ⅳ－16問参照）とみなされます（平成十六年三月五日基発〇三〇五〇〇一号）。

健康診断

健康診断には、労働安全衛生法上一般的に労働者に対して行われる健康診断と特定の業務に従事する労働者にのみ行われる健康診断があります（Ⅷ－2問参照）。後者に要する時間が労働時間であることは行政解釈も認めています（昭和四七年九月一八日基発六〇二号）。

ところが、行政解釈は前者について、業務遂行との関連において行われるものではないので、この時間は当然には賃金の対象とならないとしています。しかし、労働安全衛生法が使用者に健康診断を義務づけたのは、使用者が労働者に負う健康保持義務を具体的に履行させる趣旨だと理解すれば、健康診断は労働時間と解されるはずです。現に右の行政解釈も「労働者の健康確保は、事業の円滑な運営の不可欠な条件であることを考えると、その受診に要した時間の賃金を事業者が支払うことが望ましい」と述べています。

＊4　トヨタ過労死事件・名古屋地裁平成一九年一一月三〇日判決は、QCサークル活動等は、「労災認定の業務起因性を判断する際には、使用者の支配下における業務であると判断するのが相当である。」としています。労基法上の労働時間として扱うかは判断されていません。

＊5　もっとも、労災の業務起因性判断にあたって、認定基準に言う「労働時間」（Ⅷ－8問参照）とされる場合はあります。たとえば、小学校教師の脳出血による死亡について、教育の効果を上げるためには、相当程度の時間外勤務を要すること、当該教師が必要であると判断して自宅に仕事を持ち帰ったことは、教育に対する積極的な姿勢を示すものであることなどから、自宅への持ち帰りの仕事が「時間外勤務」に含まれると判断されています（地公災基金京都府支部長事件・大阪高裁平成一六年九月一六日判決）。

4 実際の労働に従事していない時間でも労働時間になりますか

予備勤務（スタンバイ）

鉄道や航空などでは、不測の事態に備えて交代に応じる労働者を確保しておくために、予備勤務者を置いています。

鉄道業務の予備勤務は、労働時間とされていますが、変形労働時間制とは別に、一カ月平均四〇時間を超えなければ、週四〇時間・一日八時間を超えることができることになっています（労基法四〇条一項、労基則二六条）。八時間の予備勤務を命じておいて、七時間を終了した段階で勤務を命じた場合には、一カ月ならして週四〇時間を超えなければ、あらかじめ決めた一週あるいは一日の労働時間の枠を超えてもいいのだというわけです。これは旧国鉄時代には用いられていましたが、現在のＪＲでは用いられていません。

スタンバイには自宅で待機させるものもあります。自宅スタンバイは、場所的にもある程度拘束され、飲酒などの制限もなされますが、それ以外の日常生活ができることも確かです。とはいえ起用が頻繁で心理的にも強く拘束される現状からすれば、労働時間と扱うべきだと思われます。[*1]

病院は、病院出勤者で対応できないときに備えて医師が自宅で待機する「宅直勤務」を置く場合があります。産婦人科医の「宅直勤務」が労働時間にあたるかが問題となった事件では、自主的な話し合いによるものであること、呼び出される回数は年間六～七回程度

＊1　日本航空では、乗務員の自宅スタンバイや自宅から空港近くのホテル等に出てきてする出社スタンバイについては勤務時間としてはゼロ、就業時間はフルカウント、指定場所での出社スタンバイについては、勤務時間・就業時間ともフルカウントしています。

であること、宿直担当医以外のすべての産婦人科医全員が応援要請を受ける可能性があるという過大な負担を避けるためのものであることなどから、労働時間性が否定されています（奈良県事件・大阪高裁平成二二年一一月一六日判決）。

手待時間

店舗従業員やタクシー乗務員の客待時間などの手待時間は、労働に従事してはいませんが、使用者の指揮監督下にあり、いつでも労働に従事できる態勢にあるわけですから、これが労働時間に含まれることは明らかです。[*2]

手待時間と休憩時間（労基法三四条）[*3]の区別が問題になることがあります。

行政解釈は、「休憩時間とは単に作業に従事しない手待時間を含まず労働者が権利として労働から離れることを保障されている時間の意であって、その他の拘束時間は労働時間として扱うこと」としています（昭和二二年九月一三日発基一七号）。そのうえで、「労働とは、一般的に、使用者の指揮監督のもとにあることをいい、必ずしも現実に精神又は肉体を活動させていることを要件とはせず、したがって、例えば、貨物取扱いの事業場において、貨物の積込係が、貨物自動車の到着を待機して身体を休めている場合とか、運転手が二名乗り込んで交替で運転に当たる場合において運転しない者が助手席で休息し、又は仮眠しているときであってもそれは『労働』であり、その状態にある時間（これを一般に「手待時間」という。）は、労働時間である。」としています（昭和三三年一〇月一一日基収六二八六号）。

裁判例でも、午後一〇時から一二時までは「休憩時間」とされ、客が途切れたときを見

＊2　タクシー運転手のタクシーに乗車しての客待ち時間について、仮に会社が三〇分を超える指定場所以外での客待ちを待機をしないように命令していたとしても、その時間が客待ち待機している時間であることに変わりはなく、会社の具体的指揮命令があれば運転手は直ちに従わなければならず、また、労働の提供ができる状態にあったとして、三〇分を超える客待ち待機時間について労働時間とされた例があります（中央タクシー事件・大分地裁平成二三年一一月三〇日判決）。

＊3　労基法三四条（休憩）
「①使用者は、労働時間が六時間を超える場合においては少くとも四十五分、八時間を超える場合においては少くとも一時間の休憩時間を労働時間の途中に与えなければならない。
②前項の休憩時間は、一斉に与えなければならない。ただし、当該事業場に、労働者の過半数で組織する労働組合がある場合においてはその労働組合、労働者の過半数で組織する労働組合がない場合においては労働者の過半数を代表する者との書面による協定があるときは、この限りでない。
③使用者は、第一項の休憩時間を自由に利用させなければならない。」

計らって適宜休憩してよいが、客が来たら即時業務に就かなければならないというケースについて、労基法三四条の休憩時間とは労働から離れることを保障されている時間であり、本件のような「休憩時間」は、完全に労働から離れることを保障する旨の休憩時間ではなく、いわゆる手待時間であり労働時間に含まれると判断されています（すし処「杉」事件・大阪地裁昭和五六年三月二四日判決）。

仮眠時間

仮眠時間は、現実の労働をしていないので休憩時間として扱う例が多くみられますが、一概にそうはいえません。休憩時間であるのならば、完全に業務から解放され、自由に利用できなければならないからです。最高裁は、仮眠時間が労働時間に該当するか否かは、労働者が不活動仮眠時間において使用者の指揮命令下に置かれていたものと評価することができるか否かによって決する、実作業に従事していないというだけでは指揮命令下から離脱したとはいえず、労働から離れることが保障されて初めて指揮命令下から離脱したといえる、不活動仮眠時間でも労働から解放されていない場合は労基法上の労働時間にあたる、とし、ビル管理会社従業員の泊まり勤務における仮眠時間は、仮眠室での待機と警報や電話に対処することが義務づけられていることなどから、労働からの解放が保障された休憩時間とはいえないと判断しました（大星ビル管理事件・最高裁平成一四年二月二八日判決）。仮眠時間といえども、こういう場合には労働時間としてカウントすべきであり、一日の労働時間が八時間を超えるようであれば時間外労働として、深夜にわたれば深夜労働として扱わなければなりません。[*4] ただし、これについては、労基法四一条三号に定める

＊4　大星ビル管理事件において、最高裁は、実労働「の必要が生じることが皆無に等しいなど実質的に上記のような義務付けがされていないと認めることができるような事情」が存する場合は、労働から解放されているとも述べています。そのため、対応業務が皆無に等しいとして宿直勤務の労働時間性が否定されることがあります（新生ビルテクノ事件・大阪地裁平成二〇年九月一七日判決）。

監視または断続的労働（宿直業務。労基則二三条）として、労働基準監督署長の許可を得る道があり、許可が得られれば適用が除外されます。[*5]

マンションの住込み管理員等の労働時間

マンションの住込み管理員である夫婦について、所定労働時間外の管理室の照明の点灯・消灯、ゴミ置場の扉の開錠・施錠、冷暖房装置の運転開始・停止、駐車場の確認、住民や外来者からの宅配物の受渡し等の臨時対応等につき、使用者から指示されていたとして、平日の午前七時から午後一〇時までの労働時間性を認めた判例があります。土曜日については、会社が一人体制で執務するように明確に指示していたこと、業務量も一人で処理できるものであったこと等から、一人のみ午前七時から午後一〇時まで労働時間を認め、日曜日・祝日については、業務量が少ないことから、会社が指示したと認められる業務に現実に従事した時間に限り労働時間であるとしました（大林ファシリティーズ事件・最高裁平成一九年一〇月一九日判決）。

通勤時間など

通勤時間は、基本的に労働時間にはあたりません（高栄建設事件・東京地裁平成一〇年一一月一六日判決）。自宅を出てから最初の営業上の訪問先への移動時間も通勤時間として、労働時間が否定されています（日本インシュアランスサービス事件・東京地裁平成二一年二月一六日判決）。

会社にいったん立ち寄り工事現場等に赴く場合、会社から現場までの移動時間については労働時間と認められるケースがあります。たとえば、会社に立ち寄り、会社の車輌に資

＊5　警備業務に関しては、隔日勤務でビルの警備業務に従事する者について、夜間継続四時間以上の睡眠時間、巡回回数一〇回以下、常勤であること等の要件を満たす場合には、勤務の全体が監視・断続的労働として許可されます（平成五年二月二四日基発一一〇号）。

第Ⅳ章　労働時間と休日

材を積み込み、留意事項等の業務打合せが行われ、親方の指示を待ち、そこで当日の現場も決まり、現場から直帰は原則としてないなどといったケースでは、事務所への出勤時刻から現場到着時刻までは労働時間とされています（総設事件・東京地裁平成二〇年二月二二日判決）。同様に、本社に帰着し、タイムカードを打刻した後、業務に利用したトラックを事務所に返却してから帰宅する場合、この事務所までの移動時間は労働時間とされています（ワークフロンティア事件・東京地裁平成二四年九月四日判決）。

出張に伴う移動時間とデッドヘッド

出張に伴う移動時間は、通勤時間と同一の性質である（日本工業検査事件・横浜地裁川崎支部昭和四九年一月二六日決定）とか、労働拘束性の程度が低い（横河電機事件・東京地裁平成六年九月二七日判決）とかの理由で労働時間ではないとする考え方が有力です。物品の届けが主要な目的等で出張時間中も物品の管理が要請される等の特段の事情がある場合は別です（シニアライフクリエイト事件・大阪地裁平成二二年一〇月一四日判決［一般論］）。[*6]

航空機乗務員のデッドヘッドとは、乗務が現在地から離れた場所で開始される場合や、乗務終了後基地に戻る場合などに、旅客として航空機に便乗することをいいます。これは通勤時間と異なり業務のための移動時間ですから労働時間です。日本航空ではこれを勤務時間・就業時間ともフルカウントしています。

＊6　他方で、出張旅行時間は職務に当然付随し絶対必要な時間であり、その時間に旅行することを命じていたのであるから労働時間にあたると判断した裁判例もあります（島根県教組事件・松江地裁昭和四六年四月一〇日判決）。

5 労働時間と賃金の関係はどうなっていますか

労働時間と賃金の関係

労働時間に対してどのように賃金を支払うかは、基本的に労働契約の定めるところによります。ただし、時間外・休日労働、深夜労働の割増賃金の支払いが強制されること（Ⅲ－9、10問参照）、後述の最低賃金法の規制[*1]があることには注意しなければなりません。

労基法上の労働時間になるからといって、当然にその長さに従った賃金を支払う義務が生じるわけではありません。たとえば月給制の場合、二月は月間の就労日が少ないからといって給料が下がるわけではないように、賃金と労働時間は厳格に対応しているわけではありません。[*2]この点は労働契約の解釈になります。最高裁は、大星ビル管理事件判決（平成一四年二月二八日）において、「労基法上の労働時間であるからといって、当然に労働契約所定の賃金請求権が発生するものではなく、当該労働契約において仮眠時間に対していかなる賃金を支払うものと合意されているかによって定まるものである」ことを明確にしています。

もっとも、同判決が続けて述べるように、「労働契約は労働者の労務提供と使用者の賃金支払に基礎を置く有償双務契約であり、労働と賃金の対価関係は労働契約の本質的部分を構成しているというべきであるから、労働契約の合理的解釈としては、労基法上の労働時間に該当すれば、通常は労働契約上の賃金支払の対象となる時間としているものと解す

＊1　最低賃金法
（最低賃金額）

第三条　最低賃金額（最低賃金において定める賃金の額をいう。以下同じ。）は、時間によつて定めるものとする。

（最低賃金の効力）

第四条　①使用者は、最低賃金の適用を受ける労働者に対し、その最低賃金額以上の賃金を支払わなければならない。

（②、③、④項省略）

＊2　欠勤をしても賃金がカットされない完全月給制（Ⅲ－3問参照）も労働時間と賃金が対応しない例です。

るのが相当である」のも確かです。

したがって原則として通常の賃金を支払うべきですが、明確な規定を置けば、仮眠時間などの不活動時間について、通常の賃金でなく、「泊まり手当」という賃金を支払うことも許されています（同判決）。

労働時間と対応しない賃金支払方法も認められている

出来高払制賃金[*3]も法律で認められていますが（労基法二七条、労基則一九条一項六号）、これは労働時間には対応していません。一日七時間労働、製品一〇〇個製造すれば一万五〇〇〇円（一個に付き一五〇円）という契約の例で考えましょう。Aさんが、七時間で一二〇個作れば、一万八〇〇〇円の賃金を得ます。Bさんが八時間働いて一〇〇個作った場合、賃金は一万五〇〇〇円になります。一時間余分に働いても法内残業に過ぎないので、割増も追加の支払もありません（これが定額給との違いです）。Cさんが一〇時間働いて一〇〇個作った場合は、一万五〇〇〇円と八時間の制限を超えた二時間分の割増賃金七五〇円を得ます（Ⅲ－10問参照）。

最低賃金法の規制

なお、誤解しやすいところですが、労基法上の労働時間であれば当然にその時間について最低賃金額の請求権が発生するわけではありません。特定の一時間について最低賃金額以下の賃金を合意しても、たとえば月給であればその月給を所定労働時間で除して一時間あたりの額が最低賃金額を上回っていれば最低賃金法違反は成立しないのです（最低賃金法施行規則二条）[*3*4]。

＊3　最低賃金法施行規則第二条
「賃金が時間以外の期間又は出来高払制その他の請負制によつて定められている場合は、当該賃金が支払われる労働者については、次の各号に定めるところにより、当該賃金を時間についての金額に換算して、法第四条の規定を適用するものとする。
一　日によつて定められた賃金については、その金額を一日の所定労働時間数（日によつて所定労働時間数が異なる場合には、一週間における一日平均所定労働時間数）で除した金額
二　週によつて定められた賃金については、その金額を週における所定労働時間数（週によつて所定労働時間数が異なる場合には、四週間における一週平均所定労働時間数）で除した金額
三　月によつて定められた賃金については、その金額を月における所定労働時間数（月によつて所定労働時間数が異なる場合には、一年間における一月平均所定労働時間数）で除した金額
四　時間、日、週又は月以外の一定の期間によつて定められた賃金については、前三号に準じて算定した金額」

＊4　荒木尚志『労働法〔第二版〕』（有斐閣、二〇一三年）一六四頁参照。

6 一カ月単位の変形労働時間制とはどのようなものですか

一カ月単位の変形労働時間制

使用者は、就業規則により、一カ月以内の一定の期間を平均し一週間あたりの労働時間が四〇時間を超えない定めをした場合においては、その定めにより、特定された週において四〇時間または特定された日において八時間を超えて、労働させることができます（労基法三二条の二）。これを一カ月単位の変形労働時間制といいます。[*1] 一九九八年の改正で、労使協定（Ⅱ－⑫問参照）の締結と労働基準監督署への届出によってもこれを導入できることになりました。

この制度では一日や一週の労働時間の上限規制がありませんが、これは、国際的には例がありません。たとえばＩＬＯ三〇号条約（商業および事務所の労働時間条約。日本は批准していません）では、一日の労働時間は変形制をとったとしても、一〇時間が限度だとされています。[*2]

一カ月単位の変形労働時間制をとった場合、月間労働時間が、三〇日の月は一七一時間二五分、三一日の月は一七七時間八分を超えないように勤務割をしなければなりません。[*3]

特定の週、特定の日

一日八時間を超える日、一週四〇時間を超える週は、就業規則等で特定しておかなければなりません。「使用者が業務の都合によって任意に労働時間を変更するような制度」は

＊1　一カ月単位の変形労働時間制は、二〇一五年では二〇・三％の企業で利用されています（平成二七年就労条件総合調査）。タクシーのように一六時間連続乗務をさせる場合は、変形労働時間制をとらないかぎり八時間を超える時間を時間外労働として扱わなければなりません。変形労働時間制の要件をきちんと整えていない使用者（たとえば就業規則に定めを置いていない場合）に対しては、莫大な割増賃金を請求できます。横暴な経営者の姿勢を正すためには、有効な戦術です。

＊2　労働時間、休日に関して、ＩＬＯではすでに三〇件近い条約がありますが、日本は一件も批准したことがありません。

＊3　変形期間における労働時間の上限＝一週間の法定労働時間×変形期間の週数
30日の月の場合
40×30/7＝171.43≒171時間25分
31日の月の場合
40×31/7＝177.14≒177時間８分

変形労働時間制の要件を欠くことになります（昭和六三年一月一日基発一号）[*4]。

交通産業のように、勤務割表によって各人が日々さまざまな運行スケジュールに従って就労する場合に、就業規則でどこまで特定しておく必要があるのかという問題があります。この点について厚生労働省は、「業務の実態から月ごとの勤務割を作成する必要がある場合には、就業規則において各直勤務の始業時刻、終業時刻、各直勤務の組合せの考え方、勤務割表の作成手続及びその周知方法等を定めておき、それに従って各日ごとの勤務割は、変形期間の開始前までに具体的に特定することで足りる」としています（昭和六三年三月一四日基発一五〇号）。同じ考え方は、裁判所でも示されています（国鉄沼津機関区事件・静岡地裁沼津支部昭和四七年七月一五日判決）[*5]。特定された労働時間を変更できるかについては、Ⅳ-⑮問を参照してください。

この通達は、鉄道を念頭においたものなので、航空機乗務員にはただちには当てはまりません。この通達の趣旨は、たとえ労働時間をあらかじめ具体的に特定できない場合であっても、少なくともその決定方法などを事前に労働者に知らせることを要求することにあります。したがって航空機乗務員については、少なくとも勤務時間編成の考え方や基本的パターンのほか、勤務時間の長さの上限や勤務間隔の最低時間、連続労働日の上限など、労働時間決定のための具体的な基準や限度を就業規則に明示することが必要です[*6]。

どこからが時間外労働になるか

一カ月単位の変形労働時間制を採った場合、時間外労働は、一日、一週間、一カ月の三つに分けられます。

＊4　労働協約または就業規則において、「業務の都合により四週間ないし一箇月を通じ、一週平均三八時間以内の範囲内で就業させることがある」旨が定められているだけでは、変形労働時間制を適用する要件が具備されたとはいえません（大星ビル管理事件・最高裁平成一四年二月二八日判決）。

＊5　就業規則または労使協定上は変形労働時間制の基本的内容と勤務割の作成手続を定めるだけで、使用者が労働時間を任意に決定できるような制度は違法とされています（岩手第一事件・仙台高裁平成一三年八月二九日判決）。同様に、就業規則に「寮監の勤務時間については変形労働時間制とし、個別に定める」と規定されているのみであり、勤務のパターン及び各日の始業時刻や終業時刻の定めなどは全く規定されていない場合も違法とされます（学校法人関西学園事件・岡山地裁平成二三年一月二一日判決）。

＊6　航空労働研究会編『規制緩和と航空リストラ』（旬報社、一九九八年）二四七頁。

① 一日については、所定労働時間が八時間を超えて定められた日はその所定労働時間を超えた時間、その他の日は八時間を超えた時間が時間外労働になります。

② 一週については、所定労働時間が四〇時間を超えて定められた週はその所定労働時間を超えた時間、その他の週は四〇時間を超えた時間（ただし、いずれも①で時間外労働とされた時間を除く）が時間外労働になります。

③ 一カ月については、三〇日の月は一七一時間二五分、三一日の月は一七七時間八分を超えた時間（ただし①②で時間外労働とされた時間を除く）が時間外労働になります。

これは、法定の時間外労働です。むろん労使交渉で時間外労働の範囲を広げること（たとえば一日について七時間を超えると時間外労働とすること）は何ら問題はなく、労基法の趣旨からすれば好ましいことです。

交代制と変形労働時間制

交代制勤務は必ずしも変形労働時間制をとらずともできます。労働時間が一日八時間週四〇時間の枠内に収まっていて、かつ勤務のパターンが決まっていて就業規則に明示されていれば、変形労働時間制をとらずに交代制勤務を敷くことができるわけです。もちろん労働時間が一日八時間週四〇時間を超える場合には変形労働時間制をとらなければなりません。あるいは始業・終業時刻を就業規則ですべて明示できず、月一回の勤務表で示さざるをえないとすると、その旨きちんと就業規則に定めておかなければなりません。そうでないと使用者は始業終業時刻の明示を求めた労基法違反に問われることになります。

7 一年単位の変形労働時間制とはどのようなものですか

一年単位の変形労働時間制

一年単位の変形労働時間制とは、季節により繁閑のある職場で、たとえばお盆とお正月に集中的に働かせて暇な時期に休ませようという制度です。[*1]

この制度を行うには、労使協定の締結が必要です（労基法三二条の四第一項）。すなわち、「当該事業場に、労働者の過半数で組織する労働組合がある場合においてはその労働組合、労働者の過半数で組織する労働組合がない場合においては労働者の過半数を代表する者」（Ⅱ－⑫問参照）との「書面による協定」を結ばなければならないのです。労使協定では、対象労働者の範囲、対象期間（一カ月を超え一年以内）、対象期間における労働日および当該労働日ごとの労働時間等を定めます。[*2] 協定書は労働基準監督署に届け出るとともに（同条四項）、労働者に周知させなければなりません（労基法一〇六条）。

この制度は一カ月単位の変形労働時間制と異なり、一年の労働日数は三カ月を超え一年以内の変形労働時間制については二八〇日まで、[*3] 一週の労働時間は五二時間まで、[*4] 一日の労働時間は一〇時間まで（ただし隔日勤務のタクシー運転者については、当分の間一日一六時間まで）と上限規制されています。連続して働かせるのは原則として六日を限度としなければなりません（労基法三二条の四第三項、労基則一二条の四、六六条）。[*5]

＊1　長期の変形労働時間制度は一九九三年の法改正により三カ月から一年に延長されて以後、導入が進み、一九九八年にさらに大幅な改正がなされました。二〇一五年では三〇・六％の企業で利用されています（平成二七年就労条件総合調査）。

＊2　一九九八年改正により、対象期間を一カ月以上の期間ごとに区分することが認められました。その場合は、最初の期間については労働日および当該労働日ごとの労働時間を定めますが、その後の期間については、各期間における労働日数と総労働時間を定めればよいことになりました。

＊3　三カ月以内の変形制については三一三日まで。

＊4　対象期間が三カ月を超える場合、四八時間を超える週は連続して三回が限度です。

＊5　ただし、労使協定において特に業務が繁忙な期間を定めることができ（労基法三二条の四第一項三号）、これを定めた場合には同期間については連続労働日数の上限は一二日となります（労基則一二条の四第五項）。

特定の週、特定の日の指定

この変形労働時間制をとる場合は、各期間の三〇日前までに右の過半数代表者の同意を得て、単位期間の労働日と各日の労働時間を特定しなければなりません（労基法三二条の四第二項）。「使用者が業務の都合によって任意に労働時間を変更するような制度」は変形労働時間制の要件を欠くことになります（昭和六三年一月一日基発一号）。

対象者

一年単位の変形制の対象者は、変形期間の全期間にわたって使用する労働者のみが対象になっていましたが、一九九八年改正により、対象期間の中途で採用されたり、中途で退職する労働者についても対象としてよいことになりました（労基法三二条の四第一項一号）。この場合、使用期間を平均して一週あたり四〇時間を超えて働かせたときは、その超えた時間に対し法定の割増賃金を払わなければなりません（労基法三二条の四の二）。

どこからが時間外労働になるか

一年の変形労働時間制を採った場合、時間外労働も、一日、一週間、一年の三つに分けられます。一日、一週間については一カ月単位の変形労働時間制と同じです。一年単位については、通常の年は二〇八五時間四二分、閏年は二〇九一時間二五分となります。*6 ただし一年単位の変形労働時間制は、「あらかじめ業務の繁閑を見込んで、それに合わせて労働時間を配分するものであるので、突発的なものを除き、恒常的な時間外労働はないことを前提にした制度」（平成六年三月一一日基発一三二号「『一年単位の変形労働時間制』の運用についてのガイドライン」）であることを十分認識しておく必要があります。

*6 変形期間における労働時間の上限＝一週間の法定労働時間×変形期間の週数
365日の年の場合
40×365/7＝2085.71≒2085時間42分
366日の年の場合
40×366/7＝2091.43≒2091時間25分

8 フレックスタイム制とはどのようなものですか

フレックスタイム制の概要

従来はどこの職場でも、始業時刻・終業時刻は一律に決まっていて、労働者は一斉に出勤し一斉に退勤するのが一般的でした。しかし、西ヨーロッパでは大幅な時間短縮と同時に、出退勤時刻の流動化が進み、労働者が自分の都合に合わせて出退勤時刻を決められるフレックスタイム制が広がりました。日本では一九八七年の労基法改正により、一九八八年四月から導入されています[*1]。

フレックスタイム制をとるにはつぎの条件を満たさなければなりません（労基法三二条の三、労基則一二条の二、一二条の三）。

① 使用者が、就業規則で始業・終業時刻を労働者の決定に委ねることを定めること。

② 使用者が、労働者代表（当該事業場の労働者の過半数で組織する労働組合がある場合においてはその労働組合、労働者の過半数で組織する労働組合がない場合においては労働者の過半数を代表する者）（Ⅱ－12問参照）と以下の事項を書面で協定すること。労使協定の労働基準監督署への届出は不要ですが、労働者に周知させなければなりません（労基法一〇六条）。

a　対象となる労働者の範囲

b　清算期間（労働すべき時間を定める単位期間であり、一カ月以内の期間に限る）

＊1　フレックスタイム制の導入は、二〇一五年で全体では四・三％にとどまっていますが、一〇〇〇人以上の大企業では、二一・七％（一九九一年から二〇〇六年までは三〇％以上）となっており、かなり利用されています（平成二七年就労条件総合調査）。事務・管理部門、販売・営業部門、研究・技術開発部門、情報処理部門で利用されています。

と起算日

c　清算期間における総労働時間（清算期間を平均し一週間あたりの労働時間が四〇時間を超えない範囲内において定める）

d　標準となる一日の労働時間（一日の年次有給休暇を取った場合の賃金の算定基礎などになる）

e　労働者が労働しなければならない時間帯（コアタイムと呼ばれる）を定めるときは、その開始終了時刻（図1を参照）

f　労働者がその選択によって労働することができる時間帯（フレキシブルタイムと呼ばれる）を定めるときは、その開始終了時刻

労働時間の繰り越し

労働者が実際に働いた時間が、清算期間における総労働時間（前記②c）を超えていた場合または不足した場合に、その時間をつぎの清算期間に貸時間または借時間として繰り越すこと（労働時間の貸借制）ができるかという問題があります。

行政解釈は、労働時間が超過した場合（貸時間の繰り越し）は、賃金全額払いを定める労基法二四条に反するので許されないとしています（昭和六三年一月一日基発一号）。その分については金銭で清算しろというわけです。これについては、繰り越しも許されるという学説もあります。[*2]

一方、労働者が実際に働いた時間が、清算期間における総労働時間に足りなかった場合は、その分を賃金カットをすることもできますし、賃金カットをしないでつぎの清算期間

図1　フレックスタイム制の例

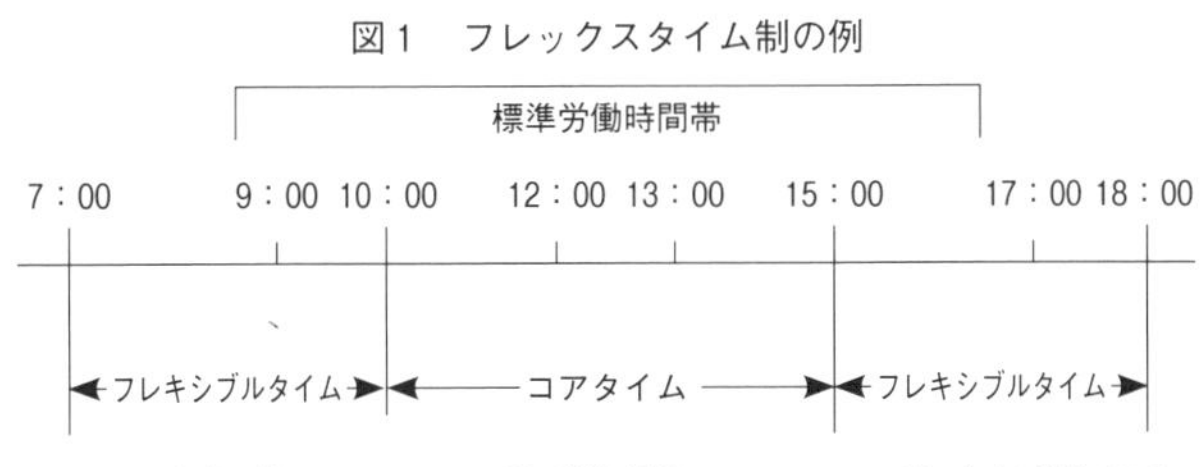

労働者は、始業時刻を7：00〜10：00の間、終業時刻を15：00〜18：00の間で自由に選択できる

＊2　菅野和夫『労働法［第一一版］』五一五頁。

にその分を上積みして労働させること（借時間の繰り越し）もできるとされています。

どこからが時間外労働か

フレックスタイム制では、一日や一週の単位では時間外労働は発生しません。清算期間ごとに、その期間の法定労働時間の総枠（三〇日の月は一七一時間二五分、三一日の月は一七七時間八分）を超えた場合に時間外労働が発生するだけです（超えた時間については、三六協定の締結・届出と割増賃金の支払が必要となります）。清算期間における総労働時間を超えても、前記の法定労働時間の総枠を超えなければ、いわゆる法内残業であり、法定の時間外労働とはなりません（Ⅳ－[2]、[9]問参照）。

ただ、三一日の月で、所定労働日が二三日（休日が八日）という月の場合、毎日八時間週四〇時間ずつ働いたとすると月間労働時間が一八四時間となり、法定労働時間どおり働いたのに、六・九時間の時間外労働が発生することになります。これはいかにも変なので、行政解釈では、一カ月を清算期間とするフレックスタイム制を採用した場合の時間外労働の計算の仕方について、完全週休二日制を採っていること、対象期間の二九日目からの一週間の労働時間が四〇時間を超えないこと、各労働日の労働時間がおおむね八時間以下で一定していることを条件に、対象期間の労働時間の総枠の計算方法を

｛（対象期間の最初の四週間の労働時間）＋（対象期間の二九日目から一週間の労働時間）｝÷五

とすることができるとされています（平成九年三月三一日基発二二八号）。

残業命令、残業不許可命令

フレックスタイム制は始業終業の時刻を労働者の自由な決定に委ねるものですから、フレキシブルタイムやコアタイム以外の時間に使用者が早出や残業を命じることは、制度趣旨に反しできません。早出や残業をさせたければ労働者の同意を得て行う以外にありません。この場合の労働時間の計算は通常のフレックスタイム制と同様に清算期間を通じて行うという考えが有力ですが、清算期間中の労働時間のいかんによらず、その分は時間外労働として扱うべきだという考え方もあり、いまだ固まっていません。

一方、労働者が自発的に行った時間外労働に対し使用者が無条件で時間外労働手当を支払わなければならないとするのも無理な話です。労働者の職務遂行状況からみて、無用の時間外労働が発生するとみられる場合、使用者がそれを制止することができます。逆に使用者が特に制止しなければ、それは労働時間とカウントして、その結果前項の計算方法に従って時間外労働が発生すれば割増賃金を支払わなければなりません。

9 時間外労働や休日労働はどのように規制されているのですか

未成年者、妊産婦、育児介護を行う者についての規制

一八歳未満の年少者は時間外・休日労働が禁止されています（労基法六〇条一項）。

妊産婦、三歳未満の子を養育する労働者、同居親族を介護する労働者については、請求があった場合は時間外・休日労働をさせることができません（労基法六六条二項、育児・介護休業法一六条の八、一六条の九）。[*1]

時間外・休日労働には三六協定が必要

労基法上の時間外労働・休日労働をさせるには、「当該事業場に、労働者の過半数で組織する労働組合がある場合においてはその労働組合、労働者の過半数で組織する労働組合がない場合においては労働者の過半数を代表する者との書面による協定をし」、これを労働基準監督署に届け出なければなりません（労基法三六条一項）（Ⅳ-13問参照）。[*2] この協定を、条文にちなんで「三六協定」といいます。使用者は、たとえその労働者が同意していても、三六協定なしに（または三六協定で認められた範囲を超えて）、時間外労働や休日労働をさせてはいけませんし、それをさせれば、六カ月以下の懲役または三〇万円以下の罰金に処せられます（労基法一一九条一号）。この協定は、労働者に周知させなければなりません（労基法一〇六条）。[*3]

＊1　育児については二〇〇九年改正で、介護については二〇一六年改正（二〇一七年一月一日施行）で認められました。育児・介護をしている労働者については、事業主は「事業の正常な運営を妨げる場合」には請求を拒めるとされています。これについては、＊5を参照。

＊2　なお、企画業務型裁量労働制の実施のために設置される労使委員会もしくは労働時間等設定改善法により設置される労働時間短縮委員会が委員の五分の四以上の多数によって決議した場合は、それにより三六協定の締結に代替しうることになっています（労基法三八条の四第五項、労働時間等設定改善法七条一項）。

＊3　三六協定の情報公開が認められた事例があります（大阪地裁平成一七年三月一七日判決）。

時間外労働・休日労働の上限規制

ＩＬＯ一号条約（一九一九年）は、最大限度を設けることを条件にして、時間外労働・休日労働をさせることができることにしています（六条）。フランスは一日のトータルの労働時間を一〇時間、年間の時間外労働を一三〇時間に制限しています。*4 ところが日本では、法律上の上限はありません。一九九八年の労基法改正で厚生労働大臣が上限等について基準を定めることができるとされ、労使は三六協定を締結するにあたり、この「基準に適合したものとなるようにしなければならない」とされました（労基法三六条二項、三項）。この基準は、Ⅳ－13問で説明しますが、国際水準からはかなり遅れています。厚生労働省は、労使に対し、この基準を遵守するよう行政指導ができます（同条四項）。

なお、小学校入学前の子どもを育てているか、同居している親族の介護を行う労働者が請求したときは、一月について二四時間、一年について一五〇時間を超える時間外労働をさせることができません（育児・介護休業法一七条、一八条）。*5

割増賃金の支払い

時間外労働・休日労働に対しては割増賃金を支払わなければなりません（Ⅳ－10問参照）。

法内残業の場合

右に述べたのは労基法上の時間外労働・休日労働をさせる場合の規制です。所定労働時間が一日七時間の会社で、一時間以内残業する場合や、週休二日の会社で、法定休日でない土曜日に労働させる場合は（週の労働時間の制限を超えないかぎり）、労基法の規制を超えないので、三六協定は不要です。

*4 ＥＵ（ヨーロッパ連合）の二〇〇三年の労働時間指令では一週の最長労働時間は時間外を含めて平均して四八時間としています（六条）。『ＥＵ労働法全書』（旬報社、二〇〇五年）一五七頁。
ドイツの新労働時間法（一九九四年）では一日の労働時間は八時間を超えてはならず、六カ月以内の期間を平均して一日の労働時間が八時間を超えないかぎりで、一日の労働時間を一〇時間まで延長できるだけです（四条）。和田肇『ドイツの労働時間と法』（日本評論社、一九九八年）二二二頁。

*5 「事業の正常な運営を妨げる場合は」、請求を拒めるとされていますが（育児・介護休業法一七条但書、一八条但書）、使用者には、権利行使の体制を確保するために相当の努力をする義務があるので、単に時間外労働が事業の運営上必要であるとの理由だけでは拒むことは許されません（平成二一年一二月二八日職発一二二八第四号、雇児発一二二八第二号、第六、1(7)、第七、1(2)）。

10 時間外・休日労働の割増賃金はどのように計算するのですか

割増賃金の支払義務

法定時間外労働・休日労働に対しては割増賃金を支払わなければなりません。三六協定なしに、または三六協定の範囲を超えて行われた違法な時間外・休日労働であっても、支払義務はあります。割増賃金を支払わないと使用者は六カ月以下の懲役または三〇万円以下の罰金に処せられます（労基法一一九条一号）。

割増率は、①八時間を超える時間外労働のうち一カ月の合計が六〇時間までは、超えた時間について二五％以上[*1]（労基法三七条一項本文、同条二項、割増賃金に係る率の最低限度を定める政令）、②八時間を超える時間外労働が一カ月六〇時間を超えた場合は、六〇時間を超えた時間について五〇％以上（労基法三七条一項但書）[*2]、③午後一〇時から翌朝五時までの深夜労働には二五％以上（同条四項）、④休日労働については三五％以上となっています（同条一項、二項、割増賃金に係る率の最低限度を定める政令）。

八時間を超える時間外労働を深夜に行った場合、その深夜労働は、一カ月の合計が六〇時間までについては五〇％以上（①二五＋③二五）、一カ月の合計が六〇時間を超える分については七五％以上（②五〇＋③二五）の割増率となります。また、休日の深夜に労働した場合、その深夜労働は、六〇％以上（③二五＋④三五）の割増率となります。

＊1　これも国際水準からは大きく遅れており、先進国では五〇％のところが圧倒的に多く、ドイツは、日曜、祝日労働は原則としてすべて禁止、例外的になされた場合は、協約上一〇〇％から二〇〇％の割増です。フランス、アメリカでも、協約上、日曜、祝日労働は一〇〇％割増です。

＊2　一カ月六〇時間を超える時間外労働についての特別割増率（五〇％以上）は、中小事業主の事業については、当分の間、適用しないとされています（労基法一三八条）。ここでいう中小事業主とは、その資本金の額又は出資の総額が三億円以下である事業主（小売業又はサービス業を主たる事業とする事業主は五〇〇〇万円、卸売業を主たる事業とする事業主は一億円）、及びその常時使用する労働者の数が三〇〇人以下（小売業を主たる事業とする事業主は五〇人、卸売業又はサービス業を主たる事業とする事業主については一〇〇人）である事業主のことを言います。

法内残業の割増

法内残業や法定休日を超えて与える休日（土曜・祝日など）の労働は、労基法上割増賃金の支払義務はありませんが、契約時間外の労働ですから、原則として時間の一〇〇%分の賃金は支払わねばなりません。この場合にも割増賃金を支払う例は多く、労基法の趣旨からも好ましいことです。労基法上の休日労働とその他の休日労働で割増率を違える場合には、休日についてはどの休日が法定休日なのか、就業規則で特定しておくべきです（平成六年一月四日基発一号）。

割増賃金の計算

(1) 割増賃金の基礎となる「通常の労働時間または労働日の賃金」の額は、時間給の場合はその額であり（労基則一九条一項一号）、月給制の場合はつぎの算式によります（同項四号）。

① 給与（基本給＋諸手当）から、家族手当、通勤手当、別居手当、子女教育手当、住宅手当[*3][*4]を除きます（労基法三七条四項、労基則二一条本文・一号～三号）。もちろん労使でこれを含ませるよう定めることは自由です）。また、臨時に支払われた賃金（労基則二一条四号。たとえば結婚手当）、一カ月を超える期間ごとに支払われる賃金（同条五号。たとえば賞与[*5]）も除かれます。これ以外の手当は控除できません。ただし、次問で説明する固定残業代やそれに相当する手当は、それが労基法三七条に基づく支払だと認められた場合は、算定基礎額から控除されます。そのうえ、算出された割増賃金額から控除されることになります。

*3 「住宅手当」は、労基則の改正により、一九九九年一〇月一日から除くことができることになりました。だからといって、それに合わせて従来控除していなかった住宅手当を控除する必要はありません。これは労働条件の不利益な変更になりますので、使用者が一方的に控除できるわけではありません（Ⅱ－7、8問参照）。

*4 これらは名称ではなく、実質的に判断されます（昭和二二年九月一三日発基一七号）。家族手当や通勤手当という名称でも、扶養家族の有無・数や通勤費用額等の事情を考慮せずに一律の額で支給される手当は除外賃金に含まれません。住宅手当も同様で、除外できるのは、賃料額やローン月額の一定の割合を支給するようなものを指し、住宅に要する費用を考慮せずに一定額を支給するものは除外されません。

*5 前年の業績により確定した賞与を支払う「業績賞与併用型確定年俸制」や年俸を分割して毎月及び一時金支給時に支払う場合は、支給額があらかじめ確定していることから、割増賃金の算定基礎から除外される「賞与」には該当しないものとされています（平成一二年三月八日基収七八号）。

② 一カ月の所定労働時間を出します。[*6]

③ ①を②で割り時間単価を出します。

(2) 時間単価に一二五%[*7]をかければ割増賃金の時間単価が出ます。

(3) (2)に時間外労働時間をかければ、割増賃金が算出できます。

割増賃金の対象となる時間外労働（残業時間）は一分でも対象となります。残業時間の端数を一残業ごとに切り捨てて三〇分単位で整理することは違法です。ただし、それら一残業ごとの残業時間を集計した結果、三〇分未満の端数が生じた場合、三〇分未満の端数を切り捨てたり、三〇分以上を一時間に切り上げることは労基法違反としては取り扱わないとされています（昭和六三年三月一四日基発一五〇号）。

歩合制の割増賃金の計算

歩合制の場合の割増率はどう計算するのでしょうか。タクシー運転手で歩合率を五〇%、売り上げが八時間で四万円、一〇時間で五万円だった場合、割増なしで、この労働者は賃金として二万五〇〇〇円受け取りますが、これには、八時間超の労働時間分としての賃金五〇〇〇円が含まれています。この労働者の歩合給の時間単価は二五〇〇円になりますが、[*8]時間外で支払われていないのは二五%分だけですから（一〇〇%分の五〇〇〇円は支払い済みなので）、一二五%分（二時間分で一二五〇円）を支払うことになります（平成六年三月三一日基収一八一号、平成一一年三月三一日基発一六八号、大虎運輸事件・大阪地裁平成一八年六月一五日判決）。

＊6 月によって所定労働時間が異なる場合には、「一年間における一月平均所定労働時間数」を算出する必要があります。一月平均所定労働時間数は、「年間所定労働時間数÷一二箇月」によって算出されます。年間所定労働時間数は、「年間所定労働日数×一日の所定労働時間」によって算出され、「年間所定労働日数」は「一年間の日数－年間所定休日数」によって算出されます。

なお、労働契約書や就業規則がなく、所定労働日数や所定労働時間数が不明な会社もあります。その場合は、一年間は五二週と一日ですので、「(五二週×週四〇時間＋週四〇時間×一÷七)÷十二」という数式によって、「一七三・八」を一月平均所定労働時間として用います（閏年の場合は「一七四・二八」）。

＊7 行政解釈であり、通説です。ただし、割増賃金は法律どおり二五%であって、一〇〇%部分は契約上の賃金だとする有力説があります（東京大学労働法研究会『注釈労働時間法』四九〇頁［和田肇］）。仮眠時間を労基法の労働時間として扱う場合などで違いが出てきます。和田肇他『ウォッチング労働法［第三版］』（有斐閣、二〇〇九年）一〇七頁、下井隆史『労働基準法［第四版］』（有斐閣、二〇〇七年）二九〇頁。二五%を採用し

代替休暇と代償休日

一カ月六〇時間を超える時間外労働については、特別割増率（五〇％以上）のうち通常の割増率（二五％以上）に付加された割増率の部分については、事業場の労使協定で定める場合には、割増賃金の支払に代えて通常の賃金を支払って休暇（代替休暇）を与えることができます（労基法三七条三項）。労使協定においては、①代替休暇を与えることができる時間外労働の時間数の算定方法、②代替休暇の単位（一日または半日）、③代替休暇を与えることのできる期間（当該六〇時間を超える時間外労働が行われた月の後の二カ月以内）を定めるべきこととされています（労基則一九条の二）。使用者は、労使協定によって代替休暇を実施する場合には、代替休暇に関する以上の事項を就業規則に記載する必要があります（労基法八九条一号二号）。厚生労働省は、④代替休暇の取得日の決定方法および割増賃金の支払日も労使協定で定めるべき事項とし、「代替休暇を取得するかどうかは、労働者の判断による（法第三七条第三項）ため、代替休暇が実際に与えられる日は、当然、労働者の意向を踏まえたものとなる」としています（平成二一年五月二九日基発〇五二九〇〇一号）。

これと異なるものに代償休日があります。フランスでは時間外労働をさせると、割増手当を払った上で時間外労働時間の五〇％の時間の休みを与えることになっています。二時間残業させると必ず一時間は別に休みを与えなければいけないわけです。時間外労働が一日の所定労働時間分（たとえば八時間）に達したら一日の代償休日を与えるという考え方は、働かせたらその分は休ませるということで、合理性のあるものです。日本では、割増

た裁判例として、青梅市事件・東京地裁八王子支部平成一六年六月二八日判決があります。

＊8　歩合給は出来高払制です。出来高払制の場合の割増賃金の基礎となる賃金については、労基則一九条一項六号につぎのように定められています。「出来高払制その他の請負制によって定められた賃金については、その賃金算定期間（賃金締切日がある場合には、賃金締切期間、以下同じ）において出来高払制その他の請負制によって計算された賃金の総額を当該賃金算定期間における、総労働時間数で除した金額」。

手当を払わずに代償休日を与えることがあるのですが、それは間違いです。労働者の合意なしに一方的に労働日を休日とすることはできません。合意で行う場合でも、割増分は払った上でなおかつ休日を与えなければなりません。ただし、その場合の割増賃金は一二五%ではなくて二五%でよいことになります。[*9]

命じられたものだけが残業か

予算を超える残業代を払わないとか、三六協定で定めた時間を超える残業は認めないとして、残業代を不払いにしているため、労働者が「サービス残業」をしているところが多くあります。時間外労働は、明示に命じられたものだけでなく、上司が黙認しているものも含まれます。また、客観的に時間内で消化できない仕事を与えた場合も、時間外労働を命じたものとみなされます（三栄珈琲事件・大阪地裁平成三年二月二六日判決）。しかし、使用者の明示の指示に反して休日労働をしても、割増賃金の請求権はありません（北区警備職員事件・東京地裁平成二年一二月二五日判決）。

三六協定締結までは残業を禁止し、残務がある場合は役職者に引き継ぐよう指示していた場合、それに反して時間外労働をしても労働時間とは評価できないとした裁判例もあります（神代学園ミューズ音楽院事件・東京高裁平成一七年三月三〇日判決）。

＊9　菅野和夫他『セミナー労働時間法の争点』（有斐閣、一九八六年）三四五頁。

11 残業代を基本給に組み込んだり、定額手当として支払うことは許されますか

割増賃金を、基本給等に含めたり（組み込み型）、予め定めた定額の手当（手当型）として支給する会社があります。このような「固定残業代」が、労基法三七条の割増賃金の支払いとして許されるのかが問題となります。[*1]

基本給に組み込むのは原則違法

まず、組み込み型については、「基本給について、通常の労働時間の賃金に当たる部分と同項の規定する時間外の割増賃金に当たる部分とを判別すること」ができない場合は、時間に対応した割増賃金が支払われていたことにならないので、違法だとされています（テックジャパン事件・最高裁平成二四年三月八日判決）。[*2]

同判決では、櫻井龍子裁判官が、右に加えて、①あらかじめ一定時間の残業手当が給与に算入されていることが「雇用契約上も明確にされていなければならないと同時に支給時に支給対象の時間外労働の時間数と残業手当の額が労働者に明示されていなければならない」、さらに、②あらかじめ定められた一定時間を超えて時間外労働が行われた場合には「別途上乗せして残業手当を支給する旨もあらかじめ明らかにされていなければならない」との補足意見を述べています。

定額手当型にも厳格な要件がある

手当型については、①実質的に見て、当該手当が時間外労働の対価としての性格を有し

*1　裁判例の分析について、渡辺輝人「裁判事例から見る固定残業代の許容性」労働法律旬報一八二四号一三頁

*2　会社は、歩合給に割増賃金が含まれていると主張する場合がありますが、時間外・深夜労働が行われたときも金額が増額せず、また、歩合給のうちで通常の労働時間の賃金部分と時間外・深夜の割増賃金にあたる部分とは判別できない場合には、その歩合給の支給により時間外・深夜の割増賃金を支払ったことにはなりません（高知観光事件・最高裁平成六年六月一三日判決）。

ていること、②支給時に支給対象の時間外労働の時間数と残業手当の額が明示され、定額残業代によってまかなわれる残業時間数を超えて残業が行われた場合には別途清算する旨の合意が存在するか、少なくともそうした取扱いが確立していることが必要不可欠であるとされています（アクティリンク事件・東京地裁平成二四年八月二八日判決）。

以上の要件が満たされていない場合、会社は労働者に割増賃金を全く支払っていないことになります。また、当該手当も、割増賃金の算定基礎に組み入れられることになります。これに対して、以上の要件が満たされていた場合は、その手当が割増賃金の算定基礎となる賃金から除かれ、当該手当は割増賃金の既払いとなります。[*3] もっとも、その既払額が、実際の時間外労働によって発生した割増賃金に不足していた場合は、不足額は追加的に支払わなければなりません。

定額手当にだまされない

過労死で取締役の個人責任が認められた大庄事件[*4]では、会社のホームページや就活情報では、初任給は一九万六四〇〇円と書いてありましたが、入社後に示された賃金体系一覧表では、基本給一二万三二〇〇円（当時の関西地区の最低賃金額に相当）、役割給七万一三〇〇円（時間外八〇時間に満たない場合、不足分を控除する）とされていました。残業時間がゼロであれば、法定の最低賃金レベルの基本給のみになるため、八〇時間の残業をしないと世間並みの給与が得られない仕組です。固定残業代はこのようにブラック企業に利用されやすいものなので、注意する必要があります。

＊3　課長代理職に支払われていた基本給の三〇％の額になる特励手当について、超過勤務手当の代替又は補填の趣旨を持っており、特励手当の支給と超過勤務手当の支給とは重複しないものと解するのが相当であるとして、特励手当を超過勤務手当算定の基礎となる賃金から控除した（さらに時間外割増賃金から控除した）裁判例があります（東和システム事件・東京高裁平成二一年一二月二五日判決）。これについては、＊1渡辺論文の批判を参照。

＊4　大庄は、「庄や」「やるき茶屋」「日本海庄や」等を経営する東京証券取引所一部上場（資本金八六億円）の大企業です。Fさんは、大学を卒業して入社以来月八八時間、一四一時間、一一六時間、一〇三時間という長時間の残業を続け、四カ月後の八月一一日に急性左心機能不全で死亡しました。Fさんの死亡については労働災害と認められたばかりでなく、会社のみならず取締役個人にも損害賠償責任が認められています（京都地裁平成二二年五月二五日判決、大阪高裁平成二三年五月二五日判決）。

12 時間外・休日労働の割増賃金を裁判で請求する場合どんな問題がありますか

割増賃金の計算のしかたはⅣ－10問で詳しく説明しました。ここでは裁判などで請求する場合に問題となる点を説明しましょう。

残業時間の証明方法

タイムレコーダーやＩＣカード等で労働時間管理されていれば、特段の事情のない限り、それによりますが[*1]、そのような資料がないない場合は、業務日報、出退勤管理記録、警備システム、ＩＣ乗車券の乗車記録、本人の付けていたメモなどが重要な証拠になることがあります（他の裏付けも求められることがあるため、信用されるとは限りません。その証拠の正確性等が問われます[*2]。）。

「原告が相当時間残業していたことが認められる」が「正確な時間を認定するに足りる客観的な証拠は存在しない」場合、「正確な労働時間数が不明であるのは、出退勤を管理していなかった被告会社の責任であるともいえるのであるから、正確な残業時間が不明であるからといって原告の時間外割増賃金の請求を棄却するのは相当でな」く、本人が退職後に作成した書類であってもそれなりに根拠がある場合には、それによって割増賃金額を算定するのが相当だとされた事例があります（東久商事事件・大阪地裁平成一〇年一二月二五日判決[*3]）。同様の理由から、概括的に労働時間を認定した高裁判決もあります（ゴムノナイキ事件・大阪高裁平成一七年一二月一日判決[*4]）。

＊1　三晃印刷事件・東京高裁平成一〇年九月一六日判決、日本コンベンションサービス事件・大阪高裁平成一二年六月三〇日判決など多数。もっとも、タイムカード等は出退勤時刻を記録するものに過ぎないとして（スリー・エイト警備事件・大阪地裁平成二四年一月二七日判決）、労働時間の認定に用いない例があることに注意が必要です。

＊2　残業時間の証明方法の詳細は、渡辺輝人「割増賃金請求事件での労働時間の立証手段」季刊・労働者の権利三〇七号七三頁、菅野和夫他編集『論点体系　判例労働法2』（第一法規、二〇一四年）一二六頁以下（安西愈）参照。

＊3　同様の理由付で、労働者の請求を割合的に認容した例もあります（フォーシーズンズ事件・東京地裁平成二〇年五月二七日判決）。

＊4　労働時間適正把握義務を前提にして、使用者が合理的理由なく反論の資料を提出しない場合に労働者が提出した資料で労働時間を推認した例があります（スタジオツインク事件・東京地裁平成二三年一〇月二五日判決）。

付加金の請求

裁判所は、労基法三七条に違反した使用者に対して、労働者の請求によって、使用者が支払うべき金額の未払金と同額の付加金を支払うよう明じることができます（労基法一一四条一項本文）（X－9問参照）。付加金の請求は、違反のあったときから二年以内にしなければなりません（同項但書）。これは、後に述べる消滅時効とは異なり、請求によって中断させることができません（除斥期間といいます。）

遅延損害金

使用者が割増賃金を支払わなかった場合、遅延損害金も合わせて請求することができます。賃金支払日の翌日から支払済みまで、使用者が会社などの商人であれば商事法定利率である年六％（商法五一四条）、学校法人などであれば年五％（民法四〇四条）となります（民法四一九条）。退職後に請求する場合は、年一四・六％となります（賃金の支払の確保等に関する法律六条一項[*5]、同法施行令一条）。付加金の遅延損害金は、付加金の支払いを命じた判決確定の翌日から、年五分となります。

消滅時効

割増賃金も賃金です。賃金は、給与支給日から二年で時効で消滅してしまいます（労基法一一五条）。時効の進行を止めるために、会社に請求する必要があります（催告といいます。民法一四七条一号）。もっとも、催告後六カ月以内に裁判を起こさなければなりません（民法一五三条）。

＊5　ただし、賃確法六条二項は、「前項の規定は、賃金の支払の遅滞が天災地変その他のやむを得ない事由で厚生労働省令で定めるものによるものである場合には、その事由の存する期間について適用しない。」と定め、これを受けて、賃確法施行規則六条四号は、「支払が遅滞している賃金の全部又は一部の存否に係る事項に関し、合理的な理由により、裁判所又は労働委員会で争っていること。」を「やむを得ない事由」と定めています。したがって、使用者が争っていることが「合理的な理由」によるか否かが問題になります。

13 三六協定はどのようにして結べばよいのですか

労働者の過半数代表者の選任

その事業場に、労働者の過半数で組織する労働組合がある場合はその労働組合が、使用者と三六協定を結びます。そのような労働組合がない場合は、労働者の過半数を代表する者を選び、その者が、使用者と三六協定を締結します。この代表者をどうやって選んだらよいのかについては、一九九八年の労基法改正に伴い労基則六条の二に定められました（Ⅱ－12問参照）。これに従ってきちんとした過半数代表者を選んでいない三六協定は無効になります。役員を含む全従業員で組織された親睦会は労働組合ではなく、その会長は三六協定を締結する権限を持つ過半数代表として民主的に選出されたものではないとして三六協定を無効とした判例があります（トーコロ事件・東京高裁平成九年一一月一七日判決、最高裁平成一三年六月二二日判決）。

三六協定の内容

三六協定は書面によることが必要です。届出は厚生労働省が定める様式（労働基準監督署に用紙［二〇四頁］があります）に記入して行います（労基則一七条）。

三六協定には、時間外・休日労働をさせる必要のある具体的事由、業務の種類、労働者の数、一日および一日を超える一定の期間についての延長をすることができる時間または労働させることができる休日を定めることになっています（労基則一六条一項）。

時間外・休日労働をさせる必要のある具体的事由は、「業務繁忙のとき」というような抽象的一般的な書き方ではなく、具体的に書くべきです。たとえば、経理担当者であれば、決算期のいつからいつまで、何人何時間と定めるわけです。[*1]

延長時間の基準と特別条項

延長することができる時間については、厚生労働省は基準[*2]を示しており、この基準に適合した協定を結ばなければなりません（労基法三六条二項、三項）。この基準は、一般の場合、一週一五時間、二週二七時間、四週四三時間、一カ月四五時間、二カ月八一時間、三カ月一二〇時間、一年三六〇時間です（基準三条、別表第一）。なお、この基準は建設、自動車運転、研究開発の業務、季節等によって事業活動や業務量の変動が著しい事業などには適用がありません（基準五条）。一年単位の変形労働時間制をとっている場合については、いくらか厳しい基準[*3]になります（基準四条、別表第二）。

ただし、これら延長限度時間については、特別事情（臨時的なものに限る）が生じたときに限り、一定期間のための弾力条項（特別条項）が認められています。その場合、その一定期間について、労使手続により、限度時間を超える一定時間まで労働時間を延長できる旨等を定めなければなりません（基準三条一項但書、四条二項）。特別条項付きの労使協定を締結している事業場は、四〇・五％にものぼり、その延長時間も一カ月平均七七時間五二分、一年間の定めがある事業場では延長時間が六五〇時間五四分と、極めて長時間となっています（一年間で八〇〇時間超の延長時間を定めたものの割合は一五％、一〇〇〇時間超の延長時間を定めたものの割合は一・二％となっています。[*4]）。三六協定が労働時

＊1 「臨時の受注、納期変更等のため」、「機械、設備等の修繕、据付、掃除のため」、「当面の人員不足に対処するため」などと記載する必要があります 菅野和夫『労働法［第一一版］』四八八頁）。

＊2 「労働基準法第三六条第一項の協定で定める労働時間の延長の限度等に関する基準」（平成一〇年労働省告示一五四号、最終改正平成一五年一〇月三日厚生労働省告示三五五号）。

＊3 一週一四時間、二週二五時間、四週四〇時間、一カ月四二時間、二カ月七五時間、三カ月一一〇時間、一年三二〇時間。

＊4 厚生労働省「平成二五年度労働時間等総合実態調査」

間規制として全く機能していない実態が分かります。三六協定を締結する労働組合の責任は大きいと言わなければなりません。

なお、小学校入学前の子どもを育てているか、同居している親族の介護を行う労働者が請求したときは、時間外労働については、一カ月二四時間、年間一五〇時間を超えてはなりません（育児・介護休業法一七条・一八条）（Ⅵ－⑬問参照）。

労働基準監督署長は、労使協定を締結する使用者と労働者の過半代表に対して、必要な助言及び指導を行うことができます（労基法三六条四項）。

三六協定の期間

三六協定には労働協約による場合を除いて、有効期間の定めをおかなければなりません（労基則一六条二項）。実務上は有効期間を一年とするものが多くなっています。[*5] 労基法制定時には、三カ月とされていました。

＊5　通達では、「労使協定には一年間についての延長時間を定めなければならないので、そうした協定の有効期間は最も短い場合でも一年間となるが、三か月以内の期間について延長時間を定める協定については、一年未満とすることも差し支えない。なお、協定の有効期間は最高一年間とすることが望ましい」とされています（平成一一年三月三一日基発一六九号）。

三六協定の書式例（(様式第９号）第17条関係）

時間外労働
休日労働　に関する協定届

事業の種類	事業の名称	事業の所在地（電話番号）

	時間外労働をさせる必要のある具体的事由	業務の種類	労働者数（満18歳以上の者）	所定労働時間	延長することができる時間			期間
					1日	1日を超える一定の期間（起算日）		
① 下記②に該当しない労働者								
② 1年単位の変形労働時間制により労働する労働者								
休日労働をさせる必要のある具体的事由		業務の種類	労働者数（満18歳以上の者）	所定休日	労働させることができる休日並びに始業及び終業の時刻			期間

協定の成立年月日　　　　年　　月　　日

協定の当事者である労働組合の名称又は労働者の過半数を代表する者の　　職名

氏名

協定の当事者（労働者の過半数を代表する者の場合）の選出方法　（　　　　　　　　　　　　）

年　　月　　日

使用者　職名

氏名　　　　　　　　㊞

労働基準監督署長　殿

記載心得

1　「業務の種類」の欄には、時間外労働又は休日労働をさせる必要のある業務を具体的に記入し、労働基準法第36条第1項ただし書の健康上特に有害な業務について協定をした場合には、当該業務を他の業務と区別して記入すること。

2　「延長することができる時間」の欄の記入に当たっては、次のとおりとすること。

(1)「1日」の欄には、労働基準法第32条から第32条の5まで又は第40条の規定により労働させることができる最長の労働時間を超えて延長することができる時間であって、1日についての限度となる時間を記入すること。

(2)「1日を超える一定の期間(起算日)」の欄には、労働基準法第32条から第32条の5まで又は第40条の規定により労働させることができる最長の労働時間を超えて延長することができる時間であって、同法第36条第1項の協定で定められた1日を超えて3箇月以内の期間及び1年についての延長することができる時間の限度に関して、その上欄に当該協定で定められたすべての期間を記入し、当該期間の起算日を括弧書きし、その下欄に、当該期間に応じ、それぞれ当該期間についての限度となる時間を記入すること。

3　②の欄は、労働基準法第32条の4の規定による労働時間により労働する労働者（対象期間が3箇月を超える変形労働時間制により労働する者に限る。）について記入すること。

4　「労働させることができる休日並びに始業及び終業の時刻」の欄には、労働基準法第35条の規定による休日であって労働させることができる日並びに当該休日の労働の始業及び終業の時刻を記入すること。

5　「期間」の欄には、時間外労働又は休日労働をさせることができる日の属する期間を記入すること。

14 残業を命じられたら従わなければならないものですか

残業義務をめぐる考え方

残業義務をめぐっては大きく二つの考え方があります。

一つは、労働協約または就業規則に残業義務の定めがあればよいというものです。労働協約や就業規則にその旨の定めがあることを根拠に、事前の包括的な同意によって残業義務を負う労働契約を締結したとする考え方もこの中に入れてよいでしょう。

これに対し、そのつど労働者の個別の同意が必要という考え方があります。三六協定が締結されない限り、一日八時間週四〇時間を超える労働を約束しても無効ですから（労基法三二条、一三条）、就業規則や労働協約で定めたとしても一般的に無効になると考えるのです。[*1]これは、労基法の労働時間の制限を厳しく解し、労働者の「時間主権」を確立し、残業が恒常化することを防ごうとするものです。

日立製作所武蔵工場事件の最高裁判決（平成三年一一月二八日）は前者の考え方をとりました。この判決に対しては、学界やマスコミから時代に逆行するものとして厳しい批判が寄せられました。日立製作所自身も「日立で残業を拒否すれば首切りかとの印象が独り歩きすることを心配している」（日経一九九一年一一月二九日夕刊）という始末です。

ともあれ、最高裁判決が出ているわけですから、これを無視して残業義務について考えるわけにはいきません。

＊1　西谷敏『労働法〔第二版〕』（日本評論社、二〇一三年）三〇七頁など。

残業義務の要件

最高裁判決は、三六協定の締結届出、残業させることができる旨の就業規則の存在、就業規則の内容が合理的である場合に残業義務が発生する、と述べています。

そうすると、まず、就業規則に残業義務の規定があるか否かが問題となります。これがなければ、残業義務もないことになります。

就業規則に規定があった場合、その規定に合理性があるかどうかが問題となります。最高裁判決は、残業時間と残業事由が定められているから合理性があるとしていますので、逆にいえば、それらが規定されていない場合には合理性に問題があるということになります。もっとも、最高裁判決は、何でも入ってしまいそうな広い規定の仕方についても、「いささか概括的、網羅的である」と批判しつつ、結局は合理性を否定しませんでした。ただそれも会社の事業内容等を考慮してのことで、無条件に合理性を肯定しているわけではないことに注意する必要があります。

残業命令が出せる場合でも、それを濫用することは許されません。残業命令が濫用となるか否かは、残業の業務上の必要性と労働者の個別事情を比較衡量して決せられます。トーコロ事件・東京高裁平成九年一一月一七日判決は、労働者に残業命令に従えないやむをえない事由がある場合は、その労働者は残業命令に従う義務を負わないとし、眼精疲労のため、時間外労働を避けるようにとの診断書が出ていたケースについて、残業義務を否定しています。

率直にいって裁判例は、業務上の必要性を重くみて、労働者の個別事情を容易に認めない傾向にあります。職場で残業を断りやすい環境を作ることが重要です。それができない間は、残業を断るときには慎重にすべきですし、少なくとも断る理由をよく上司に説明してからにしましょう。

基準時間を超える残業協定の効力

前問で説明したように、厚生労働大臣は、時間外労働の上限等につき基準を定めることができ、労使はこれに適合する三六協定を締結するようにしなければなりません（労基法三六条二項、三項）。この基準を超える協定がなされたとしても、その合理性は認められませんので、超える部分の残業義務はないと解されます。*2

業務命令違反に対する処分

日立製作所事件でも、残業拒否自体に対する処分は出勤停止一四日です。ただちに解雇したわけではありません。ただ、最高裁判決は残業の原因が原告労働者の手抜き作業にあるとしています（この点を原告は否定していますが認められませんでした）。もしみずからが残業原因を作り出しているとすれば、残業命令の効力が認められ、それを拒否することに対する厳しい処分も認められやすくなるでしょう。

*2　通達では、「延長時間が（大臣告示の）限度時間を超えている時間外労働協定も直ちに無効とはならない。なお、当該協定に基づく限度時間を超える時間外労働の業務命令については、合理的な理由がないものとして民事上争い得るものと考えられる。」とされています（平成一一年三月三一日基発一六九号）。菅野和夫『労働法［第一一版］』四九〇頁がこの考え方をとり、残業命令の権利濫用性の重要な考慮要素にとどまるとしています。
　これに対して、この基準は強行的なもので、これに違反する労使協定は基準の上限に縮減されるとする説もあります（川口美貴『労働法』［信山社、二〇一五年］二六九頁）。

15 変形労働時間制のもとで始業終業時刻の変更はできるのですか。変形労働時間制でない場合はどうでしょうか

変形労働時間制と労働時間の変更

変形労働時間制を採る場合でも、変形期間内の始業・終業時刻は特定しなければなりません（労基法八九条一号）（Ⅳ－6問参照）。

変形労働時間制のうちフレックスタイム制（Ⅳ－8問参照）の場合は、始業終業時刻の決定を労働者に委ねているのですから、使用者がそれを変更するということは許されません。

一年単位の変形労働時間制については、「例えば貸切観光バス等のように、業務の性質上一日八時間週四〇時間を超えて労働させる日又は週の労働時間をあらかじめ定めておくことが困難な業務又は労使協定で定めた時間が業務の都合によって変更されることが通常行われるような業務については、一年単位の変形労働時間制を適用する余地はない」（平成九年三月二五日基発一九五号）とされており、労使協定に定める例外的で限定された場合以外には、労働時間の変更は許されないことになっています。

一カ月単位の変形労働時間制についても、本来「使用者が業務の都合によって任意に変更するような制度はこれに該当しない」（昭和六三年一月一日基発一号）のですから、労働時間の変更は例外的で限定的でなければなりません。就業規則に変更についての規定があることは最低限必要です。特に問題になるのは、労働時間が就業規則であらかじめ特定

されているのではなく、毎月の勤務表によって特定する場合です。航空や鉄道などでは、勤務表で特定された勤務が変更され、それに伴って勤務開始あるいは終了時刻や労働時間が変更されてしまうことがよくあるからです。日本航空と旧国鉄・ＪＲで争われたケースがあります。

日本航空事件では、パーサーに対してなされた、当日の始業時刻を繰り上げる勤務変更命令の効力が争われました。一審は、会社には一般的な勤務変更権限はないとしつつ、使用者にとっての勤務変更の必要性と従業員の受ける不利益を比較考量し、少なくとも当日になっての勤務変更は許されないとの判断を示しました（東京地裁昭和五九年九月二〇日判決）。これに対し、控訴審は、定期航空運送事業の高度の公共性と客室乗務員の勤務の特殊性から、濫用にわたらないかぎり勤務割を変更できるとし、本件勤務変更指示は濫用とは認められないとしました（東京高裁平成元年二月二七日判決[*1]）。

しかし、変形労働時間制の場合は、一度特定された勤務を一方的に変更することはできず、勤務変更の必要があるときは、時間外労働の問題として処理すべきものです[*2]。

その後の裁判例では、いったん特定した勤務時間を変更するためには、就業規則に変更事由を具体的に定めること、それが限定的かつ例外的なものであることが必要であり、「ただし、業務上の必要がある場合に、指定した勤務を変更する」というような定めは、労基法三二条の二の「特定」の要件を欠き、無効としています（ＪＲ東日本［横浜土木技術センター］事件・東京地裁平成一二年四月二七日判決、ＪＲ西日本［広島支社］事件・広島高裁平成一四年六月二五日判決）。

＊1　ただし、高裁判決も、勤務変更命令に直ちに従わなかった乗務員の懲戒処分は無効としています。

＊2　航空労働研究会編『規制緩和と航空リストラ』（旬報社、一九九八年）二五七、二六二頁。

定時勤務、非変形労働時間制の場合

就業規則等で定められている始業終業時刻を、使用者が業務の都合から一方的に繰り上げたり繰り下げたりできるか、という問題です。この場合も、就業規則に変更を許す規定がなければなりません。

「基準勤務時間の範囲内で、始業終業時刻を変更することができる」との規定があった場合に、生徒の服装指導のために一年間始業時刻を一五分繰り上げるとの業務命令に従わなかった私立高校教員に対する降格処分が争われたケースで、この業務命令を有効とした裁判例があります（倉田学園高松校事件・高松高裁昭和六三年八月九日決定）。変形労働時間制に比べて、業務命令の有効性を肯定しやすい傾向にあるようですが、やはり、業務上の必要性と労働者の不利益を十分比較考量して決するべきで、このような業務命令を受けた労働者としては、受ける不利益をきちんと主張するとともに、これを拒否するかどうかは自分だけの判断ではなく、職場の同僚や労働組合等に相談して慎重に行うべきでしょう。

16 外回りや出張の仕事はすべて労働時間として計算されますか

事業場外労働の扱い

新聞社の取材記者や外勤営業社員などに代表される外回りの仕事は、労基法では「事業場外労働」として扱われることがあるため、外回りの実際の労働がすべて労働時間として計算されるわけではありません。

労基法三八条の二第一項では、「労働者が労働時間の全部又は一部について事業場外で業務に従事した場合において、労働時間を算定し難いときは、所定労働時間労働したものとみなす。」とされています。この規定は、サービス産業の発展に伴い事業場外労働が増加したことにかんがみ、一九八七年に新設されたもので[*1]、事業場外労働は使用者が直接に労働者の労働時間を監督することが困難なことが多いため、労働時間の「みなし規定」を置くことで、実際に労働した時間とは異なる所定労働時間による労働時間の計算を可能にしたものです[*2]。

ただし、その仕事を行うために通常必要な時間が所定労働時間を超えているときでも、常に所定労働時間をその労働者の労働時間とすることは不当ですので、「当該業務を遂行するためには通常所定労働時間を超えて労働することが必要となる場合においては、当該業務に関しては、命令で定めるところにより、当該業務の遂行に通常必要とされる時間労働したものとみなす。」と規定されています（同項但書）。つまり、普通に必要な時間が、

＊1　それまでは、労基則二二条に同趣旨の定めがありましたが、法に根拠がなかったため、問題とされていました。

＊2　事業場外労働のみなし労働時間制を採用している企業は、二〇一五年で一一・三％あります（平成二七年度就労条件総合調査）。金融・保険業、不動産業、卸売・小売業に多く、主に販売・営業部門で、利用されています。

みなし労働時間なのだということです。

この「通常必要とされる時間」については、その事業場に、「労働者の過半数で組織する労働組合があるときはその労働組合、労働者の過半数で組織する労働組合がないときは労働者の過半数を代表する者との書面による協定」（Ⅱ-⑫問参照）で定めることができ（同条二項）、これを労働基準監督署に届け出ることになります（同条三項）。

「みなし規定」の問題点

使用者はこの「みなし規定」を悪用して、営業マンなどに対し三六協定もなしに残業させたり、残業させても低額の営業手当だけしか払わず、本来の残業手当の支払いをまぬかれようとすることがあります。しかし、労基法の本来の考え方からすれば、実際の労働時間を基準に労働時間の規制がなされるべきであり、実際の労働時間に応じた賃金、割増賃金が払われるべきなのです。そこで、この例外規定の適用はやむをえないときに限るべきだとされています。

労働時間が客観的に算定できるとき

この規定は「労働時間を算定し難いとき」の例外規定ですから、事業場外の労働であっても、客観的に労働時間を算定できる場合には適用されません。たとえばつぎのような場合です（昭和六三年一月一日基発一号）。

① 何人かのグループで事業場外労働に従事する場合で、そのメンバーの中に労働時間の管理をする者がいる場合。

② 事業場外で業務に従事するが、無線やポケットベル等によって随時使用者の指示を

受けながら労働している場合。[*3]

③　事業場において、訪問先、帰社時刻等当日の業務の具体的指示を受けたのち、事業場外で指示どおり業務に従事し、その後事業場に戻る場合。

旅行添乗員について、業務開始前、業務実施中、業務終了後に分けたうえで、あらかじめ定められた旅行日程に沿った旅程の管理等の業務を行うことを指示したうえで、予定された旅行日程に途中で変更を要する事態が生じた場合にはその時点で個別の指示をし、旅行日程終了後は添乗日報によって業務の遂行状況等の詳細な報告を受けているという業務の性質、内容やその遂行の態様、状況等からは、「労働時間を算定し難いとき」に当たらないとされています（阪急トラベル・サポート〔添乗員・第二〕事件・最高裁平成二六年一月二四日判決）。

「出張」の扱い

以上は常態的な「事業場外労働」のケースですが、臨時的な「事業場外労働」である「出張」の場合はどうでしょうか。

これも、労働実態が「労働時間を算定し難いとき」にあたるか否かの問題です。一般的には、出張期間が短期の場合には、出張先の指揮命令下に組み入れられていない場合が多いでしょうから、「労働時間を算定し難いとき」にあたるケースが多いでしょう。逆に出張期間が長期の場合には、出張先の事業所によって労働時間が管理される場合が多くなるでしょうから、「労働時間を算定し難いとき」に該当しない可能性が高くなります。

また、出張中の移動時間については、Ⅳ－4問をみてください。

＊3　外勤の営業社員について、IDカードで労働時間を管理し、携帯電話を持たせて利用状況を把握していたときは、労働時間を算定しがたい場合にはあたらないとした裁判例があります（コミネコミュニケーションズ事件・東京地裁平成一七年九月三〇日判決）。

17 裁量労働制

裁量労働制とは

裁量労働制とは、時間管理ができない、働かせ方において労働者の裁量に任せざるをえない種類の労働が増えてきたことを理由として、一九八七年改正で導入された制度です。その後一九九三年に一部改正、一九九八年に大改正され、さらに二〇〇三年に改正されました。[*1] 裁量労働制は、実際にどれだけ労働したかにかかわらず、労使協定や労使委員会の決議で定めた時間を労働したものとみなすものです。すなわち、労使協定などで、ある業務の労働時間を八時間とみなしてしまえば、実際には何時間働いていても八時間働いたものとして扱うという制度です。

ただし、よく誤解されていますが、裁量労働制を採用しても、休憩は与えなければなりません。休日労働の規制は残りますし、深夜労働の割増賃金もなくなりません。

専門業務型裁量制

(1) 裁量労働が認められる範囲

専門業務型裁量労働の対象業務は、「業務の性質上その遂行の方法を大幅に当該業務に従事する労働者の裁量にゆだねる必要があるため、当該業務の遂行の手段及び時間配分の決定等に関し使用者が具体的な指示をすることが困難なものとして厚生労働省令で定める業務」です（労基法三八条の三第一項一号）。具体的には、①研究開発、②情報処理シス

＊1　裁量労働のみなし労働時間制の利用率は、二〇一五年の厚労省調査では、専門業務型裁量労働制が二・三%、企画業務型裁量労働制が〇・六%で、一〇〇〇人以上の大企業でも、専門業務型裁量労働制の適用を受ける労働者は一・一%、企画業務型裁量労働制の適用を受ける労働者は〇・二%にとどまっています。企業にとっては現行の裁量労働制は使い勝手が悪いようです。

そこで、政府は「多様で柔軟な働き方を進める」として、企画業務型裁量労働制の対象業務を広げること、労働時間・休憩・休日深夜割増を適用しない「高度プロフェッショナル労働制」を新設することを内容とする労基法の改正案を二〇一五年通常国会に提出しました。改正案は継続審議となっていますが（二〇一六年六月現在）、ただでさえ長時間労働がまかり通っている現状でこのような制度を導入することには、労働界を中心に強い異論が出されています。

テムの設計・分析、③マスコミの取材・編集、④デザイナー、⑤プロデューサー、ディレクター、⑥その他厚生労働大臣が指定した業務（現在は、一四業務[*2]）です（労基則二四条の二の二第二項、平成九年二月一四日労働省告示七号〔最新改正平成一五年一〇月二二日厚生労働省告示三五四号〕）。

(2) 要件――労使協定

専門業務型裁量労働制を導入するためには、「当該事業場に、労働者の過半数で組織する労働組合があるときはその労働組合、労働者の過半数で組織する労働組合がないときは労働者の過半数を代表する者」（Ⅱ-⑫問参照）との「書面による協定」により、①対象業務、②みなし時間、③「対象業務の遂行の手段及び時間配分の決定等に関し、当該業務に従事する労働者に対し使用者が具体的な指示をしないこと」、④健康・福祉確保措置、⑤苦情処理措置を定め、この協定を労働基準監督署に届け出なければなりません（労基法三八条の三第一項、二項、三八条の二第三項）。

企画業務型裁量労働制

一九九八年の労基法改正で導入されたものです。

(1) 対象業務

企画業務型裁量労働制は、「事業の運営に関する事項についての企画、立案、調査及び分析の業務」（労基法三八条の四第一項一号）を対象とするものです。この業務は、「当該業務の性質上これを適切に遂行するにはその遂行の方法を大幅に労働者の裁量にゆだねる必要があるため、当該業務の遂行の手段及び時間配分の決定等に関し使用者が具体的な指

*2 厚生労働大臣が指定した業務は以下のとおりです。
一 広告、宣伝等における商品等の内容、特長等に係る文章の案の考案の業務
二 事業運営において情報処理システム（労働基準法施行規則第二十四条の二の二第二項第二号に規定する情報処理システムをいう。）を活用するための問題点の把握又はそれを活用するための方法に関する考案若しくは助言の業務
三 建築物内における照明器具、家具等の配置に関する考案、表現又は助言の業務
四 ゲーム用ソフトウェアの創作の業務
五 有価証券市場における相場等の動向又は有価証券の価値等の分析、評価又はこれに基づく投資に関する助言の業務
六 金融工学等の知識を用いて行う金融商品の開発の業務
七 学校教育法（昭和二十二年法律第二十六号）に規定する大学における教授研究の業務（主として研究に従事するものに限る。）
八 公認会計士の業務
九 弁護士の業務
十 建築士の業務

示をしないこととする業務」（同上）でなければなりません。[*3] 当初は、「事業運営上の重要な決定が行われる事業場」（本社など）における業務に限定されていましたが、二〇〇三年の改正でこの限定がなくなりました。

(2) 対象労働者

上記のような業務に従事する労働者の中でも、「対象業務を適切に遂行するための知識、経験等を有する労働者」（同項二号）だけが対象となります。[*4]

(3) 採用の条件――労使委員会決議と本人同意

企画業務型裁量労働制の導入には、従来のような労使協定ではなく、労使により構成される委員会（労使委員会）による決議が必要とされます。労使委員会の構成についてはⅡ-⑬問で詳しく説明しています。この決議は、委員の五分の四以上の多数決[*5]によってなされる必要があり、決議すべき事項としては、①対象業務、②対象労働者の範囲、③みなし時間数、④労働者の健康・福祉確保措置、⑤苦情処理措置、⑥裁量制の適用には本人の同意が必要であることおよび労働者が同意しなかったことを理由に不利益取扱いをしてはならないこと、⑦その他厚生労働省令で定める事項があります（同条一項各号）。⑥の結果、本人の同意なしには裁量労働時間制は採れないことになっています。この決議は労働基準監督署に届け出る必要があり（同条一項本文）、また、企業内の全労働者に周知しなければなりません（労基法一〇六条）。決議には有効期間の定めが必要です（労基法三八条の四第一項七号、労基則二四条の二の三第三項）。

十一　不動産鑑定士の業務
十二　弁理士の業務
十三　税理士の業務
十四　中小企業診断士の業務

＊3　厚生労働省の指針によれば、経営計画の策定、社内組織の編成、人事制度の策定、教育研修計画の策定、財務計画の策定、広報企画立案、営業方針計画の策定、生産計画の策定があげられています（「労働基準法第三八条の四第一項の規定により同項第一号の業務に従事する労働者の適正な労働条件の確保を図るための指針」〔平成一一年一二月二七日労働省告示一四九号、平成一五年一〇月二二日厚生労働省告示三五三号〕第三1）。

＊4　厚生労働省の指針では、少なくとも三年ないし五年程度の職務経験を有し、常態として対象業務に従事していることを原則としています（右指針第三2）。

＊5　これは出席委員の五分の四で足ります（右指針第四3）。

18 深夜業の扱い

ＩＬＯ条約の変遷

一九一九年、ＩＬＯができた年に、真先に作られた一号条約が、工業労働者について労働時間の上限を一日八時間、週四八時間に制限する条約です。その時に同時に作られたのが、女子の「夜業禁止」を定めるＩＬＯ四号条約です。労働者を劣悪な状態から守る保護条約の基本中の基本でしたが、女子についての特別の保護が差別の原因になっているという議論が世界的に強くなり、一九九〇年にはＩＬＯ一七一号条約（夜業に関する条約）が成立し、女子の深夜業の禁止をなくし、男女同一の規制をすることになりました（日本は批准していません）。同時に採択された夜業に関する勧告（一七七号勧告）で具体的な指示がされています。夜業の場合の通常の労働時間は八時間を超えてはならない、昼間の労働者の労働時間より短くせよ、基本的には残業をさせない等、いろいろな勧告がされています。「夜勤は特殊なものであって例外的に行われるべきものだから、それに対しては十分な援助をすべきだ」という考えがこの背景にあります。

ＥＵの二〇〇三年労働時間指令では、夜間労働者の労働時間は二四時間につき八時間を超えないこと（八条）、夜間労働者は無料の健康診断が受けられるようにすること（九条）などが定められています。

深夜業務には割増賃金を支払う

午後一〇時から午前五時まで[*1]の時間帯における労働をさせた場合は、二割五分以上の割増賃金を支払わねばなりません（労基法三七条三項）（Ⅵ－10問参照）。

深夜業の規制があるもの

一八歳未満の年少者については、深夜労働が原則として禁止されています（労基法六一条一項）。

また妊産婦に関しては深夜業の免除を請求する権利が認められています（労基法六六条三項）（Ⅵ－3問参照）。

一九九九年から、女性労働者の深夜業を禁止していた労基法の規定が廃止され、女性にも深夜業が認められました。均等法は、労働者の配置について、性別を理由とする差別的取扱を禁止しているので（六条）、女性のみ深夜業をさせないことはできなくなりました。ただし、事業主は、深夜業に従事する女性について、通勤・勤務の安全の確保に必要な措置を講ずる努力義務があります（均等法施行規則一三条[*2]）。

育児・介護休業法の規制＝深夜業務の免除請求権

育児・介護休業法では、小学校入学以前の子どもを養育する男女労働者、あるいは家族の介護を行っている男女労働者に対して、深夜業の免除を請求する権利を認めています（同法一九条、二〇条）。しかし、①「事業の正常な運営を妨げる場合」（同法一九条一項但書[*3]）、②勤続一年未満の者（同条一項一号）、③深夜において育児・介護にあたる他の家族がいる場合（同条一項二号）、④その他請求できないことについて合理的な理由がある

*1　条文では、「厚生労働大臣が必要であると認める場合においては、その定める地域又は期間については午後一一時から午前六時まで」とされていますが、この規定による地域・期間の指定がされたことはありません。

*2　その他、子の養育・家族介護などの事情への配慮、仮眠室・休養室の整備、健康診断について適切な措置をとることが必要です（「深夜業に従事する女性労働者の就業環境等の整備に関する指針」平成一〇年三月一三日労働省告示二一号）。

*3　「事業の正常な運営を妨げる」か否かの判断基準として、免除請求をしてきた労働者の所属する事業場を基準として、その労働者の担当する作業の内容、作業の繁閑、代行者の配置の難易など諸般の事情を考慮して客観的に判断すべきこと、事業主は労働者が請求どおりに深夜業の制限を受けることができるように通常考えられる努力を尽くすべきこと、業務遂行上不可欠な人員について通常考えられる相当な努力を尽くすこと、それでもなお事業運営に必要な業務態勢を維持することが著しく困難なときには、「事業の正常な運営を妨げる」に該当するとされています（平成一四年三月一八日職発第〇三一八〇〇九号／雇児発第〇

と認められる者として厚生労働省令で定める者（同条一項三号）[*4]には免除請求権は認められません。これは、一カ月以上六カ月以下の期間を定めて一カ月以上前に請求しますが、請求回数には制限がありませんから、事実上長期に免除されます。深夜業務の免除請求をした場合に、昼間の業務を与える必要があるか否かについては、Ⅵ－14問を参照。

深夜勤務の拒否と不利益扱い

家族があり日勤制を選択していた女子タクシー労働者が、就業規則改正で日勤制が廃止され、隔日の深夜勤務を命じられたのを拒否したため解雇されたという事件で、裁判所は深夜勤務への変更は本人の同意なしに効力を生じないとして、解雇を無効としています（草加ダイヤモンド交通事件・浦和地裁越谷支部平成八年八月一六日決定）。就業規則を変更して女性の深夜勤を可能にした後になした、深夜勤務を常態とする部署への配転命令を無効とした事例もあります（マンナ運輸事件・神戸地裁平成一六年二月二七日判決）。

三一八〇〇三号）。
具体的には、①同一時期に多数の労働者の請求が競合した場合、②専門性の高い職種の労働者等が請求した場合であって、代替が著しく困難であるという場合が考えられるとされていました（労働省女性局「育児・介護休業法のあらまし」パンフレットNo.98、二一頁。現在のパンフレットには記載されていません）。

*4 たとえば、①一週間の所定労働日数が二日以下の労働者、②所定労働時間の全部が深夜時間帯に働く労働者が、これに該当します（同法施行規則三一条の一二）。

19 休憩はどのようにとれますか

休憩時間の定め

休憩については、一日の労働時間が六時間を超えた場合は四五分以上、八時間を超えた場合は一時間以上の休憩時間を与えなければなりません（労基法三四条一項）。[*1]

ただし、労基法四〇条一項では、労基法の原則に関して厚生労働省令で特例を設けることができるとされ、労基則三二条一項では、「列車、気動車、電車、自動車、船舶又は航空機に乗務する機関手、運転手、操縦士、車掌、列車掛、荷扱手、列車手、給仕、暖冷房乗務員及び電源乗務員で長距離にわたり継続して乗務するもの」ならびに郵便事業に「使用される労働者で屋内勤務者三十人未満の郵便局において郵便の業務に従事するもの」については、「法第三十四条の規定にかかわらず、休憩時間を与えないことができる」とされています。

客室乗務員は、右の規定の「給仕」にあたると解されています。[*2] 休憩の特例規定が設けられたのは戦後すぐの頃ですから、長距離の鉄道の列車の運転手に交代要員が確保できない、六時間を超えるとどこかで降りて終わりというわけにいかず、休憩なしに七時間でも八時間でも走ってもらわなければ困るということがあったためにこうした規定が作られたのです。この規定は休憩を与えることが不可能であることが前提になっているので、国内線などの場合、六時間を超えて飛ぶことはありえませんから、途中に必ず休憩を与えなけ

＊1　労基法三四条（休憩）
「①使用者は、労働時間が六時間を超える場合においては少くとも四十五分、八時間を超える場合においては少くとも一時間の休憩時間を労働時間の途中に与えなければならない。
②前項の休憩時間は、一斉に与えなければならない。ただし、当該事業場に、労働者の過半数で組織する労働組合がある場合においてはその労働組合、労働者の過半数で組織する労働組合がない場合においては労働者の過半数を代表する者との書面による協定があるときは、この限りでない。
③使用者は、第一項の休憩時間を自由に利用させなければならない。」

＊2　厚生労働省労働基準局編『平成二二年版　労働基準法　上』（労務行政、二〇一一年）六一九頁。

ればいけません。国際線の場合でも、代替要員を確保すれば休憩を与えうるのです。しかし、法律ではそこまでは保障してくれていません。それを引き上げていくのは労働組合の力しかないわけです。

一斉休憩付与原則

「前項の休憩時間は、一斉に与えなければならない」とされています（労基法三四条二項）。工場などでは、機械を止めなければ実際に休むことができなかったからです。

一斉休憩については、坑内労働（労基法三八条二項但書）、運輸業、商業、金融、郵便・通信、病院・保健、旅館・飲食店、官公署（労基法四〇条、労基則三一条）と、明文上の例外が設けられています。その他の業種についても、一九九八年改正により、労使協定（Ⅱ－⑫問参照）さえあれば一斉休憩にしなくてもよいことになりました（労基法三四条二項但書）。この協定では、一斉に休憩を与えない労働者の範囲およびその労働者に対する休憩の与え方について協定しなければなりません（労基則一五条）。

自由利用の原則

「使用者は、第一項の休憩時間を自由に利用させなければならない」（労基法三四条三項）とされています。休憩時間とは、労働から完全に解放され、拘束を受けない時間だからです。休憩時間の外出も自由です。

ただし、坑内労働（労基法三八条二項但書）、警察官、消防署員、養護施設などの職員（労基則三三条）に関しては、自由利用の原則が排除されています。

休憩時間にも現場を離れることを禁止され、作業も一部させられていた場合は、使用者

＊3　旅客自動車運送事業運輸規則二一条（過労防止等）

「①旅客自動車運送事業者は、過労の防止を十分考慮して、国土交通大臣が告示で定める基準に従つて、事業用自動車の運転者の勤務時間及び乗務時間を定め、当該運転者にこれらを遵守させなければならない。

②旅客自動車運送事業者は、乗務員が有効に利用することができるように、休憩の施設を整備し、及び乗務員に睡眠を与える必要がある場合又は乗務員が勤務時間中に仮眠する機会がある場合は、睡眠又は仮眠に必要な施設を整備し、並びにこれらの施設を適切に管理し、及び保守しなければならない。

③旅客自動車運送事業者は、乗務員に第一項の告示で定める基準による一日の勤務時間中に当該乗務員の属する営業所で勤務を終了することができない運行を指示する場合は、当該乗務員が有効に利用することができるように、勤務を終了する場所の付近の適切な場所に睡眠に

の債務不履行として損害賠償が命じられます（住友化学名古屋製造所事件・最高裁昭和五四年一一月一三日判決）。

休憩時間中に会社の施設内で自由に組合活動、政治活動などができるかということが問題になっています。判例では、企業の施設管理権を根拠にこれを制限することができるが（目黒電報電話局事件・最高裁昭和五二年一二月一三日判決）、実質的にみて企業秩序に違反しない特段の事情があるときには、就業規則などの違反とならないとされています（明治乳業事件・最高裁昭和五八年一一月一日判決）。

休憩施設

事業者は事業場における安全衛生の水準の向上を図るため、作業に従事することによる労働者の疲労を回復するための施設または設備の設置または整備を、継続的かつ計画的に講ずることにより、快適な職場環境を形成するように努めなければなりません（労働安全衛生法七一条の二第三号）。

なお、ハイヤー・タクシーの事業者は、乗務員が有効に利用することができるように、休憩の施設を整備し、乗務員に睡眠を与える必要がある場合または乗務員が勤務時間中に仮眠する機会がある場合は、睡眠または仮眠に必要な施設を整備しなければなりません（旅客自動車運送事業運輸規則二一条二項）[*3]。

必要な施設を整備し、又は確保し、並びにこれらの施設を適切に管理し、及び保守しなければならない。

④旅客自動車運送事業者は、酒気を帯びた状態にある客室乗務員を事業用自動車に乗務させてはならない。

⑤旅客自動車運送事業者は、乗務員の健康状態の把握に努め、疾病、疲労、飲酒その他の理由により安全な運転をし、又はその補助をすることができないおそれがある乗務員を事業用自動車に乗務させてはならない。

⑥一般乗合旅客自動車運送事業者及び一般貸切旅客自動車運送事業者は、運転者が長距離運転又は夜間の運転に従事する場合であつて、疲労等により安全な運転を継続することができないおそれがあるときは、あらかじめ、交替するための運転者を配置しておかなければならない。

⑦旅客自動車運送事業者は、乗務員が事業用自動車の運行中疾病その他の理由により安全な運転を維持し、又はその補助を継続することができないおそれがあるときは、当該乗務員に対する必要な指示その他輸送の安全のための措置を講じなければならない。」

20 航空機乗務員の乗務時間規制

航空機乗務員の乗務時間制限

運航乗務員の乗務時間については、労基法の定めのほかに、航空法六八条が、「航空運送事業を経営する者は、国土交通省令で定める基準に従って作成する乗務割によるのでなければ、航空従事者をその使用する航空機に乗り組ませて航空業務に従事させてはならない。」と定めており、これを受けて航空法施行規則一五七条の三では、つぎのように定めています。

「一　航空機乗組員の乗務時間（航空機に乗り組んでその運航に従事する時間をいう。以下同じ）が、次の事項を考慮して、少なくとも二十四時間、一暦月、三暦月及び一暦年ごとに制限されていること。

イ　当該航空機の型式

ロ　操縦者については、同時に運航に従事する他の操縦者の数及び操縦者以外の航空機乗組員の有無

ハ　当該航空機が就航する路線の状況及び当該路線の使用空港等相互間の距離

ニ　飛行の方法

ホ　当該航空機に適切な仮眠設備が設けられているかどうかの別

二　航空機乗務員の疲労により当該航空機の航行の安全を害さないように乗務時間及び

乗務時間以外の労働時間が配分されていること。」

これに従い、航空会社は運航規程の中にこれら乗務時間・勤務時間制限を独自に規定しています。国土交通省航空局は一九九〇年以降通達（「運航規程審査要領細則」）により、日本の航空会社の航空機乗務員の長距離運航における乗務時間制限及び編成の基準を制定しており、これに合致していれば、運航規程が認可される仕組みになっています。[*1]

労基法の適用

日本では、航空機乗務員も労基法の適用を受けています。航空機乗務員の労働時間については特殊な問題があるため、労基法の規制は適用を除外し、特別法で規制している国もあります。ドイツでは、一九九四年労働時間法二〇条が、「飛行機の乗務員としての労働者の就労には、労働時間および休憩・休息時間に関する法の規定に代わって、航空機事業所法第二施行令の飛行、航空乗務および休憩・休息時間に関する、その都度適用されているテキストでの規定が適用される」と定めています。アメリカでは公正労働基準法一三条aで適用除外を定め、連邦航空法でパイロットの最長飛行時間を規制しています。各国の乗務員の勤務の仕方は、労働協約により規制をしていること、一カ月ごとの勤務割によっていることで共通しています。

*1　認可された運航規程の性格・意義についてつぎのように判示した裁判例があります（日本航空事件・東京地裁平成一一年一一月二五日判決）。

運輸大臣が運航規程を認可するか否かの判断は「概括的、定型的審査を行うにとどまる」から、認可された運航規程の「乗務割に従っている限り航空機の航行の安全に支障がないという保障を意味するはずはなく」、航空会社は「運航規程に定められた基準に従っている限り航空機の航行の安全に支障がないと考えてはならない」。運航規程は、「少なくともこれを超えてはならないという趣旨での大枠としての……意義を有するにとどまる」。航空会社は、「労働契約に基づき運航乗務員に対して安全配慮義務を負うが、認可された運航規程に定められている運航乗務員の乗務割りの基準に従っていたというだけで当然に右安全配慮義務を履行したとは言えない」。

塚原英治「国で定めた規制でも安全とはいえない」労働の科学五五巻六号（二〇〇〇年）三八頁。

21 タクシー・ハイヤー運転者の労働時間規制

タクシー・ハイヤー運転者の労働時間規制

タクシーなどの自動車運転者の労働時間については、長時間の過重な労働になりやすいこと、そのために交通事故が惹起される危険があることのために、各国で通常の労働と異なる規制がなされています。[*1*2] 日本では、「自動車運転者の労働時間等の改善のための基準」(平成元年二月九日労働省告示七号。その後の改正として、平成九年労働省告示四号、平成一一年労働省告示二九号、平成一二年労働省告示一二〇号。「改善基準」といわれています)が労働時間等の規制をしています。以下はそのポイントです。

一　拘束時間・休息期間

1　拘束時間

始業時刻から終業時間までの時間で、労働時間(運転・整備等の作業時間、客待ち等の手待ち時間の双方を含む)と休憩時間(仮眠時間を含む)の合計時間をいいます。

2　休息期間

勤務とつぎの勤務の間の時間で、睡眠時間を含む勤労者の生活時間として、労働者にとってまったく自由な時間をいいます。

二　タクシー日勤勤務者の拘束時間および休息期間

＊1　ＩＬＯ一五三号条約では路面運送に携わる労働者(バス、トラック労働者を含む)について、運転時間規制をしています(日本は批准していません)。

＊2　ＥＵ(ヨーロッパ連合)でも、一九八五年一二月に「道路運送に関する社会立法の調和に関する規則」を採択しています。濱口桂一郎『ＥＵ労働法の形成』(日本労働研究機構、一九九八年)一三〇頁。二〇〇六年二月にさらに改正されています。濱口桂一郎氏のブログで紹介されていますが、以下の内容です。

「第六条　一日の運転時間は九時間を超えない。ただし、一週間に二回、一〇時間に延長できる。

2　一週の運転時間は五六時間を超えない。

3　連続する二週間の総運転時間は九〇時間を超えない。

第七条　四時間半の運転の後、四五分以上の休憩を取らなくてはいけない。」

1　一カ月の拘束時間

一カ月の拘束時間は二九九時間以内とされています。

2　一日の拘束時間と休息期間

①　一日（始業時刻から起算して二四時間をいいます）の拘束時間は原則一三時間以内を基本とし、これを延長する場合であっても一六時間以内とすること。

②　一日の休息時間は継続八時間以上とする必要があります。

③　拘束時間と休息期間は表裏一体のものであり、一日とは始業時間から起算して二四時間をいいますから、結局、一日（二四時間）は拘束時間（一六時間）と休息期間（八時間）の合計となります。

3　車庫待ち等の自動車運転手の特例[*3]

①　一カ月の拘束時間の限度を労使協定により三二二時間まで延長可

②　一日の拘束時間の限度を二四時間まで延長可

以下の要件のもとに一日の拘束時間を二四時間まで延長することができます。

イ　勤務終了後、継続二〇時間以上の休息期間を与えること。

ロ　一日について拘束時間が一六時間を超える回数が一カ月について七回以内であること。

ハ　一日について拘束時間が一八時間を超える場合には、夜間四時間以上の仮眠時間を与えること。

三　タクシーの隔日勤務者の拘束時間および休息期間

＊3　常態として車庫待ち、駅待ち等によって営業しており、作業密度が比較的薄く、かつ営業区域も比較的狭く、休憩時間についても原則として事業場内における休憩が確保され、拘束時間が一八時間を超える場合は事業場内において夜間四時間以上の仮眠時間が確保される実態にあるもの。一般的には人口三〇万人以上の都市においては「車庫待ち等」に該当しない実態にあると考えられるとされています。

1　一カ月の拘束時間

従来は二七〇時間以内とされていましたが、一九九七年四月一日より一カ月の拘束時間は二六二時間以内とされました。ただし、地域的事情その他特別の事情がある場合において、労使協定（一カ月二六二時間を超える月およびその拘束時間、当該協定の始期および終期、対象者、協定変更の手続を定める必要あり）があるときには、一年の内六カ月までは一カ月の拘束時間の限度を二七〇時間まで延長することができます。

2　二暦日の拘束時間と休息期間

二暦日の拘束時間は二一時間以内とされています。また、勤務終了後、継続二〇時間以上の休息期間を与える必要があります。

3　車庫待ち等の自動車運転手の特例

①　二暦日の拘束時間の限度を夜間四時間以上の仮眠時間を与えることにより、一カ月について労使協定により定める回数（七回以内）二四時間まで延長可

②　①の場合、一カ月の拘束時間の限度を二六二時間または労使協定により二六二時間〜二七〇時間で定めた時間に二〇時間を加えた時間まで延長可

四　時間外労働および休日労働の限度

1　時間外労働および休日労働は拘束時間の限度まで

時間外労働および休日労働は、日勤勤務者の一日最大拘束時間（原則一六時間）、一カ月の拘束時間（原則二九九時間）、隔日勤務者の二暦日最大拘束時間（原則二一

時間）、一カ月の拘束時間（原則二六二時間、書面による協定のある場合二七〇時間）の範囲でしかできません。なお、時間外労働および休日労働を行う場合には、労基法三六条に基づく時間外労働および休日労働に関する協定届（三六協定）を労働基準監督署に届けなければなりません。

2　休日労働は二週間に一回

休日労働は二週間に一回の頻度でしかできません。

五　ハイヤー労働者の時間外労働

ハイヤーについては拘束時間の規制はありませんが、時間外労働については、労使協定を締結し、一カ月五〇時間または三カ月一四〇時間および一年間四五〇時間の範囲内で行わなければなりません。

22 休日について

週休制の原則

労基法は、「使用者は、労働者に対して、毎週少くとも一回の休日を与えなければならない。」（三五条一項）と定めています（週休制の原則）。日曜日や国民の祝日でなければならない、とはされていません。休日とは「単に連続二四時間の休業」ではなく「暦日を指し午前零時から午後十二時までの休業」をいうものと解されています（昭和二三年四月五日基発五三五号）。

週休二日制を採用する企業が増えていますが、週休二日制は労基法には定められていませんので、二日のうちのいずれかが同条の「休日」（法定休日）となり、他の休日は労基法の規制によらない休日（法定外休日）となります。

週の起算日は、就業規則に定めがあれば、その曜日、定めがなければ日曜日と解されます。

変形週休制

労基法は、「前項の規定は、四週間を通じ四日以上の休日を与える使用者については適用しない。」（三五条二項）と定めています。これは、どの四週間を区切っても四日の休日が与えられてなければならないという意味ではなく、特定の四週間において四日の休日が与えられていればよいという規定です（昭和二三年九月二〇日基発一三八四号）。極端なことをいえば、二四日間ぶっ通しで働かせても労基法違反にはならないのです。ただし、この変形週休制を採用する場合には、就業規則において変形の単位期間の起算日を定めておかねばなりません（労基則一二条の二第二項）。

休日の特定

労基法上は休日を週のいずれの日にか特定することは要求されていませんが、当然、労働者にとっては休日が特定されている方が便利ですし、現実にも就業規則によって休日が特定されているのが一般です。行政監督上も、就業規則で休日をできるかぎり特定させるよう指導する、とされています（昭和二三年五月五日基発六八二号、昭和六三年三月一四日基発一五〇号）。

休日の振替

休日が特定されているときに、使用者が業務上の必要性から労働者に対し、本来の就業規則上の休日を労働日に変更し、代わりにその前後の労働日を休日に変更する措置（休日の振替）をとることがあります。これは、本人の同意がないかぎりできないとの考えもありますが、厚生労働省は、就業規則に休日の振替が可能である旨の規定、その手続の規定があれば許されるとしています（昭和二三年七月五日基発九六八号、昭和六三年三月一四日基発一五〇号）。

休日を振り替えるときは、遅くとも前日の終業時刻までに予告することが必要です。[*1] もちろん、休日の振替である以上、振替休日があらかじめ特定され、かつそれが労基法の基準を満たすことが必要です（三菱重工業横浜造船所事件・横浜地裁昭和五五年三月二八日

＊1　一週間前までの予告を必要とすると する学説もあります。

判決）。すなわち、本来の休日と同じ週でなければなりません。

代休

以上に反して、あらかじめ振替休日を特定せずに休日労働を命じた場合は、その後に事後的に代休を与えたとしても、災害等の場合（労基法三三条一項）または三六協定（労基法三六条）による休日労働の規定に従うことが必要であり、かつその休日労働に対しては割増賃金（労基法三七条）を支払うことが義務づけられます（Ⅵ－10問参照）。

祝日の労働はどう扱われるか

国民の祝日に関する法律三条一項は、「『国民の祝日』は、休日とする。」と定めています。これにより、官公庁が休日になるのは当然ですが、民間企業については休日とすることが強制されるわけではありません。

行政解釈では、「国民の祝日に関する法律は、国民の祝日に休ませることを強制的に義務づけするのではなく、労働基準法は、毎週一回又は四週四日以上の休日を与えることを義務づけているが、この要件を満たすかぎり、国民の祝日に休ませなくても労働基準法違反とはならない。しかしながら、国民の祝日の趣旨及び労働時間短縮の見地から、労使間の話合いによって、国民の祝日に労働者を休ませ、その場合に賃金の減収を生じないようにすることが望ましい。」とされています（昭和四一年七月一四日基発七三九号）。

1 使用者は配転を一方的に命じることができるのですか

人事権とは

採用・配転・出向・懲戒・解雇などの人事問題については、使用者が人事権を持っていて、労働者は口出しができないように思っている人もあるようです。しかし「人事権」という言葉は法律上存在しません。＊1 労働者を拘束するものは、みずから結んだ労働契約以外にはないのです。

使用者は配転＊2を一方的に命じることができるでしょうか。答えは労働契約の内容如何で決まります。すなわち配転命令は、労働契約で予定された範囲内でのみ有効なのです。労働契約の範囲内かどうかについては、以下の点を考慮して判断します。

職種は限定されているか

労働契約で職種（たとえば医師、看護師、アナウンサー、運転手等）を決めて採用されている場合、他の職種（たとえば一般事務）に配転するには、本人の同意が必要です。

専門職では職種限定の合意が認められやすいので、民間ラジオ放送会社にアナウンサーとして採用された女性が、アナウンス業務に関係のないキーパンチャーの職種へ配置換えを命じられたラジオ関東事件では、配転命令が無効とされています（東京高裁昭和五八年五月二五日判決＊3）。もっとも、裁判所は同一職種に長年従事してきたことだけでは、職種

＊1 「人事権」という言葉については、野川忍『労働法』（商事法務、二〇〇七年）第五章の分析が的確です。

＊2 同一事業所内の配転を「配置換え」、他の事業所への配転を「転勤」と呼んで区別することもあります。一時的な異動は「応援」などと呼ばれ、配転とは別の扱いをします。

＊3 アナウンサーの情報センター室への配転（九州朝日放送事件・福岡高裁平成八年七月三〇日判決）、エアホステスの若年定年制撤廃後の地上職への配転（エア・インディア事件・東京地裁平成四年二月二七日判決）を容認した判決がだされていますが、妥当ではありません。

ノース・ウエスト航空事件では、フライト・アテンダントの地上職への配転の先例があったものの、労使確認書から一カ月後になされた配転は、労使間の信義則に反するとして、権利濫用で無効とされています（東京高裁平成二〇年三月二七日判決）。

の特定があるとはしていません。「機械工」として採用され、一七年間から二八年間にわたって「機械工」として職務に従事してきたからといって「右事実のみからただちに機械工以外の職種には一切就かせないという趣旨の職種限定の合意が明示又は黙示に成立したものと認めることはできない」とされた事件があります（日産自動車村山工場事件・最高裁平成元年一二月七日判決）。

勤務地は限定されているか

勤務場所を決めて採用されている場合、住居の変更を伴うような勤務地の変更には本人の同意が必要です（西村書店事件・新潟地裁昭和六三年一月一一日決定）[*4]。現地採用の女性職員などは勤務地の限定の合意があるとみるべきでしたが[*5]、既婚・有子の女性職員であっても、会社の人事が中央人事部により一括管理されていたケースについて、大阪から東京への配転命令を有効とした事件もあります（チェース・マンハッタン銀行事件・大阪地裁平成三年四月一二日決定）。

就業規則・労働契約に規定はあるか

右のように、職種・勤務地について明確な限定の合意がない場合、就業規則や労働契約に配転を認める条項（たとえば「会社は業務上の都合により従業員に転勤を命ずることができる」など）があり、かつ業務上の必要性に基づく配転が実際に行われ、会社に雇用された時点で将来配転のあることが当然に予定されていた場合には、それが労働契約の中身になっていると解され、配転命令が有効とされています（東亜ペイント事件・最高裁昭和六一年七月一四日判決など）。

*4 エールフランス事件・東京高裁昭和四九年八月二八日判決は、スチュワーデスのパリ移籍について、同様の判断をしています。

*5 なお、均等法六条一号は、「労働者の配置（業務の配分及び権限の付与を含む。）、昇進、降格及び教育訓練」について、同条三号は「労働者の職種及び雇用形態の変更」について、「労働者の性別を理由として、差別的取扱いをしてはならない。」と定めています。女性だからという理由で配転の対象にしないことは違法ですが、個々の労働者との勤務地限定の特約は、均等法改正後も有効です。

2 配転命令が許されないのはどのような場合ですか

契約の範囲内か

配転「命令」が出せるのは、前問で説明したように、労働契約の範囲内である場合に限られますから、範囲外であれば従う義務はありません。

法令上の制限

国籍・思想・信条等を理由とする不利益配転は労基法三条違反として無効です。性別を理由にした差別的配転も均等法六条一号、三号の違反として無効です。[*1] 婚姻・妊娠・出産・労基法六五条の産前産後休業を取得したこと等を理由とするものも均等法九条三項に違反するものとして無効です（Ⅵ－9問参照）。

また、正当な組合活動を理由とする不利益配転、組合への支配介入にあたる配転は、労組法七条違反（不当労働行為）として無効です。労働委員会による救済を受けることができるほか、裁判で争うこともできます（Ⅹ－5問参照）。[*2]

労働協約による制限

労働契約の範囲内とされる配転についても、労働組合が関与することは十分できます。労働協約で「配転については労働組合と協議しなければならない」とか、「労働組合の同意を要する」、さらには「本人の同意を要する」と取り決めているところも少なくありません。

＊1　均等法六条
「事業主は、次に掲げる事項について、労働者の性別を理由として、差別的取扱いをしてはならない。
一　労働者の配置（業務の配分及び権限の付与を含む。）、昇進、降格及び教育訓練
三　労働者の職種及び雇用形態の変更」

＊2　東京測器研究所事件では、組合員を東京本社から明石営業所に配転したことが不当労働行為として無効であるとして、配転先での就労義務がないことを仮に定める仮処分が認められています（東京地裁平成二六年二月二八日決定）。

このような条項がある場合、十分な協議をしなかったり、同意を得ずになされた配転命令は無効とされます。

権利濫用論による規制

配転が労働契約の範囲内であり、不当労働行為など法令によって禁止されている行為にあたらない場合でも、権利濫用[*3]として無効になることがあります（東亜ペイント事件・最高裁昭和六一年七月一四日判決）。

業務上の必要性がないものや、不当な動機・目的による配転が無効となるのは当然です。ベネッセコーポレーション事件では、降格と配転命令が、退職勧奨目的でなされたもので配転命令権の濫用として無効とされています（東京地裁立川支部平成二四年八月二九日判決[*4]）。

業務上の必要性が認められる場合でも、必要性の程度と、配転によって労働者が受ける不利益を比較衡量して、後者が著しく大きいとき（「通常甘受すべき程度を著しく超える不利益を負わせるものであるとき」）は配転命令が無効になります（東亜ペイント事件・最高裁判決）。考慮される不利益としては、夫婦別居、子ども、老人や病人との別居等がよく問題となりますが[*5]、本人の能力や過去の職歴を考慮しないもの（熟練工に単純作業をさせる等）も職業上の不利益とされます。賃金の減額を伴うものももちろん不利益になります（降格についてのV－5問を参照）。

家庭生活上の不利益と配転

単身赴任を余儀なくさせる配転でも、裁判所はただちに権利濫用とはならないとしてい

*3　権利濫用（けんりらんよう）　形式上権利の行使の外形はあるが、その権利の本来の使命を逸脱するために、実質的には権利の行使とみられず違法とされる行為。民法一条三項は、「権利の濫用は、これを許さない。」と規定しています。

*4　この事件で配転先とされた「人財部」は、名刺も持たされず、社内就職活動をさせられるほかは、単純労働をさせられたのみであることなどから実質的な退職勧奨の場となっていた疑いが強いと認定されています。

*5　夫婦共働きで重症のアトピー性皮膚炎の子どもがいる労働者の東京本社から大阪本社への配転を無効とした事例（明治図書事件・東京地裁平成一四年一二月二七日決定）、苫小牧に住む障害を持つ両親（父は八六歳で視力障害により障害者等級一級要介護三、母は八一歳で関節障害により同四級）を妻や岩見沢に住む妹とともに介護していた労働者の札幌から東京への配転を違法とした事例（NTT東日本事件・札幌高裁平成二一年三月二六日判決）などがあります。

ますが（東亜ペイント事件など）、労働者の不利益を軽減すべき配慮が必要としています（帝国臓器製薬事件・東京高裁平成八年五月二九日判決）。

権利濫用の判断は社会通念によるものなので、常に変動しています。単身赴任の弊害が明らかになる中で、マスコミなど世論は、単身赴任を簡単に認める裁判所の傾向に批判的になっています。このような世論をより強いものにしていくことが、裁判所の考え方を変えさせる早道です。フランスでは、労働の場所は労働者個人の同意なく変更できない労働契約の要素であるとされ、仮に契約上配転条項があったとしても、労働者や家族の転居を伴う配転は、労働者の人権の尊重規定等から厳しく規制されているそうです[*6][*7]。

仕事と家族的責任の両立を求める国内外の世論を受けて、二〇〇一年には育児・介護休業法が改正され、就業場所の変更を伴う配置の変更により子の養育または家族の介護が困難となる労働者についての配慮が事業主に求められることになりました（二六条）[*8]。そのような労働者について、事業主は、配転を避けることができるのであれば避け、避けられない場合にはより負担が軽減される措置をすることが求められ、その配慮の有無程度は、権利濫用の判断に影響を与えるとする裁判例があります（ネスレ日本事件・大阪高裁平成一八年四月一四日判決）。

労働契約法三条三項が、労働契約の変更にあたっては、「労働者及び使用者が仕事と生活の調和にも配慮しつつ」「変更すべき」[*9]であるとしたことは、こうした考え方が今や「社会通念」となったことを示すものです。

*6 奥田香子「フランス」荒木尚志他編『諸外国の労働契約法制』（労働政策研究・研修機構、二〇〇六年）二四三頁以下。

*7 ILO一五六号条約（家族的責任を有する男女労働者の機会及び待遇の均等に関する条約）の勧告（一六五号）は、「労働者を一の地方から他の地方に移動させる場合には、家族的責任及び配偶者の就業場所、子を教育する可能性等の事項を考慮すべきである」としています（四条二〇項）。

*8 育児・介護休業法二六条（労働者の配置に関する配慮）
「事業主は、その雇用する労働者の配置の変更で就業の場所の変更を伴うものをしようとする場合において、その就業の場所の変更により就業しつつその子の養育又は家族の介護を行うことが困難となることとなる労働者がいるときは、当該労働者の子の養育又は家族の介護の状況に配慮しなければならない。」

*9 労働契約法三条（労働契約の原則）
「③ 労働契約は、労働者及び使用者が仕事と生活の調和にも配慮しつつ締結し、又は変更すべきものとする。」

3 出向は命令できるのですか

出向は命令できるか

出向とは、出向元の従業員としての地位を維持したまま、労働者を他企業（出向先）の指揮監督下で働かせるものです[*1]（古川電工事件・最高裁昭和六〇年四月五日判決）。法律上、使用者は雇用契約上の権利を労働者の承諾なしに第三者に譲渡することはできないとされています（民法六二五条一項[*2]）。出向は労働者を本来の雇用者以外の者のもとで働かせることですから、この条文の適用を受けます。したがって、出向を一方的に命ずることはできません。

もっとも就業規則や労働協約に、出向についての具体的な定め（出向義務、出向先の特定、出向期間、出向中の労働条件、復帰の条件）がある場合は、事前の合意があったものと同様に解されることがあります。

最高裁は、就業規則に根拠規定があり、労働協約にも同旨の規定があるとともに、当該協定において出向者の処遇に関してその利益に配慮した詳細な規定が設けられている等の事情の下では、労働者の個別的同意なしに出向を命じることができるとしています（新日本製鐵［日鐵運輸第二］事件・最高裁平成一五年四月一八日判決）。これは、右と同趣旨のものと理解されます。

この場合でも、V－2問で説明した配転の場合と同様、法令上の制限、労働協約によ

*1 労働契約法の政府案一四条二項では、出向について、「使用者が、その使用する労働者との間の労働契約に基づく関係を継続すること、第三者が当該労働者を使用すること及び当該第三者が当該労働者に対して負うこととなる義務の範囲について定める契約（以下この項において「出向契約」という。）を第三者との間で締結し、労働者が、当該出向契約に基づき、当該使用者との間の労働契約に基づく関係を継続しつつ、当該第三者との間の労働契約に基づく関係の下に、当該第三者に使用されて労働に従事することをいう。」との定義規定をおいていました。これに対しては、「業としての出向」を除外しておらず、出向形式を利用した違法派遣を容認する危険があるとの批判がありました。このためもあって、国会では、これを削除し、出向の定義については、判例学説の解釈に委ねることにされています。

*2 民法六二五条一項（使用者の権利の譲渡の制限等）
「使用者は、労働者の承諾を得なければ、その権利を第三者に譲り渡すことができない。」

る制限があります。さらに、労働契約法一四条は、これまでの判例法理をふまえ、「出向の命令が、その必要性、対象労働者の選定に係る事情その他の事情に照らして、その権利を濫用したものと認められる場合には、当該命令は無効とする。」としています。[*3] たとえば、人選基準や具体的な人選に合理性を欠いたもの、不当な動機・目的によるもの、労働者が生活関係や労働条件などにおいて著しい不利益を受けるもの、当該命令に至る手続に不相当な点があるものは権利濫用で無効です（新日本製鐵［日鐵運輸第二］事件・最高裁前掲判決［結論は有効としたもの］、ゴールド・マリタイム事件・大阪高裁平成二年七月二六日判決）。

退職強要にあたるような出向命令も無効です（国労大阪新幹線支部事件・大阪地裁平成六年八月一〇日決定）。この事件は五〇代の腰痛持ちの車掌さんを清掃会社に出向させようとしたのが、辞めろと言うに等しいので、権利濫用だとしています。最近も、長年技術者として働いていた労働者が退職勧奨に応じなかったところ、子会社の物流倉庫での現場作業に出向を命じられた事案において、「本件出向命令は原告らが自主退職に踏み切ることを期待して行われたもの」と認定して人選の合理性を否定し、人事権の濫用として無効であると判断した裁判例が出ています（リコー子会社出向事件・東京地裁平成二五年一一月一二日判決。ただし、不法行為とまでは言えないとして慰謝料請求は否定）。

転籍はいやなら拒否できる

転籍（移籍出向ともいう）とは、異動のときに出向元の従業員の地位を失うもので、法律的には出向元企業からの退社と出向先企業への新たな入社、あるいは出向元企業による

*3　労働契約法一四条（出向）
「使用者が労働者に出向を命ずることができる場合において、当該出向の命令が、その必要性、対象労働者の選定に係る事情その他の事情に照らして、その権利を濫用したものと認められる場合には、当該命令は、無効とする。」

出向先企業への使用者としての地位の譲渡にほかなりません。復帰が予定されていないことから、労働者の保護がないため、就業規則や労働協約に定めがあっても、一方的に命じることはできないとされています（日立製作所横浜工場事件・最高裁昭和四八年四月一二日判決、ミロク製作所事件・高知地裁昭和五三年四月二〇日判決）。もっとも、入社時に同意書を提出していたこと、実質は社内配転と言えることから、海外部門子会社への転籍についての事前合意が認められた事例もあります（日立精機事件・東京高裁昭和六三年四月二三日判決）。

なお、労働契約承継法三条[*4]により、会社法上の会社分割において、分割される事業に主として従事していた労働者について、分割契約書等にその労働契約が分割により設立される会社等に承継される旨が記載され、株主総会の特別決議で承認されれば、分割により設立される会社等に当然に転籍させられることになりました（Ⅰ－18問参照）。

転籍先での雇用拒否があったときは

転籍の場合は、転籍先の会社が採用するという約束のはずです。ところが転籍してくれというから元の会社を辞めたのに、転籍先では採用しないといわれたケースがあります。生協イーコープ・下馬生協事件（東京高裁平成六年三月一六日判決）では、労働者が転籍に応じたのは条件付きである、相手先で採ってくれるというから辞めたのであって、それが満たされない以上は元のポストがあるとされています。

＊4　会社分割に伴う労働契約の承継等に関する法律三条（承継される事業に主として従事する労働者に係る労働契約の承継）
「前条第一項第一号に掲げる労働者（注「当該会社が雇用する労働者であって、承継会社等に承継される事業に主として従事するものとして厚生労働省令で定めるもの」）が分割会社との間で締結している労働契約であって、分割契約等に承継会社等が承継する旨の定めがあるものは、当該分割契約等に係る分割の効力が生じた日に、当該承継会社等に承継されるものとする。」

4 配転・出向と労働組合による規制

個別の配転・出向も団交事項

V－②問で述べたような労働協約をもっている場合はもちろん、そのような労働協約がない場合であっても、配転などの個別の人事も労働条件にかかわることですから、団体交渉事項になることは当然です（三菱重工業事件・中労委昭和五一年一一月一七日命令〔成績査定及び作業配置変更について〕、日本鋼管鶴見製作所事件・最高裁昭和六一年七月一五日判決〔解雇について〕など多数）。

どんな点を考慮するか

労働組合としては、このような交渉において、以下に述べるような、労働者にとっての配転のプラス面とマイナス面を総合的に考慮していくことになります。ただし、労働組合は組合員の要求を大事にするものですから、最終的には配転・出向を命じられた個人の判断を尊重して決定すべきです。

① 生活上の不利益
② 組合活動上の不利益
③ さまざまな職種・職場を経験することで職業的能力を伸ばし、環境の急速な変化に耐える適応性を養う利益
④ 雇用調整の際、解雇されないで職場を確保する利益

アメリカでは職種・職場が限定されているのが通常なので、③④が労働者側の「配転権」（職場を移る権利）とされ、労働組合が協約で勝ちとっています。[*1] 職種・職場が限定されている場合、部門の廃止の際、業務が存在しなくなったことを理由に整理解雇される可能性があり（関西マネジ興業事件・大阪地裁昭和五二年七月一三日決定）、労働者が他部門への配転を求める権利を有することが意味を持つからです。休職から復帰する場合等で現職にすぐに戻れない場合などにも問題になります（Ⅶ－⑩問参照）。

*1 梅谷俊一郎「アメリカにおける配転」日本労働協会編『配置転換をめぐる労使関係』（日本労働協会、一九七五年）一〇七頁。

雇用調整と配転・出向

日本では、雇用調整目的の場合も、配転・出向拒否を理由に解雇するには、整理解雇の要件が要求されています。雇用調整目的の出向に関しては大阪造船所事件決定（大阪地裁平成元年六月二七日）が、雇用調整目的の転籍については、千代田化工建設事件判決（東京高裁平成三年五月二八日判決、最高裁平成四年五月二五日判決）が、そのことを明らかにしています。

5 降格はどのような場合にできるのですか

「降格」には、一般に、人事上の措置としての「降格」と懲戒処分としての「降格」とがあります。

人事上の措置としての降格

人事上の措置としての「降格」には、①「職位」や「役職」を引き下げるものと、②「職能資格」制度上の資格を低下させるものの二つがあります。[*1]

「職位」とは、企業組織における指揮命令関係上または組織上の地位（課長、係長など）を指します。職位や役職の決定は、誰を管理職とするかということであり、この点については、経営者の裁量が認められ、裁判所もそれを尊重しています（上州屋事件・東京地裁平成一一年一〇月二九日判決）。もっとも、理由が乏しく労働者の不利益が大きいときは裁量権の濫用として無効とされます（婦長から平看護婦への降格につき、東京厚生会事件・東京地裁平成九年一一月一八日判決）。

「職能資格等級」とは、仕事の困難度・責任度などをベースとした職能資格区分を設け、各職能資格区分に該当する職務遂行能力の内容と程度を資格として定義したうえ、それを等級化したものですが、職能等級資格の切り下げは、労働契約の基本的内容である賃金の減額を伴うことから、裁判例も一方的な切り下げは認めていません。「資格制度における資格や等級を労働者の職務内容を変更することなく引き下げることは、同じ職務であ

*1　菅野和夫『労働法［第一一版］』（弘文堂、二〇一六年）六八一頁。

るのに賃金を引き下げる措置であり、労働者との合意などにより契約内容を変更する場合以外は、就業規則の明確な根拠と相当の理由がなければなしえるものではない」のです（アーク証券事件・東京地裁平成八年一二月一一日決定［仮処分］、東京地裁平成一二年一月三一日判決［本訴］）。[*2]契約上の根拠がある場合でも、その要件を満たしているか、権利濫用とならないかの審査がされます。[*3*4]

懲戒処分としての降格

懲戒処分としての降格は、就業規則上の懲戒規定に基づき、そこで定められた事由が存在する場合にのみ有効とされます（Ⅴ－⑪問参照）。規定がある場合でも、終身雇用の教諭から雇用期間一年の非常勤講師への降格は、元の労働契約の枠を超えるものですから許されません（倉田学園高松高校事件・高松地裁平成元年五月二五日判決）。

また、労基法九一条との関係も問題となります。懲戒処分としての減給は、一回の額が平均賃金の一日分の半額を超え、総額が一賃金支払期における賃金の総額の一〇分の一を超えてはなりません（労基法九一条）。降格については、「賃金の低下は、その労働者の職務の変更に伴う当然の結果であるから法第九一条の制裁規定の制限に抵触するものではない。」とした解釈例規がありますが（昭和二六年三月一四日基収五一八号）、一方で降給につき、「従前の職務に従事せしめつつ、賃金額のみを減ずる趣旨であれば、減給の制裁として法第九一条の適用がある。」とされています（昭和三七年九月六日基収九一七号）。すなわち、職務内容が変わらないのに、降格と称して賃金だけを減額することは、労基法九一条違反になるのです。[*5]

＊2　育休明け復帰後の職務内容の変更とそれに対応した役割等級の引き下げにつき、引き下げの根拠規程が就業規則にも手引きにもないとして無効とした裁判例があります（コナミデジタルエンタテインメント事件・東京高裁平成二三年一二月二七日判決）。

＊3　給与等級七級（管理職）から六級（非管理職）に降級されたことにつき、当該労働者の勤務ぶりは通常の勤務であり、被告の主張する降級理由のいずれも認めるに足りず、降級処分は権限の裁量の範囲を逸脱した無効のものであるとして、降級前の七級の地位にあることの確認と、降級前の賃金と降級後の賃金との差額請求を一部認容した事例があります（マッキャンエリクソン事件・東京高裁平成一九年二月二二日判決）。

＊4　労基法六五条三項に基づく妊娠を理由とする軽易業務への転換を請求したことを契機とする労働者に対する降格は原則として均等法九条三項に違反するもので無効です（最高裁平成二六年一〇月二三日判決。Ⅵ－⑨問参照）。

＊5　東京大学労働法研究会編『注釈労働基準法　下巻』（有斐閣、二〇〇三年）一〇四頁（土田道夫執筆）。

6 解雇はどのような場合にできるのですか

解雇が法律上許されない場合

法律上解雇が許されないのはつぎの場合です。

(1) 差別解雇

国籍、宗教、政治的信条、社会的身分を理由として解雇することは法律で禁止されており(労基法三条)、使用者がこれに違反すると六カ月以下の懲役または三〇万円以下の罰金に処せられます(労基法一一九条一号)。性別を理由とする解雇は、均等法により禁止されますが(均等法六条四号)(Ⅵ-5問参照)、罰則はありません。

(2) 不当労働行為解雇

労働組合に加入したこと、組合を結成しようとしたこと、正当な組合活動や争議行為をしたことを理由として解雇することは違法です(労組法七条一号)。

(3) 業務上の傷病による休業および産休中の解雇

労災職業病による休業期間とその後三〇日間および女子が産前産後休暇によって休業する期間とその後三〇日間は、人道的な理由から解雇が禁止されています(労基法一九条一項)(Ⅶ-11問参照)。

(4) 女性労働者が結婚し、妊娠し、出産し、または産前産後休業をしたことを理由として解雇することは違法です(均等法九条二、三項)[*1]。

＊1 妊娠中の女性労働者及び出産後一年を経過しない女性労働者に対してなされた解雇は、原則として無効とされます(均等法九条四項)。

(5) 労働者が育児・介護休業の申出をしたこと、または育児・介護休業をしたことを理由とする解雇は違法です（育児・介護休業法一〇条、一六条）（Ⅵ－11、12問参照）。裁判員の職務を行うための休暇を取得したことを理由とする解雇も違法です（裁判員法一〇〇条）（Ⅶ－7問参照）。

(6) 裁量労働を拒否したことを理由とする解雇は違法です（労基法三八条の四第一項六号）（Ⅳ－17問参照）。

(7) 労働者の手続上の権利行使を理由とする解雇は禁止されています。すなわち、労働者が労働基準監督署に法違反の申告をしたことを理由とする解雇（労基法一〇四条二項）、労働者派遣法違反の事実を申告したことを理由とする解雇（同法四九条の三第二項）、労働局に助言・指導やあっせんを申請したことを理由とする解雇（個別労働紛争解決促進法四条三項）、均等法上の紛争解決の援助や調停を申請したことを理由とする解雇（均等法一七条二項）、パート労働法上の紛争解決や調停を申請したことを理由とする解雇（同法二四条二項、二五条二項）、公益通報（いわゆる内部告発）を行ったことを理由とする解雇（公益通報者保護法三条）などです。

労働協約や就業規則による制限

労働協約や就業規則で解雇事由を限定している場合に、これにあたらない解雇、また、解雇の手続を決めている場合にこれに違反してなされた解雇は、いずれも無効です。二〇〇三年改正により、解雇の事由は、就業規則の必要的記載事項になっています（労基法八九条三号）。なお、「就業規則に解雇事由を規定したときは、使用者は解雇権を就業規則所定の理由がある場合にのみ限定したものと解すべきである。」とした裁判例があります（寿建築研究所事件・東京高裁昭和五三年六月二〇日判決）が、裁判例も学説も分かれています。[*2]

解雇には客観的に合理的な理由がいる

前記以外の場合は、二〇〇三年まで法律上は解雇は禁止されていませんでしたが、[*3]国民の生存権や勤労権を保障する憲法のもとでは、使用者が好き勝手に解雇することが認められないのは当然です。裁判所は、労働者のそのような主張に答えて、正当な理由のない解雇は解雇権の濫用で無効だとしてきました。最高裁は、それらの下級審の判断を集大成して、「使用者の解雇権の行使も、それが客観的に合理的な理由を欠き社会通念上相当として是認することができないときには、権利の濫用として無効になる」といっています（日本食塩製造事件・昭和五〇年四月二五日判決）。

これが、二〇〇三年改正で労基法一八条の二として明文化され、その後労働契約法一六条に取り入れられ、「解雇は、客観的に合理的な理由を欠き、社会通念上相当であると認められない場合は、その権利を濫用したものとして、無効とする。」という規定になっています。解雇に合理的理由があることは、使用者が主張・立証しなければならないとするのが、これまでの裁判実務であり、労基法一八条の二の立法時にも衆参両院の厚生労働委員会の附帯決議で確認されています。[*4]

解雇は、その理由によって、普通解雇、懲戒解雇（Ⅴ-11問参照）、整理解雇（Ⅴ-8問参照）に分けられます。普通解雇と懲戒解雇は、個人的な事由に基づくものです。客観的

*2　限定説（菅野和夫『労働法［第一一版］』七五二頁）、例示説（西谷敏『労働法［第二版］』四〇六頁）。

*3　ＩＬＯ一五八号条約（一九八二年採択）が解雇を規制しています（日本は批准していません）。解雇については「労働者の能力もしくは行為に関連する妥当な理由」か、企業などの「運営上の必要に基づく妥当な理由」がなければならないとされています（四条）。手続についても、労働者が自己を弁護する機会が与えられなければならないことを定め（七条）、妥当な理由があるということの立証の責任は使用者にあるとされています（九条二項）。

*4　附帯決議の該当部分はつぎのとおりです。「解雇権濫用の評価の前提となる事実のうち圧倒的に多くのものについて使用者側に主張立証責任を負わせている現在の裁判上の実務を変更するものではないという立法者の意思及び本法の精神の周知徹底に努めること」。
その他立法当時の議論について、岩村正彦・荒木尚志・塚原英治・中山慈夫「座談会・改正労基法の理論と運用上の留意点」ジュリスト一二五五号参照。

に合理的な理由と認められやすいのは、服務規律違反、不正行為、暴力行為等の場合です。勤務成績不良（V－9問参照）、長期欠勤（Ⅶ－10問参照）、経歴詐称（Ⅰ－1問参照）、業務命令拒否（V－13問、Ⅳ－14問参照）については各々の項目を、労働条件の変更に伴う解雇については、変更解約告知の説明（Ⅱ－10問）を参照してください。

社会的相当性も必要

これらの事由があっても解雇までするのは酷だと考えられる場合には、「社会通念上相当であると認められ」ないため、解雇は無効とされます。高知放送事件では、二週間に二回寝過ごして定時のラジオニュースを放送できなくしたアナウンサーの解雇を、これまで事故歴がなく、平素の勤務成績も別段悪くないことから苛酷にすぎるとし、解雇が無効とされています（最高裁昭和五二年一月三一日判決）。

具体的事例

太りすぎを理由になされたスチュワーデスの解雇（更新拒絶）は、体型の変化が、日本人として年齢相応のものであるとして、権利濫用とされています（エール・フランス事件・東京地裁昭和四九年八月七日判決[*5]）。

ノースウエスト航空の整備工が、整備中に機内にあったシャンペンを水だと思って誤飲したのに、業務中飲酒したとして解雇された事件では、解雇が無効とされただけでなく、長期の自宅待機を命じ、その間に退職を強要したことなど一連の処置が違法であるとして、使用者に対し解雇中の賃金の他に一〇〇万円の慰謝料請求が認められています（千葉地裁平成五年九月二四日判決[*6]）。

＊5　澤藤統一郎「スチュワーデス訴訟三つの判決」労働法律旬報八六七号。

＊6　違法な解雇に対する損害賠償請求については、Ⅹ－7問参照。

7 解雇の手続は

解雇理由の明示

解雇には、合理的な理由が必要ですから、解雇時にはその理由を示すべきです。使用者は、労働者が解雇理由について証明書を請求した場合は、遅滞なく交付しなければなりません（労基法二二条一項、二項）[*1]。違反は処罰されます（労基法一二〇条）。

予告手当・解雇予告

使用者が労働者を解雇するには、普通解雇でも懲戒解雇でも、原則として、三〇日前に予告するか、三〇日分の予告手当を支払うことが必要です（労基法二〇条一項）[*2]。突然解雇されて労働者が路頭に迷うというようなことがないようにしたものです。予告は口頭でもよいので、三〇日前に「〇月〇日限りやめてもらう」というだけでも、解雇予告としては有効です。また、手当を払った日数分だけ予告期間は短縮されるので、一五日前に予告する場合には、一五日分だけの予告手当を払えばよいことになります（同条二項）。

予告に違反すると

使用者が右に違反した場合には、六カ月以上の懲役または三〇万円以下の罰金に処せられます（労基法一一九条一号）。また、使用者が解雇予告手当を支払わなかった場合、裁判所は労働者の請求により、未払いとなっている解雇予告手当のほか、これと同一額の付加金[*3]の支払いを命じることができます（労基法一一四条）。

---

*1 「解雇の理由については、具体的に示す必要があり、就業規則の一定の条項に該当することを理由として解雇した場合には、就業規則の当該条項の内容及び当該条項に該当するに至った事実関係を証明書に記入しなければならない」とされています（平成一一年一月二九日基発四五号）。

*2 労基法二〇条（解雇の予告）
「①使用者は、労働者を解雇しようとする場合においては、少くとも三十日前にその予告をしなければならない。三十日前に予告をしない使用者は、三十日分以上の平均賃金を支払わなければならない。但し、天災事変その他やむを得ない事由のために事業の継続が不可能となつた場合又は労働者の責に帰すべき事由に基いて解雇する場合においては、この限りでない。
②前項の予告の日数は、一日について平均賃金を支払つた場合においては、その日数を短縮することができる。
③前条第二項の規定は、第一項但書の場合にこれを準用する。」

*3 付加金については、X-9問参照。

予告手当を払わないで解雇するのは労基法違反で無効となると考えられますが、この場合、労働者は予告手当を請求して解雇を承諾するか、解雇の無効を主張するかの選択ができます（セキレイ事件・東京地裁平成四年一月二一日判決）。ただし、相当期間内に解雇の無効を主張しないときは、予告手当の請求のみが可能となります[*4]。

最高裁は、このような解雇も、通告後三〇日経過するか、予告手当を支払った段階で有効となるとしており（細谷服装事件・昭和三五年三月一一日判決）、行政解釈も同様です（昭和二四年五月一三日基収一四八三号）。

予告手当がもらえない場合

予告手当なしの即日解雇が例外的に認められる場合があります。

まず、「天災地変その他やむをえない事由により事業の継続が不可能になった場合[*5]」および「労働者の責に帰すべき事由に基づいて解雇する場合[*6]」です（労基法二〇条一項但書）。この場合は労働基準監督署長の認定（「除外認定」）が必要です（同条三項[*7]）。除外認定なしに解雇すると、手続違反として使用者は処罰されますが、右の事由があるかぎり、解雇そのものは有効とされています（世界通信社事件・最高裁昭和二九年九月二八日判決）。

また、①日々雇い入れられる者（一カ月を超えて引き続き使用されている場合を除く）、②二カ月以内の期間を定めて使用される者（所定の期間を超えて引き続き使用されている場合を除く）、③季節的業務に四カ月以内の期間を定めて使用される者（所定の期間を超えて引き続き使用されている場合を除く）、④試用期間中の者（一四日を超えて引き続き使用されている場合を除く）に該当する場合も予告手当は不要です（労基法二一条）。

*4 菅野和夫『労働法［第一一版］』（弘文堂、二〇一六年）七三六頁。

*5 不可抗力によって突発的に発生した事由を意味しており、使用者の故意・過失に基づく事故や、経営上の都合に基づく事業廃止を含まないとされています（昭和六三年三月一四日基発一五〇号）。

*6 即時解雇がやむをえないと認められるほどに重大な服務規律違反または背信行為を意味すると解されています。懲戒解雇が認められる事由より狭いものです。厚生労働省の通達では、事業所内における窃盗、横領、傷害など刑法犯にあたる行為（きわめて軽微なものを除く）をした場合等をさすとされています（昭和二三年一一月一一日基発一六三七号、昭和三一年三月一日基発一一一号）。住所を偽って、使用者から定期代として合計一〇二万八八四〇円を詐取したことが、刑法に該当する犯罪行為であって、これに該当するとした事例があります（アール企画事件・東京地裁平成一五年三月二八日判決）。

*7 除外認定は、おおむね一週間、迅速に申請すれば早ければ二日で得られるとの報告があります（安藤政明『解雇予告除外認定申請完全ガイド』［日本法令、二〇一一年］一四頁）。

8 整理解雇はどのような場合にできるのですか

整理解雇とは

整理解雇とは人員整理のことで、会社の経営状態を理由とする解雇です。[*1] この場合は労働者に責任はないので、裁判所も厳しい枠をはめています。解雇権濫用の判断の基準として、以下にあげる「整理解雇の四要件」が裁判例の積み重ねにより確立されています（大村野上事件・長崎地裁大村支部昭和五〇年一二月一四日判決を嚆矢として多数の裁判例があります）。厳密に言えば、最高裁の「判例」といえるほどのものはなく、[*2] 解雇権濫用（労働契約法一六条）の判断の手法なので、「四要件」（要件の一つが欠けただけで無効となるもの）ではなく「四要素」として総合考慮すべきだとする裁判例・学説も有力です。[*3]

この法理は、民事再生手続開始決定後の解雇（山田紡績事件・名古屋地裁平成一七年二月二三日判決）、会社更生手続開始決定後の更生管財人による解雇（日本航空客室乗務員事件・東京高裁平成二六年六月三日判決）[*4] についても適用されます。

人員削減の必要性

第一に、人員削減措置が企業経営上の十分な必要性に基づいていること、またはやむをえない措置と認められることが必要です。

人員削減の経営上の必要性の程度については、かつては、「企業の維持存続が危殆に瀕する程度に差し迫った必要性があること」まで要求するものもありましたが、近年は、

＊1　整理解雇等により、一カ月以内に同一事業所で常時雇用する労働者について三〇人以上の離職者が出る場合は、事業主は労働者代表の意見を聞いたうえで、「再就職援助計画」を作成し、公共職業安定所長に提出して認定を受けなければなりません（雇用対策法二四条、同施行規則七条の二）。

＊2　後記のあさひ保育園事件は、同様の考え方に立ちつつ（ただし四要件は明示されていない）解雇権濫用とした原審の判断について、「是認することができないものではなく」という消極的評価をしているにすぎないものです。

＊3　神林龍編著『解雇規制の法と経済』（日本評論社、二〇〇八年）第四章（奥野寿・原昌登）が二〇〇五年までの裁判例について詳細に分析していて参考になります。

＊4　船尾徹「更生手続下における整理解雇法理の適用のあり方」労働法律旬報一七七四号七頁、今村幸次郎「ＪＡＬ整理解雇（客室乗務員）事件東京高裁判決について」労働法律旬報一八一九号八頁。

「企業の合理的運営上やむをえない必要に基づくものであること」を求めるものが多くなっています。

人員削減の必要性の判断にあたっては、人件費や新規採用・臨時工等の人員動向、業務量および操業状態、株式配当・販売実績・受注動向・取引先との関係等の営業状態、固定資産売却等の資産活用状況等が検討されています。[*5] 一般的に人員削減が必要であるだけではなく、当該人数の削減をする必要性が要求されています（山田紡績事件・前掲判決）。

解雇回避努力義務

第二に、解雇を回避するための努力が尽くされていることが必要です。

使用者は、配転、出向、一時帰休、希望退職募集等の、人員整理以外の、労働者にとってより打撃の少ない手段を採るよう努力する義務があります。

たとえば、希望退職募集をせずに解雇日の六日前になって突如解雇を通告した場合（あさひ保育園事件・最高裁昭和五八年一〇月二七日判決）や、希望退職募集をしてもその応募者に対して使用者が慰留している場合（細川製作所事件・大阪地裁堺支部昭和五四年四月二五日判決）は、解雇回避努力を尽くしていないことになります。[*6]

被解雇者選定の妥当性

被解雇者の選定については、客観的で合理的な選定基準[*7]（勤務成績、企業貢献度、経済的打撃の低さ、雇用形態等）を設定し、これを公正に適用して行わねばなりません（池貝鉄工事件・横浜地裁昭和六二年一〇月一五日判決など）。

＊5　使用者が整理解雇と同時に新規採用を行う等人員削減と矛盾する行動を取っている場合などはこの要件が否定されています（泉州学園事件・大阪高裁平成二三年七月一五日判決）。

＊6　もっとも、裁判所は、常に希望退職募集が必要だとしているわけではなく、事情によってはこれを行わない整理解雇が有効とされることもあります（東洋酸素事件・東京高裁昭和五四年一〇月二九日判決）。

＊7　「幹部職員で五三歳以上」という被解雇者の選定基準を合理的とはいえないとした事例があります（ヴァリグ日本支社事件・東京地裁平成一三年一二月一九日判決）。他方、病気欠勤・休職基準を適用してなお目標人数に達しない場合は職種・職位・保有資格ごとに年齢の高い者から順に目標人数に達するまでという「年齢基準」は合理的なものであるとした裁判例もあります（日本航空（客室乗務員）事件・東京地裁平成二四年三月三〇日判決）。

また、一事業部門を閉鎖する場合に当該事業部門の従業員全員を解雇することは、客観的な基準に基くものとされた事例もあります（東洋酸素事件・東京高裁昭和五四年一〇月二九日判決）。

解雇手続の妥当性

解雇一般または人員整理について、使用者に組合との協議、組合からの同意を義務づける労働協約がある場合には、組合との協議・組合の同意のない解雇は無効となります。このような協約がない場合であっても、使用者は労働組合または労働者に対して整理解雇の必要性、整理方針、整理解雇基準、解雇・退職条件等につき、納得を得るための説明を行い、さらにそれらの者と誠意をもって協議すべき信義則上の義務を負います[*8]（京都エステート事件・京都地裁平成一五年六月三〇日判決など）。

*8　ＩＬＯ一五八号条約でも、人減らしをするときには労働者代表と協議すべきことが規定されています（一三条）。
　近年は、再就職支援などの不利益軽減措置が重視される傾向にあります（下井隆史『労働基準法〔第四版〕』〔有斐閣、二〇〇七年〕一八二頁、一八六頁）が、それも解雇回避措置（雇用の確保）が期待困難な場合にはじめて解雇を正当化する要素となるにとどまると解すべきです（土田道夫『労働契約法』六一四頁）。

9 成績不良を理由に解雇できますか

通常の解雇

就業規則にはしばしば解雇理由として、「会社の業務に耐えられないとき」というような規定が設けられています。成績不良者についてこの規定に該当したとして解雇ができるかどうかが問題となります。Ｖ－6問で説明した解雇の客観的合理性・社会的相当性が認められるかの判断です。この点について、裁判例は次のような枠組みを示しています（エース損害保険事件・東京地裁平成一三年八月一〇日判決）。

正規従業員を勤務成績、勤務態度の不良を理由として解雇するときは、

① それまで長期間勤務を継続してきた実績に照らして、それが単なる成績不良ではなく、企業経営や運営に現に支障・損害を生じまたは重大な損害を生じる恐れがあり、企業から排除しなければならない程度に至っていること

② 是正のため注意し反省を促したにもかかわらず改善されないなど、今後の改善の見込みもないこと

③ 使用者の不当な人事により労働者の反発を招いたなど、労働者に宥恕すべき事情がないこと

④ 配転や降格できない企業事情があること

以上を考慮して解雇権濫用の有無を判断するとしています。

右のように、成績不良などを理由とする解雇は大きな制限を受けているのです。使用者としては、当該の労働者を本当に解雇しなければならないのかを吟味し、さらに再教育や注意を行い、配転や降格で対処できる場合はこれを考慮すること、これらの過程において、無用な反発を受けるようなことは避け、誠意をもって話し合いをすることが必要です。

人事考課の結果が従業者の中で下位一〇%未満の者に対し、「労働能率が劣り、向上の見込がない」ものとしてなされた解雇が無効とされた事例もあります（セガ・エンタープライゼス事件・東京地裁平成一一年一〇月一五日決定）[*1]。

試用期間中の成績不良などを理由とする本採用拒否（解雇）

試用期間は労働者の能力を見極める期間ですから、本採用拒否が正当化される範囲は正社員の解雇よりは広がります（I-6問参照）。そうはいっても、能力や適性の不足に関して具体的に根拠を示す必要がありますし、その理由が解雇事由として妥当なものかどうかは、基準に照らして客観的に判断されることとなります。

組織変更や業務内容の変更に追いつけないことを理由とする解雇

企業の業務内容を決定するのは使用者ですし、組織の変更も使用者の自由であるのが原則です。これらに伴って使用者は労働者に対して新たな業務に従事するよう指示したり、配置転換をしたりすることがあります。裁判所は、配置転換などについて使用者側の自由を幅広く認めています（V-1問参照）。このような配置転換や業務内容の変更に伴って労働者は従前とは異なった能力を発揮することが求められますが、労働者がこれに応じられ

＊1　宮川泰彦解説・労働法律旬報一五三〇号三〇頁。事件の背景については、清見栄「セガ・エンタープライゼス事件」東京南部法律事務所編『ドキュメント裁判と人権』（日本評論社、二〇〇九年）九八頁。

ない場合に「業務に耐えられない」として解雇することができるでしょうか。

このような場合であっても簡単に解雇ができるわけではありません。配置転換や業務内容の変更は使用者側の都合によるものですから、これに対応できるものを選択すべきですし、どうしても配置転換や業務の変更が必要な場合は当該の労働者に十分な教育の機会を与えなくてはなりません。教育指導などの解雇回避の措置がとられていなかったことを解雇権濫用の一つの理由とした事例があります（セガ・エンタープライゼス事件・東京地裁平成一一年一〇月一五日決定）。使用者は解雇回避の努力をしなければならず、どのような従業員教育をしてきたかが重要な問題として吟味され、この点について使用者が怠っていたと判断されると、解雇は無効と判断されます[*2]。

リストラに伴う解雇

整理解雇をする場合、成績不良者から解雇するということは、四要件のなかの、人選の合理性の問題となりますが（V－⑧問参照）、一般的には成績を人選の基準とすることは合理的なものと認められています。

ヘッドハンティングをしたものが期待していた能力を有しなかった場合

雇用契約の際に特に優れた能力を持っていることや、特殊な技能を持っていることを雇用条件としたような場合、その能力や技能を持っていないことが判明したときは、前記のような例に比べて、解雇の要件は緩やかに判断される傾向にあります。フォード自動車事件・東京地裁昭和五七年二月二五日判決は、外資系の会社で最上級管理職（人事本部長）を特定して中途採用された労働者について、「他の職種及び人事本部長より下位の職種に

＊2　ブルームバーグ・エル・ピー事件では、能力不足を理由に解雇する前にPIP（パフォーマンス・インプルーメント・プラン。成績不良とみなされた労働者に課題を与えて能力を向上させる機会を与える制度）が行われていましたが、達成不能な課題や抽象的な目標の設定、恣意的評価がされることもあるため、これにより直ちに使用者が改善の機会を与え、雇用継続の努力を行ったとして解雇が正当化されるわけではありません（同事件・東京地裁平成二四年一〇月五日判決）。

配置換えしなければならないものではなく、業務の履行又は能率が極めて悪いか否かの判断も、人事本部長という地位に要求された業務の履行または能率がどうかという基準で検討すれば足りる」とし、この基準に達しない場合の解雇を有効としています（東京高裁昭和五九年三月三〇日判決で維持）。ヘッドハンティングのような特別の雇用では、労働者側も高い能力があることを保障して、高い地位と賃金を得るのですから、その能力を有しない場合には解雇事由になります。しかし、このような法理を安易に適用することは労働者の地位を脅かすこととなりますので、どのような経過により雇用されてきたのか、採用後どのような業務に就いてきたのかなど、慎重に吟味する必要があります。

海外勤務歴に着目し語学力や品質管理能力を買われて即戦力として雇われた例で、雇用時に予定されていた能力をまったく有さず、これを改善しようともしないとして解雇有効とされた事案があります（ヒロセ電機事件・東京地裁平成一四年一〇月二二日判決）。他方、中途採用の記者について職務能力の低さが労働契約を継続することができないほどに重大なものであることを認めるに足りる証拠はないとして解雇無効とされた事案もあります（ブルームバーグ・エル・ピー事件・東京高裁平成二五年四月二四日判決）。

10 退職を強要されています。どうしたらよいですか。退職届の撤回はできますか

退職強要は違法

使用者が経済的・精神的圧力を加えながら執拗に退職を迫った場合には、不法行為となり損害賠償が認められることがあります（下関商業高校事件・最高裁昭和五五年七月一〇日判決）。同事件の一審判決では「被勧奨者の自由な意思決定が妨げられる状態におく」ことは違法であるとされ、①勧奨の回数・期間が、退職を求める事情等の説明や退職条件の交渉に通常必要な限度を超えること、②被勧奨者の自由な意思決定を妨げるような言動あるいは名誉感情を害する言動を行うこと[*1]、③勧奨者数・優遇措置の有無などが総合的に判断されています（山口地裁下関支部昭和四九年九月二八日判決）。

下関商業高校事件では、教育委員会が、一貫して勧奨に応じないことを表明していた二名の教諭に対して一〇回以上も出頭を命じ、勧奨担当者が一人ないし四人で一回について短いときでも二〇分、長いときには二時間一五分に及ぶ勧奨を繰り返し、退職するまで勧奨を続ける旨の発言を繰り返し述べ、勧奨に応じないかぎり組合の労働条件改善要求にも応じないとの態度を示したという事案について、慰謝料請求を認めています[*2]。

性別により、退職勧奨で差別することは違法です（均等法六条四号）。

辞めたくなければ辞めないとはっきり言う

まず、何といっても「辞めない」旨の態度表明を明確にすることです。裁判手続として

＊1　「寄生虫」「他の人の迷惑」などの言動や大声を出し机を叩くなどが不法行為とされた事例があります（全日空退職強要事件・大阪地裁平成一一年一〇月一八日判決）。

＊2　公務員に定年制がない時代の判決です。

＊3　季刊労働者の権利二二六号六六頁参照。

＊4　労働者が退職に応じない旨示しているにもかかわらず執拗に退職勧奨をし、退職しなければ解雇する旨を示唆しながら五回（一回につき一～二時間）にわたる退職勧奨面談を繰り返した結果、労働者のうつ病が悪化して休職・期間満了退職となった事例につき、労働者の退職に関する自己決定権を侵害する違法な退職勧奨であるとして損害賠償を認めるとともに、うつ病悪化の業務起因性を認めて休職期間中の賃金請求が認められた事例もあります（エム・シー・アンド・ピー事件・京都地裁平成二六年二月二七日判決）。

＊5　労働者には懲戒解雇事由はなく、懲戒解雇の可能性がなかったのに、使用者

は、退職強要禁止の仮処分を利用することができます。[3] 損害賠償請求もできます。[4]

退職届の撤回

退職には、一方的な通告で効力が生じる・労働契約の解約である「辞職」（I－12問参照）と、労使の合意に基づく「合意解約」があります。「退職願」は、一般には、合意解約の申込みとみられます。いずれの場合でも、退職届は会社が受理（承諾）すれば、撤回はできません（大隈鉄工所事件・最高裁昭和六二年九月一八日判決）。しかし、退職届を出したのが、錯誤（民法九五条）におちいったためであったり、[5] 詐欺や強迫に基づく場合は取消ができます（民法九六条）。

希望退職の規制

希望退職の募集は、人員整理の必要があり、かつ応募が任意になされるものであるかぎりは問題がありません。退職金の上積みがなされることが多くあります。[6]

解雇か退職か

解雇の場合は、法律上の制限があり、また合理的な理由（V－6問参照）や予告手当（V－7問参照）が必要ですが、任意の退職の場合はいずれも不要です。自ら退職すればその後争うのは困難です。また、雇用保険の失業給付は、単なる解雇ならばすぐに（手続後七日目［待機期間］以降〔雇用保険法二一条〕）支給が開始されますが、自己の責に帰すべき重大な理由による解雇（懲戒解雇など）や、正当な理由（配偶者の転勤など）のない自己都合退職の場合は、待機期間経過後一カ月以上三カ月以内の間で公共職業安定所長の定める期間、給付が受けられません（雇用保険法三三条）。

の説諭により懲戒解雇になると誤信して退職願を提出した場合、その退職の申込みの意思表示には動機の錯誤があり、これが使用者側に表示されていたことは明らかであるから、要素の錯誤となり、合意退職は無効であるとした事例があります（横浜高校事件・横浜地裁平成七年一一月八日決定。富士ゼロックス事件・東京地裁平成二三年三月三〇日判決も同旨）。

＊6　早期退職優遇制度では、労働者の応募が申込みであり、使用者の承認があって初めて割増退職金が生じる制度であることが多く、不承認になったにもかかわらず退職した場合の割増退職金請求の可否が争われています。使用者には承諾するか否かの裁量は認められますが、不承認が信義に反する場合は承認を拒否できないと考えられます（ソニー事件・東京地裁平成一四年四月九日判決）。神奈川県信用農業組合事件において、最高裁は承認の権限に限定はないと述べ、承認がない限り割増退職金発生の余地はないとしましたが（平成一九年一月一八日判決）、協同組合の事業譲渡・解散という特殊な事態における判断であることを前提にしても、形式的に過ぎるとの批判を受けています。野田進「早期退職優遇制度」NBL八六四号八一頁参照。

11 懲戒はどのような場合にできるのですか

懲戒権とは

使用者には、労働契約に基づいて、労働者が業務を遂行するにあたり指揮命令する権利があります。これに対応して、労働者には、使用者の業務命令に従う義務があります。労働者が業務命令を正当な理由なく拒否すると、契約上の義務違反の責任を負うことになります。その違反行為が重大なものであれば（たとえば、多数回無断欠勤を続けた場合など）、使用者は労働者を解雇することができます。また、使用者は、その違反行為が経営秩序を著しく乱したものとして、懲戒罰として解雇等の処分を行うことがあります。

ところで、対等な契約当事者の間でどうして一方が他方を懲戒することができるのか、議論のあるところです。この点は、労働契約上、労働者は企業秩序を遵守すべき義務を負っていることから、使用者は、企業秩序を維持し、もって企業の円滑な運営を図るために懲戒することができるとされています（関西電力事件・最高裁昭和五八年九月八日判決）。

労働契約に基づくものである以上、懲戒権を行使するにあたっては、どんな行為が経営秩序違反であり、どんな種類の懲戒が課されるか、就業規則に定め、周知しておくことが必要です（労基法八九条九号。フジ興産事件・最高裁平成一五年一〇月一〇日判決）。

懲戒についての多くの裁判例をふまえて、最高裁は、「使用者の懲戒権の行使は、企業秩序維持の観点から労働契約関係に基づく使用者の権能として行われるものであるが、就業規則所定の懲戒事由に該当する事実が存在する場合であっても、当該具体的事情の下において、それが客観的に合理的な理由を欠き、社会通念上相当なものとして是認することができないときには、権利の濫用として無効になると解するのが相当である。」と定式化しています（ネスレ日本［懲戒解雇］事件・平成一八年一〇月六日判決）[*1]。

これを受けて、労働契約法一五条は、「使用者が労働者を懲戒することができる場合において、当該懲戒が、当該懲戒に係る労働者の行為の性質及び態様その他の事情に照らして、客観的に合理的な理由を欠き、社会通念上相当であると認められない場合は、その権利を濫用したものとして、当該懲戒は、無効とする。」と定めています。

懲戒の対象

右に述べた理由で、就業規則にない懲戒事由、懲戒の種類による懲戒処分はできません（フジ興産事件・最高裁判決）。規定がある場合でも、「客観的に合理的な理由」が必要とされます。また、懲戒処分は、刑罰に類似する制裁であるところから、刑事法に準じた規制を受けます。すなわち、新たに就業規則に規定した場合は、以前の行為に対して遡って適用することはできません（不遡及の原則）。同一の行為に対して二回の懲戒処分を行うことも許されません（一事不再理の原則）。

私生活上の行為については、次問を参照してください。

懲戒の種類

一般に譴責（けんせき）・戒告、減給、出勤停止、懲戒解雇が規定されています。

懲戒処分として減給をする場合については、労働者の生活を保護するため、一回の額は

＊1　この事件は、就業時間中に職場で管理職に対して暴行をしたことなどを理由としてなされた諭旨退職処分につき、処分が暴行事件から七年以上経過した時点で行われたことなどから、懲戒権の濫用であるとしたものです。

平均賃金の一日分の半額以下、月の総額は賃金総額の一〇分の一以下でなければならないとされています（労基法九一条）[*2][*3]。

出勤停止期間中は賃金が支払われないのがふつうですが、これは右の減給の処分にはあたらないとされています（昭和二三年七月三日基収二一七七号）。

懲戒解雇は解雇ですから、解雇についての法的な規制を受けます（V－6問、7問参照）。退職金の不支給については退職金の項（Ⅲ－14問）をみてください。

懲戒の程度は

懲戒処分は、規律違反の種類・程度その他の事情に照らして相当なものでなければなりません（相当性の原則）。「行為の動機、態様、損害の程度、被申請人の業務に及ぼした影響等諸事情に照らし合理的、客観的な裁量権の範囲が存するのであって、右裁量権の範囲を逸脱し、より軽い処分を選択すべきところ最も重い懲戒解雇処分をなしたような場合には、解雇権の濫用として無効になる」のです（北群馬信用金庫事件・前橋地裁昭和五七年一二月一六日判決）[*4]。

同じ規定に同じ程度に違反した場合には、同様の事例についての先例をふまえたうえで、これに対する懲戒も同一種類、同一程度でなければいけません（平等取扱の原則）。

適正手続も必要

就業規則や労働協約上に規定があればそれに従うことが必要で、就業規則に定められた手続である懲戒委員会の開催を省略してなされた懲戒は適正手続違反として無効です（中央林間病院事件・東京地裁平成八年七月二六日判決）。たとえ、そのような規定がまった

*2 労基法九一条（制裁規定の制限）「就業規則で、労働者に対して減給の制裁を定める場合においては、その減給は、一回の額が平均賃金の一日分の半額を超え、総額が一賃金支払期における賃金の総額の十分の一を超えてはならない。」

*3 賞与は「社内の秩序を乱す者」には支給しないとの規定が就業規則にある場合、非違行為を理由に賞与を支給しないことは、確定した月例給与をカットするのと異なり、賞与は査定によって初めて発生するものであるから、労基法九一条は適用されないとした裁判例があります（マナック事件・広島高裁平成一三年五月二三日判決）。

*4 労務行政研究所が二〇一二年に上場企業クラスの企業を対象にした調査結果が、懲戒処分の「相場」観を示すものとして参考になります（石井妙子他『懲戒処分 適正な対応と実務』［労務行政、二〇一三年］一一四頁）。

くない場合であっても、本人に弁明の機会を与えることが必要です。[*5]

処分が争われた裁判の中で、処分の後に判明した別の非違行為を理由に追加することは許されません。「具体的な懲戒の適否は、その理由とされた非違行為との関係において判断されるべきものである。したがって、懲戒当時に使用者が認識していなかった非違行為は、特段の事情のない限り、当該懲戒の理由とされたものでないことが明らかであり、その存在をもって当該懲戒処分の有効性を根拠づけることはできない」からです（山口観光事件・最高裁平成八年九月二六日判決）。

懲戒手続中の自宅待機

懲戒処分が決定されるまで自宅待機を命じられることがあります。使用者が業務命令として自宅待機を命じることは、労働者に就労請求権が認められないと解される以上、その命令を発するのに相当な理由が存する場合には適法ですが、賃金は支払う必要があります（中川印刷事件・大阪地裁平成一三年八月二四日判決）。就業制限（暫定的な出勤停止）の場合平均賃金の六〇％を支給するとの就業規則の規定があったケースでは、就業制限に職場管理上やむを得ない必要性があったことを理由に、六〇％の支給で足りるとされた事例もあります（ＪＲ東日本大宮支社事件・東京地裁平成一五年一二月一日判決）。[*6] 休業の場合の説明を参照してください（Ⅲ-⑯問参照）。

＊5　もっとも、裁判例の中には、就業規則に規定がないこと（グラバス事件・東京地裁平成一六年一二月一七日判決）、処分理由の事実が明白であること（大和交通事件・大阪高裁平成一一年六月二九日）、処分が三日間の停職と軽微であること（海外漁業協力財団事件・東京高裁平成一六年一〇月一四日）などの理由で、弁明を聞かない懲戒処分の効力を認めるものが少なくありません。

＊6　理論的には、業務命令（これなら一〇〇％の賃金支払が必要）か、労務の受領拒否（労働者の責めに帰すべきものであれば賃金支払義務無し、民法五三六条二項）のいずれかになります。両方認めた日通名古屋製鉄作業事件・名古屋地裁平成三年七月二二日判決は、理論的には混乱したものです。

12 私生活上の行為について懲戒できるのですか

民間労働者は原則として懲戒できない

就業時間外に企業外で行う労働者の行為は、企業秩序に直接関係しないプライベートな問題ですから原則として懲戒処分の対象にはなりません。懲戒権はあくまでも労働契約上労働者が負う企業秩序遵守義務に基づくものですから、企業秩序と関係しない行為には及ばないのです。しかし、こうした行為が業務運営に支障を及ぼしたり、「会社の社会的評価に及ぼす悪影響が相当重大であると客観的に評価される場合」は、懲戒事由となりうるとされています（日本鋼管川崎製鉄所事件・最高裁昭和四九年三月一五日判決[*1]）。

企業外で犯罪を行った場合がしばしば問題とされています。犯罪の種類や労働者の地位が考慮されますので、会社の信用・名誉を毀損したとする懲戒解雇が否定されるケースがあります（横浜ゴム事件・最高裁昭和四五年七月二八日判決〔工員の酔余の住居侵入〕、前記日本鋼管川崎製鉄所事件・最高裁判決）。

また、「企業の円滑な運営に支障を来すおそれがある」ものも懲戒が認められています。関西電力事件で、最高裁は、未明に会社の社宅において会社と労働組合を批判するビラを配布した行為について、従業員の会社に対する不信感を醸成するおそれがあることを理由に、これに対する譴責処分を有効とした高裁判決を維持しています（昭和五八年九月八日判決[*2]）。ただし、同判決も、「右のような場合を除き、労働者は、その職場外におけ

*1　この事件は、会社の従業員が、砂川事件において日米安保条約三条に基づく行政協定に伴う刑事特別法違反の罪（米軍基地への侵入）により逮捕、起訴されたものです。これが広く報道されたため、会社の社会的評価に悪影響があったとしても、その犯行の動機、目的が破廉恥なものでなく、これに対する有罪判決の刑も罰金二〇〇〇円にとどまり、かつ、会社が大規模な生産会社で、当該従業員はその一事業所の工員にすぎないような場合には、その行為は、いまだ労働協約および就業規則所定の懲戒解雇事由である「不名誉な行為をして会社の体面を著しく汚した」ものには該当しないとしたものです。

る職務遂行に関係のない行為について、使用者による規制を受けるべきいわれはないものと解するのが相当である。」としています。

公務員の場合

国家公務員法八二条一項三号は、公務員の懲戒について、法令違反（一号）、職務上の義務に違反し、又は職務を怠つた場合（二号）に加えて、三号で、「国民全体の奉仕者たるにふさわしくない非行のあつた場合」を懲戒の対象にしています。地方公務員法二九条一項にも同様の規定があります。

このため、飲酒運転・酒気帯び運転などがしばしば争われています。

最高裁は、市衛生局清掃部の清掃業務職員が酒酔い運転および一時停止義務違反の罪で逮捕、起訴され、罰金刑の確定判決を受けたことを理由としてなされた懲戒免職処分について、同人の職務、該団体においては過去三年間に飲酒運転を理由とする懲戒免職がないことなどから、社会観念上著しく妥当を欠き、裁量権を濫用したものとして処分を取り消したことがあります（札幌市衛生局事件・昭和五七年一二月二日判決）。

近年飲酒運転等が重罰化されたことに加え、二〇〇六年に福岡で起きた悲惨な事故を契機に飲酒運転を行った職員については原則として懲戒免職処分にするという基準を設けている自治体も少なくありません。しかし、裁判所は、現在でも、具体的な事案により、処分を取り消したり、免職は維持するが退職金の不支給は違法だとしたりしています。*3

*2　具体的判断には疑問のあるところです。最高裁は「右ビラの内容が大部分事実に基づかず、又は事実を誇張歪曲して被上告会社を非難攻撃し、全体としてこれを中傷誹謗するものであり、右ビラの配布により労働者の会社に対する不信感を醸成して企業秩序を乱し、又はそのおそれがあったものとした原審の認定判断は、原判決挙示の証拠関係に照らし、是認することができないではなく、」といっています。「是認できないものではない」というのは、極めて消極的な評価であり、この点の原審の判断は判例とはならないとされています（伊藤正己『裁判官と学者の間』［有斐閣、一九九三年］五六頁以下）。

*3　酒気帯び運転をした市の職員に対する懲戒免職を違法としたもの（龍ケ崎市事件・東京高裁平成二五年九月二五日判決、熊本市事件・福岡高裁平成二六年一二月一二日判決）、懲戒免職は有効だが退職手当の不支給処分は違法だとしたもの（熊本市事件・福岡高裁平成二六年五月三〇日判決）、懲戒免職も退職手当の不支給処分も適法だとしたもの（三重県事件・名古屋高裁平成二五年九月五日判決）などがあります。

13 使用者の業務命令にはどこまで従わなければならないのですか

使用者の指揮命令に従う義務

労働者がどのような義務を負うかは労働契約の内容によって決まりますが、まず、最も基本的な義務として、「労働義務」すなわち労働契約の趣旨と内容に従って労働する義務を負います。そして、労働者の労働義務の遂行にあたっては、使用者の指揮命令（業務命令）に従わなければなりません。どのような指揮命令ができるかについては、労働契約の内容と、その内容の具体化である就業規則によって決まります。

契約に根拠のない命令は出せない

使用者は、労働契約の範囲を超える業務命令を発することはできません。このことは配転でしばしば問題になります（V－1問参照）。日本航空で、一九八四年に、航空機の副操縦士に対して規程上根拠のない地上業務が命じられたことがありますが、このようなものは労働契約に含まれておらず、合意して行う場合はともかく、業務「命令」としては無効ですから、拒否しても処分はできませんし賃金カットをすることも違法です。[*1]

同様に、労働協約、労使慣行に違反する業務命令なども出せません。[*2]

就業規則に規定されていても人権を侵害するような業務命令は出せない

また、憲法や労基法などの法律に違反する業務命令が出せないのも当然です。

所持品検査について、最高裁は、「使用者がその企業の従業員に対して金品の不正隠匿

*1　会社は一九八六年にカットした賃金全額を支払いました。日本航空乗員組合『四〇年の歩み』（一九九三年）五〇頁。

*2　日本航空で、一九八三年に、乗務時間が九時間を超えるため、客室乗務員の場合、その労働協約上、労働条件についての組合の個別の合意が必要とされている路線（特定路線）について、会社が組合の合意がないにもかかわらず、組合員に乗務を命じ、これに従わなかった客室乗務員の賃金をカットしたことがあります。この事件では、組合員がカットされた賃金を請求する裁判を提起し、一九八六年五月に会社は全額を支払って和解しています。

の摘発・防止のために行なう、いわゆる所持品検査は、被検査者の基本的人権に関する問題であつて、その性質上つねに人権侵害のおそれを伴うものであるから、たとえ、それが企業の経営・維持にとつて必要かつ効果的な措置であり、他の同種の企業において多く行なわれるところであるとしても、また、それが労働基準法所定の手続を経て作成・変更された就業規則の条項に基づいて行なわれ、これについて従業員組合または当該職場従業員の過半数の同意があるとしても、そのことの故をもつて、当然に適法視されうるものではない。」としています（西日本鉄道事件・昭和四三年八月二日判決。具体的な事案については適法だとした）。

また、使用者は、労働者の人格や権利を不当に侵害するような業務命令もできません（民法九〇条）。これらは違法な業務命令とされ、労働者はその命令に従う義務はありません。

労働契約の範囲内にあると認められる業務命令であっても、使用者はその権利を濫用してはならないことは言うまでもありません（労契法三条五項）。デスクワークに従事している労働者が清掃を業務命令として命じられた場合、清掃も業務上の必要性があり合理的なものであれば付随的業務として適法な業務命令とされますが、たとえば退職に追い込むため業務上の必要性もなく労働者の人格を侵害するような形で従事させようとするものは違法な業務命令とされます。就業規則の書き写し命令がみせしめ的で人格権侵害の不法行為になるとして損害賠償請求が認められたことがあります（東日本旅客鉄道事件・最高裁平成八年二月二三日判決）。

14 兼職は禁止できるのですか

勤務時間外は労働者の自由

使用者の指揮命令のもとで労働を行う義務は基本的には勤務時間中のもので、定められた時間以外の私生活は使用者の拘束を受けないのが原則です。雇用・就業形態の多様化の中で、今後は副業を持つことが普通の働き方の一つになっていくことも予想されています。[*1]

しかし、多くの会社では、「会社の許可なく他人に雇い入れられること」を禁止し、その違反を懲戒事由としています（兼職禁止規定）。このような兼職禁止規定は職業選択の自由（憲法二二条）に反するため原則として違法となるとする学説も有力です。[*2] 勤務時間終了後に英語教室に通うことや法科大学院に通うことを使用者が禁止できるというのもおかしな話です。業務に支障が生じる可能性があるから規制できるというのであれば、徹夜麻雀や明け方までの飲酒を一般的に許可制にすることもできることになります。時間中にきちんと働く義務を負っているのは当然のことですから、実際に業務に支障が生じたときに、支障を生じさせたこと自体を理由に処分すれば足りることです。

兼職禁止も限定的に有効とされている

裁判例では、兼職禁止規定違反が会社の職場秩序に影響せず、かつ会社に対する労務の提供に格別の支障を生ぜしめない程度・態様のものは、禁止規定に違反するとはいえない

＊1　日本労働政策研究・研修機構「雇用者の副業に関する調査研究」二〇〇五年。

＊2　厚生労働省「今後の労働契約法制の在り方に関する研究会報告書」（二〇〇五年）は、労働者の兼職を禁止したり許可制にする就業規則規定や個別の合意については、やむを得ない事由がある場合を除き無効とすることを提案しています。

としつつ、そのような影響・支障のあるものは、禁止規定に該当し、懲戒処分の対象となるとしています。

たとえば、建設会社の事務員が、会社に無断で、就業時間終了後である午後六時から午前〇時までキャバレーの会計係として二重就職した事案につき、労務提供に支障をきたす程度の長時間の二重就職として禁止規定違反とされています（小川建設事件・東京地裁昭和五七年一一月一九日決定）。これに対し、タクシー運転手が就業時間前毎朝二時間新聞配達に従事したという例では、企業秩序に影響なく、労務提供にも格別の支障はないとして禁止規定違反にあたらないとされています（国際タクシー事件・福岡地裁昭和五九年一月二〇日判決）。

労働時間の通算

労基法三八条一項は、「労働時間は、事業場を異にする場合においても、労働時間に関する規定の適用については通算する。」と定め、行政解釈は、この規定は事業主を異にする事業場で労働する場合にも適用されるとしています（昭和二三年五月一四日基発七六九号）。このため、労働時間規制に違反しないためには、使用者は、労働者が他の事業場で働いているかどうかを知る必要が生じます。[*3] したがって、兼職を届け出させる必要性は否定できません。

このため、学説の立場に立っても、兼職禁止規定に違反した場合、実際の業務に支障があるケースでは、裁判例と結論はさほど変わりなくなります。

＊3　もちろん労基法違反が犯罪になるのは、使用者に「故意」（労働時間規制に違反していることを認識していること）が必要ですから、兼職を知らない場合に使用者が処罰されることはありません。

15 服装や髪型などについて使用者はどこまで介入できるのですか

服装・髪型を制限することはできるか

労働者がどのような服装で就労するかは、原則として労働者の自由な判断に委ねられていますが、使用者が事業の円滑な遂行を図り、職場規律を維持していくために必要な限度で規則を定めたり具体的な指示・命令をしたりして規制をすることは可能です。労働災害防止のため、作業中ヘルメットの着用を義務付けることができるのは当然ですし、警備員に対し、業務中、制服・制帽の着用を義務づけることも許されます（名古屋地裁昭和五六年一二月二五日判決）。また、郵政局長が管内の郵便局等の職員に対して顔写真入りの胸章の着用を義務づけることも可能だとされています（東京郵政局・関東郵政局事件・東京地裁平成一一年一二月八日判決）。

一般的に言えば、「労働者の服装や髪型等の身だしなみは、もともとは労働者個人が自己の外観をいかに表現するかという労働者の個人的自由に属する事柄であり、髪型やひげに関する服務中の規律は、勤務関係又は労働契約の拘束を離れた私生活にも及び得るものであることから、そのような服務規律は、事業遂行上の必要性が認められ、その具体的な制限の内容が、労働者の利益や自由を過度に侵害しない合理的な内容の限度で拘束力を認められる」とされているとおりです（郵政事業事件・神戸地裁平成二二年三月二六日判決。大阪高裁平成二二年一〇月二七日判決で維持）。

茶髪を理由に解雇できるか

労働者が毛髪を染めたような場合はどうでしょうか。トラックの運転手が頭髪を黄色に染め、茶髪程度には戻したものの、元に戻せとの指示に従わなかったために諭旨解雇となった事件があります。髪の色や型も、人格や自由に関する事柄ですから、企業秩序の維持を理由に制限しようとする場合、その制限行為は無制限に許されるものではなく、企業の円滑な運営上必要かつ合理的な範囲内にとどまるものです（東谷山家事件・福岡地裁小倉支部平成九年一二月二五日決定）。右の裁判例では、「頭髪を黄色に染めたこと自体が会社の就業規則上直ちにけん責事由に該当するわけでなく、（髪の色を自然色に戻せとの）上司の説得に対する反抗的態度も会社側の『自然色以外は一切許されない』とする頑な態度を考慮に入れると、必ずしも労働者のみに責められる点があったということはできない」とし、解雇は解雇権の濫用（V－6問参照）として無効としています。

ひげは見苦しいか

ひげも服装と同様、個人の趣味嗜好に属するものですから原則として自由です。しかし、業務の遂行に必要な限度で制限を受ける場合もあります。

乗務員勤務要領に、「ヒゲをそる」との条項が定められていたハイヤー会社において、口ひげを剃るよう業務命令を発した事案について争われたことがあります。この裁判では、「ハイヤー運転手は、業務の性質上顧客に対して不快な感情や反発感を抱かせるような服装、みだしなみ、挙措が許されないのは当然である」とされ、乗務員勤務要領に定められた「ヒゲをそる」との条項は、不快感を伴う「無精ひげ」とか「異様、奇異なひげ」

を指していると判断されました。そして、問題となった乗務員の口ひげについては、「顧客の求めているハイヤーサービスに違和し、徒らに反発感、不快感あるいは嫌悪の感情をかき立て、……会社の円滑かつ健全な企業経営が阻害される現実的な危険が生じていたと認めることは困難である」として、ヒゲをそるようにとの業務命令に従う必要はないと判断されました（イースタン・エアポートモータース事件・東京地裁昭和五五年一二月一五日判決）。

性同一性障害の場合

男性として雇用された労働者が、性同一性障害[*1]のため女性の容姿をして出勤したことで服務命令違反等の理由により懲戒解雇された事件があります。裁判所は、会社において、労働者の性同一性障害に関する事情を理解し、労働者の意向を反映しようする姿勢が認められないこと、労働者と会社双方の事情を踏まえた適切な配慮をした場合においても、なお、女性の容姿をした労働者を就労させることが、会社における企業秩序または業務遂行において、著しい支障を来すと認めるに足りる疎明はないなどとして、解雇を無効としています（S社［性同一性障害者解雇］事件・東京地裁平成一四年六月二〇日決定）。

＊1　二〇〇三年に制定された「性同一性障害者の性別の取扱いの特例に関する法律」二条では、「この法律において「性同一性障害者」とは、生物学的には性別が明らかであるにもかかわらず、心理的にはそれとは別の性別（以下「他の性別」という。）であるとの持続的な確信を持ち、かつ、自己を身体的及び社会的に他の性別に適合させようとする意思を有する者であって、そのことについてその診断を的確に行うために必要な知識及び経験を有する二人以上の医師の一般に認められている医学的知見に基づき行う診断が一致しているものをいう。」と定義しており、このような人には、一定の要件の下に戸籍上の「性別」の変更が認められています。

16 労働者はどこまで守秘義務を負っているのですか

守秘義務

労働者は在職中、労働契約に付随する義務として、使用者の営業上の秘密を保持すべき義務を負っているとされています。多くの企業では、就業規則に秘密保持義務が定められており、これに違反した場合は、懲戒処分がされうるし、解雇の理由ともなります。ただし、次問以下で説明する「内部告発」として正当性をもつ場合は別です。秘密保持義務を定めた明文の規定がない場合でも、信義則上の義務として守秘義務を負うと解されています。

ただし、会社が秘密と扱っていても、客観的に秘密ではないもの、あるいは実質的にそれを秘密として保護するに値しないものは、公表したとしても処分される理由はありません[*1]（外務省秘密電文漏洩事件・最高裁昭和五三年五月三一日決定〔国家公務員法一〇九条一二号、一〇〇条一項の「秘密」に関するもの〕）。

退職後についても、退職後の秘密保持が個別の契約または就業規則・労働協約で定められており、その規定内容が、秘密の特定、秘密保持の必要性や合理性の点で妥当なものであれば、労働者はこれに拘束され、違反があった場合、差止請求や損害賠償請求を受けるとされています[*2]（ダイオーズサービシーズ事件・東京地裁平成一四年八月三〇日判決等）。

また、このような規定の有無にかかわらず、不正競争防止法により、労働者は、在職

＊1　日経記者事件・東京地裁平成一四年三月二五日判決は、会社の主張に従って、「夕刊の各版の締切時間」「中途採用はしないという方針」「社内の部署ごとの人員」と「機密」に当たるとしましたが、東京高裁平成一四年九月二四日判決は、さすがにこの点を処分理由と認めることはしませんでした。

＊2　就業規則が退職後も効力をもつかについては、I－13問参照。

中・退職後を問わず、同法の定める「営業秘密」すなわち、「秘密として管理されている生産方法、販売方法その他の事業活動に有用な技術上又は営業上の情報であって、公然と知られていないもの」（二条六項）を、不正の利益を得る目的または保有者に損害を加える目的で使用したり開示したりすると、差止請求、損害賠償請求などを受けます（同法二条一項七号、三条、四条）。この違反には刑罰があり、一〇年以下の懲役もしくは二〇〇〇万円以下の罰金に処し、またはこれを併科することとされています（同法二一条一項五号、六号、七号）。

相談や裁判では

労働訴訟において、みずからが有する会社資料を証拠として提出することも、場合により守秘義務違反に問われる危険がありますので注意が必要です。

営業日誌の写しを弁護士にファックス送信し、都労委に証拠として提出しようとしたが、個々の顧客データが含まれることから秘密に該当するとして会社側から指摘を受けたため撤回した場合は、漏泄行為が存在しないとして懲戒解雇を無効とした事例があります（日産センチュリー証券事件・東京地裁平成一九年三月九日判決）。

メリルリンチ・インベストメント・マネージャーズ事件・東京地裁平成一五年九月一七日判決は、投資顧問会社の労働者が自己の受けた嫌がらせについて弁護士と相談する際に、会社の顧客等の情報を含む機密書類を開示、交付したことは、弁護士が弁護士法上守秘義務を負っていること、弁護士に相談する者は必要な情報をすべて提示する必要があることから、特段の事情があり、秘密保持義務に違反したとはいえないとしました。

17 社内の不正行為をやめさせようと上司に相談しましたが取り合ってくれません。どうしたらいいですか

内部告発による不正行為の是正

企業が行う不正行為・違法行為が、労働者や下請け関係者などの内部告発が契機となって公になり、是正に結びつく例が少なくありません。これまでは「内部告発」というと、「密告者」「裏切り者」などという陰湿なイメージが持たれてきました。しかし今日、企業側にとっても社内の不正は是正されることこそが企業利益に適うとする考え方が支配的となり、二〇〇四年には内部告発者を保護する法律が制定され（公益通報者保護法）[*1]、二〇〇六年四月一日から施行されています。また、二〇〇五年に成立し、二〇〇六年五月一日に施行された「会社法」により、大会社および委員会設置会社については、「会社の業務の適正を確保する体制の整備」が義務づけられています[*2]（会社法三四八条三項四号・四項、三六二条四項六号・五項、四一六条一項一号ホ）。

内部通報と内部告発

企業など組織内の不正行為が社内的に改善されないため、報道機関や監督権限をもつ行政機関、警察・検察機関など、組織外に通報することを「内部告発」と呼びます。しかしこれは企業にとってもダメージが大きいこともあり、前述の法制度の整備もあって、現在多くの企業で、組織内で不正行為の通報を受け付ける「内部通報」のシステムが整備されつつあります。これをホットライン、あるいはヘルプラインと呼んでいます（以下「ヘル

*1 公益通報者保護ウェブサイト http://www.caa.go.jp/planning/koueki/index.html に詳しい解説があります。
その他以下が参考になります。日本弁護士連合会消費者問題対策委員会『通報者のための公益通報者保護・救済の手引〔第二版〕』（民事法研究会、二〇一二年）、消費者庁消費者制度課『逐条解説公益通報者保護法』（商事法務、二〇一六年）。

*2 一般に「内部統制システム」と呼んでいます。

プライン」と呼びます)。

内部通報の利用

企業の意識が変革されつつあり、また内部告発者を保護する法律が施行されたとはいっても、内部告発者が「裏切り者」として左遷・降格あるいは解雇されるリスクは、現在も軽視することはできません。そのため企業の従業員にとって、組織内システムであるヘルプラインを利用することにためらいを覚えるのは当然でしょう。そこでヘルプラインを整備する企業・組織にとっても、利用者がこうしたためらいを持たずに利用できるシステムの構築に腐心するところです。その一つの工夫が、外部機関に通報受付を委託する手法です。多くは法律事務所が委託先として利用されています。利用者は外部機関に原則として実名・所属などを明らかにして通報はしますが、その外部機関が通報された情報を企業に通知し調査を指示する場合、通報者の個人情報を秘匿するシステムをとっているのが通常です。これによって通報者が所属企業から、解雇などの不利益処分を受けることが防止できると期待されています。特に委託先が法律事務所の場合、情報を受け付ける弁護士は、職務上知り得た秘密について強度の守秘義務が課されています[*3]ので、安心していただけるはずです。そこで、あなたも勤務先がヘルプラインを導入している場合には、この制度の利用が考えられます。

外部へ告発するには

ヘルプラインへ通報してもなお不正が改善されない場合、第三者機関への告発に踏み切らざるをえないかもしれません。内部告発によって勤務先から不利益処分がされないよ

＊3 通報者の承諾なしに、あるいは不利益を十分説明することなく承諾を得たものと即断して、氏名を会社に通報した場合は、担当弁護士は懲戒処分を受けます(日弁連懲戒委員会平成二一年一〇月二六日議決)。

う、留意しつつ、適当な告発先、告発の方法を検討すべきです。公益通報者保護法による保護を受けるには、次問で説明するように、いくつかの条件を満たすことが必要です。仮に同法の保護が当てはまらない場合でも、不利益処分が回避できる場合もあります。弁護士など専門家に相談しながら手続を進めることをお勧めします。

会社の従業員が退職後、取引先に対する不正請求を当該取引先に内部資料のコピーを添付して告発し、取引先との取引が解消されたため、会社が元従業員に対し損害賠償請求をした事件で、元従業員の内部告発が正当行為に当たるとし、不法行為の成立が否定された事例があります（東京地裁平成一九年一一月二一日判決）。

18 内部告発者は法律上どの程度保護されているのですか

公益通報者保護法による保護

「公益通報」とは、労働者が、不正の目的でなく、その労務提供先またはその役員・従業員・代理人その他の者の「通報対象事実」を①労務提供先事業者、②行政機関、③外部（マスコミ、消費者団体等）に通報することです（公益通報者保護法二条一項）。通報先ごとに保護される要件が異なっており、それぞれ所定の要件を満たして公益通報を行った場合、公益通報をしたことを理由とする解雇、労働者派遣契約の解除、降格、減給その他の不利益取扱いは禁止されています（三条、四条、五条）。

「通報対象事実」[*1]は、国民の生命、身体、財産その他の利益の保護にかかわる法律として同法が別表に掲げる法律に規定する罪の犯罪行為等に限られています（二条三項）。

行政機関への通報では通報対象行為が生じ、またはまさに生じようとしていると信じるに足りる相当な理由が必要とされており（三条二号）、さらに外部への通報については証拠隠滅のおそれがある場合等厳しい要件が規定されています（同条三号）。

告発者の保護を定める法令

違法行為の告発者の保護を定める法令は以前から次のように多数あります。

①労基法違反の事実を行政官庁・労働基準監督官に申告する行為に対する不利益処分の禁止（労基法一〇四条、一一九条一号）。たとえばサービス残業の告発などです。

＊1 公益通報者保護法別表（第二条関係）
一 刑法
二 食品衛生法
三 金融商品取引法
四 農林物資の規格化等に関する法律
五 大気汚染防止法
六 廃棄物の処理及び清掃に関する法律
七 個人情報の保護に関する法律
八 前各号に掲げるもののほか、個人の生命又は身体の保護、消費者の利益の擁護、環境の保全、公正な競争の確保その他の国民の生命、身体、財産その他の利益の保護にかかわる法律として政令で定めるもの［「公益通報者保護法別表第八号の法律を定める政令」に四五〇を超える法律が掲げられています。］

②労働安全衛生法違反の事実を労働局長・労働基準監督署長・労働基準監督官に申告する行為に対する不利益処分の禁止（同法九七条、一一九条）。たとえば法令の基準に満たない不安全な環境・条件での作業に労働者を従事させている事実の告発などです。
③労働者派遣法違反の事実を厚生労働大臣に申告する行為に対する不利益処分の禁止（同法四九条の三、六〇条）。派遣元、派遣先双方の派遣法違反の行為について適用されます。
その他にも、④賃金の支払いの確保等に関する法律（一四条、一七条）、⑤下請代金支払遅延等防止法（四条一項七号、七条一項）等。

公益通報者保護法等の適用がない内部告発に対する保護

それではこれらの要件を満たさない場合、内部告発を理由とする不利益処分は避けられないのでしょうか。そうではありません。[*2]

労働者が行った内部告発について、告発内容の根幹的部分が真実ないしは告発者において真実と信じるにつき相当な理由があるか、告発目的が公益性を有するか、告発内容の使用者にとっての重要性、告発の手段・方法の相当性等を総合的に考慮して、当該内部告発が正当と認められた場合には、使用者は、仮に当該告発によって名誉、信用等を毀損されたとしても、これを理由に告発者を懲戒解雇することは許されないとされています（大阪いずみ市民生協事件・大阪地裁堺支部平成一五年六月一八日判決）。

勤務先病院において抗生物質の過剰投与等がある旨を保健所に通報した医師が解雇された事件でも、解雇が無効とされています（医療法人思誠会［富里病院］事件・東京地裁平成七年一一月二七日判決）。

＊2　公益通報者保護法六条は、同法が労契法一六条（解雇権濫用）、一五条（懲戒権濫用）の規定の適用を排除するものでないことを念のため規定しています。
勤務先について、男女差別や不当配転を行っていること、サービス残業を強制していること等を指摘し、その経営姿勢を批判する内容の本を出版したことを理由とする戒告処分が、それらの指摘の大部分が事実でありまたはそのような記載をすることに相当の理由があり、寄稿の目的も労働条件の改善であったこと、ユニオン・ショップ制の下で当該労働者らが組合内少数派として活動するよりほかなかったことを総合考慮すれば、懲戒権の濫用として無効であるとされた事例もあります（三和銀行事件・大阪地裁平成一二年四月一七日）。

19 会社は労働者の個人情報を管理するにあたってどういう制約を受けますか

会社には労働者の個人情報を保護し、プライバシーを侵害しない義務がある

労働者は会社との関係で、労働契約締結時や労務提供の過程で、個人情報をコントロールする権利、すなわち「プライバシー権」を有します。最高裁は、会社が労働者のプライバシーを侵害する場合に不法行為となることを認めています（関西電力事件・最高裁平成七年九月五日判決）。労働契約上の配慮義務の内容をなすものです。

個人情報保護の法律

法律でも、職業安定法五条の四、労働安全衛生法一〇四条、派遣法二四条の三、二四条の四などで、労働者の個人情報保護の趣旨が明記されてきました。労働者の個人情報については、一九九八年六月に、労働省「労働者の個人情報保護に関する研究会報告書」が出され、同研究会により二〇〇〇年一二月二〇日には、「労働者の個人情報保護に関する行動指針」が公表されました。[*1]

二〇〇三年には個人情報保護法[*2]が成立し、二〇〇五年四月に全面施行されています。同法は、従来五〇〇〇人を超える個人情報データベース等を事業の用に供している者を「個人情報取扱事業者」として規制していました。従業員に関する情報も同法の定める「個人情報」にあたり、顧客情報、従業員情報を合算した数が五〇〇〇人を超えれば適用がありました。しかし、二〇一五年九月に同法が改正され、五〇〇〇人の要件が撤廃されたた

＊1 以下で読むことができます。
http://www2.mhlw.go.jp/kisya/daijin/20001220001d/20001220011dshishin.html

＊2 正式名称は「個人情報の保護に関する法律」です。政府の「個人情報保護委員会」のホームページに豊富な資料が掲載されています。

め、現実にはほとんどの事業者が「個人情報取扱事業者」に該当することになりました（改正法が施行されるのは二〇一七年になりますが、以下は改正法の条文で説明します）。

同法八条の規定に基づき、厚生労働大臣が「雇用管理に関する個人情報の適正な取扱いを確保するために事業者が講ずべき措置に関する指針」（「雇用管理ガイドライン」と呼ばれています）を定めています（平成二四年五月一四日厚生労働省告示三五七号）。

労働者の個人情報とは

個人情報保護法が規制する「個人情報」とは、「生存する個人に関する情報」であって、①「当該情報に含まれる氏名、生年月日その他の記述等（括弧内省略）により特定の個人を識別することができるもの（他の情報と容易に照合することができ、それにより特定の個人を識別することができることとなるものを含む。）」及び②「個人識別符号が含まれるもの」をいいます（同法二条一項）。

「雇用管理に関する個人情報」とは、企業等が労働者等の雇用管理のために収集・保管・利用等する個人情報をいい、主なものとして、労働者等の氏名・生年月日や連絡先・所属等に関する情報で労働者等の氏名と組み合わせた情報、人事考課情報等のうち特定の労働者を識別できる情報、労働者等の家族関係に関する情報及びその家族についての個人情報などがあります。

退職者や採用応募者・会社説明会の参加者も、「労働者等」として、保護の対象に含まれることとなっており、その個人情報について適正な取扱いを図らなければなりません。なお、自社内で就労する派遣労働者についても、派遣先の事業者に使用されている労働者であることから、「労働者等」に含まれることとなります。

会社に許される個人情報収集・管理とその方法

会社は、募集採用や人事労務管理、労働者への安全配慮のために、労働者の健康情報を含む個人情報を収集・管理する必要も生じます。所得税の徴収や、社会保険の加入のためには、社員の氏名・住所・家族関係などの基本的な情報が必要となりますし、健康管理情報など労働安全衛生法で保管を義務づけられたものがあります。

会社に労働者の個人情報を収集・管理することが許されるのは、業務上必要で、収集・管理の目的が合理的で、手段方法が相当である場合のみです。健康情報や思想信条といったセンシティブな情報の収集は、労働者自身がその情報の収集・管理に同意している場合に限られます。個人情報保護法は、「本人の人種、信条、社会的身分、病歴、犯罪の経歴、犯罪により害を被った事実その他本人に対する不当な差別、偏見その他の不利益が生じないようにその取扱いに特に配慮を要するものとして政令で定める記述が含まれる個人情報」を「要配慮個人情報」として（二条三項）、本人の同意を得ないで取得することを禁止しています（一七条）。健康情報については、「雇用管理に関する個人情報のうち健康情報を取り扱うに当たっての留意事項」（平成一六年基発一〇二九〇〇九号）が詳しく指示をしています。

個人情報の扱い

個人情報は、原則として、本人の同意なしに第三者に提供することができません（個人情報保護法二三条一項）[*3]。同条二項は例外的に本人の同意なしに第三者に提供できる場合

＊3 個人情報保護法二三条一項（第三者提供の制限）
「個人情報取扱事業者は、次に掲げる場合を除くほか、あらかじめ本人の同意を得ないで、個人データを第三者に提供してはならない。
一 法令に基づく場合
二 人の生命、身体又は財産の保護のために必要がある場合であって、本人の同意を得ることが困難であるとき。
三 公衆衛生の向上又は児童の健全な育成の推進のために特に必要がある場合であって、本人の同意を得ることが困難であるとき。
四 国の機関若しくは地方公共団体又はその委託を受けた者が法令の定める事務を遂行することに対して協力する必要がある場合であって、本人の同意を得ることにより当該事務の遂行に支障を及ぼすおそれがあるとき。」

を定めていますが、要配慮個人情報は除かれています。「合併その他の事由による事業の承継に伴って個人データが提供される場合」は、第三者への提供には該当しません（同条五項二号）。

従業員の給与計算等の情報処理を外部に委託するために個人データを渡すことは、個人情報保護法により規定された「委託」とされ、第三者提供にはあたりませんが、事業者には委託先に対する必要かつ適切な監督義務が課されています（同法二二条、二三条五項一号）。

退職した従業員の再就職先から、当人の勤務状況や退職理由についての問い合わせがあった場合、個人情報の第三者への提供にあたるので、原則として本人の同意が必要です。

採用選考に使用した履歴書等の応募書類は、不採用の場合本人に返却すべきかが問題となります。個人情報保護法においては、応募書類の返却についての規定はありませんが、利用目的の達成に必要な範囲を超えた個人情報の取扱いは制限されているうえ（一六条）、情報管理義務も生じるので（二〇条）、漏泄リスクを避けるためには、不要となった情報については、その時点で返却するか破棄することが必要です。

会社によるプライバシー侵害の具体例

採用時でいえば、応募者は、自己の意思に反して、業務と関連性のない情報を質問されること自体がプライバシー侵害になります（Ⅰ－1問参照）。

健康情報でいえば、業務に関連性がない労働者の健康情報を、会社が勝手に収集・管理するのは違法です（ＨＩＶ罹患につき東京地裁平成七年三月三〇日判決、Ｂ型肝炎罹患に

＊4 請求の認諾（せいきゅうのにんだく）
請求の認諾とは、民事訴訟の口頭弁論、弁論準備手続または和解の期日において、被告が原告の訴訟上の請求である権利主張を認める陳述をすることをいい

つき東京地裁平成一五年六月二〇日判決)。

日本航空が第二組合(JALFIO)と共謀して約九〇〇〇名に及ぶ客室乗務員の個人情報をリスト化していたとされる、監視ファイル事件は、週刊朝日のスクープで広く知られましたが、客室乗務員達が損害賠償を求めて二〇〇七年一一月に東京地裁に提訴し、二〇〇八年二月七日、会社は請求を認諾し[*4]、二〇一〇年一〇月二八日第二組合及び第二組合の客室乗務員支部の委員長であったときに当該ファイルの作成等にかかわった従業員に対して損害賠償を命じる判決が出されました[*5]。

労働者が個人情報の開示を求めることもできる

労働者が、人事考課情報や健康診断情報など、自分の個人情報を知りたいとき、会社は、開示することで業務の適正な実施に著しい支障が生じるおそれがある場合を除き、労働者の請求に対し開示しなければなりません(個人情報保護法二八条一項)[*6]。

ます(民事訴訟法二六六条)。認諾がなされた場合、口頭弁論調書に記載されると、訴訟手続は終了し、調書の記載は確定判決と同一の効力をもちます(同法二六七条)。

＊5 大森夏織「労使癒着の組織的な人権侵害(JAL客室乗務員監視ファイル事件)」労働法律旬報一七三八号三八頁。

＊6 個人情報保護法二八条一項、二項

(開示)

「① 本人は、個人情報取扱事業者に対し、当該本人が識別される保有個人データの開示を請求することができる。

② 個人情報取扱事業者は、前項の規定による請求を受けたときは、本人に対し、政令で定める方法により、遅滞なく、当該保有個人データを開示しなければならない。ただし、開示することにより次の各号のいずれかに該当する場合は、その全部又は一部を開示しないことができる。

一 本人又は第三者の生命、身体、財産その他の権利利益を害するおそれがある場合

二 当該個人情報取扱事業者の業務の適正な実施に著しい支障を及ぼすおそれがある場合

三 他の法令に違反することとなる場合」

20 個人番号（マイナンバー）制度にはどんな問題がありますか

個人番号（マイナンバー）制度とは

二〇一六年一月から、「個人番号」（マイナンバー）制度の運用が開始されました。「個人番号」とは、日本に住民票を有するすべての個人に付与される一人一つの一二桁の番号です。この番号は、個人ごとに異なり、文字どおり一生つきまとう番号です。この番号は、氏名、住所、性別、生年月日と関連づけられて、効率的かつ迅速に個人を識別することが可能となります。これに対して、法人（登記法人や税務上法人と見なされる団体を含む）には「法人番号」が付けられます。

「個人番号」制度の根拠法である「行政手続における特定の個人を識別するための番号の利用等に関する法律」（以下、「番号法」といいます。）は、第一条で、「個人番号」制度の目的を次のように定めています。「行政機関、地方公共団体その他の行政事務を処理する者が、個人番号及び法人番号の有する特定の個人及び法人その他の団体を識別する機能を活用し、並びに当該機能によって異なる分野に属する情報を照合してこれらが同一の者に係るものであるかどうかを確認することができるものとして整備された情報システムを運用して、効率的な情報の管理及び利用並びに他の行政事務を処理する者との間における迅速な情報の授受を行うことができるようにする」。

このように、「個人番号」制度は、情報システムの運用を通じて、行政機関等が保有する個人情報を「個人番号」の有する個人識別機能を利用して照合することで、行政機関等が個人情報を効率的に管理・利用することを目的として導入された制度です。政府は、二〇一七年一月から国の行政機関の間で情報連携を開始する予定であり、同年七月を目途として地方公共団体なども含めた情報連携を開始するとしています。

個人情報保護法と「個人番号」

個人情報保護法が規制する「個人情報」とは、「生存する個人に関する情報であって、当該情報に含まれる氏名、生年月日その他の記述等（個人識別符合を除く）により特定の個人を識別することができるもの（他の情報と容易に照合することができ、それにより特定の個人を識別することができることとなるものを含む。）」とされていますが（V－19問参照）、「個人番号」をその内容に含む個人情報（番号法二条八項はこれを「特定個人情報」と定義しています。）も、個人情報保護法にいう「個人情報」に該当します。

番号法は、特定個人情報を規制しており、個人情報保護法との関係では、一般法（個人情報保護法）と特別法（番号法）の関係に立つとされています。このため、番号法が「特定個人情報」の規制に関して、個人情報保護法の適用を排除している場合あるいは読み替えの規定を置いている場合はそれにより、それ以外の場合には個人情報保護法が適用されることになります。

「個人番号」の利用目的

番号法は、現時点では、「個人番号」の利用目的について、①社会保障分野（年金、健康保険、雇用保険、労災保険の支給、保険料の徴収に関する事務、生活保護の決定、実施に関する事務、公営住宅への入居申請など）、②税務分野（従業員が扶養控除等申告書を作成して事業主に提出する事務、あるいは事業主の源泉徴収事務、支払調書作成事務など）、③災害対策分野（被災者生活再建支援金の給付に関する事務、被災者台帳作成事務など）に限定しており、これ以外の目的で個人から「個人番号」を取得することはできないとしています（一四条、一五条、一九条）。

労働契約の関係では、事業主が上記の行政事務に協力すべき法的義務を負っている場合に、事業主から労働者に対して「個人番号」の提供を求める局面、たとえば、会社が税務署に提出すべき源泉徴収簿に従業員の「個人番号」を記載するために、「個人番号」の提供を求めてくる場合など）が一番身近なものになるでしょう（次問参照）。

「個人番号」制度はプライバシーの侵害にならないか

「個人番号」は、これに番号を付与された個人のプライバシーにわたる情報がひも付けられることが予定されています。特定個人情報が民間部門や行政部門のデータベースに集積される中で、「個人番号」がマスターキーとして使われれば、民間部門あるいは行政部門から個人情報が芋づる式に漏洩する危険性が飛躍的に高まります。また、いったん漏洩すれば、第三者が「個人番号」をマスターキーとして特定の個人のプライバシーにわたる情報を寄せ集め、突き合わせることも可能となるほか、本人になりすます危険もあります。

このような危険性を理由に、「個人番号」制度はプライバシーの権利を保障する憲法一三条に違反するとして、国に対して、その使用の差し止めを求める裁判が全国各地で提起されています。

この問題を考えるに当たっては、いわゆる住基ネット差し止め請求事件最高裁判決（平成二〇年三月六日）が参考になります。同判決は、憲法一三条が、「個人に関する情報をみだりに第三者に開示又は公表されない自由」を保障しているとした上で、住基ネットによって管理・利用等される個人情報（本人確認情報）のうち、①氏名・生年月日・性別及び住所の個人識別情報としての秘匿性、②住民票コード（無作為に作成された一〇桁の数字及び一桁の検査数字を組み合わせた数列）がマスターキーとして使われる可能性、をいずれも低く評価し、③転入・転出、出生等の変更情報についても、個人の内面に関わるような秘匿性の高い情報とは言えないとした上で、住基ネットによる個人情報の利用等が、法令等によって、正当な行政目的の範囲内に限定されており、住基ネットの堅牢性に照らしても、正当な範囲を超えてみだりに本人確認情報が開示等される具体的な危険性もないとして、住基ネットを合憲としました。

しかし、「個人番号」制度について言えば、利用を予定する行政事務は広範であり、「個人番号」にひも付けされる情報も、本人が第三者への開示を望まない情報が多数含まれます。制度の目的が、専ら行政の効率性を図ることにあることからすれば、プライバシーの権利を侵害する高度の危険性をおかしてまで導入・運用する合理性を欠いており、違憲の疑いがある制度であるといえるでしょう。

21 労働者は事業主からの個人番号の提供の要請を拒むことができるのでしょうか

提供の目的

まず、事業主が、提供の要請に先立って、どのような目的で「個人番号」の提供を求めるのか、その具体的な内容を明らかにしているかを確認すべきです。事業主による周知の方法としては、社内LANにおける通知、書類の交付、就業規則への明記等の方法が考えられます。目的が明示されていない限り、「個人番号」を提供すべきではありません。また、その目的が、前問で説明した番号法の定める目的以外の目的であれば、そもそも事業主が提供を求めること自体が違法です（番号法一五条、一九条、九条三項）。

先に見た①社会保障、②税務、③災害対策等の事務の中には、事業主が、労働者やその扶養家族の「個人番号」を行政機関に提供することを法令上義務付けられる場合がありま す（国税通則法一二四条など）。たとえば、事業主が税務署に提出する所得税の扶養控除申告書には控除対象配偶者や特定の扶養親族の個人番号を記載することが義務づけられています（所得税法一九四条）。ただし、「個人番号」を記載しないこと、提供しないことに対する罰則はありません。政府は、法令に規定があるからといって事業主が労働者に対して「個人番号」の提供を強制できるとはせず、あくまで労働者に対して提供に協力を求めるというスタンスに立っています。

労働者の中には、「個人番号」を提供した場合、事業主から「個人番号」が第三者に漏洩して、不正に利用されることを恐れている人もいます。こうした危惧は十分に根拠のあるものです。したがって、労働者としては、提供をする場合にも、事業主の情報管理体制がしっかりしているか、を見定め、不十分と考えればその改善を求めるなどして、提供のリスクを最小限に抑えることが必要だと言えます。

個人番号を提供しなかった場合の不利益は

「個人番号」を提供しないことで、事業主にとって事務手続き上の支障が生じることは事実ですが、現時点では、そのことを理由に事業主が事務の実施を拒否する法令上の根拠を欠いており、事務の実施は拒否できないものと考えられています。

ただし、事務の実施に当たり、「個人番号」の提供がなかったことによる行政手続き上の不利益（現時点では具体的には明らかではありません。）は労働者本人が負うことになります。ちなみに、国税当局は、「個人番号」の記載がなくても、法定調書・確定申告書は受理するとしています。

就業規則に提供義務が明記されていたら

就業規則に提供義務が明記されていた場合、提供を拒否すると、事業主が就業規則違反を理由に懲戒処分を行うことも可能です。ただし、本人のプライバシーの尊重の観点から、重大な懲戒処分（減給や出勤停止、懲戒解雇など）は許されないと考えられます。[*1] 特定個人情報の管理体制が不十分であり、事業主として労働者を保護すべき信義則上の義務（労働契約法三条四項）を果たしていないといった場合は、懲戒処分をすることは許されないと考えられます。

＊1　この点について、厚生労働省は、「社会保障・税に関する手続書類へのマイナンバーの記載は、法令で定められた事業主の義務であり、事業主は、マイナンバー法に基づき、従業員に対してマイナンバーの提供を求めることができます。このことをご理解いただき、事業主から、法律に基づく正当なマイナンバーの提供の求めがあった場合には、これに応じていただくようお願いします。」とする一方で、「マイナンバーを提供しないことを理由とする賃金不払い等の不利益な取扱いや解雇等は、労働関係法令に違反又は民事上無効となる可能性があります。」としています（http://www.mhlw.go.jp/file/06-Seisakujouhou-12600000-Seisakutoukatsukan/000122575.pdf）。

1 労基法の女性保護規定は今はどうなっているのですか

時間外・休日労働の制限、深夜労働の規制は廃止された

一九九七年六月の労基法改正により、それまでの時間外・休日労働の上限規制、深夜労働の規制という、労働時間についての女性保護規定がなくなりました。現在、女性についての規定として残っているのは、産前産後休暇、妊産婦に関する規定、育児時間、生理休暇などの母性保護規定だけです。[*1]

一九九七年改正の基本的な考え方は、同年の均等法改正による男女雇用平等の強化の前提として、妊産婦以外の女性を特別扱いしないということです。一九九五年にわが国も批准したILO一五六号条約と一六五号勧告[*2]は、女性だけが家族的責任を負うのではなく、男女がともにその責任を担うことができるように、育児・介護などの家族的責任を負う労働者への差別禁止や解雇禁止、一日あたりの労働時間の漸進的短縮、時間外労働の短縮などの措置を国に求めています。このような措置がとられれば、男性も家族的責任を担えるのですから、女性だけ時間外・休日・深夜労働を規制する必要はないわけです。

改正の結果、女性の時間外・休日労働は、三六協定の範囲内であれば危険有害業務以外は男性と同様にできるようになりました。深夜業（午後一〇時から午前五時までの間の労働）も、それまでは、女性については例外的だったものが、男性と同様に原則として無制

＊1　このため、二〇〇六年の労基法改正の際、第六章の二の表題が「女性」から「妊産婦等」に変更されています。

＊2　家族的責任を有する男女労働者の機会及び待遇の均等に関する条約と同勧告。

限にできるようになりました（Ⅳ－15問参照）。

しかし、わが国には労働時間の上限規制が実質的にないも同然であるため、長時間労働[*3]が放置されているので、国際的にも非難を浴びています。ヨーロッパでは、男女ともに時間外・休日労働の厳しい上限規制をしています（Ⅳ－1、9問参照）。わが国でも男女ともの時間外労働規制が必要との声が大きく、一九九七年労基法改正の際には、衆参両院で付帯決議がされ、二〇一五年制定の女性活躍推進法（Ⅵ－15問参照）に基づき作成された政府の「事業主行動計画作成指針[*4]」にも、「長時間勤務の是正等の男女双方の働き方改革」が取り組みの視点として明記されています。

*3　もっとも、Ⅳ－1問で述べるとおり、労働組合がきちんと対応すれば、厳しい規制が可能になっていますので、組合の責任でもあります。

*4　平成二七年一一月二〇日内閣官房・内閣府・総務省告示第一号。内閣府男女共同参画局のホームページで読めます。

女性保護規定から家族的責任を有する者の保護へ

時間外労働の男女共通規制が実現しないまま、急に女性保護規定がなくなってしまうと、家族的責任を負うことが多い女性が仕事を続けられなくなるので、一九九九年四月から二〇〇二年三月まで激変緩和措置がとられました。そして、二〇〇一年の育児・介護休業法の改正により、二〇〇二年四月から、この激変緩和措置と実質的に同一内容の規制が、男女共通の規制として設けられました（Ⅳ－9、18問、Ⅵ－13問参照）。

この章の後半では、従来女性労働者の権利として説明されてきたことを、法の趣旨に従い、男女共通の平等扱い、男女共通の家族的責任の保障（家庭と仕事の両立保障）との視点で整理して説明します。

2 産前・産後休暇と育児時間

産前は自由・産後は強制

労基法六五条一項は、「使用者は、六週間（多胎妊娠[*1]の場合にあっては、十四週間）以内に出産する予定の女性が休業を請求した場合においては、その者を就業させてはならない。」と定めています。産前休暇請求権の行使は、女性労働者の自由に委ねられています。

これに対し、産後休暇は強制的なものです。すなわち、労基法六五条二項は、「使用者は、産後八週間を経過しない女性を就業させてはならない。ただし、産後六週間を経過した女性が請求した場合において、その者について医師が支障がないと認めた業務に就かせることは、差し支えない。」と定めています。産後六週間は本人が希望しても就労することができないのです。

使用者がこれらの規定に違反すれば、六カ月以下の懲役または三〇万円以下の罰金に処せられます（労基法一一九条一号）。産前の休業期間については出産予定日を基準にして計算し、産後の休業期間については実際の出産日を基準にして計算します。

「出産」の範囲

この労基法六五条の「出産」の範囲について、厚生労働省の通達では、妊娠四カ月以上であれば、流産や死産、妊娠中絶も含むとされていますので（昭和二三年一二月二三日基発一八八五号、昭和二六年四月二日婦発一一三号）、四カ月以上で流産や中絶をしても、

*1 多胎妊娠
二人以上の胎児を同時に妊娠すること。多胎妊娠の場合は、早産頻度が高く、平均在胎週数は双胎・三五週、三胎・三二週、四胎・二八週です。

産後休暇を取得できます。

産前・産後休暇と賃金

労基法では休暇中の賃金について何の規定もしていません。したがって無給でも違法ではないのです。なお、健康保険法一〇二条により、産前六週間（多胎妊娠の場合は一四週間）、産後八週間について、標準報酬日額の三分の二に相当する出産手当金が支給されます。産休は有給休暇日数の算定にあたっては出勤とみなされます（労基法三九条八項）。

不利益取扱いは許されない

産前産後の休業をしたことを理由とする解雇その他の不利益取扱いは禁止されています（均等法九条三項）（Ⅵ－9問参照）。昇給の要件である出勤率の算定について、産前・産後休業および育児時間を欠勤扱いにすることは公序良俗に違反するので無効です（日本シエーリング事件・最高裁平成元年一二月一四日判決[*2]）。

また、賞与の支給要件として九〇％以上の出勤率を求めている場合、産前産後休業日数および勤務時間短縮措置による短縮時間分を出勤日数に含めない旨の就業規則の定めは、産休をとれば自動的に賞与がもらえなくなるので、公序良俗に反し無効です（学校法人東朋学園事件・最高裁平成一五年一二月四日判決）。しかし、受給資格を認めたうえで、産前産後休業の日数等を欠勤日数に算入して比例的に減額することは、適法とされています（同判決）。

育児時間

労基法六七条は、女性の労働者のみ、満一歳未満の子どもについて一日二回、それぞれ

＊2　均等法制定前の事件です。最高裁は、均等法九条三項は強行規定であり、違反は無効となることを明らかにしています（広島中央保健生協事件・平成二六年一〇月二三日判決）。

三〇分以上の育児時間を請求することができ、この時間は使用者がその女性を働かせてはならない、と規定しています。行政解釈では、当該女性が出産した子であるか否かを問わないとされています。[*3] もともとは授乳時間の趣旨でしたが、勤務時間の始めまたは終わりに請求してきた場合にも拒否できないとされていますので（昭和三三年六月二五日基収四三一七号）、労働時間の短縮にもなります。女性のパート労働者や派遣労働者も、この規定により育児時間を請求できます。ただし、一日の労働時間が四時間以内であるような場合は、育児時間が一日一回となります（昭和三六年一月九日基収八九九六号）。

育児時間についても賃金についての規定はありません。

なお、育児・介護休業法により、使用者は、一定の男女労働者に育児を理由とする時間短縮等の制度を設けることが義務づけられています（Ⅵ-⑬問参照）。

＊3　厚生労働省労働基準局編『平成二三年版労働基準法　下』労務行政（二〇一一年）七五一頁。

3 妊産婦の労働は法律上どのように保護されているのですか

軽作業への転換

労基法六五条三項は「使用者は、妊娠中の女性が請求した場合においては、他の軽易な業務に転換させなければならない。」と定めています。これに違反した使用者は六カ月以下の懲役または三〇万円以下の罰金に処せられます（労基法一一九条一号）。

「軽易な業務」とは何かの判断は案外難しいものがあるので、労働省の通達によれば「原則として女性が請求した業務」とされています（昭和六一年三月二〇日基発一五一号、婦発六九号）。ただし、他に転換させられる軽易な業務がない場合に、会社が新しい仕事を創設することまでの義務を課したものではないと解されています（同通達）。しかし、使用者としては、安易に軽易業務がない、と判断することは許されず、配置可能な業務、職務の調整をすべきでしょう。調整の努力をしても、客観的に他に軽易な業務が存しない場合、使用者は休憩の挿入や労働時間の短縮等の工夫をするべきでしょう。[*1]

また、軽作業に転換する場合、賃金が減少してもやむをえないというのが現在の扱いですが、妊娠中の女性（妊婦）が従前の業務の継続を事実上強制されることにならないよう、転換後の賃金については、従前と大きな差異のないものを保障するよう、使用者と交渉するべきでしょう。

軽作業への転換に際して降格することは、妊娠または出産に関する事由を理由とする不

＊1　たとえば職種限定契約の場合、職種が限定されているというだけで「他に転換させられる軽易な業務がない」と判断すべきではなく、使用者としては、職種を超えた業務への配置等を含めて検討すべきです。

利益扱いとして均等法九条三項により無効となります（広島中央保健生協事件・最高裁平成二六年一〇月二三日判決）。

労働時間の制限

労基法六六条一項ないし三項では、妊婦および産後一年を経過しない女性（産婦）が請求した場合は、変形労働制をとっている場合でも、一日八時間・週四〇時間を超える労働、時間外労働、休日労働、深夜業をさせてはならないと定めています。妊産婦は前述の作業軽減とあわせて請求することができます。やはり使用者への罰則規定があります（労基法一一九条一号）。

坑内業務の制限

女性の坑内労働の禁止は、国際的な原則であり（ＩＬＯ四五号条約〔一九三五年〕）、労基法では全面的に禁止されていましたが、二〇〇六年の労基法改正で一部解禁されました。

妊婦と坑内業務に従事しない旨を使用者に申し出た産婦については、坑内業務が禁止されます（労基法六四条の二第一号）。それ以外の満一八歳以上の女性については、人力による掘削の業務その他の女性に有害な業務として厚生労働省令で定めるもののみが禁止されます（同条二号、女性労働基準規則一条）。この改正により、作業員の業務は引き続き禁止されますが、管理監督的な業務は可能になりました。

危険有害業務の禁止

労基法六四条の三第一項は、「使用者は、妊娠中の女性及び産後一年を経過しない女性

（以下「妊産婦」という。）を、重量物を取り扱う業務、有害ガスを発散する場所における業務その他妊産婦の妊娠、出産、哺育等に有害な業務に就かせてはならない。」と定めています。これらの業務のうち、女性の妊娠・出産機能に有害な業務については、省令により禁止規定を妊産婦以外の女性に準用させることができるとされています（同条二項）。これを受けて女性労働基準規則二条では、妊産婦の場合に制限する業務を具体的に列挙し、同規則三条では、重量物を取り扱う業務、有害ガスや粉塵を発散する場所における業務を女性労働者一般につき禁止しています。

妊娠中および出産後の健康管理に関する措置

事業主は、その雇用する女性労働者が母子保健法の規定による保健指導または健康診査を受けるために必要な時間を確保することができるようにしなければなりません（均等法一二条）。通院時間の確保が主なものです（同法施行規則二条の三参照）。通院時間の賃金の規定はありませんので、無給でもかまいません。

右の保健指導等により、医師等から指導を受けた場合には、事業主は勤務時間の変更や短縮等の必要な措置を講じなければなりません（均等法一三条一項）。具体的には、通勤緩和の指導に関する時差通勤、勤務時間の短縮等の措置、休憩の指導に関する休憩時間の延長、休憩時間の回数の増加等の措置、女性労働者の症状の指導に関する作業の制限、勤務時間の短縮、休業等の措置です。この内容については、厚生労働大臣が指針を定めることになっており（同条二項）、詳しい指針が出されています。[*2]

＊2　「妊娠中及び出産後の女性労働者が保健指導又は健康診査に基づく指導事項を守ることができるようにするために事業主が講ずべき措置に関する指針」（平成九年九月二五日労働省告示一〇五号。直近一部改正平成一九年三月三〇日厚生労働省告示九四号）。

4 生理休暇

「生理休暇」とは

労基法六八条は、「使用者は、生理日の就業が著しく困難な女性が休暇を請求したときは、その者を生理日に就業させてはならない。」と定めています。もとは「生理休暇」という表題でしたが、一九八五年の法改正で「生理休暇」という用語自体はなくなっています。[*1]

「生理日の就業が著しく困難」であるかどうかは本人の申出を尊重すべきであり、請求があれば使用者は休みを取らせなければなりません。通達でも、女性労働者の請求があった場合は原則として与えるものとし、特に証明を求める必要がある場合でも、医師の診断書までは必要なく、同僚の証言程度の簡単な証明でよいとしています（昭和六三年三月一四日基発一五〇号、婦発四七号）。

なお、通達では、生理休暇は必ずしも暦日単位である必要はなく、半日または時間単位で請求した場合はその範囲でとらせればよいとしています（昭和六一年三月二〇日基発一五一号、婦発六九号）。

日数は

生理休暇の日数についてはは労基法には規定がありませんが、趣旨からいって必要日数だけ請求できるものです。個人差が大きいだけに一般基準は定められません。したがって

＊1　生理休暇は、一九四七年の労基法制定により、世界で最初に誕生したもので、日本の他には、インドネシア、韓国にあるだけです。生理休暇の成立については、医療人類学の視点からのユニークな研究である、田口亜紗『生理休暇の誕生』（青弓社、二〇〇三年）を参照。

「就業規則その他により生理休暇の日数を限定することは許されない」(昭和六三年三月一四日基発一五〇号、婦発四七号)とされています。

賃金は

生理休暇中の賃金については、労基法上規定がないので、無給でもよいわけです。とはいえ、女性が健康に働くために保障されている休暇ですから、有給とすることを職場で確立していくべきでしょう。

生理休暇の必要日数のうち一部だけ有給とすることも可能です。また、就業規則などで有給の日数を定めておくことは、それ以上の(無給の)休暇を与えることが明らかにされているのであれば許されます(昭和六三年三月一四日基発一五〇号、婦発四七号)。

生理休暇を皆勤手当等諸手当や昇級上の取扱いにおいて欠勤扱いすることの可否について、判例は、欠勤扱いは必ずしも不当とはいえないとしつつも、労働者の不利益が重大で、生理休暇を請求する権利の行使を著しく困難にするような取扱いである場合は、労基法六八条の趣旨に反し無効であるとしています(エヌ・ビー・シー工業事件・最高裁昭和六〇年七月一六日判決、日本シェーリング事件・最高裁平成元年一二月一四日判決)。

違反した使用者への制裁は

生理休暇の規定に違反して、休暇を与えず就業させた使用者は、三〇万円以下の罰金に処せられます(労基法一二〇条一号)。

5 男女雇用機会均等法とはどういう法律ですか

男女雇用機会均等法の歴史

一九八五年、国連女子差別撤廃条約[*1]をわが国が批准するに際して、労働分野での男女差別を解消するために定められたのが、男女雇用機会均等法[*2]です。この法律の名称のとおり、男女の結果的平等取扱いではなく、機会の均等を定めた法律で、男女の均等な機会および待遇の確保と、妊産婦の健康の確保を図ることを目的とします（一条）。

この法律は、一九九七年、そして二〇〇六年に大幅に改正されました。一九九七年の改正では、女性労働者のための男女差別の規制が拡充強化されました。二〇〇六年の改正では、女性だけではなく、男性・女性双方を保護対象とする法律（性差別禁止法）となり、男性も法違反の差別について訴訟提起や調停申立等が可能となりました。また、降格、職種・雇用形態の変更、退職勧奨、雇止めに関する差別的取扱いも禁止されるようになりました。この他、表面上は男女平等に見えるものの、実質は女性にのみ不利益な「間接差別」についても、省令で規定する限定的な場合についてですが、一部禁止されることになりました。省令は二〇一三年に改正されています。[*3]

何が規定されているのか

この法律は、募集採用（五条）、配置、昇進、降格、教育訓練、福利厚生、労働者の職種および雇用形態の変更、退職の勧奨、定年、解雇、雇止め（労働契約の更新）（六条）

＊1　女子差別撤廃条約
「女子に対するあらゆる形態の差別の撤廃に関する条約」の略称。一九七九年第三四回国連総会で採択。八一年九月発効。女性に対するあらゆる形、あらゆるあらわれ方の差別を撤廃し、男女の平等の確立を目的としています。各国の法律、制度のみならず慣習をも対象とし、また個人、団体、企業による女性差別撤廃の義務を国に負わせています。

＊2　正式には、「雇用の分野における男女の均等な機会及び待遇の確保等に関する法律」といいます。

＊3　二〇〇六年改正法の詳しい解説としては、財団法人二一世紀職業財団編『詳説　男女雇用機会均等法』（財団法人二一世紀職業財団、二〇〇七年）があります。厚生労働省のホームページからダウンロードできるパンフレット「男女雇用機会均等法のあらまし」（最新のものは二〇一五年五月作成）も便利です。

という雇用の各ステージでの性別を理由とする差別を禁止しています。また、女性については婚姻・妊娠・出産を理由とする不利益取扱いも禁止されています（九条）（Ⅵ－6問参照）。禁止違反に罰則はありませんが、解雇等は無効となり、その他の差別も不法行為として損害賠償の理由になります（Ⅵ－6、7問参照）。

募集採用にあたっては、「性別にかかわりなく均等な機会を与えなければ」なりません（五条）。「男子のみ」「女子のみ」の募集は、差別として禁止されます。[*4]

これらの差別禁止の内容については、厚生労働大臣が必要な指針を定めることとされ（一〇条）、詳細な指針が定められています。[*5]

男女差別を解消するための取組みをする事業主に援助する、いわゆるポジティブアクション（積極的差別是正策）も規定されています（一四条）。

雇用機会均等以外にも、セクシュアル・ハラスメントやマタニティ・ハラスメント防止のための事業主の措置義務（一一条、一一条の二）（Ⅵ－8、9問参照）や、妊産婦に対する措置義務も規定されています（一二条、一三条）（Ⅵ－3問参照）。

間接差別の禁止

使用者は、「性別以外の事由を要件とする」措置であっても、「実質的に性別を理由とする差別となるおそれがある措置」として厚生労働省令で定めるものについては、「合理的な理由がある場合」でなければ講じてはなりません（七条）。これは「間接差別」を禁止するものです。厚生労働省令で定めた（原則禁止となる）措置はつぎの三つです（均等法施行規則二条）。

*4 均等を確保する上で障害になっている事情を改善することを目的として女子労働者に対して行う措置は、ポジティブアクションとして違法にはなりません（八条）。二〇一五年女性活躍推進法の制定に併せて指針が見直され、女性労働者が男性労働者と比較して相当程度少ない雇用管理区分又は役職における募集又は採用に当たって、女性に有利な取扱いをすることが認められています。

*5 「労働者に対する性別を理由とする差別の禁止等に関する規定に定める事項に関し、事業主が適切に対処するための指針」（平成一八年一〇月一一日厚生労働省告示六一四号。直近改正平成二五年一二月二四日）。

① 労働者の募集または採用にあたって、労働者の身長、体重または体力を要件とすること
② 労働者の募集、採用、昇進、職種変更に関する措置であって、転居を伴う転勤に応じることができることを要件とすること（二〇一三年に改正されたものです）
③ 労働者の昇進にあたり、転勤の経験があることを要件とすること

救済制度

これらの差別やハラスメントがあった場合、まず、事業主が社内の苦情処理機関に解決を委ねるなどの自主的解決を図ることが原則です（一五条）。それができないときは都道府県労働局長に助言・指導・勧告をしてもらうことができます（一七条一項）。それでも解決しなければ、募集・採用のトラブルを除き、都道府県労働局におかれた紛争調整委員会[*6]に調停の申立てができます（一八条一項）[*7]。

紛争調整委員会では、三名の調停委員により調停を行い（一九条）、必要があるときは労働団体や事業主団体の意見も聞いたり（二一条）、関係官庁に協力を求めながら（二六条）、調停案を作って当事者に勧めます。雇用均等室に援助を求めたり、調停を申し立てたことによる不利益取扱いは禁止されます（一七条二項、一八条二項）。

さらに、禁止された差別を行って是正勧告を受けたにもかかわらず従わない企業に対しては、厚生労働大臣が企業名を公表するという社会的制裁をとることができます（三〇条）[*8]。

＊6　個別労働関係紛争の解決の促進に関する法律六条一項に規定されたもので、個別労働紛争のあっせんと均等法による調停手続を担当するものです。

＊7　当初は、調停開始に両当事者の同意を必要としていたため、申立て自体が困難でしたが、現在は一方当事者の申立てで調停が始まるように改正されています。

＊8　二〇一五年九月四日、厚生労働省は、妊娠を理由に労働者を解雇し、労働局長や大臣の解雇撤回を求める勧告にも従わない牛久市の病院に対し、均等法三〇条に基づく初めての公表を行いました。

6 女性に対して男性より早い定年制や結婚退職制が就業規則で定められていたら

定年・退職についての男女間の差別的取扱いは法律で禁止されている

均等法六条四号では「退職の勧奨、定年及び解雇並びに労働契約の更新」について労働者の性別を理由とした差別的取扱いはしてはならないと定め、男女で年齢を異にする定年制を設けること等を禁止しています。

同法九条一項では「事業主は、女性労働者が婚姻し、妊娠し、又は出産したことを退職理由として予定する定めをしてはならない。」と定め、結婚・出産退職制を設けることを禁止しています。[*1] Ⅵ－9問で説明します。

男女の平等は裁判例の積み重ねで勝ち取られてきた

このような、定年や退職についての男女間の差別的取扱いの禁止は、均等法が成立する一九八五年以前に、女性労働者の闘いの中で判例で確立されてきました。労基法上規定がなく、また昔は女性が働き続けられる環境が今以上に整備されていなかったこともあって、男女別定年制や女性の結婚退職制が就業規則で定められている会社も多かったのです。しかし、一九六〇年代以降、いくつもの裁判が起こされ、男女別定年制や結婚退職制は、憲法の保障する男女平等[*2]や結婚の自由を侵害するものとして民法九〇条[*3]の「公の秩序」に反するとされ、就業規則や労働協約等で男女別定年制や結婚退職制を定めていても、それは法律上無効であることが確立されました。均等法九条の各規定は、このような

*1　均等法九条（婚姻、妊娠、出産等を理由とする不利益取扱いの禁止等）
「①事業主は、女性労働者が婚姻し、妊娠し、又は出産したことを退職理由として予定する定めをしてはならない。
②　事業主は、女性労働者が婚姻したことを理由として、解雇してはならない。
③　事業主は、その雇用する女性労働者が妊娠したこと、出産したこと、労働基準法（昭和二十二年法律第四十九号）第六十五条第一項の規定による休業を請求し、又は同項若しくは同条第二項の規定による休業をしたことその他の妊娠又は出産に関する事由であつて厚生労働省令で定めるものを理由として、当該女性労働者に対して解雇その他不利益な取扱いをしてはならない。
④　妊娠中の女性労働者及び出産後一年を経過しない女性労働者に対してなされた解雇は、無効とする。ただし、事業主が当該解雇が前項に規定する事由を理由とする解雇でないことを証明したときは、この限りでない。」

*2　憲法一四条一項
「すべて国民は、法の下に平等であつて、人種、信条、性別、社会的身分又は門地により、政治的、経済的又は社会的関係において、差別されない。」

裁判例を条文化して確認したものです。

そのような裁判例には、結婚退職制について民法九〇条に反し無効とした住友セメント事件（東京地裁昭和四一年一二月二〇日判決）、定年年齢を男性は五五歳、女性は三〇歳とする「女子若年定年制」を無効とした東急機関工業事件（東京地裁昭和四四年七月一日判決）、年数差にかかわらず男女別定年制をすべて無効とした日産自動車事件（最高裁昭和五六年三月二四日判決）等があります。

なお、アメリカでは主として、スチュワーデスによる裁判提起の結果、航空業界における勝利判例の積み重ねの中で、妊娠退職制や結婚退職制が撤廃されてきました。*4 日本でも、インド航空（国営）の日本人女子客室乗務員の四五歳定年制に対して、裁判を提起し、一九八九年一〇月に本国政府にこれを撤回させたことがあります。

行政による指導等にはどのようなものがあるか

このように、男女別定年制や結婚・出産退職制が就業規則等で定められていても、法律上無効ですから、労働基準監督署は就業規則の是正を命令できますし（労基法九二条）、都道府県労働局の助言や指導・勧告の対象となり（均等法一七条）、また紛争調整委員会の調停の対象にもなります（均等法一八条）。これら行政機関による勧告に従わない場合、厚生労働大臣が違反企業名を公表できます（均等法三〇条）。

＊3　民法九〇条（公序良俗）「公の秩序又は善良の風俗に反する事項を目的とする法律行為は、無効とする。」

＊4　道田信一郎『男女雇用の平等』（新潮選書、一九八四年）。

7 女性従業員の賃金が低い、女性従業員だけ家族手当が支払われない、昇進しないといった場合は

男女同一賃金は法律で保障されている

労基法四条は、「使用者は、労働者が女性であることを理由として、賃金について、男子と差別的取扱いをしてはならない。」と定めています。つまり、労働者が女性であることのみを理由として、または当該事業場において女性労働者が一般的または平均的に能率が悪いこと、勤続年数が短いこと、主たる生計の維持者でないことを理由として、女性労働者に対し賃金に差別をつけることは違法となるのです（昭和二二年九月一三日基発一七号）（Ⅲ－5問参照）。

手当も、支給条件が賃金規程等で定められているのであれば、労基法上の賃金です。したがって、支給条件を女性であることを理由として差別的に取り扱うものは、労基法四条に反し違法です。

形式的に男女平等に取り扱う規定はどうなるか

問題は、一見形式的に男女平等に取り扱う規定です。たとえば家族手当や住宅手当の支給基準を「世帯主」とする規定が労基法四条に抵触しないかが裁判で争われてきました。岩手銀行事件では、家族手当・世帯手当の受給資格たる「世帯主」の認定において、夫たる行員に比べて妻たる行員を著しく不利に取り扱う規定は本条に違反して無効であるとされました[*1]（仙台高裁平成四年一月一〇日判決）。他方で、住民票上の世帯主（夫）のみに

＊1　配偶者が所得税法に規定されている扶養控除対象限度額を超える所得を有する場合は夫を世帯主とするという、実質は男性のみを有利に扱う規定が、労基法四条に違反し、民法九〇条により無効であるとされました。

家族手当を支給した事案や、家族手当の受給者たる「世帯主」の要件を一家の生計の主たる担い手とする解釈運用をして、住民票上の世帯主である女性に家族手当を支給しなかった事案において、違法な差別ではないとした裁判例もあります。[*2]

三陽物産事件では、非世帯主および独身の世帯主で、本人の意思で勤務地域を限定して勤務についている者につき、二六歳以降は定期昇給しないこととする規定に対し、いずれの要件も実際に該当するのは女性従業員であり、使用者が、女性従業員の本給が男性従業員のそれよりも著しく不利益になることを容認して制定し運用してきたものであるとして、本条違反として無効とされました（東京地裁平成六年六月一六日判決）。

このほか、勤続期間や職務内容の同質性、賃金格差の程度などを考慮し、コース別人事を理由にした賃金格差は違法な男女差別であるとして賠償を命じた裁判例もあります（兼松事件・東京高裁平成二〇年一月三一日判決）。[*3]

結局、賃金や手当の支給規定や昇給の要件が、形式的には男女平等に定められているようでも、要件を満たす女性が少ないなど、その規定の制定意図や運用面において男女差別があれば、労基法四条違反として無効というべきです。なお、間接差別については、二〇〇六年の改正で、限定的な場合に禁止の対象となりましたが（七条）（Ⅵ-5問参照）、前述の裁判例のような規定については、均等法上は、禁止対象となっていません。

差別的取扱いに対しては

職務、能率、技能、年齢、勤続年数が異なる場合に、賃金に差異が生ずることは差別ではありませんが、これらのものが男性労働者と同一であるのに、差別的な賃金や手当が払

＊2　住友化学工業事件・大阪地裁平成一三年三月二八日判決、日産自動車事件・東京地裁平成元年一月二六日判決。

＊3　なお、コース別管理については、「コース等で区分した雇用管理を行うに当たって事業主が留意すべき事項に関する指針」（平成二五年一二月二四日厚生労働省告示第三八四号）が発せられています。

われているときは違法ですから、労働基準監督署に申し立て、是正させることができます。一九七〇年代には、第一勧業銀行[*4]、日本信託銀行[*5]、滋賀銀行、三和銀行[*6]、立石電機[*7]などで、労働基準監督署の是正勧告を出させ、是正を勝ちとっています[*8]。

賃金や手当に対する差別的取扱いを定めた就業規則等の規定に対しては、その規定が労基法四条違反で無効であることから、男性との差額賃金を請求できます。また、賃金における性別を理由とした差別的取扱いは民法七〇九条の不法行為となりますから、差額賃金相当額や慰謝料を損害賠償として請求することもできます。

昇進、昇格差別に対しては

均等法六条は、「労働者の配置（業務の配分及び権限の付与を含む。）、昇進、降格及び教育訓練」について、労働者の性別を理由として、差別的取扱いをしてはならないと定めています（一号）。昇進・昇格差別に由来する賃金格差は不法行為となり賃金差額相当分の損害賠償の支払いができます。

しかし、裁判で昇進・昇格そのものを命じられるかは、使用者の人事裁量権に対する介入になることから議論があります[*9]。芝信用金庫事件では、男性社員について年功的要素を加味した人事政策によりほぼ全員が昇格する労使慣行があったのに対し、女性社員についてはこのような措置がとられなかった点について、女性社員の昇格請求権を肯定し、昇格した地位（課長職）の確認が認められています（東京高裁平成一二年一二月二二日判決）。

＊4　現みずほ銀行。
＊5　現三菱信託銀行。
＊6　現三菱東京UFJ銀行。
＊7　現オムロン。
＊8　中島通子ほか『男女同一賃金』（有斐閣、一九九四年）六三頁。
＊9　社会保険診療報酬支払基金事件・東京地裁平成二年七月四日判決は、不法行為に基づく損害賠償責任は認めましたが、使用者の発令行為なしに昇格を命じるには明確な根拠が必要であるとして、昇格確認請求は否定しています。

8 セクシュアル・ハラスメントは法律でどのように規制されているのですか

セクシュアル・ハラスメントとは

セクシュアル・ハラスメント（以下「セクハラ」と略称します）とは、わが国では「性的嫌がらせ」と訳され、主に女性労働者が、職場において女性ゆえに受ける性的な嫌がらせと理解されてきました。女性が男性の補助的仕事しかさせられないことの多いわが国では、女性は職場の花といわれ、性的な存在としてみられてきたため、性的誘いかけを受けて拒否したら解雇された、性的なうわさを立てられて泣く泣く退職したなどさまざまな嫌がらせを受けてきました。

そのセクハラが働く女性への人権侵害として注目されるようになったのは、わが国では一九八九年頃からのことです。[*1] セクハラは、刑事法上は、強制わいせつ・強姦罪にあたることもあり、民事上は、行為者に対しては不法行為として損害賠償の対象になりますし、企業に対しても、使用者の責任を追及することができます。誘いかけを拒んで解雇などの不利益扱いを受けたときは処分は無効です。

セクハラという言葉が使われるようになってからの裁判では、上司が性的うわさを立て、女性が会社に抗議したところ、女性の方が退職のやむなきに至ったケースで、上司と会社に不法行為責任を認め、慰謝料一五〇万円の支払いを命じたものがあります（福岡事件・福岡地裁平成四年四月一六日判決）。しかし、法律上明確な規定がなかったため、概

＊1　わが国で最初の、企業内の性的言動に損害賠償責任を認めた裁判は、対立している労働組合の一方がその組合機関誌上で、相手方女性組合員の容姿を「チビ・ブス」と侮辱した事件（全金東京計器支部事件・東京地裁昭和六〇年一一月二七日判決）です。

念が曖昧などの批判がされてきました。そこで、多くの女性の要求に応えて、一九九七年六月の均等法改正の際に、使用者にセクハラ防止をするための雇用管理上の配慮をする義務を同法に規定しました。そして、二〇〇六年の均等法改正により、女性労働者だけではなく男性労働者に対するセクハラについても対象とされることになり、セクハラの防止措置をとることが使用者の義務として規定されました（同法一一条）。

下関セクハラ（食品会社営業所）事件・広島高裁平成一六年九月二日判決は、「使用者は、従業員に対し、良好な職場環境を整備すべき法的義務を負うと解すべきであって、セクシュアル・ハラスメントの防止に関しても、職場における禁止事項を明確にし、これを周知徹底するための啓発活動を行うなど、適切な措置を講じることが要請される。したがって、使用者がこれらの義務を怠った結果、従業員に対するセクシュアル・ハラスメントという事態を招いた場合、使用者は従業員に対する不法行為責任を免れないと解すべきである。」としています。

均等法の規定

均等法では、セクハラを、（Ⅰ）職場において行われる性的な言動に対する労働者の対応によりその労働者が労働条件につき不利益を受けること、（Ⅱ）性的言動により労働者の就業環境が害されること、と定め、事業主にセクハラがないよう、その労働者の相談に応じ、必要な体制の整備などの措置を講ずる義務を定めています。具体的には、厚生労働省が、事業主が配慮すべき事項についての指針をつぎのとおり定めています。[*2]

① セクハラには対価型（前記Ⅰ）と環境型（前記Ⅱ）がある。

＊2 「事業主が職場における性的な言動に起因する問題に関して雇用管理上配慮すべき措置についての指針」（平成一八年一〇月一日厚生労働省告示六一五号）。

② 通常就業している場所以外でも、当該労働者が業務を遂行する場所（取引先事務所、顧客の自宅など）は職場である。

③ 性的言動には、性的内容の発言と性的行動があり、発言には、性的事実関係を尋ねる・性的内容の情報を意図的に流すなどが、性的行動には、性的関係の強要・必要なく身体に触る・わいせつ図画の配布などが含まれる。

④ 対価型セクハラの典型は、出張中の車内で、上司が労働者の胸・腰に触り、抵抗されたので、労働者に不利益な配置転換をしたなどがある。

⑤ 環境型セクハラは、労働者の意に反する性的言動により、就業環境が不快なものとなり、労働者の就業に見過ごせない程度の支障が生じることで、同僚が性的情報を意図的・継続的に流したので、労働者が苦痛に感じて仕事が手につかないケースや、労働者が抗議するのにヌードポスターを貼り、労働者が苦痛を感じて業務に専念できないケースが典型である。

⑥ 事業主は、セクハラに関する方針を明確にし方針の周知・啓発すること、労働者の相談に応じ、適切に対応するための必要な体制の整備、セクハラが生じた場合に事後の迅速・適切な対応等の措置を講じ、労働者のプライバシーを保護し、セクハラについて相談などした労働者の不利益取扱いの禁止の責任を負う。

均等法の規定により、セクハラの定義が明らかになり、また事業主の責任を追及することも容易になりました。均等法と指針に基づき、会社にセクハラ防止策を要求しましょう。

セクハラとの闘い方

均等法に規定はされたものの、男性中心のわが国の企業では、セクハラが女性への人権侵害であるという認識はまだまだ不足しています。男性や企業の意識を変えるためにも、セクハラの加害者やセクハラを放置した企業の責任を追及することが、セクハラをなくし、女性が働きやすい職場を作る早道です。

セクハラは、泣き寝入りしていると何度でも繰り返され、後日責任を追及しても、その時黙っていたのだから不愉快ではなかったのだと主張されがちです。そこで、セクハラを受けたときは、すぐ抗議することによって、あなたがセクハラを許さないことを明確にしてください。また、密室で行われることが多いセクハラでは、性的誘いかけの事実の立証が簡単でないことが多いので、セクハラを受けたら、日時・場所・内容を細かくメモしておきましょう。電話での誘いかけなら録音しておくとか、手紙をもらったら残しておく、けがをしたら医師に診てもらって診断書をもらい、傷の写真を撮っておくことが大切です。また、すぐに同僚や友人に相談しましょう。相談していた知人が証言したので、被害者の主張に近い認定をした判決もあります（金沢事件・金沢地裁輪島支部平成六年五月二六日判決）。とはいえ、特に職場の上司に対し、とっさに抗議することはなかなかむずかしいものですし、体に触られて硬直してしまい抵抗できないことも多いのですが、最近は、そういう女性の心理状態を理解する判決もあります（横浜事件・東京高裁平成九年一一月二〇日判決）。セクハラが原因でうつ病などの精神障害を発病した場合は労災保険の対象にもなります。[*3] あきらめないで闘いましょう。

*3 厚生労働省リーフレット「セクシュアルハラスメントによる精神障害の労災認定について」（二〇一二年）

使用者が、⑥で述べた事業主の執るべき措置を執らなかった場合は、厚労省が指導監督を行うことになります。セクハラについては、裁判のほか、紛争調整委員会（X-1問参照）の調停を利用することができます（均等法一六条、一八条）（VI-5問参照）。事業主が均等法に規定された事項を遵守していたかどうかは、使用者の民事責任に大きく影響すると考えられます。

セクハラをした者の処分

セクハラは違法行為です。セクハラを行った管理職に対する懲戒処分と降格が有効とされた判例があります（海遊館事件・最高裁平成二七年二月二六日判決）。

9 マタニティ・ハラスメントは法律でどのように規制されていますか

妊娠、出産等を理由とする不利益取扱いは禁止されている

均等法九条一項では「事業主は、女性労働者が婚姻し、妊娠し、又は出産したことを退職理由として予定する定めをしてはならない。」と定め、同条三項では、女性労働者の妊娠・出産・産前産後の休業取得、その他の妊娠または出産に関する事由で厚生労働省令で定めるもの[*1]を理由とした解雇その他の不利益取扱いを禁止しています。たとえば、妊娠、出産等を理由として、契約を更新しないこと、降格させること、賞与・昇格で差別すること、不利益な配置変更をすることはできません[*2]。

妊娠中および出産後一年以内の解雇は、事業主が妊娠・出産・産休の取得を理由とした解雇でないことを証明しないかぎり、無効です（九条四項）。これは、使用者に解雇理由の立証責任を負わせたものですが、いったん解雇されてしまうと労働者が争うことは困難であることから、訴訟外でも使用者に労働者に対する説得責任を負わせる趣旨だと説明されています[*3]。

軽易業務転換を契機として降格させた場合

労基法六五条三項に基づく妊娠を理由とする軽易業務への転換を請求した女性労働者に対する降格が、均等法九条三項に反するかどうかが争点となった事件[*4]で、一審および二審が女性労働者の請求を認めなかったのに対し、最高裁は、破棄差し戻しを命じました（広

*1 均等法施行規則二条の二に掲げられています。法律上の権利行使が主ですが、九号で「妊娠又は出産に起因する症状により労務の提供ができないこと若しくはできなかったこと又は労働能率が低下したこと」が含まれています。

*2 労働者に対する性別を理由とする差別の禁止等に関する規定に定める事項に関し、事業主が適切に対処するための指針（平成一八年一〇月一一日　厚労省告示六一四号）

*3 財団法人二一世紀職業財団編『詳説男女雇用機会均等法』（財団法人二一世紀職業財団、二〇〇七年）一四八頁、一五六頁。

*4 病院に勤務していた理学療法士が、妊娠した際に軽易業務転換（労基法六五条）を請求して同業務に異動した際、副主任の職を免じられ、産前産後休業及び育児休業後に異動前の業務に復帰したものの、副主任に任じられることはなかったため、副主任を免じた措置が、均等法九条三項に違反し無効だと争いました。

島中央保健生活協同組合事件・最高裁平成二六年一〇月二三日判決）。差し戻し後、広島高裁は、病院が行った降格は違法だとして、女性労働者の損害賠償請求を認めました（広島高裁平成二七年一一月一七日判決）。

最高裁は、均等法九条三項の強行法規性を認め、同項に反する取扱いは、違法・無効とした上で、「女性労働者につき妊娠中の軽易業務への転換を契機として降格させる事業主の措置は、原則として均等法九条三項の禁止する取り扱いに当たる」としました。また、この原則の例外としては、①労働者の自由意思に基づく承諾がある場合、または、②業務上の必要性があり、均等法九条三項の趣旨・目的に反しないと認められる特段の事情がある場合の二つを示し、例外に当たるかどうかについて厳格な判断枠組みを要求しました。

最高裁の判断により、労働者が、妊娠・出産等を契機として不利益な取扱いがされた場合には、事業主が、労働者の承諾や、特段の事情を証明する必要があることが明確になりました。

厚労省の通達も改正された

厚生労働省は、平成二六年の最高裁判決を受けて、均等法解釈通達の一部を改正し（平成二七年一月二三日付雇児発〇一二三第一号）、この解釈通達に関連して、「妊娠・出産・育児休業等を契機とする不利益取扱いに係るQ＆A」を発表しました。事業主向けのリーフレットも作成・発行しています。

これらの中で、厚労省は、妊娠・出産等を契機として不利益取り扱いが行われた場合は、原則として妊娠・出産等を理由として不利益取扱いがなされたものと考え、妊娠・出産・育休等の事由の終了から一年以内に不利益取扱いがなされた場合は、妊娠・出産等を「契機」としていると判断する、という考え方を示しました。また、例外にあたる場合として、次のような事例を示しています。

例外1　業務上の必要性が不利益取扱いの影響を上回る特段の事情がある場合

具体的には、①不利益取扱いをしなければ業務運営に支障が生じる状況であった上で、不利益取扱いを回避する合理的な努力がなされ、人員選定が妥当である等の経営状況の悪化が理由である場合と、②妊娠等の事由の発生前から能力不足等が問題とされており、不利益取扱いの内容・程度が能力不足等の状況と比較して妥当で、改善の機会を相当程度与えたが改善の見込みがない等の本人の能力不足が理由である場合

例外2　本人が同意し、一般的労働者が同意する合理的理由が客観的に存在する場合

具体的には、契機となった事由や取扱いによる有利な影響があって、それが不利な影響を上回り、不利益取扱いによる影響について事業主から適切な説明があり、労働者が十分理解した上で応じるかどうかを決められた場合

マタハラ防止も法に規定された

二〇一六年の均等法改正により、新しく一一条の二が設けられ、使用者に職場における妊娠、出産等に関する言動に起因する問題に関する雇用管理上の措置を講じることが義務づけられました（施行は二〇一七年一月一日）[*5]。前問で説明したセクハラ防止措置と同様に、厚生労働大臣が指針を定めることになっており（同条二項）、近く公表される予定です。育児介護休業法二五条にも同趣旨の規定が置かれました。

*5　均等法一一条の二第一項
「事業主は、職場において行われるその雇用する女性労働者に対する当該女性労働者が妊娠したこと、出産したこと、労働基準法第六十五条第一項の規定による休業を請求し、又は同項若しくは同条第二項の規定による休業をしたことその他の妊娠又は出産に関する事由であつて厚生労働省令で定めるものに関する言動により当該女性労働者の就業環境が害されることのないよう、当該女性労働者からの相談に応じ、適切に対応するために必要な体制の整備その他の雇用管理上必要な措置を講じなければならない。」

マタハラとの闘い方

最高裁判例が出され、厚労省が具体的な基準を示したとはいえ、男性中心で長時間労働が常態化している日本の企業では、女性労働者の妊娠、出産等は歓迎されず、妊娠・出産を機に、やむをえず離職する女性も多くいます。*6 また、厚労省の調査によれば、多くの女性労働者がマタハラを経験しているという結果もあり、被害実態は深刻です。*7 不利益な取扱いを受けても、非正規雇用で弱い立場にあると声をあげることができない、出産後に幼い子供を育てながら仕事を続けることを考えると声をあげにくい、といった実情もあるでしょう。

誰もが人間らしく働き続ける権利を持っています。妊娠、出産をする女性が働く権利を主張することは、女性労働者だけの問題ではなく、「人としての働き方」を問うことでもあります。妊娠や出産のために、不利益な取扱いを受けたと思ったら、厚生労働省雇用均等室（都道府県労働局）や法律事務所に相談しましょう。二〇一六年の均等法改正により、紛争調整委員会の調停の利用も可能になりました（一六条、一八条）（Ⅵ－5問参照）。あきらめないで、声をあげていくことが大切です。

二〇一五年九月四日、厚生労働省は、妊娠を理由に労働者を解雇し、労働局長や大臣の解雇撤回を求める勧告にも従わない牛久市の病院に対し、均等法三〇条に基づく公表を行い、広く報道されました。

*6　厚労省国立社会保障・人口問題研究所「第一四回出生同項調査（夫婦調査）」によれば、出産前に職業についていた女性の六〇％以上が、出産後に離職しています。

*7　二〇一五年一一月一二日の労働政策審議会雇用均等分科会では、妊娠等を理由とする不利益取扱いに関する調査の概要として、派遣労働者の四八・七％、正社員の二一・八％が、マタハラを経験していると報告されました。

10 職業生活と家庭生活の両立支援

使用者の「両立支援配慮義務」

労働契約により労働者は労務提供義務、使用者は賃金支払義務を負っています（民法六二三条、労働契約法六条）。今日の労働契約では、当事者はこのような基本的な権利義務にとどまらず、相互に付随的な配慮義務を負っていると考えられています。第Ⅷ章で説明する使用者の安全配慮義務（労働契約法五条）もその一つです。

こうした配慮義務の一つとして、ＩＬＯ一五六号条約、育児・介護休業法、男女共同参画社会基本法、次世代育成支援対策推進法（Ⅵ-15問参照）、女性活躍推進法（Ⅵ-15問参照）などの立法によって、使用者は、家族的責任を有する労働者に対して、可能なかぎり労働者の職業生活と家庭生活の両立を実現できるように支援・配慮しなければならない法的義務を負っています。労働契約法三条三項が、「労働契約は、労働者及び使用者が仕事と生活の調和にも配慮しつつ締結し、又は変更すべきものとする。」と規定したのも、このような「ワーク・ライフ・バランス」を考慮したものです。

両立支援の中心は、育児介護休業、労働時間短縮、在宅勤務、フレックスタイム（Ⅳ-8問参照）ですが、平等を考慮すれば、すべての労働者に対する労働時間短縮の措置が基礎となるべきものです。

11 会社に規定がないと育児休業はとれないのでしょうか

育児休業は会社に規定がなくともとれる

育児休業は、法律[*1]で決められた制度なので、会社の就業規則等で育児休業の規定がなくとも、要件を満たして労働者が書面で申出をすれば会社は拒むことができず（育児・介護休業法六条一項）、申出どおり休業に入れます。

育児休業がとれる者は

育児休業は、一歳未満の子（実子または養子）を養育する男女労働者が請求できます（五条）。特例として夫婦で共に育児休業を取る場合は一歳二カ月までに一年間とることが許容されています（九条の二［パパママ育休プラス］）。

ただし、事業主が「事業所の労働者の過半数で組織する労働組合がある場合においてはその労働組合、その事業所の労働者の過半数で組織する労働組合がない場合においてはその労働者の過半数を代表する者」（Ⅱ－⑫問参照）との書面による協定を結んだ場合には、次の者を育児休業の対象から除外できるとしています（同法六条一項但書、二項、同法施行規則七条）。

① 雇用されてから一年未満の者
② 申出日から一年以内に雇用関係が終了することが明らかな者
③ 所定労働日数が週二日以下の者[*2]

＊1　正式名称は「育児休業、介護休業等育児又は家族介護を行う労働者の福祉に関する法律」といいます。一九九二年四月一日に施行された「育児休業に関する法律」が、一九九五年には介護休業制度も盛り込んだ「育児・介護休業法」となりました。二〇〇四年および二〇〇九年にも改正されています。

＊2　規則七条、平成一二年一二月一五日労働省告示一二〇号。

契約社員、派遣社員やパートタイマーも育児休業がとれる

契約社員・パートや派遣労働者であっても、日雇い労働者を除き、以下の二つの要件を満たしていれば育児休業の申出をすることができます（育児・介護休業法二条一号、五条一項但書）。

① 継続雇用一年以上であること

② 子が一歳六ヶ月に達する日までに、その労働契約（労働契約が更新される場合にあっては、更新後のもの）が満了することが明らかでないこと（二〇一六年改正）

期間の定めのない労働契約をしていたり実質的に期間の定めがない契約と異ならない状態となっているパート労働者は、もちろん正社員と同じく育児休業の申出をすることができます。

育児休業の手続は

育児休業は、休業開始予定日の原則一カ月前までに（出産予定日前の出産など突発的事由が発生したときは一週間前でよい。同法六条三項、規則一〇条）、事業主に、休業開始予定日、休業終了予定日など所定事項を記載して書面で申し出ます（同法五条四項、規則五条）。

期間はいつまで

育児休業をすることができるのは、子が一歳になる誕生日の前日までの間で労働者が申し出た休業開始日から休業終了予定日までです。また、子が一歳に達する日においていずれかの親が育児休業中であり、かつ保育園に入所を希望しているが入所できない場合や一

歳以降養育する予定であった配偶者が死亡・負傷・疾病等により子の養育が困難になった場合には、子が一歳六カ月になるまでの間育児休業をすることができます（育児・介護休業法五条三項、規則四条の二）。

労働者は、休業開始予定日の前日まで育児休業の撤回ができます。出産予定日前に子が出生した場合には一回に限り開始予定日の繰上げができます。終了予定日の繰上げまたは繰り下げは、一カ月前（一歳六カ月までの休業の場合は二週間前の日）までに申し出ることにより、期間内で一回に限りできます（同法八条、九条）。

育児休業は、子の死亡、子が満一歳（または休業期間が一歳六ケ月までの場合は一歳六カ月）になったとき、育児休業中の労働者について産前産後休暇または新たな育児休業が始まった場合、に終了します（同法九条二項）。

育児休業中の賃金は

育児休業中の賃金は、法律上定めがありませんので、無給でもよいとされます。とはいえ、労使間の交渉で、ふさわしい賃金保障をさせたいものです。

なお、雇用保険法により、休業前の賃金の五〇％（休業開始から一八〇日間は六七％）が育児休業給付金として支給されます（同法六一条の四、附則一二条）。また、休業中の健康保険料と厚生年金保険料の本人負担分は免除されます（健康保険法一五九条、厚生年金保険法八一条の二）。育児休業は、有給休暇日数の算定にあたっては、出勤したものとみなされます（労基法三九条八項）。

育児休業を理由とした不利益取扱いは禁止されている

使用者は、労働者が育児休業の申出をしたり育児休業をしたことを理由として解雇したりその他の不利益な取扱いをしてはなりません（育児・介護休業法一〇条）。[*3]

使用者には育児休業後の労働条件の整備が求められている

使用者は、労働者が安心して育児休業に入れるように、休業期間中と復職後の賃金等の労働条件をあらかじめ定めて、明示するよう努めなければなりません（育児・介護休業法二一条）。

育児休業終了後は、従前と職務や勤務条件に変更なく職場復帰することが原則です。もし、やむをえず配置転換する場合でも、就業場所の変更により子の養育や家族の介護を行うことが困難となる労働者がいるときは、その子の養育や家族の介護の状況に配慮する義務があります（同法二六条）。

なお、使用者には、法律上、育児休業をとった労働者が円滑に職場復帰できるよう、労働者の職業能力の開発や向上等について必要な措置をとるよう努力する義務があります（同法二二条）。また、使用者は、育児休業以外にも、労働者の短時間勤務等、育児を容易にするための措置をとるべきことが求められています（同法二三条）（Ⅵ－13問参照）。

＊3　東朋学園事件・最高裁平成一五年一二月四日判決は、産後八週間休業し、子が一歳になるまでの間、勤務時間短縮措置を受けたところ、出勤率が九〇％以上であることを必要とする旨を定めた就業規則所定の賞与支給要件を満たさないとして、賞与が支給されなかったケースについて、①本件九〇％条項のうち、出勤すべき日数に産前産後休業の日数を算入し、出勤した日数に産前産後休業の日数及び勤務時間短縮措置による短縮時間分を含めないものとしている部分は、公序に反し無効である。②同部分が無効であるとしても、産前産後休業の日数及び短縮時間分は欠勤として減額の対象となるというべきであるとして、同部分が無効であることから直ちに賞与全額の支払義務があるとは言えないとしました。働いていない以上、その分に対応する賃金を受けられないのは仕方がないが、それを超える不利益は法が休暇や休業を権利として認めた趣旨を実質的に失わせるもので許されないというのです。

12 会社には介護休業規定がありませんが、介護休業はとれますか

介護休業は会社に規定がなくともとれる

介護休業は、法律[*1]で決められた制度なので、会社の就業規則等で介護休業の規定がなくとも、要件を満たして労働者が書面で申出をすれば会社は拒むことができず（育児・介護休業法一二条一項）、申出どおり休業に入れます。

どのような場合に介護休業を請求できるか

労働者は、対象家族が「要介護状態」すなわち、二週間以上の期間にわたり常時介護を必要とする状態にあるときに介護休業を請求できます（育児・介護休業法二条二号、三号、同法施行規則一条）。「対象家族」の範囲は、配偶者（事実婚を含む）、父母、子、配偶者の父母、同居しかつ扶養している祖父母・兄弟姉妹・孫です（同法二条四号、同法施行規則二条）。

介護休業は男女労働者とも請求できます。また、対象家族を一人では介護できない場合があるため、他に対象家族を介護できる人がいるかどうかにかかわらず、請求できます。

ただし、事業主が「当該労働者が雇用される事業所の労働者の過半数で組織する労働組合がある場合においてはその労働組合、その事業所の労働者の過半数で組織する労働組合がない場合においてはその労働者の過半数を代表する者」（Ⅱ－⑫問参照）との書面による協定を結んだ場合には、雇用されてから一年未満の者や、九三日以内に雇用関係が終了す

＊1　正式名称は「育児休業、介護休業等育児又は家族介護を行う労働者の福祉に関する法律」。

る者、週の所定労働日数が二日以下の者は、介護休業の対象から除外されることがあります（同法一二条二項・六条一項但書、同法施行規則二三条）。

契約社員、派遣社員やパートタイマーは

Ⅵ－11問の育児休業のところで述べたように、パートタイマーであっても更新を繰り返し、実質上正社員と同様に働いている場合は、介護休業制度の利用が認められます。また、二〇〇四年改正により、期間雇用者も、日雇い労働者を除き、介護休業をすることができることになりました（育児・介護休業法二条一号）。すなわち、以下の要件を満たしていれば介護休業の申出をすることができます（同法一一条一項但書）。

① 継続雇用一年以上であること

② 介護休業開始予定日から起算して九三日経過日から六月を経過する日までに労働契約（労働契約が更新される場合にあっては更新後のもの）が満了することが明らかでないこと

介護休業の期間、回数など

介護休業は、休業開始予定日の二週間前までに、対象家族が要介護状態であることを明らかにし、また休業開始予定日と終了予定日を明らかにして、書面で事業主に申し出ます（育児・介護休業法一一条、同法施行規則二一条）。労働者の申出が開始予定二週間前より遅れた場合、使用者には申出の休業予定日から申出後二週間経過日までの間のいずれかの日を開始日と指定できる機会が与えられています（同法一二条三項）。

介護休業をとれる期間は、対象家族につき九三日を限度として労働者が申し出た休業開

始日から休業終了予定日までで、連続した期間でなければなりません(同法一五条)。

労働者は、休業開始予定日の前日までに介護休業の申出の撤回ができます(同法一四条)。また休業開始予定日の前日までに終了予定日の延長を請求できますが、休業期間の短縮は請求できません(同法一三条、七条三項)。

介護休業は、対象家族の死亡等介護の必要がなくなった場合や、介護休業中の労働者について産前産後休暇、育児休業、新たな介護休業が始まった場合に、終了します(同法一五条三項)。

また、介護休業は、原則として、対象家族一人につき常時介護を必要とする状態に至るごとに三回通算して九三日しかとれません(同法一一条二項)。

介護休業中の賃金など

介護休業中の賃金は、法律上定めがありませんので、無給でもよいとされます。とはいえ、労使間の交渉等で、社会保険労働者負担相当額など、ふさわしい保障をさせたいものです。なお、雇用保険法により、六七%相当の介護休業給付金が支給されます(同法六一条の六第四項、附則一二条の二〔二〇一六年改正〕)。ただし、休業中の健康保険料と厚生年金保険料の本人負担分は、育児休業の場合と異なり免除されません。介護休業は、有給休暇日数の算定にあたっては、出勤したものとみなされます(労基法三九条八項)。

介護休業を理由とした不利益取扱いは禁止されている

使用者は、労働者が育児休業の申出をしたり育児休業をしたことを理由として解雇したりその他の不利益な取扱いをすることは法律で禁止されています(育児・介護休業法一六条・一〇条)。

使用者には介護休業後の労働条件の整備が求められている

使用者は、労働者が安心して介護休業に入れるように、休業期間中と復職後の待遇、賃金、配置その他の労働条件をあらかじめ定めて、労働者に周知させる措置を講ずるよう努めなければなりません(育児・介護休業法二一条)。

介護休業終了後は、従前と職務や勤務条件に変更なく職場復帰することが原則です。もし、やむをえず配置転換する場合でも、休業した労働者の意思を尊重して不利益取扱いとならないような配慮が要求されます。

なお、使用者には、法律上、介護休業をとった労働者が円滑に職場復帰できるよう、労働者の職業能力の開発や向上等について必要な措置をとるよう努力する義務があります(同法二二条)。また、使用者は、介護休業以外にも、労働者の短時間勤務等、介護を容易にするための措置をとる義務があります(同法二三条)。

使用者は、労働者の配置転換にあたっては、就業場所の変更により家族の介護を行うことが困難となる労働者がいるときは、家族の介護の状況に配慮しなければなりません(同法二六条)。

13 育児・介護休業法による時間短縮と看護休暇・介護休暇

育児・介護のための短時間勤務制度

二〇〇九年の育児・介護休業法の改正により、使用者は、育児休業をせずに、三歳未満の子を養育する労働者（男女を問いません）につき、申出があれば、「所定労働時間の短縮措置」（所定労働時間を原則六時間とすることを含む）をとることが義務づけられました（育児・介護休業法二三条一項）。

これによる育児短時間勤務制度を設けた場合でも、労基法上の育児時間は別途に与えなければならないとされています（平成一四年三月一八日雇児発〇三一八〇〇三号通達）。

要介護状態にある対象家族を介護をしている労働者に対しては、申出があれば、介護休業の上限九三日を超えた期間について、「所定労働時間の短縮その他の措置」をとることが義務づけられています（育児・介護休業法二三条三項）。「措置」の内容は、①短時間勤務制度（所定労働時間を原則として六時間とすることを含む）、②フレックスタイム制度、③始業または終業の時刻を繰り上げまたは繰り下げる制度、④介護サービスの費用負担補助です（同法施行規則三四条三項）。いずれか一つの措置をとれば足り、労働者の希望に応じた措置をとることまでは求められていません。

また、同法二三条は、育児・介護休業や看護・介護休暇とは異なり、労働者に直接私法上の請求権を与えるものではなく、当該措置が制度化され、労働契約内容となって初めて労働者に勤務時間短縮の権利が生じると解されています（平成二一年一二月二八日職発第一二二八第四号・雇児発第一二二八第二号通達九七頁）[*1]。

看護休暇が認められた

二〇〇四年の育児・介護休業法の改正により、看護休暇が新設されました。小学校就学までの子を養育する労働者は、子が一人であれば一年につき五日、二人以上であれば年一〇日を限度として、傷病にかかった子の世話または疾病の予防のために看護休暇をとることができます（育児・介護休業法一六条の二）。「疾病の予防」は、子の予防接種や健康診断をさしています（同法施行規則二九条の三）。看護休暇を取得する日などを明らかにして、使用者に申し出る必要があります（同規則三〇条）。

勤続六カ月未満の者および週の労働日が二日以下の者については、労使協定の締結により対象外とすることができます（Ⅵ-11問参照）。

賃金についての定めはありませんので、無給でもよいのですが、中央労働委員会の「平成二六年賃金事情等総合調査」[*2]（大企業が対象）によると、看護休暇中の賃金を全額支給する企業も三割程度あります。

二〇一六年の改正により、一日未満の単位で取得することが可能になりました（同法一六条の二第二項）。

介護休暇も認められている

要介護状態にある対象家族の介護を行う労働者は、その事業主に申し出ることにより、要介護状態にある対象家族が一人であれば年に五日まで、二人以上であれば年一〇日ま

＊1　したがって、制度がない場合は、自分で決めた時間に勝手に帰ってしまうことはできませんが、法に定められた措置をしない使用者に対しては、損害賠償請求が可能だと考えられています（梶川敦子「育児休業法制の意義と課題」村中孝史他編『労働者像の多様化と労働法・社会保障法』［有斐閣、二〇一五年］一〇九頁）。

＊2　資本金五億円以上、労働者一〇〇〇人以上の企業を対象。

で、介護のために、休暇を取得することができます（育児・介護休業法一六条の五、一六条の六、同法施行規則三〇条の四から三〇条の七）。[*3]

介護休暇についても一日未満の単位での取得が認められました（同法一六条の五第二項）。

時間外労働の制限

事業主は、三歳未満の子を養育する労働者、常時介護を必要とする対象家族の介護を行う労働者が請求した場合は、事業の正常な運営を妨げる場合を除き、所定労働時間を超えて労働させてはなりません（育児・介護休業法一六条の八、一六条の九）。[*4]

事業主は、小学校入学までの子を養育し、又は常時介護を必要とする状態にある対象家族の介護を行う労働者が請求した場合は、一か月二四時間、一年一五〇時間を超えて時間外労働をさせてはなりません（育児・介護休業法一七条、一八条）。

小学校入学前の子を養育する労働者に対する措置

使用者は、小学校修学の始期に達するまでの子を養育する労働者に対して、以下のような措置に準じて必要な措置を講じるよう努めなければならないとされています（努力義務。育児・介護休業法二四条一項）。

一　一歳未満　始業時刻変更等の措置

二　一歳から三歳に達するまで　育児休業に関する制度又は始業時刻変更等の措置

三　三歳から小学校就学の始期に達するまで　所定外労働の制限に関する制度、所定労働時間の短縮措置又は始業時刻変更等の措置

＊3　賃金についての定めはありませんので、無給でもよいのですが、中央労働委員会の「平成二六年賃金事情等総合調査」によると、介護休暇中の賃金を全額支給する企業も一八％程度あります。

＊4　二〇一六年改正による。介護労働者については二〇一七年一月一日から。

14 育児・介護休業法による深夜業の免除

深夜業の免除

使用者は、小学校入学までの子を養育している労働者、または常時介護を必要とする状態にある対象家族の介護を行う労働者が請求した場合は、深夜において労働させてはなりません（育児・介護休業法一九条、二〇条）（Ⅳ－17問参照）。

ただし、「所定労働時間の全部が深夜にある労働者」は、深夜業の免除を請求できないとされています（同法一九条一項三号、同法施行規則三一条の一二）。

深夜業を含む勤務と免除の請求

交替制勤務や所定労働時間の一部が深夜時間帯にかかる業務に従事する労働者は、深夜業免除の適用対象に含まれます。この場合、深夜業の免除を求めたことにより、一切の勤務を与えないことができるのでしょうか。

こうした対応が許されるのであれば、深夜業免除を請求した労働者は、深夜時間帯以外の時間帯における労働の意欲と能力があっても就労できなくなります。深夜業の免除を請求するには、職業能力の低下や所得の減少を覚悟しなければならず、こうした不安や所得の減少を回避するには、深夜業免除の権利行使を手控えるよりほかなくなります。これでは、就労を継続しながら育児介護の家族的責任をはたすことによって、職業生活と家庭生活の両立支援の実現をめざした深夜業免除制度の趣旨・理念は絵に描いた餅となってしまいます。

両立支援のための配慮義務の内容と程度

厚生労働大臣の定める指針[*1]は、使用者に対し、労働者の育児や介護の状況、勤務の状況がさまざまであることに対応して、「制度の弾力的な利用が可能となるように配慮する」ことを要請しています（同指針第二の5(3)）。また、あらかじめ「労働者の深夜業の制限期間中における待遇（昼間勤務への転換の有無を含む）に関する事項を定めるとともに、これを労働者に周知させるための措置を講ずるように配慮する」こと（同指針第二の5(2)）として、昼間勤務への転換、労働者の労働時間、賃金等に関する事項については、あらかじめ労使間で同意されることが望ましいとしています。

ですから使用者が、深夜時間帯以外の時間帯における労働の提供を申し出ている労働者に、従来の勤務割当方法を見直すための努力と工夫をすれば昼間勤務に従事させることが可能であるのに、機械的に深夜業を免除するだけで、その労務の提供の受領拒絶をしているのであれば、両立支援のための配慮義務としての相応の努力を尽くしたことにはなりません。[*2]

この点が争われた日本航空客室乗務員深夜勤務免除裁判において、東京地裁平成一九年三月二六日判決は、一方の組合に所属している労働者に昼間勤務を与えている日数と同じ日数の昼間勤務分の賃金請求を認めています。

＊1　子の養育又は家族の介護を行い、又は行うこととなる労働者の職業生活と家庭生活の両立が図られるようにするために事業主が講ずべき措置に関する指針（平成一六年一二月二八日厚生労働省告示四六〇号）。

＊2　厚生労働省が育児・介護休業法について説明したパンフレット（平成二七年一月発行・パンフレットNo.1）では、同法の「ポイント解説」として「労働者本人が昼間勤務での就業を希望しており、かつ代わりに就業させることができる同職種の昼間勤務が十分あるにもかかわらず、深夜業の制限を請求した労働者を昼間勤務に就けさせず懲罰的に無給で休業させるといった取扱いは、深夜業の制限の制度の利用を躊躇させるものであり、不利益取扱いに当たるおそれがあります」と説明されています（五六頁）。

15 女性活躍推進法・次世代法とはどういうものですか

女性活躍推進法が制定された

女性活躍推進法[*1]が二〇一五年八月に成立し、九月四日に公布され、一部が即日施行されました。事業主行動計画の策定等については、二〇一六年四月一日に施行されています。

この法律は、「社会のあらゆる分野において、二〇二〇年までに、指導的地位に女性が占める割合が、少なくとも三〇％程度になるよう期待する。」とした二〇〇三年六月の政府の男女共同参画推進本部決定が実現にほど遠く、日本がジェンダー・ギャップ指数で一四五カ国中一〇一位と立ち後れていることを改善するという政治的背景と少子高齢化に伴う労働者不足により女性の活用が必要となっているという経済的背景の下、職業生活と家庭生活との円滑かつ継続的な両立を可能にすることなどを目的として制定されたもので、大企業に行動計画（女性活躍推進に関する計画）や情報公開の義務を課しています。

企業の義務

従業員三〇一人以上の企業[*2]は、以下の①②③について義務を負います（同法八条。計画の実施および目標の達成に関しては努力義務です）。従業員三〇〇人以下の企業はすべて努力義務です（同条六項）。

① 自社の女性活躍の状況を把握・分析したうえで、政府の「事業主行動計画策定指針」に即した、行動計画の策定・届出（一項）

＊1　正式名称は「女性の職業生活における活躍の推進に関する法律」。

＊2　法文では「国及び地方公共団体以外の事業主（以下「一般事業主」という。）であって、常時雇用する労働者の数が三百人を超えるもの」とされています。「事業主」とは、「その事業の経営の主体をいい、個人企業にあってはその企業主個人、会社その他法人組織の場合はその法人そのものをいう。」とされています（厚生労働省労働基準局編『平成二二年版労働基準法　上』（労務行政、二〇一一年）一四二頁。つまり人数は、事業所単位ではなく、企業単位で計算するのです。

従業員（常時雇用する労働者）には、パートや契約社員であっても、一年以上継続して雇用されているなど、事実上期間の定めなく雇用されている労働者も含まれます。

② 行動計画について、公表（五項）、従業員への周知（四項）

③ 女性の職業選択に資する情報の定期的な公表（一六条一項）。これは省令で定める事項のうち、事業主が選択したもの一つ以上についてです（行動計画省令一九条）。

法律の仕組

この法律は、労基法のように、使用者の行為を禁止し刑罰を科すものとも、現在の均等法のように禁止をし、勧告して従わないときには公表の制裁をするものとも異なるものです。厚生労働大臣は、事業主に報告を求めることができ（二六条）、これに対する不報告や虚偽報告は二〇万円以下の過料［罰金のようなものですが刑罰ではなく行政罰］（三四条）に処することになっていますが、計画策定や届出を怠っただけでは罰則の対象にはならず、ましてや計画を守らなかったことに対する制裁はまったく予定されていません。

企業文化を変えるために、企業に行動計画の策定と公表をしてもらい、行政は優良な企業の認定・公表（九条）をし、認定企業にはそのマークを付けた宣伝を許すほか（一〇条）、公共の発注に際して優先することを認めるなどのメリットを与えて誘導しようとするものです。公開された情報は、就職情報誌に転載されることが想定されますから、各企業の現状や取り組みが広く一般の批判にさらされることになります。

労働者はどう利用できるのか

法律では、事業主に、①採用した労働者に占める女性労働者の割合、②男女の継続勤務年数の差異、③労働時間の状況、④管理的地位にある労働者に占める女性労働者の割合、⑤その他のその事業における女性の職業生活における活躍に関する状況の把握義務を課し

（八条二項）、改善目標を数値目標で示すことを求めています（八条三項）。

女性管理職が少なかったのは男女役割分担の意識の他、正社員に長時間労働が求められるために家庭生活・育児を希望する女性が退職に追い込まれたこと、女性労働者にやりがいのある仕事を与えなかったこと等にあるのですから、これらを改善させるチャンスだと考えられます。

使用者に実態の調査をさせる、行動計画に女性労働者の声を反映させるなどの取り組みが期待されるところです。

次世代法とは

次世代法（次世代育成支援対策推進法）は二〇〇三年に、少子化対策として、子供を産み、育てやすい環境整備を目的に制定されたもので、子育てと仕事の両立支援が主眼です。法の組み立ては女性活躍推進法と同じで、企業に両立支援を目的とした行動計画策定・届出・公表を義務づけるものです。当初は三〇一人以上の企業に義務づけていましたが、二〇〇八年の改正で一〇一人以上へ拡大されました。また当初は一〇年の時限立法でしたが、二〇一四年の改正で期間が延長されています。

認定企業は「くるみん」マークを付けることができ、二〇一四年改正により、その上の「プラチナくるみん」マークが設けられています。

1 年次有給休暇はいつからどれだけとれるのですか

年休はいつからどれだけとれるか

労基法は、「使用者は、その雇入れの日から起算して六箇月間継続勤務し全労働日の八割以上出勤した労働者に対して、継続し、又は分割した十労働日の有給休暇を与えなければならない。」としています（同法三九条一項）。以後、勤続一年増すごとに一日ずつ増加し、二年六カ月を超えた後は一年ごとに二日ずつ増加します。最高二〇日が限度となります（同条二項、表1参照）。また、週の労働時間が三〇時間未満でかつ週の労働日数が四日以下または年間所定労働日数が二一六日以下のパートタイム労働者に対しては、週の勤務日数に応じて、表2のような日数が比例付与されます（労基法三九条三項、労基則二四条の三）。

なお、以上は労基法が求める最低の基準ですから、労使間でこれを上回る協約を締結することは何ら差し支えありません。また、年休を画一的に処理するため、統一的に起算日を設定する場合は、その日までの勤務日数が六カ月未満の者については、残余日数を出勤したものとして年休を発生させなければなりません（平成六年一月四日基発一号）。

継続勤務とは

「継続勤務」は、勤務の実態に即し実質的に判断されますので、定年退職後の再雇用、

表1　年休の法定付与日数

勤続年数	6カ月	1年6カ月	2年6カ月	3年6カ月	4年6カ月	5年6カ月	6年6カ月以上
年次有給休暇付与日数	10日	11日	12日	14日	16日	18日	20日

臨時労働者の正社員への採用、短期労働契約の更新など、形式は新規の雇用等であっても、実質的に引き続き雇用されている場合には「継続勤務」とみなされます（昭和六三年三月一四日基発一五〇号）。短期契約が更新された場合に継続勤務と認めたものとして、国際協力事業団事件・東京地裁平成九年一二月一日判決があります。

「全労働日の八割以上」の出勤とは

「全労働日」とは「労働者が労働契約上労働義務を課せられている日」をいい、実質的にみて労働義務のない日（祝日や年末年始の一般休暇日）はこれに入りません（エス・ウント・エー事件・最高裁平成四年二月一八日判決）。このほか、労働契約上労働義務が課せられている日であっても、不可抗力による休業日、使用者側に起因する経営・管理上の障害による休業日、正当なストライキにより就労しなかった日などは「全労働日」に入らないとされています（平成二五年七月一〇日基発〇七一〇第三号）。

「八割以上」の出勤率の算定にあたっては、業務上災害による療養のための休業、産前産後の休業、育児介護休業期間（以上につき労基法三九条八項）、年休取得日（昭和二二年九月一三日発基一七号）等は出勤したものとみなされます。無効な解雇の場合のように労働者が使用者から正当な理由なく就労を拒まれたために就労することができなかった日は、全労働日に含ませた上出勤日数に算入すべきものとされました（八千代交通事件・最高裁平成二五年六月六日判決）。

年休の世界のレベルは

ＩＬＯ一三二号条約では、一定期間（六カ月を超えてはならない）継続勤務の者につい

表２　パートタイム労働者に対する年休の法定付与日数

週所定労働日数	1年間の所定労働日数	雇入れの日から起算した継続勤務期間						
		6カ月	1年6カ月	2年6カ月	3年6カ月	4年6カ月	5年6カ月	6年6カ月以上
4日	169〜216日	7日	8日	9日	10日	12日	13日	15日
3日	121〜168日	5日	6日	6日	8日	9日	10日	11日
2日	73〜120日	3日	4日	4日	5日	6日	6日	7日
1日	48〜72日	1日	2日	2日	2日	3日	3日	3日

て、年の休暇日数は三労働週[*1]を下回ってはならないとし（五条、三条）、三労働週のうち少なくとも二労働週は一括付与すべきとしています（八条）。実際にもヨーロッパでは四～六週の休暇日数というのが大勢を占めています。また、病休は年休に含ませないのが原則です（同条約六条二項）。病気休暇は別にあって、年休を病休に振り替えないのが基本的な考え方です。[*2]ドイツでは、病休は賃金カットされません。アメリカでは労働協約で、シックリーブ（病休）として長期間のものをとっています（Ⅶ－8問参照）。

時間単位での取得

国家公務員では年休は半日もしくは一時間を単位として取得することが認められています。労基法にはこれまで明文の規定がなく、休暇の趣旨から半日単位の取得は認められないという考えが強かったのです。しかし、近年では、労使双方にとって便宜であることから、使用者は半日単位で付与する義務はないものの、半日単位の取得を認めることも許されるとされてきました（平成七年七月二七日基監発三三号。学校法人高宮学園事件・東京地裁平成七年六月一九日判決）。二〇〇八年の労基法改正により、現在では、過半数代表者との協定を要件として、五日以内に限り、時間単位の取得が認められています（労基法三九条四項、労基則二四条の四）。協定で認められた範囲では時間単位での取得の権利があることになります。

＊1 「労働週」とは、祝日を含まない週のことをいいます。週休二日であれば、三労働週は、日本の一五日の年休に相当します。祝日が入るときは、その分は別に休める扱いです。

＊2 フランスの病気休暇につき、野田進『「休暇」労働法の研究』（日本評論社、一九九九年）第二章。

2 年休はどのようにとれるのですか。使用者が年休を認めないことはできるのですか

年休取得に使用者の承認は不要

労基法三九条五項は、「使用者は、前各項の規定による有給休暇を労働者の請求する時季に与えなければならない。」と定めています。年休の権利は、Ⅶ－1問で述べた成立の要件を満たすことで当然に発生していますから、ここでいう「請求」は休暇の「時季」[*1]の指定を意味します。労働者は保有する年休の範囲内で、具体的に始期と終期を指定して時季を指定すれば、これに対する使用者の承認は不要です（林野庁白石営林署事件・最高裁昭和四八年三月二日判決）。したがって、使用者が（後に述べる時季変更権を行使できない場合であるにもかかわらず）、年休取得を認めないといっても、それは法的に意味はありませんから、労働者がそれを無視して休んだとしても、使用者はそれを欠勤として扱うことはできません。

例外的に使用者が拒否できる時季変更権

労働者の年休の時季指定に対し、使用者は「請求された時季に有給休暇を与えることが事業の正常な運営を妨げる場合においては、他の時季にこれを与えることができる」（労基法三九条五項但書）とされています。これを時季変更権と呼んでいますが、使用者が代わりの日を勝手に指定できるわけではないので、実質は拒否権のようなものです。ひらたくいえば、使用者は、どうしても困るときには「他のときにしてください」といえるわけ

＊1 「じき」というと、知らない人は、必ず「時期」と書いてしまうのですが、法律の用語は「季節」の「季」です。つまり、「シーズンを指定してとれ」という意味です。「わたしは夏とる」「わたしは冬とる」「わたしは秋とる」というのが、年次有給休暇なのです。まとまって労働から解放される自由な時間をとり、人間性を回復しようというのが本来の趣旨です。日本は時間刻みでとったり、一日刻みでとったりするから、「時期」の意識になるのです。

です。

時季変更できる場合

では、どのような場合に使用者は時季変更ができるのでしょうか。これは「事業の正常な運営を妨げる場合」の解釈の問題です。労基法はもともと、労働者が休暇をとることによって、企業運営にある程度の支障を生じることを認めたうえで、それでもなお使用者に年休の付与義務を課しているのです。それは、年休の権利が憲法二七条二項[*2]の休息権に由来する重要な権利だからです。ですから、単に繁忙、人員の不足というだけでは拒否は認められません(東亜紡績事件・大阪地裁昭和三三年四月一〇日判決)。年休を全員が全部消化してもやっていけるだけの余裕をもった人員配置をすることは使用者の義務です。したがって、そのような人員配置をしてもなお、突発的に大量の欠員を生ずるような事態がおきたときに、はじめて時季変更権の行使ができるのです。

最高裁も、労基法は使用者に「できるだけ労働者が指定した時季に休暇がとれるよう状況に応じた配慮をすることを要請している」としています(弘前電報電話局事件・最高裁昭和六二年七月一〇日判決)。裁判例でも、バス会社の運転手の年休の時季指定に対する会社の時季変更が違法とされたケースで、使用者が代替要員の確保努力や勤務割の変更など使用者として尽くすべき通常の配慮を行えば時季変更権の行使を回避できる可能性があるにもかかわらずこれを行わない場合や、恒常的な要員不足により常時代替要員の確保が困難であるというような場合には、年休の取得により定期路線バスの運行業務が妨げられたとしても、「事業の正常な運営を妨げる場合」にあたらないとされています(西日本J

*2 憲法二七条二項
「賃金、就業時間、休息その他の勤労条件に関する基準は、法律でこれを定める。」

Rバス事件・名古屋高裁金沢支部平成一〇年三月一六日判決）。[*3]

ただし、公立高校において、自己の担当する科目の期末試験当日に年次有給休暇の時季指定をすることは事業の正常な運営を妨げる場合にあたるとされています（道立夕張南高校事件・最高裁昭和六二年一月二九日判決）。[*4]

なお、以上の基準に照らし有効な時季変更権の行使がある場合に勝手に休むと賃金カットを受けます。

時季指定はいつまでに行うか

年休の時季の指定は予定日の前にしなければなりません。また、時季変更権を行使するか否かを決めるため、年休の申請を取得の数日前までにするよう就業規則などで定めることも適法とされています（電電公社此花局事件・最高裁昭和五七年三月一八日判決）。そのような場合でも、取得直前（たとえば当日の朝）に行う年休申請が許されないわけではありませんが、時季変更権を休暇開始後に行使されることがあります。

なお、時季変更権の行使も合理的期間内に行わなければならず、不当に遅延した時季変更権の行使は効力を生じません（広島県・三原市事件・広島高裁平成一七年二月一六日判決）。

欠勤後の年休への振替え（年休の事後請求）もよく行われていますが、就業規則に定めがある場合を除き、労働者に振替えを求める権利があるわけではありません（東京貯金事務センター事件・東京地裁平成五年三月四日判決）。

＊3　この判決では、違法な時季変更権行使の結果として有給休暇が取得できなかった日数について、慰謝料請求が認められています。

＊4　日本電信電話事件・最高裁平成一二年三月三一日判決は、研修期間中の年休取得が、「事業の正常な運営を妨げる場合」にあたることを前提として破棄差戻しましたが、当否は疑問です。

3 年休を何に使うかは自由ですか。使用者に理由を言う必要はありますか

年休を何に使うかは自由

年休の申請について使用目的を書く欄がある会社もあります。このため上司が理由を聞くこともあるようです。しかし、年休の利用目的はまったく自由であり、労働者は使用目的を述べる義務はありません。判例も「年次休暇の利用目的は労基法の関知しないところであり、休暇をどのように利用するかは、使用者の干渉を許さない労働者の自由である」(林野庁白石営林署事件・最高裁昭和四八年三月二日判決)としています。

理由をいうことに意味がある場合もある

労働者の時季指定が、事業の正常な運営を妨げる場合は、使用者に時季変更権があります。この場合、年休の使途によっては(たとえば法事の場合など)、使用者が時季変更を差し控えることもあります。また、何人かの労働者の年休指定の、いずれを優先するかについて、使途を考慮することがあります。ですから、使途を明らかにすることを常に拒絶するというのがよいともいえません。

争議目的利用

では、年休を争議行為に利用することは許されるでしょうか。

判例は、一斉休暇闘争(労働者がその所属する事業場において、その業務の正常な運営の阻害を目的として全員一斉に休暇届を出して職場を放棄・離脱する闘争方法)[*1]への年休

*1 公務員などストライキが法律上禁止されている(これ自体は憲法二八条違反が争われている)労働者が制裁を避けるために採っている戦術です。

の利用については、「その実質は、年次休暇に名を籍りた同盟罷業にほかなら」ず、「本来の年次休暇権の行使ではないのであるから、これに対する使用者の時季変更権の行使もありえず、一斉休暇の名のもとに同盟罷業に入った労働者の全部について、賃金請求権が発生しないことになる」（前記林野庁白石営林署事件・最高裁判決）としています。しかし、他方で同判決は、「他の事業場における争議行為等に休暇中の労働者が参加したか否かは、何ら当該年次有給休暇の成否に影響することはない」としています。結局、判例は、その所属する事業場の争議行為に年休を利用することは、その事業場における「業務の正常な運営を妨げる」目的でなされるものであるからそもそも年休権行使とはいえず、他の事業場で行われる争議行為に参加支援するために年休を利用する場合にはそのような目的でなされたものとはいえないので年休権行使として有効としているわけです。[*2]

アルバイトは許されるか

では、年休を取得してアルバイトをするのは許されるでしょうか。自由利用の原則からいって、権利の濫用にならないかぎり、許されます。もっとも、本来の年休制度の趣旨からすれば本末転倒であり、会社に兼職禁止規定があるとその違反として懲戒される危険もないとはいえません（V - 13問参照）。育児休業中に他の使用者のもとで就労することは、労使間の信義則に反し禁止されるとする通達があります（平成三年一二月二〇日婦発二八一号）。

＊2　津田沼電車区事件・最高裁平成三年一一月一九日判決も同旨。

4 労使協定による計画年休

計画年休とは

計画年休とは、同僚・上司や職場の雰囲気への気兼ねから労働者の年休取得が進まない日本の現状[*1]を改善するため、一九八七年の労基法改正により、労使協定の定めに従って職場で一斉にまたは交替で年休を計画的に消化することを認めた制度です。

使用者は、その事業場に、「労働者の過半数で組織する労働組合がある場合においてはその労働組合、労働者の過半数で組織する労働組合がない場合においては労働者の過半数を代表する者」（Ⅱ-⑫問参照）との書面による協定により、「有給休暇を与える時季に関する定め」をし、計画的に有給休暇を与えることができます（労基法三九条六項）。

計画年休の対象となるのは、労基法が保障する年休のうち五日を超える部分で、前年度の繰越し分もその対象となります（昭和六三年三月一四日基発一五〇号）。労使協定による計画年休の付与方法としては、①事業場全体の休業による一斉付与方式、②班別の交替制付与方式、③年休付与計画表による個人別付与方式などがあります。

個人の年休指定との関係

では、以上の計画年休が個人の年休指定と矛盾する場合にはどうなるでしょうか。

この点につき、裁判例では、労使協定で定められた年休日はこれに反対する労働者にとっても年休となり、反対する労働者は協定で定められた日を年休日とせずに他の日を年休

*1 二〇一五年の厚生労働省の調査では（平成二七年就労条件総合調査）、二〇一四年一年間に企業が労働者に付与した年次有給休暇日数（繰越日数を除く）は、労働者一人平均一八・四日で、現実に消化した日数は八・八日、消化率は四七・六％となっています。

ヨーロッパでは一〇〇％消化があたりまえなので、消化率といっても理解されません。

年休取得について影響する要因の分析としては、小倉一哉『日本人の年休取得行動』（日本労働研究機構、二〇〇三年）が本格的なもので参考になります。

日と指定することはできないとしたものがあります（三菱重工業事件・福岡高裁平成六年三月二四日判決）。しかし、計画年休の制度が新設された趣旨からすれば、労働者個人の意向を無視した計画年休は本末転倒といわざるをえません。行政解釈でも、特別の事情により年休日をあらかじめ定めることが適当でない労働者については、計画年休を協定する際に計画年休から除外することを含め十分に配慮することが望ましいとされています（昭和六三年一月一日基発一号）。

長期休暇のとり方

日本ではめずらしい長期休暇一カ月（うち年休日数二四日）を請求した事件について、最高裁判所は、つぎのような判断をしています（時事通信社事件・最高裁平成四年六月二三日判決）。すなわち、長期休暇の場合は、

① 労働者は使用者の業務計画、他の労働者の休暇予定等との「事前の調整」を行う必要がある。
② 労働者が右「事前調整」を経ずに長期連続休暇の指定をした場合、使用者の時季変更権の行使には「ある程度の裁量的判断」の余地を認めざるをえない。
③ ただし、右裁量的判断は合理的なものでなければならない。

これまでの短期の自由年休制と異なり、長期休暇については、組織的な調整が必要なことを明らかにしたもので、計画年休の個人別付与方式の活用等が望まれるところです。

5 年休の繰越し・買上げは認められますか

年休の繰越し

その年度に消化しなかった年休を次年度以降に繰り越すことができるかどうかについては、法律上は明文の規定はありません。厚生労働省の解釈（昭和二二年一二月一五日基発五〇一号）では繰り越しを認め、その年休権は二年の時効にかかるとしています（労基法一一五条）。年休は年度の初めにまとめて発生しますので、結局一年分だけが繰り越されることになります。同じ解釈をした裁判例があります（国際協力事業団事件・東京地裁平成九年一二月一日判決）。

年休の買上げ

あらかじめ年休の買上げを予約し、その代わりに予約された日数について年休取得を認めないことは、年休保障の制度趣旨に反するので許されません（昭和三〇年一一月三〇日基収四七一八号）。

これに対し、結果的に消化できなかった年休日数に応じて手当を支給することは違法ではありませんが、これも法律によって保障された権利ではありません。

年休は、あくまでも休むことによって消化するのが基本と考えるべきでしょう。

年休中の賃金

有給休暇の期間については、平均賃金または所定労働時間労働した場合に支払われる通常の賃金を支払わなければなりません（労基法三九条七項）。なお、労使協定により、健康保険法三条に定める標準報酬日額[*1]に相当する金額とすることもできます（同条但書）。

＊1　標準報酬日額
社会保険において、保険給付および保険料計算の都合上、実際の報酬（給与）の日額に代わるものとして用いる金額。いくつかの等級に区分され、一定期間ごとに改定されています。

6 年休を取得したことで不利益に扱われることはありますか

年休取得と不利益取扱い

年休を取得すると査定に響くのではないか、と年休をとることを差し控える労働者も多いといわれています。しかし、年休は労基法によって保障された労働者の権利ですから、年休をとったことを理由として不利益な取扱いをすることは明らかに法律の趣旨に反します。裁判例でも、つぎのような事例があります。

皆勤手当および出勤奨励金の支給にあたり、年休をとった日を「所属長の承認を得て休んだ日」に算入し不利益に取り扱うことは、年休制度の趣旨に反して違法です（大瀬工業事件・横浜地裁昭和五一年三月四日判決）。

年休取得日を定期昇給上の要件たる出勤率の算定にあたり欠勤日として扱うことは、労基法の年休保障の趣旨に反し許されません（日本シェーリング事件・最高裁平成元年一二月一四日判決）。

賞与の算出における年休取得日の欠勤日扱いは、賃金の支払いを義務づけている年休規定（労基法三九条六項）の趣旨から許されません（エス・ウント・エー事件・最高裁平成四年二月一八日判決）。

ところで、労基法の一九八七年改正では、新たに「使用者は、第三十九条第一項から第三項までの規定による有給休暇を取得した労働者に対して、賃金の減額その他不利益な取扱いをしないようにしなければならない」との条文が新設されました（現行では附則一三六条）。この条文は使用者の努力義務を定めたもので私法上の効果は有しない、と解釈した判例（沼津交通事件・最高裁平成五年六月二五日判決）があります。この事例では、タクシー会社の乗務員に対し、月ごとの勤務予定表どおり勤務した場合には月額三一〇〇円ないし四一〇〇円の皆勤手当を支給するが、勤務予定表作成後に年次有給休暇を取得した場合には右手当の全部又は一部を支給しないとする定めについて、右手当の支給が代替要員の手配が困難となり自動車の実働率が低下する事態を避ける配慮をした乗務員に対する報奨としてされ、右手当の額も相対的に大きいものではないなどの事情の下においては、年次有給休暇取得の権利の行使を抑制して労働基準法が労働者に右権利を保障した趣旨を実質的に失わせるものとは認められず、公序に反する無効なものとはいえないとしました。この判決については、年休制度の趣旨に反するとして、多くの学説が強く反対しています。[*1]

＊1　菅野和夫『労働法［第一一版］』（弘文堂、二〇一六年）五四五頁等。

7 裁判員になった場合会社を休むことはできますか

裁判員休暇

二〇〇九年四月から裁判員制度が始まっています。一般人が「裁判員」として、刑事裁判の審理・判決に加わります。裁判員になることは国民の義務なので、就職禁止事由（裁判員法一五条）や不適格事由（同法一七条、一八条）がない限り選任され、辞退事由も限定されています（同法一六条）。それでは、裁判員になったとき、仕事は休めるでしょうか。休むと何か不利益を受けるでしょうか。

労基法七条は、「使用者は、労働者が労働時間中に、選挙権その他公民としての権利を行使し、又は公の職務を執行するために必要な時間を請求した場合においては、拒んではならない」と規定しています。違反すると、六カ月以下の懲役または三〇万円以下の罰金に処せられます（同法一一九条一号）。裁判員や補充裁判員、裁判員候補者に選ばれ、裁判所に出頭することは、「公の職務を執行する」ことにあたりますから、使用者は、労働者から、「休みたい」との申出があった場合、これを拒むことはできません。

また、裁判員法一〇〇条は、「労働者が裁判員等の職務を行うために休暇を取得したことその他裁判員、補充裁判員若しくは裁判員候補者であること又はこれらの者であったことを理由として、解雇その他不利益な取扱いをしてはならない。」と規定しています。この規定に反した業務命令や解雇等は、無効です。

手当はどうなるか

労働者の給料を保障する制度は、今回は導入されませんでした。したがって、使用者が特に保障しないかぎり、労働者は、その旨届け出て欠勤ないし無給の休暇を使用するか、自分の有給休暇を消化するしかありません。

裁判員には、裁判所から、一日一万円以内（裁判員候補者には一日八〇〇〇円以内）の日当と旅費実費が支払われます（遠方等で宿泊が必要な場合は宿泊料も支払われます）。日当は、裁判員としての職務等を遂行することによる損失（保育料その他裁判所に行くために要した諸雑費等）を一定の限度内で弁償・補償するものです。日当は、裁判員等としての勤務の対価（報酬）ではありませんので、日当と給与の両方を受け取ることは二重取りにはなりません。

諸外国でも、給与保障の制度は多くはありませんが、参審員が四年の任期をもつドイツには制度があり、アメリカでも、州によっては一定期間の給与支払義務があり、少なくない会社が独自に給与保障を行っているそうです。[*1]

従業員が国民の義務を履行することを支援することは、社会を構成する企業としての責任ともいえます。そのような企業は、社会から高い評価を受けるでしょう。国民の義務を果たすための休暇は有給扱いとするよう就業規則を改正することが望ましいといえます。

＊1　後藤昭他『実務家のための裁判員法入門』（現代人文社、二〇〇四年）一四三頁。

8 病気休暇・病気休職

病気の場合の扱い

ドイツでは、病気による短期の欠勤については賃金請求権は失われないとされています。[*1] 日本では、労働者に責任のある債務不履行になるので、欠勤となり、賃金がもらえないばかりか、解雇の理由になることもあります。健康保険では、傷病の療養のため賃金が受けられない場合は、休業四日目から傷病手当金が支給されます（健康保険法九九条）。支給額は一日につき標準報酬日額の三分の二で、支給期間は同一の傷病につき最長で一年六カ月です。

アメリカの組合では長期の傷病休暇を認める労働協約を有するところが多くあります。日本においても、病気休暇は公務員や大企業に広く見られます。

公務員の病気休暇

国家公務員においては、「一般職の職員の勤務時間、休暇等に関する法律」一六条において、「職員の休暇は、年次休暇、病気休暇、特別休暇及び介護休暇とする。」、二八条において、「病気休暇は、職員が負傷又は疾病のため療養する必要があり、その勤務しないことがやむを得ないと認められる場合における休暇とする。」と規定しています。日数は二〇一〇年の人事院規則改正により、青天井だった上限が九〇日に制限され、それを超える場合は休職の扱いになりました（人事院規則一五－一四第二一条一項）。

＊1　ドイツ民法につき、我妻栄『民法講義・債権各論中巻二』（岩波書店、一九六二年）五八四頁。現在では、賃金継続支払法による。

病気休暇の場合は、「一般職の職員の給与に関する法律」一五条により、九〇日までは給与が減額されず、これを超えた場合は半額とされます。

地方公務員の場合は条例で同様の規定があります（地方公務員法二八条三項、五五条）。東京都の場合は、上限の規制はなく（勤務時間等条例一五条、勤務時間等規則一四条二項）、給与の減額を免除される期間は一回につき引き続く一八〇日までとされています（給与条例七条の二）。

民間の病気休暇

日本の企業で病気休暇制度を持つところは平均で二二・四％あります（厚生労働省「平成二五年就労条件総合調査」第15－2表）。採用している企業の平均の一回あたり最高付与日数は平均で一九〇・九日となっています（同表）。

制度を持っている企業では、最初の三カ月は一〇〇％の賃金保障を行い、一部有給期間を経て一年を超えると無給とする、または休職に移行するところが多いようです。[*2]

子どもや親の病気

子どもや介護を要する家族が病気の場合に認められている休暇については、Ⅵ－13問参照。

＊2　労働政策研究・研修機構「メンタルヘルス、私傷病などの治療と職業生活の両立支援に関する調査」（二〇一三年）参照。

9 会社は労働者に休業・休職を命じることができるのですか

会社は労働者に休業・休職を命じることができるか

使用者が労働者にどのような仕事を指示するかは、契約の範囲内であれば、公序良俗に反しない限り、自由にできます（Ⅴ-⑬問参照）。仕事を命じないで、自宅にいるように指示することも可能です。しかし、それが使用者の都合によるものであるときは、使用者は原則として一〇〇％の賃金を支払わなければなりません（Ⅲ-⑯問参照）。

休職とは

休職とは、なんらかの事由により、長期にわたり就業ができず、欠勤となる場合にとられる人事措置で、使用者が従業員の就労義務を免除し、あるいは就労を禁止することです。労基法には休職についての規定がありません。公務員の場合は法律に休職の根拠規定がありますが（国家公務員法六一条、七九条、地方公務員法二八条二項）、民間企業では労働協約や就業規則で定められていなければ、使用者は当然には休職を命じることはできません。もっとも、私傷病で欠勤を続ければ、労働者の責に帰すべき債務不履行となるので、解雇の理由になります。

私傷病による休職について就業規則等で定められている場合には、その規定が休職とすべき要件や期間につき不適切でないかぎり有効です。ですから、私傷病により一定期間欠勤すると、会社は休職を命じることができます。三カ月間の欠勤による休職発令、六カ月から三年間の休職期間が、よくとられています。[*1]

刑事事件で起訴された場合に裁判期間中休職とすることがあります（起訴休職という）。これは、職場秩序の維持や企業の社会的信用を守るために行われるものであり、休職による不利益が起訴事件が事実だとした場合になされる懲戒処分と比較して均衡を欠くものであってはなりません。起訴された事件が罰金刑程度のものであるのに、無罪を主張して一年六カ月も裁判が継続したため無給の起訴休職が長期に亘ったケースについて、休職処分を無効とした事例（全日空事件・東京地裁平成一一年二月一五日判決。刑事無罪）があります。

休職期間中の賃金や勤続期間の扱いは

休職期間中の賃金不支給、退職金算定時の勤続年数への不算入などの扱いがなされるのが通常ですが、それぞれの会社での就業規則や賃金規程によります。

私傷病による不就労については、健康保険により四日目から標準報酬日額の三分の二にあたる傷病手当金が支給されます（健康保険法九九条）。

＊1　労働政策研究・研修機構「メンタルヘルス、私傷病などの治療と職業生活の両立支援に関する調査」（二〇一三年）では、病気休職制度を有する企業は九一・九％で、そのうち就業規則等に規定があるものが七七・七％とされています。

10 私傷病による休職と解雇

休職期間満了による復職

私傷病休職の場合、定められた休職期間中に傷病が回復して就労可能になれば復職となり、休職期間が満了しても傷病が回復しないときは、退職あるいは解雇となります。

ただし、当該社員の回復の程度が不完全なために労務の提供が不完全にとどまるときでも、その程度が今後の完治の見込みや復職が予定される職場の諸事情等を考慮して解雇を正当視できるほどのものであることが必要とされます。つまり、会社側が社員が復職することを容認しえない事由を証明してはじめて、復職を拒否して退職扱いできるとされています（エールフランス事件・東京地裁昭和五九年一月二七日判決）。

従前の業務に復帰できないと、会社から復職を拒否されても仕方がないのか

裁判例では、休職期間満了時点で「治癒」したといえるためには、原則として従前の業務を通常の程度に行える健康状態に復することをいうとされています（全日空事件・大阪高裁平成一三年三月一四日判決）。

ただし、仮に以前従事していた業務ができなくとも、配転可能な他の職務への配転を考慮して、なおかつ業務に耐えられない場合に解雇できるというのが多くの裁判例の立場です（日放サービス事件・東京地裁昭和四五年二月一六日判決、宮崎鉄工事件・大阪地裁岸和田支部昭和六二年一二月一〇日決定）。[*1]

*1　解雇の事件ではありませんが、片山組事件・最高裁平成一〇年四月九日判決が参考になります。

前記全日空事件・大阪高裁判決では、一般論としては、客室乗務員のように、その職種や業務内容を限定して雇用された者の場合、労働者がその業務を遂行できなくなり、現実に配置可能な部署が存在しないならば、これが解雇事由となることはやむを得ないとしています。ただし、復職直後の労働者が直ちに従前業務に復帰できない場合でも、比較的短期間で復帰することが可能である場合には、休業または休職に至る事情、使用者の規模、業種、労働者の配置等の実情からみて、短期間の復帰準備時間を提供したり[*2]、教育的措置をとるなどが信義則上求められるというべきで、このような信義則上の手段をとらずに解雇することはできないとされ解雇が無効とされています（乗務のために乗車した会社手配の送迎タクシーで交通事故に遭遇した労災の事例）。

＊2　リハビリ勤務に関する問題については、水島郁子「私傷病労働者に対する保障と課題」村中孝史他編『労働者像の多様化と労働法・社会保障法』（有斐閣、二〇一五年）二一七頁参照。

11 労災による休業と解雇

業務上傷病の場合は療養中の解雇はできない

業務上の負傷や疾病の療養のために労働者が休業する場合は、使用者は、必要な療養の費用を負担し、休業中の補償[*1]を行わなければなりません（Ⅷ－5問参照）。

また、右の休業期間とその後三〇日間は解雇が禁止されます（労基法一九条）。これは業務上の負傷・疾病を療養する期間、労働者が安心して療養できるように、使用者による解雇を制限したものです。普通解雇ばかりでなく懲戒解雇もこの解雇制限の適用を受けるとされています。また、一部休業でも解雇制限を受けるとされています（平和産業事件・神戸地裁昭和四七年八月二一日判決）。本条に違反して労働者を解雇した使用者は、六カ月以下の懲役または三〇万円以下の罰金に処せられます（労基法一一九条一号）。

ただし、労災保険給付を受けられるものには、業務上災害と通勤災害があり、通勤災害の場合は労災保険給付の対象とはなりますが、解雇の制限はありません（Ⅷ－10問参照）。

また、解雇制限期間中に定年に達したときは、雇用関係の必然的な終了として労基法一九条の適用はないとされ（昭和二六年八月九日基収三三八八号）、アルバイト中の業務上傷病による休業期間中にアルバイト期間が満了した場合にも雇用関係は終了します。

打切補償あるいは傷病補償年金の支給により解雇が可能になる

療養開始から三年を経過しても傷病が治癒しない場合、使用者が打切補償として平均賃

＊1 休業補償
労働者が業務上の負傷・疾病による療養のため休業し、賃金を受けない場合に支給する補償。労基法では平均賃金の六〇%が、労災保険法では、賃金を受けない日の第四日目以降給付基礎日額の六〇%が支給されます（労災保険法一四条一項）。

金の一二〇〇日分を支払うならば、療養補償も休業補償も打ち切ることが認められるので（労基法一九条一項但書、同八一条）、解雇が可能になります。労災保険で療養補償給付を受けている場合でも、右の打切補償を支払えば解雇できるとされました（専修大学事件・最高裁平成二七年六月八日判決）[*2]。

また、労働者が、療養開始後三年経過した時点で傷病補償年金[*3]を受けている場合には三年経過の時点、療養開始後三年以上経過してから傷病補償年金を受けることとなった場合は年金を受けることとなった時点で、打切補償があったものとみなされ、やはり解雇が可能になります（労災保険法一九条）。

業務上傷病の治癒後の解雇

業務上傷病の治癒あるいは症状固定後は、解雇制限は適用されません[*4]。したがって、治癒・症状固定後の健康状態が業務に耐えられない場合は、解雇事由となります。ただし、使用者に対して、私傷病の場合以上に段階的就労の可能性等について配慮が要請されますし（Ⅶ-10問参照）、労働者の業務上の傷病が、使用者の安全配慮義務違反により生じたような場合は、労働契約法一六条により解雇が無効とされる余地もあります[*5]。

退職後も労災補償は継続する

なお、労働者が退職したり定年や期間満了で雇用契約が終了しても、労災補償を受ける権利は変更されません（労基法八三条一項、労災保険法一二条の五第一項）。

＊2　ただし、解雇には客観的に合理的な理由と社会的相当性が必要とされるので（労働契約法一六条）、解雇が可能だとされても当然に有効になるわけではありません。

＊3　傷病補償年金
労災保険法において業務災害について行われる保険給付の一種。Ⅷ-5問参照。傷病補償年金の支給要件は労災保険法一二条の八第三項に規定されています。

＊4　「治癒」の意味については、Ⅷ-12問参照。

＊5　塚原英治「休業期間の満了と解雇の効力」岡村親宜・大竹秀達編『判例通覧労裁職業病』（エイデル研究所、一九八四年）三四二頁。

1 健康で安全に働く権利（危険有害業務の拒否と職場環境）

健康で安全に働く権利

労働契約上、使用者が労働者の生命および健康を保護する義務のあることは今日一般に承認されており、異論がありません（陸上自衛隊八戸駐屯地事件・最高裁昭和五〇年二月二五日判決、川義強盗殺人事件・最高裁昭和五九年四月一〇日判決）[*1]（Ⅷ－15問参照）。これを受けて、労働契約法五条は、「使用者は、労働契約に伴い、労働者がその生命、身体等の安全を確保しつつ労働することができるよう、必要な配慮をするものとする。」と定めました。[*2]

労働者は雇用契約に基づいて労働に従事しますが（民法六二三条）、委任や請負と異なり、使用者の指示した場所で、指示された仕事をしなければなりません。労働の提供は、物を売るのとは違って、生身の人間が行うのですから、使用者に労働者の生命・健康を保持する義務があるのは当然であり、健康に働く権利は労働契約の本質的内容をなすものです。したがって、使用者が安全で衛生的な職場を提供しない場合、労働者はその改善を要求でき、さらには危険有害行為の差止めを請求できます。また、改善がなされないときは、労働者は就労を拒絶することができます。[*3]労働者は、使用者が安全配慮義務を完全に履行しない以上、民法五三三条の同時履行の抗弁権と同様の抗弁権を行使して労務の提供

＊1　塚原英治「安全配慮義務の範囲」岡村親宜・大竹秀達責任編集『判例通覧労災職業病』（エイデル研究所、一九八四年）五六頁。

＊2　これは、政府原案では、「労働契約により」となっていたため、安全配慮義務の成立の範囲が従来より限縮するおそれがあった（契約に明記されていなければ配慮義務が生じないようにも読める）ので、「労働契約に伴い」と改め、契約の附随義務であって、契約上明記されているか否かを問わず、契約締結に伴い自動的に発生する義務であることを明確にしたものです。

＊3　同時履行の抗弁権（どうじりこうのこうべんけん）
　双務契約の当事者の一方が、相手方が債務の履行を提供するまで、自己の債務の履行を拒みうること。たとえば、売主は買主が代金を支払うまでは目的物の引渡しを拒むことができます。

を拒否できるわけです。[*4]

危険有害業務の拒否権

危険有害業務の就労拒否権は、一九八一年六月に採択されたＩＬＯ一五五号条約（職業上の安全・衛生および作業環境に関する条約。日本は未批准）の一三条、一九条ｆ項で明文で規定されており、いまや世界の常識ともいえるものです。[*5]日本の労働安全衛生法二五条にも類似の規定があります。

危険有害業務の就労拒否権を認めたものとして、千代田丸事件があります。日韓海底ケーブルの修理を電電公社（現在のＮＴＴ）の職員が行っていましたが、一九五六年当時、李承晩ライン[*6]があり、これを侵犯すると、韓国の警備艇によって銃撃されるということが起こっていました。このような業務について、最高裁はこういっています。当時、朝鮮海峡に存在した危険は軍事上のもので、「千代田丸乗組員の本来予想すべき海上作業に伴う危険の類ではなく、その危険の度合いが必ずしも大でないとしても、なお労働契約の当事者たる千代田丸乗組員において、その意に反して義務の強制を余儀なくされるものとは断じがたいところである」（昭和四三年一二月二四日判決）。

その後の裁判例としては、新聞輸送事件（東京地裁昭和五七年一二月二四日判決）があります。労働組合対策のために会社が右翼暴力団を雇用し、組合員に日常的に暴力を加えたため労働者が就労できなかった場合でも、労働者には民法五三六条二項により賃金請求権が認められるとしたものです。[*7]姫路商業高校事件（神戸地裁昭和五八年一月三一日判決）では一般論は認めながら、危険の程度内容が問題とされ、具体的なケースについては

＊4　奥田昌道『債権総論　上』（筑摩書房、一九八二年）二〇頁は、「安全配慮義務は、労務給付義務と対価的牽連（けんれん）関係に立つものではないが、安全配慮義務の尽くされていない場合には、公務員・労働者は就労を拒否する正当の理由があるといえよう。」としています。

＊5　ＩＬＯ一五五号条約一九条ｆ項はつぎのように規定しています。「労働者が自己の生命又は健康に対し急迫した重大な危険をもたらすと信ずる合理的な理由のある状態を直ちに直接の監督者に報告すること。この場合において、使用者は、必要がある場合に是正措置をとるまでは、生命又は健康に対し急迫した重大な危険が引き続き存在している作業状況に戻ることを労働者に要求することができない。」

＊6　李承晩（りしょうばん）ライン
一九五二年韓国の李承晩大統領が韓国の主権があると宣言した水域を囲む線。日本側はこれを認めず、日本漁船の捕獲事件などが起こりました。六五年日韓漁業協定の成立により消滅しました。

＊7　塚原英治「危険に対する就労拒否権」いのち二五九号二〇頁。

就労拒否権を否定しています。

職業上の危険に対する差止め―タバコ

労働者は労働契約上の「安全な労働環境で働く権利」に基づいて、使用者に対し職場内の危険有害行為の差止めを求めることができます。アメリカにおいては、タバコ・アレルギーの労働者が提起した職場内喫煙の禁止を求める訴えが認容され、裁判所の差止命令が出された例があります（シンプ事件・ニュージャージー州最高裁判所一九七六年一二月二〇日判決）。

日本ではタバコについて差止めは否定されていますが（山口地裁岩国支部平成四年一二月一六日判決）、使用者の安全配慮義務違反を認めて慰謝料の支払いを認めた事例があります（江戸川区事件・東京地裁平成一六年七月一二日判決）。[*8] なお、二〇一四年の労働安全衛生法の改正により、六八条の二に、事業者の「労働者の受動喫煙（室内又はこれに準ずる環境において、他人のたばこの煙を吸わされることをいう。）を防止するため、当該事業者及び事業場の実情に応じ適切な措置を講ずる」努力義務が規定されました。これに基づく「職場の受動喫煙防止対策の実施について」（平成二七年五月一五日基安発〇五一五第一号）は、この努力義務の具体化に当たって、事業者が配慮すべき事項などを記載しています。

＊8　三柴丈典「わが国における嫌煙権訴訟の動向について　上下」判例時報一九〇三号、一九〇六号。

2 労働者の安全や衛生についてどのような法律がありますか。健康診断を受ける義務はありますか

労働安全衛生法

使用者は、労働者を安全に働かせる義務を負っています。この義務の内容を具体化したものに「労働安全衛生法」という法律があり、この法律に基づいてさまざまな規則があります[*1]。そこでは、安全衛生管理体制、危害の防止、機械の安全装置・性能検査、有害物製造禁止、危険業務への就業制限、安全衛生教育、健康診断、病者の就業禁止、監督上の行政措置等に関する規定があります。この法律も、使用者が守らないと処罰されるものです[*2]。

使用者の健康診断を行う義務

使用者は、労働者の健康障害の発生・悪化を防止するため、労働者の健康管理を行う義務を負っています。そのためには、つぎの健康診断を実施しなければなりません（労働安全衛生法六六条、労働安全衛生規則四三条、四四条、四五条等）。違反は処罰されます（同法一二〇条、一二二条）。

① 雇入れ時および一年以内ごとに毎年一回の定期一般健康診断

② 鉛中毒、有機溶剤中毒などの常時健康障害のおそれのある業務については、雇入れ時、配置替時および六カ月以内ごとに一回の定期特殊健康診断

③ 労働基準局長が労働者の健康保持のために必要として指示した場合の臨時特殊健康

*1 簡潔に全体像をつかめるものとして、畠中信夫『労働安全衛生法のはなし［第3版］』（中央労働災害防止協会、二〇一六年）。

*2 安全衛生教育を実施する義務の違反が処罰された事例として、東海村臨界事故事件があります（水戸地裁平成一五年三月三日判決）。

診断

事業者は、労働者に対して、一般健康診断の結果を通知しなければなりません（同法六六条の六）。[*3]

事業者は、健康診断の結果、異常所見があると診断された労働者については、その労働者の健康を保持する措置につき医師等の意見を聴かなければなりません（同法六六条の四）。右の医師の意見を勘案し、必要と認められるときには、就業場所の変更、作業の転換、労働時間の短縮、深夜業の回数の減少など適切な措置を講じなければなりません（同法六六条の五第一項）。[*4]

事業者は、必要により労働者に対し医師等による保健指導を行うように努めなければなりません（同法六六条の七）。

事業者は、一カ月の時間外労働時間が一〇〇時間を超え、かつ疲労の蓄積が認められる労働者に対し医師による面接指導を行わなければなりません（同法六六条の八、労働安全衛生規則五二条の二）。

なお、過労死の増加を受けて、二〇〇〇年の労災保険法改正によって、定期健康診断の結果、脳血管疾患・心臓疾患に係る異常所見があると診断された労働者に対し、その予防・治療のための二次健康診断等を給付する二次健康診断給付制度が創設されました（労災保険法七条一項三号、二六条〜二八条）。[*5][*6]

労働者の受診義務と医師選択の自由

労働者は右の法定の健康診断については受診義務を負いますが、使用者が指定した医師

*3　健康診断結果を労働者に知らせなかったため、「心筋症」の発生を防げなかったとして、会社に対して三三〇万円の損害賠償を命じた事件があります（日本新薬事件・京都地裁平成一〇年七月一〇日判決）。

*4　「健康診断結果に基づき事業者が講ずべき措置に関する指針」（平成八年一〇月一日労働省公示一号、最終改正平成二〇年一月三一日厚生労働省公示七号）参照。

*5　厚生労働省は、「過重労働による健康障害防止のための総合対策について」（平成一四年基発〇二一二〇〇一号［平成二〇年基発〇三〇七〇〇六号で一部改正］）を発し、時間外労働の削減や年休の取得促進、健康診断の実施の徹底などの措置を講ずるよう事業者に求めています。

*6　過労死の予防の観点では、二〇一四年、過労死等防止対策推進法が制定されました。同法はその調査研究に基づき、過労死等の防止対策を効果的に推進する「法制上又は財政上の措置」を行うことを要請しています（同法一四条）。二〇一五年七月、同条の要請に基づき、政府は「過労死等の防止のための対策に関する大綱」を閣議決定しています。大綱は、①調査研究等、②啓発、③相談体制

以外の医師の健康診断を受けることが認められています（労働安全衛生法六六条五項但書）。これは「医師選択の自由」と呼ばれています。労働安全衛生法にこのような規定が設けられたのは、事業者に指定された医師が事業者の意を受け、恣意をもって診断するおそれを排除しようとするものです。

法定外の健康診断については、最高裁は、労働者は就業規則に定めがあれば、使用者が行う法定外の健康診断等を受診する義務があり、拒否した場合は懲戒処分（戒告）も可能であり、この場合は「医師選択の自由」の適用がないとしました（帯広電報電話局事件・昭和六一年三月一三日判決）。しかし、この点は、「医療行為については、原則として、これを受ける者に、自己の信任する医師を選択する自由があるとともに、あらかじめその医療行為の内容につき説明を受けたうえで、これを受診するか否かを選択する自由があり、かつこのことは、その医療行為が診察を目的とするものか治療を目的とするものかにより、決定的な差異はない」と考えるべきです（同事件・札幌高裁昭和五八年八月二五日判決）。これは、患者のプライバシー、自己決定権からの要請です。[*7]

労働安全衛生法が適用される地方公務員の法定健診について、放射線の暴露の危険を理由に定期健診でのエックス線検査を拒否した市立中学の教員が、懲戒処分を受けた事件があります（愛知県教育委員会事件）。一審は、エックス線検査の有害性は否定できないこと、本人がエックス線検査の代わりに喀痰（かくたん）検査を受検しその結果を報告していたことなどから、検診を受ける義務はなく、拒否は懲戒理由とならないとしましたが（名古屋地裁平成八年五月二九日判決）、控訴審と最高裁は、学校保健法が適用される教員

の整備等、④民間団体の活動に対する支援の四つの対策を推進する、今後おおむね三年間の取り組みを定めています。

＊7　塚原英治「受診命令と医師選択の自由」いのち二六八号九頁。このために使用者が安全配慮義務を尽くせなくなる場合は、過失相殺の処理をするという札幌高裁判決の方向が支持されるべきです。

であって、その健康は児童・生徒に対し大きな影響があること、喀痰検査では代替措置として十分でないこと等から受診義務を認め、懲戒処分を有効としました。ただし、「エックス線検査を行うことが相当でない身体状態ないし健康状態にあった場合」は除かれることも明らかにしています（最高裁平成一三年四月二六日判決）。

ストレスチェック

二〇一四年の労働安全衛生法の改正により、事業主に対し、従業員の「心理的な負担の程度を把握するための検査」（ストレスチェック）を行うことが義務づけられています（同法六六条の一〇）。ただし、「当分の間」従業員五〇人未満の企業では努力義務だとされています（同法附則四条、一三条一項、同法施行令五条）。

産業医制度の充実

一九九六年の労働安全衛生法の改正により、産業医制度が強化されました。常時五〇人以上の労働者を使用する事業場等では、産業医の選任が必要です（同法一三条一項、同法施行令五条）。一〇〇〇人以上の場合は、専属の産業医を選任しなければなりません（労働安全衛生規則一三条）。産業医は産業医学に関する専門知識について一定の要件を備える必要があります（同法一三条二項）。産業医は労働者の健康確保の必要があると認めるときは、事業者に対し必要な勧告ができ（同条三項）、事業者は、その勧告を尊重しなければなりません（同条四項）。産業医の選任が義務づけられていない事業所においても、事業者は、一定要件を備えた医師に健康管理等を行わせる等の措置を講ずるよう努めなければなりません（同法一三条の二）。

3 労災職業病は誰が補償するのですか。使用者が労災保険に入っていなくても受けられますか

労災職業病の補償

労基法は「労働者が人たるに値する生活を営むため」の最低の労働条件（一条）の一つとして、労働者が「業務上」負傷し、あるいは死亡し、または疾病にかかった場合、使用者は療養・休業・障害・遺族補償などを行わなければならないという、災害補償制度を定めています（七五条以下）。労災職業病[*1]については、労基法のほかに労災保険法が制定されています。これは保険制度を利用することによって、使用者の労基法上の災害補償責任の実行を担保し、さらにその拡大を図ろうとするものです。現在、労災保険法は労働者を一名でも使用しているかぎり強制適用されるので（労災保険法三条一項）、民間労働者に行われている補償は労災保険法によるものです。労災保険法の給付がなされる場合は、労基法上の使用者の補償責任は消滅します（労基法八四条一項）。

国の直営事業・官公署の事業には、労災保険法は適用されません（労災保険法三条二項）。これらの労働者に対しては、国家公務員災害補償法、地方公務員災害補償法によって、ほぼ同一の補償が行われるようになっています。これまで別制度であった船員についても二〇一〇年から労災保険に統合されています。

*1 職業病
職業労働に起因して発生する健康障害をいいます。業務上の疾病（労基法七五条二項）と同じです。Ⅷ－7問参照。

使用者が加入手続をしていなくても補償はもらえる

よく、使用者が零細企業で労災保険にも加入していないので、補償が受けられないなど

と誤解をしている人がいます。しかし強制適用事業（原則としてすべての事業がこれにあたります）であるかぎり、使用者が労災保険の手続をとっていなくても、当然に労災保険の適用があるので、労働者は補償を受けることができます（労働保険の保険料の徴収等に関する法律三条参照）。

もし使用者が保険料を払っていなかったとしても、使用者が保険料と費用の一部を追徴されるだけです（労災保険法三一条一項一号参照）。

パートやアルバイト、外国人労働者でも補償は受けられる

これもよく誤解がありますが、事業に使用されて賃金を得ているもの（労働者）はすべて労災保険の保護を受けられます。パートやアルバイトという名目になっていても、まったく同じように保護が受けられます。

外国人労働者、技能実習生であっても同じです（I-9問参照）。

形式的に取締役などにされているときは、多少問題がありますが、実態が労働者であれば補償を受けることができます（I-8問参照）。

4 労災補償の手続はどのようにしたらよいですか

請求手続は自分でするもの

労災職業病が発生した場合、労災保険は被災者側が請求してはじめて支給されることになっています（労災保険法一二条の八第二項）。

この請求ができるのは、被災労働者またはその遺族です。使用者がするときは、労働者の手続を代行しているだけなのです。

請求は、所定の様式による請求書（労働基準監督署で無料で入手できます）に必要事項を記載して、被災労働者の所属する事業場の所在地を管轄する労働基準監督署に提出して行います。療養給付については、病院を通じて出します。

使用者が証明してくれないときは

請求書には、事業主と医師の証明欄がありますが、被災者から証明を求められた事業主には、証明をする義務があります（労災保険法施行規則二三条二項）。職業病では、事業主の協力が得られないことがよくありますが、この場合は、証明のないまま申請すれば、労働基準監督署としてはこれを受理し、職権で調査する扱いになっています。そのようにしないと、法律上要件となっていない事業主の証明を、請求の要件としたのと同じになって不当だからです。

支給・不支給の決定はどのようにされるのか

保険給付の請求がなされると、労働基準監督署では災害が業務上のものであるか否か、また支給要件を満たすか否かを審査して、支給・不支給の決定をします。業務上か業務外かの判断権を持っているのは労働基準監督署長です。

業務上・外の判断については、行政の統一性・公平性が必要であるということで、厚生労働省から「認定基準」が通達され、労働基準監督署長の判断を拘束しています（Ⅷ－7問参照）。

決定の通知はどのようにされるのか

支給の決定がなされると、一時金の場合には支給決定通知書と支払通知（振込通知）書が、年金の場合には支給決定通知書と年金証書が送付されます。不支給の決定がなされると不支給決定通知書が送付されます（労災保険法施行規則一九条参照）。現実には、この通知は葉書一枚であり、不親切なものとなっています。

労災補償はいつまで請求できるか

療養給付・休業給付・葬祭料については二年、障害給付・遺族給付については五年で時効になりますので、注意してください（労災保険法四二条）。

5 労災職業病についてはどのような補償が受けられますか

どんな補償がされるか

死亡事故の場合は遺族補償（年金または一時金）と葬祭料が給付されます（Ⅷ－6問参照）。

傷害事故や職業病の場合は、治療中は、療養補償（労災病院や労災指定病院での無料の医療または実費）、休業をしていれば休業補償がされます。最初の三日間の休業は、事務の軽減のため労災保険の対象となっていないので（労災保険法一四条）、使用者が労基法七六条の休業補償をしなければなりません。療養開始後一年六カ月たっても治らず、障害の重いとき（全部労働不能相当）は、傷病補償年金に切り換えられます（労災保険法一二条の八第三項）。

また、治療を続けてもこれ以上よくならないと判断されると、「治癒」の認定がされ、療養補償と休業補償は打ち切られます（Ⅷ－12問参照）。この段階で一定の障害が残っている場合は障害補償がなされます。障害等級の一級から七級までは年金、八級から一四級までは一時金です。

障害補償年金または傷病補償年金を受ける権利を有する労働者が、障害のため自宅等で介護を受ける場合には、一定の要件のもとに介護補償給付が支給されます（同法一二条の八第四項、一九条の二）。

補償の程度

休業補償を例にとると、給付基礎日額（ほぼ平均賃金〔Ⅲ－4問参照〕に相当）の六〇％の補償給付に、現在では、社会復帰促進等事業（労災保険法二九条）として二〇％の特別支給金が上乗せされて、結局八〇％が補償されることになっています（労働者災害補償保険特別支給金支給規則三条）。労災補償給付には所得税はかかりません（所得税法九条一項三号イ、所得税法施行令二〇条一項二号）。

これは最低基準ですから、労使でこれを向上させて（労基法一条二項）、残りの二〇％を使用者から出させるようにすることが大切です（Ⅷ－14問参照）。

6 夫が労災で死亡してしまいました。私は子ども二人をかかえていますが、どのような補償が受けられるでしょうか

あなた（妻）は、夫に扶養されていて、子どもさんが二人とも一八歳以下[*1]だとすれば、給付基礎日額（ほぼ平均賃金に相当）の一二三日分の遺族補償年金と葬祭料の支給を受けることができます。その他にボーナス額を基礎とする算定基礎日額の一二三日分の遺族特別年金と三〇〇万円の遺族特別支給金を受けることができます（労働者災害補償保険特別支給金支給規則九条、五条）。あなたに収入があって夫に扶養されていなかった場合は、あなたが葬祭料の支給を得て、子どもさんが遺族補償年金等を受けることになります。それぞれについて説明しましょう。

*1　正確には、「十八歳に達する日以後の最初の三月三十一日までの間にあること」です。高校卒業までの年齢にあたります。

遺族補償給付

遺族補償給付は、以下の受給資格がある遺族に年金で支給され、受給資格者がないとき遺族に一時金が支払われます（労災保険法一六条の二、一六条の六）。

(1)　遺族補償年金

a　受給資格者

受給できる遺族は、配偶者[*2]、子、父母、孫、祖父母、兄弟姉妹で、「労働者の死亡の当時その収入によって生計を維持していた」者に限られます。同居していても扶養されていなかった方は除外されます。また、妻以外の遺族にあっては、労働者の死亡の当時一定の高齢（六〇歳以上）または若年（一八歳以下［＊1参照］）であるか、あるいは

*2　婚姻の届出をしていなくとも、事実上婚姻関係と同様の事情にあった者を含みます（労災保険法一六条の二第一項）。

一定の廃疾の状態にある（障害がある）ことが必要です（労災保険法一六条の二第一項）。

b　受給権者

遺族補償年金は、そのすべての受給資格者に支給されるのではなく、そのうち最先順位にある遺族だけに支給されます。これを受給権者といいます。受給権者となる順位は、配偶者、子、父母、孫、祖父母、兄弟姉妹の順です（同条三項）。

c　年金額

給付基礎日額（労災保険法八条以下。ほぼ平均賃金に相当する）（Ⅲ－4問参照）を基準とする遺族補償年金と、算定基礎日額（ボーナスなど三カ月を越える期間に支給される賃金を三六五で除した金額）を基準とする遺族特別年金とがあります。

この他に、労災保険法二九条の社会復帰促進事業として行われている特別支給金の支給があります。

支給される額は、右の日額と遺族の数によって定まります。この計算の根拠となる遺族は、受給権者および受給権者と生計を同じくしている受給資格者です（労災保険法一六条の三、別表第一、労働者災害補償保険特別支給金支給規則九条、五条三項。［次々頁の表を参照］）。あなたの場合、子どもさんが一八歳以下［注1参照］であれば遺族数に加えることになります。

d　受給権の消滅

遺族補償年金の受給権は、受給権者がつぎのような事由に該当したときは消滅します

（労災保険法一六条の四）。

① 死亡したとき。

② 婚姻（内縁関係を含む）をしたとき。

③ 子、孫、兄弟姉妹については、一八歳に達した日以後の最初の三月三一日が終了したとき。

⑵ 遺族補償一時金

労働者の死亡の当時、遺族補償年金の受給資格のある遺族がいないときなどに、遺族に支払われます（労災保険法一六条の六）。

① 一時金　給付基礎日額の一〇〇〇日分

② 特別一時金　算定基礎日額の一〇〇〇日分

③ 特別支給金　三〇〇万円

葬祭料

厚生労働大臣が定める額（現在では、三一万五〇〇〇円＋給付基礎日額の三〇日分か、給付基礎日額の六〇日分のいずれか高い方）が葬祭を行う者に支給されます（労災保険法一七条、同法施行規則一七条）。

遺族補償給付表

遺族数	年金額	特別年金	特別支給金
一人	一五三日分＊3	同上	三〇〇万円
二人	二〇一日分	同上	三〇〇万円
三人	二二三日分	同上	三〇〇万円
四人以上	二四五日分	同上	三〇〇万円

＊3　ただし、その遺族が五五歳以上または一定の廃疾状態にある妻の場合一七五日分。

7 業務上・外はどのように判断されるのですか

労災補償が受けられるのは「業務上」のものに限られる

労災補償がなされるのは、「業務上」の負傷・疾病・死亡に対してです（労基法七五条、七六条、七七条、七九条、労災保険法一条、一二条の八第二項）。労働者のこうむったものであれば、すべての傷病等が補償の対象となるのではなく、「業務上」のものに限られるのです。業務外の傷病については健康保険（国民健康保険）が、業務外の廃疾や死亡については厚生年金保険（国民年金）が適用されます。

「業務上」の場合には、①解雇制限がある（Ⅴ－6問参照）、②社会保険より給付内容が高い、③保険料が全額事業主負担である、④休業しても年次有給休暇資格に影響がない（Ⅶ－1問参照）などの点で、業務外の場合と大きな差があるので、この区別は重要です。

業務上とは何か

労働災害、職業病における業務と災害の関係は、おおむね左図のようになります。

業務
- 事故（accident）
  - 負傷
  - 疾病（災害性疾病）
- 疾病（職業性疾病）

労災となるためには、「労働者が労働契約に基づき事業主の支配下にある状態において、当該災害が発生したことが必要である」とされています（十和田労基署長事件・最高裁昭和五九年五月二九日判決)。災害が起きたのが使用者の施設の範囲内（施設の中であっても遊んでいた場合などを除く)、または指揮の範囲内である場合が業務上になります。

業務上の疾病とは

業務上の疾病には、ガスタンクからのガスの漏洩というような事故の結果発生する「災害性疾病」と、業務上の原因が長期間にわたって、徐々に身体に作用して発病する「職業性疾病」とがあります。

災害性疾病については負傷の場合と同様に考えられますが、職業性疾病の場合は、業務起因性を判定することは必ずしも容易ではありません。労基法七五条二項が「業務上の疾病の範囲は命令で定める」こととし、これを受けた労基則三五条、同別表一の二が、業務上の疾病の範囲を定めているのは、この判定を容易にするためです。

認定基準とはどういうものか

労働省は、疾病の業務上外の判断を迅速・公正に行うため、その一応の判定の基準を「認定基準」として通達しています。これらの通達は行政庁内部の労災保険事務処理を円滑化し、その統一を図るものであって、一般人や裁判所を拘束するものではありません。また、行政庁内部にあっても認定基準に該当しないからといって、ただちに業務外となるものではなく、何らかの方法で「業務起因性」が認められるかぎり、基準に該当しなくとも業務上となることは当然です（京都府職佐原事件・京都地裁昭和四八年九月二一日判決)。

8 過労死の判断はどのようになされているのですか

過労死の意義

働き過ぎが原因で脳血管疾患や虚血性心疾患等に罹患しあるいはそれを増悪させ死亡する場合、過労死と呼びます。「長期間にわたる長時間の業務その他血管病変等を著しく増悪させる業務による脳出血、くも膜下出血、脳梗塞、高血圧性脳症、心筋梗塞、狭心症、心停止（心臓性突然死を含む。）若しくは解離性大動脈瘤又はこれらの疾病に付随する疾病」（労規則三五条別表第一の二第八号）に当たる場合は労災認定されます。[*1] これらの疾患は一般的な疾患であり、本人の基礎疾患、加齢、生活習慣等によるものも多いのですが、わが国では、過重な業務を要因として発症することがまれではないため、大きな社会問題となっています。[*2]

過労死の認定基準

一九八七年、当時の労働省は初めて過労性の脳心臓疾患の認定基準を通達で定めました。しかし、この認定基準は狭すぎるものとして労働界から批判を受け、業務外とされた事例を裁判所が相次いで業務上と認定したため、[*3] 一九九五年、一九九六年、二〇〇一年と三度にわたり改定されています。

二〇〇一年の認定基準「脳血管疾患及び虚血性心疾患（負傷に起因するものを除く）の認定基準について」（平成一三年一二月一二日基発一〇六三号）では、①発症直前から前

＊1 二〇一〇年改正。それまでは、九号（現一一号）の「その他業務に起因することが明らかな疾病」という包括規定に基づいていました。疾病の場合には、一ないし八号の列挙事由は、業務上であることが医学的・経験則的にほぼ確立してきたものを挙げており、列挙疾病に当たれば原則業務上となっていたのに対し、九号で認定されるためには、特別な立証を要していました。改正によっても、認定判断は従来と大きく変わるものではありませんが、一〇号に加えられた精神疾患とともに、「その他」扱いをするわけにはいかない職業病の大きな類型と認知されたことを示すものです。

＊2 過労死の予防のために、二〇一四年、過労死等防止対策推進法が制定されました（Ⅷ－2問＊6参照）。

＊3 代表的なものとして、横浜南労基署長事件・最高裁平成一二年七月一七日判決。

日までの間において、発症状態を時間的・場所的に明確にしうる異常な出来事に遭遇したこと、②発症に近接した時期（発症前おおむね一週間）において特に過重な業務に従事したこと、③発症前の長期間（おおむね六カ月間）にわたって、著しい疲労の蓄積をもたらす特に過重な業務に就労したこと、以上いずれかの原因により発症した脳心臓疾患は業務上疾病として扱うとされました。③の基準が従来になかった基準です*4。

疲労の蓄積の要因―労働時間

二〇〇一年基準は、疲労の蓄積をもたらす最も重要な要因を労働時間とし、①発症前一カ月間におおむね一〇〇時間を超える時間外労働が認められる場合、②発症前二カ月間ないし六カ月間にわたって、一カ月あたりおおむね八〇時間を超える時間外労働が認められる場合には、業務と発症との関連性は強いと評価できるとしています。さらに、③発症前一カ月間ないし六カ月間にわたって、一カ月あたりおおむね四五時間を超える時間外労働が認められない場合は、業務と発症との関連性が弱いが、四五時間を超える場合、時間外労働が長くなるほど関連性が強まるとしています。

業務の過重性の判断基準

業務の過重性を誰を基準に判断するかは重要です。一九八七年基準では、被災労働者のみならず、「同僚労働者又は同種労働者」にとっても過重であることが必要とされていましたが、二〇〇一年基準では「当該労働者と同程度の年齢、経験等を有する健康な状態にある者のほか、基礎疾病を有していたとしても日常業務を支障なく遂行できる者」を基準とするに至りました。

＊4　岡村親宜「改正過労死認定基準の意義と問題点」労働法律旬報一五二三号四頁、通達全文は同号五九頁（厚生労働省のホームページからもダウンロードできます）。

二〇〇一年認定基準後の認定の状況

認定基準が改定された二〇〇一年度の認定状況は、前年比六八％増の一四三件を記録しました。厚生労働省の発表によれば、そのうち四七件が長期間の過重業務により業務上と認定されたといいます。その後さらに認定件数は増加傾向を見せ、二〇〇二度に三一七件となってから、二〇〇九年の三九二件をピークに三〇〇件前後で推移し、二〇一三年三〇六件、二〇一四年二七七件となっています。

裁判での救済

このように時間外労働という目安が掲げられたことにより、基準に達する長時間労働の資料がある事案では、行政段階で迅速な救済が広がりつつあります。他面、時間数がこれに満たない事案で業務外とされた事案について、不規則勤務、業務の質的困難さや負荷、基礎疾患を有する者への負荷など、裁判でそれぞれの事案に応じた立証を工夫し救済されている例があります。

日本航空の客室乗務員がフライト先でくも膜下出血により倒れ、業務外とされた不支給処分取消訴訟において、第一審（千葉地裁平成一七年九月二七日判決）、第二審（東京高裁平成一八年一一月二日判決）ともに、業務外とした決定を取り消す判断をしました。労基署長は、発症前六カ月間の時間外労働は最高でも月四時間三〇分にすぎない等と主張しましたが、裁判所は、当該労働者の業務が、高い不規則性、長時間の拘束時間、深夜・徹夜勤務、時差対応が必要であること等、身体的精神的ストレスにさらされやすい業務の特性を重視し、業務起因性を認定しています。[*5]

＊5　堀浩介「成田労基署長（日本航空）事件・東京高裁判決の意義」労働法律旬報一六四五号七九頁。

9 自殺でも労災として扱われるのですか。精神障害はどうですか

自殺大国日本

わが国は「過労死大国」であると同時に「自殺大国」でもあります。人口比に占める自殺者の割合（対一〇万人）は二三・一人（二〇一二年）で、北朝鮮（三九・五人）、韓国（三六・六人）、リトアニア三三・三人、ハンガリー二五・三人等に次いで世界でも九位となっています。[*1] 絶対数でも、一九九八年から二〇一一年まで三万人を超え、二〇一三年二・七万人、二〇一四年二・五万人、二〇一五年二・四万人となっています。[*2] 健康問題、経済・生活問題、勤務問題を原因とする者が多く、経済的格差の深化、ワーキングプアの増加など経済的背景に加え、過労死同様、「働き過ぎ」も大きな要因と考えられています。

自殺は労災とならないのが建前

労災保険法一二条の二の二第一項は、「労働者が、故意に負傷、疾病、障害若しくは死亡又はその直接の原因となった事故を生じさせたときは、政府は、保険給付を行わない。」と定めています。この規定によるかぎり、自殺は原則として労災保険の給付の対象とならないことになります。このため、労働省は、「自殺が業務上の死亡として取り扱われるのは、それが業務上の負傷又は疾病により発した精神異常のために、かつ心神喪失状態において行われ、しかもその状態が当該負傷または疾病に原因していると認められる場合に限られている」としていました（昭和四三年一二月六日基収五〇六五号）。

＊1　ＷＨＯが二〇一四年に公表した二〇一二年推計データ。日本の自殺率が高いのは高齢化の影響も大きく、年齢を世界標準人口の構成に調整した調整後のデータでは、世界一八位まで下がっています。

＊2　内閣府のホームページの自殺対策欄で毎月報告されています。

過労自殺・精神障害の認定基準

しかしそれでは実態に合わないことから、労働界からの批判も強く、また自殺を業務上認定する裁判例が現れるなどしたことから、一九九九年に、労働省は精神障害ないしそれに基づく自殺にかかわる労災認定基準を通知しました（「心理的負荷による精神障害等に係る業務上外の判断指針について」平成一一年九月一四日基発五四四号）。その後、二〇一一年に、「心理的負荷による精神障害の認定基準について」（平成二三年一二月二六日基発一二二六第一号。新認定基準）がだされ、平成一一年通達は廃止されています。[*3]

精神障害は、「人の生命にかかわる事故への遭遇その他心理的に過度の負担を与える事象を伴う業務による精神及び行動の障害又はこれに付随する疾病」と判断される場合に労働災害になります（労基則別表第一の二第九号）。

この新認定基準によれば、精神障害が労災補償の対象とされるのは、①判断指針で対象とした対象疾病を発病していること、[*4] ②発病前おおむね六カ月の間に、業務による強い心的負荷が認められること、[*5] ③業務以外の心理的負荷及び個体側要因により当該対象疾病を発病したとは認められないこと、の三条件を満たす場合となっています。[*6] このような精神障害を発病した者が自殺を図った場合には、原則として業務起因性が認められ、そのような自殺は労災保険法一二条の二に定める「故意」にはあたらないとされています。[*7]

増加する認定数

自殺事案の労災認定数は、一九八三年度から一九九四年度までの一二年間で三件足らず、その後も一年間で一ないし三件程度の認定にすぎなかったものが、一九九九年度には

*3 国家公務員に適用される基準は「精神疾患等の公務上災害の認定指針」（平成二〇年四月一日職補一一四号［人事院］）、地方公務員に適用される基準は「精神疾患に起因する自殺の公務災害の認定について」（平成二四年三月一六日地基補六一号［地方公務員災害補償基金］）になります。

*4 国際疾病分類第一〇回修正（ICD—10）第五章「精神及び行動の障害」に分類される精神障害が対象とされています。

*5 基発一二二六第一号別表1「業務による心的負荷評価表」による。

*6 二〇〇五年一二月一日、職場でのセクハラが原因でうつ病など精神疾患となった場合には労災の対象となるとする通達が出ています（基労補発一二〇一〇〇一号）。

*7 「精神障害による自殺の取扱について」平成一一年九月一四日基発五四五号、豊田労基署長事件・名古屋高裁平成一五年七月八日判決。

前年比二六七％の一一件にのぼっています。その後さらに認定件数は増加傾向を見せ、二〇一一年六六件、二〇一二年九三件、二〇一三年六三年、二〇一四年九九件と三桁に近い認定数となっています。

こうした認定件数の増加傾向を見てもわかるように、これまで過労自殺が労災認定されることがまれであったことからすれば、認定基準が通知・改訂されたことは積極的に評価されます。

さらに行政の業務外の判断に対して、裁判所が業務起因性を認める事例も着実に集積しつつあり、これが認定行政へ好影響を及ぼすことが期待されています[*8]。最近の認定手法を集大成したものに、地公災愛知県支部長事件・名古屋高裁平成二二年五月二一日判決があり、参考になります。

企業に対する損害賠償が認められることもある

電通事件では、常軌を逸した深夜労働・休日出勤とそれによる睡眠不足のため心身共に疲労困憊した二四歳の青年がうつ状態となり自殺したことが、会社の安全配慮義務に違反するとして損害賠償請求が認められています（最高裁平成一二年三月二四日判決[*9]）。

＊8　九州カネライト事件・福岡高裁平成一九年五月七日判決が、「心理的負荷の要因となる業務上の出来事が複数存在する場合には、各要因が相互に関連して一体となって精神障害発症に寄与すると考えられるから、これらの出来事を総合的に判断するのが相当」としたのは好例です。

＊9　藤本正『ドキュメント「自殺過労死」裁判』（ダイヤモンド社、一九九六年）、川人博『過労自殺［第二版］』（岩波新書、二〇一四年）、川人博『過労自殺と企業の責任』（旬報社、二〇〇六年）一一〇頁以下。

10 通勤途上で災害にあった場合、補償を受けられますか

通勤途上の災害の区別

自宅と職場の往復の途中で受けた通勤中の災害については、現在、つぎの三つに区分され、それぞれが異なる取扱いがされています。

(1) 業務上通勤災害
(2) 保護通勤災害
(3) (1)(2)の保護を受けないもの

業務上の通勤災害となる場合

業務上通勤災害は、通常の労災としての保護、つまり、労災保険法上の各補償給付、解雇制限（労基法一九条）、三日目までの使用者による直接の休業補償（同法七六条）が受けられます。しかし、通勤中といっても、「業務遂行中」とみられるか、または使用者の支配しうる領域内にあると判断される場合に限られます。具体的には、つぎのいずれかにあたる場合とされています。*1

(1) 使用者が通勤用に専用の交通機関を提供している場合
(2) 通勤途上で使用者のための用務を行う場合
(3) 外勤など勤務形態が特殊で、どの部分が通勤か区別できない場合
(4) 通勤のために事業所内を通行した場合

＊1 厚生労働省労働基準局労災補償部労災管理課編『七訂新版 労働者災害補償保険法』（労務行政、二〇〇八年）一七三、一六九頁。

もっとも、いずれかにあたればすべて「業務上」災害と認定されるというのではなく、さらに種々の要件が付加されるので、「業務上」と認定されるケースはきわめて限られています。

保護通勤災害として保護される内容

保護通勤災害は、一九七三年の労災保険法改正により創設された通勤災害保護制度によって保護されるものですが（労災保険法七条一項二号）、つぎの点で業務上通勤災害と異なり、保護の内容は低くなります。つまり、解雇制限、休業補償の三日間の直接支払いの規定の適用はなく、長期間休業すると解雇になるおそれがあります。また、給付される金額は変わりませんが、「補償給付」ではなく、単なる「給付」という名称で、初診時には一定の自己負担も必要です。あくまで、業務外のものを例外的に「保護」するという制度だからです。どのようなものが、保護通勤災害にあたるかは、次問で説明します。

交通事故で加害者がいる場合

交通事故で加害者がいる場合でも、業務上通勤災害や保護通勤災害の要件を満たしている場合は、労災保険の給付が受けられます。これは「第三者行為災害」と呼ばれ、損害賠償（自賠責や任意保険からの支払いを含む）と労災保険給付の間で調整が行われます（労災保険法一二条の四）（Ⅷ－16問参照）。

11 通勤途中の被災が保護されるのはどのような場合ですか

10問で説明した「保護通勤災害」の要件は、以下のとおりです。

通勤による災害であること

「通勤」とは、何を指すかについて、当初は、①「住居と就業の場所との間の往復」だけが規定されていました。二〇〇五年の法改正により、②複数事業所に就労する労働者（いわゆる二重就労者）が就労先間を移動する場合（労災保険法七条二項二号、同法施行規則六条）、③単身赴任者が赴任先住居と帰省先住居間を移動する場合（同法七条二項三号）が加えられました。ただし、③については、家族・親族の介護あるいは通学の事情等「やむを得ない事情」によって単身赴任している場合に限られます（同法施行規則七条）。

就業に関する移動であること

通勤経路でも、就業と無関係に経路を移動している場合には保護されません（労災保険法七条二項）。休日に会社施設を利用する目的、あるいは労働組合大会へ出席する目的などでの移動は、就業に関する移動とはいえません。

合理的な経路および方法であること

前述の①〜③の移動を、「合理的な経路及び方法」で移動していた場合であることが必要です（同条二項）。

「合理的な経路」とは、定期券に表示された経路、勤務先に届け出た経路、通常これに代替することが考えられる経路が典型です。特段の合理的な理由もなく、著しくこれを迂回する経路は「合理的」とはいえません。

経路を「逸脱」・「中断」した際あるいは通勤経路に戻った後の被災は保護されるか

経路を「逸脱」・「中断」した場合、その間およびその後通勤経路に戻った後であっても、被災に対する保護はありません（同条三項本文）。

「逸脱」とは、通勤とは関係ない理由で合理的経路を外れること、「中断」とは合理的経路上にあって通勤とは関係のない行為を行うこととされます。映画館への入館、バー・キャバレー・麻雀店への入店などです。しかし経路上での売店でタバコ・雑誌を買う場合、経路上の店でごく短時間お茶やビール等を飲む場合などは、「逸脱」・「中断」とならないとされます（昭和四八年一一月二二日基発六四四号、平成三年二月一日基発七五号）。

「逸脱」・「中断」が、厚生労働省令で定める「日常生活上必要な行為」を「やむを得ない事由」で「最小限度」行う場合は、通勤経路に戻った後の被災は保護されます（同項但書）。やむを得ない事由でも、逸脱・中断中の被災は、通勤途上とはいえないので保護されません（札幌中央労基署長事件・札幌高裁平成元年五月八日判決）。

「日常生活上必要な行為」としては、①「日用品の購入その他これに準ずる行為」、②職業訓練、学校教育法上の学校等への通学（受験予備校や職業と関連性のない自動車教習所、茶華道の教室はあたらない）、③「選挙権の行使その他これに準ずる行為」、④病院で診察・治療を受けること、⑤要介護状態にある配偶者や父母・兄弟姉妹等の介護（二〇〇八年改正で追加）が規定されています（同法施行規則八条）。

12 元の体に戻ったわけでもないのに「治癒」したと言われて労災が打ち切られました。なぜですか

治癒により療養と休業の給付は終了する

労災保険法一二条の八第一項三号、労基法七七条により、負傷や疾病が「治癒」（ちゆ）すると、それ以後は療養補償給付と休業補償給付が打ち切られ、一定の障害が残った場合には、障害補償給付がなされます。そこで、どのような時点をもって「治癒」したとみるかは非常に重要な問題となります。

「治癒」とは

厚生労働省は「『なおったとき』とは傷病に対して行われる医学上一般に承認された治療方法（以上「療養」という）をもってしても、その効果が期待しえない状態（療養の終了）で、かつ残存する症状が自然的経過によって到達すると認められる最終の状態（症状の固定）に達したときをいう」としています（昭和五〇年九月三〇日基発五六五号。なお、東京地裁昭和四〇年二月二六日判決、松山地裁昭和四六年四月二二日判決もほぼ同旨）。

労災保険では、完全に負傷前の状態にかえらなくとも、治療効果がなくなった状態になれば、その時点で「治癒」と認めることになるのです。労働基準監督署が「治癒」と判断すると、その後療養補償給付、休業補償給付を請求しても、不支給決定をされることになります。これに不服なときは、Ⅷ-13問に述べる方法で争うことができます。[*1]

*1　この場合、労働者の側で「療養の必要性」があることを主張立証する必要があるとされています（東京高裁平成五年一二月二一日判決）。

13 労働基準監督署の決定に不服なときはどうしたらよいですか

審査請求ができる

保険給付に関する決定に不服があるとき（不支給、障害等級の低い査定など）は、①保険給付に関する決定があったことを知った日の翌日から起算して六〇日以内に、②各都道府県の労働局にいる「労働者災害補償保険審査官」に、③本人または代理人により、④文書または口頭で、審査請求ができます（労災保険法三八条一項、労働保険審査官及び労働保険審査会法七条ないし九条の二）。*1

代理人は、弁護士である必要はなく、組合の人でもかまいません。審査にあたっては、請求人は、資料を提出することができます。

再審査請求ができる

審査官が行った決定に不服があるときは、①審査請求に対する決定書の謄本が送付された日の翌日から起算して六〇日以内に、②中央にある「労働保険審査会」に、③文書で、再審査請求できます（労災保険法三八条一項、労働保険審査官及び労働保険審査会法三八条、三九条）。審査請求後三カ月たっても審査官が決定をしてくれない場合も、再審査請求ができます（労災保険法三八条二項）。

活用すべき参与制度

審査請求・再審査請求については、審査官、審査会に労使双方の参与がおり、審査に参

＊1　審査請求・再審査請求の制度と運用状況については、古川景一「労災保険給付を巡る諸課題、及び行政不服審査請求制度に共通する検討課題」自由と正義二〇〇七年七月号七六頁を参照。

加し意見を述べることができる（決定権はない）ことになっています（労働保険審査官及び労働保険審査会法五条、一三条、三六条、四五条二項）。請求するときは、労働者側参与に連絡を取って協力を求めるとよいと思います。

証拠の提出など

審査では、証拠を提出することができますし、請求すれば口頭で意見を陳述することもできます（同法一三条の二）。審査会の審理期日は公開され（同法四三条）、三、四週間前に連絡されます（同法四二条）。当事者と代理人、参与は出頭して意見を述べることができます（同法四五条）。

行政訴訟

再審査でも通らなかったときは、六カ月以内に行政訴訟[*2]を起こすことができます（行政事件訴訟法一四条[*3]）。労災保険法では不服申立前置主義をとっていますので（労災保険法四〇条本文）、いきなり裁判を起こすことはできず、前述の不服申立てのステップを踏んでからになるのが原則です。

しかし審査官で一年以上、審査会で二年以上かかるうえ、救済率が低いため、早期に訴訟に切り換える意味は大きいのです。そこで再審査請求がされた日から三カ月を経過しても裁決がないとき（労災保険法四〇条一号）、および再審査請求を待っていたのでは著しい損害が予想されそれを避けるため緊急の必要がある場合など、正当な理由があれば、直接訴訟を起こすことができます（同条二号）。

＊2　行政訴訟
行政法規の適用に関する争いを解決する手続。行政裁判所を設けている国もありますが、現在、日本では通常の司法裁判所がこれを扱っています。労災の場合は、「処分（不支給決定）の取消しの訴え」（行政事件訴訟法三条一項）または「義務付けの訴え」（同条六項）になります。

＊3　使用者は、この取消訴訟に補助参加できるとした判例があります（レンゴー事件・最高裁平成一三年二月二二日判決）。

14 上積み補償の協定はどのように結ばれていますか

法定外補償協定は広まっている

労災保険法による保険給付は、労災職業病・通勤災害の被災者とその家族の人間に値する最低限の生活を保障するものでしかありません。したがって、被災者とその家族の生活をより保障するためには、労災保険法による保険給付のほかに、その上積み等の法定外補償を要求する取組みが求められます。

わが国では、一九六三年の死者四五八名・重傷者五八四名に及んだ戦後最大の労災である三井三池炭坑炭じん爆発災害を契機に、三池炭鉱労組が法定外補償闘争に取り組んでから、全産業の労働組合の取組みとなり、法定外補償制度が徐々に確立してきました。

そして、それは自賠責保険の最高限度額を後追いする形で一時金の上積みを中心に展開されて、今日では法定外補償の水準は、一級障害者もしくは死者につき、三〇〇〇万円前後の水準となっています。

損害賠償を禁止するのは適当でない

七〇年代後半からは、使用者が、企業内補償を損害賠償の予約とする明文の規定を入れたり（たとえば、「組合員は本協定に定める補償以外に損害賠償を請求することはできない」など）、手続上、損害賠償を請求しない旨の念書を入れないと支給を受けられないようにする等、労災裁判の封じ込めを目的とした提案をする例がみられます。

労働組合としては、これは拒否しなければなりません。個人のもっている損害賠償請求権は組合といえども奪うことができないからです（協約自治の限界）[*1]。裁判例も、「組合が組合員の多数の意見に基づいて締結した労働協約であっても、組合員個人の有する私法上の権利である損害賠償請求権を会社との協約によって有効に放棄し得るかどうかは、多分に疑問の存するところであり」としています（東海カーボン事件・福岡高裁昭和五五年一二月一六日判決）。また、はっきりした明文がある事例についても、裁判所は損害賠償請求権の放棄を認めていません（日化工六価クロム事件・東京地裁昭和五六年九月二八日判決）。

就業規則にこのような規定が入れられた場合の効力については、学説上争いがあります。[*2]

＊1　東京南部法律事務所編『新・労働組合Q＆A』（日本評論社、二〇一六年）Ⅴ-[3]問参照。

＊2　有効とするもの（菅野和夫『労働法［第一一版］』［弘文堂、二〇一六年］六四八頁）。無効とするもの（川口美貴『労働法』［信山社、二〇一五年］三八六頁）。

15 労災補償以上に損害賠償を求めることはできますか

使用者には安全配慮義務がある

労災保険給付および法定外補償は、被災者と家族がこうむった全損害はカバーしていません。労災保険給付は、被災労働者が得たはずの逸失利益の一部を填補する機能はありますが、精神的損害（慰謝料）は填補しません。

そこで、わが国では、労災保険給付が行われても、民事責任がある加害者（通常は使用者、災害の場合は事業者、第三者の行為による災害の場合はその第三者）に対し、損害賠償を請求することができる制度を採用しています。労災職業病闘争が高揚した一九七〇年代以降、たくさんの損害賠償請求の闘いが展開されてきました。

最高裁は、一九七五年二月二五日、自衛隊八戸駐屯地自動車災害事件で、使用者の「安全配慮義務」を認め、この法理が確立するにいたりました。

すなわち、この判決は、「使用者は、労働者に対し、使用者が業務遂行のため設置すべき場所、施設もしくは器具等の設置、管理又は、労働者が使用者の指示のもとに遂行する業務の管理にあたって、労働者の生命および健康等を危険から保護するよう配慮すべき義務（「安全配慮義務」という）を負っているものと解すべきであ」り、「安全配慮義務の具体的内容は、労働者の職種、地位および安全配慮義務が問題となる当該具体的状況により異なるべきものであ」るとし、「安全配慮義務は、ある法律関係に基づいて特別な社会的接触の関係に入った当事者間において、当該法律関係の付随義務として当事者の一方又は双方が相手方に対して信義則上負う義務として一般的に認められるべきものであって、国と公務員との間においても別異に解すべき論拠はない」と判示しました[*1]。これが民間労働者の雇用契約について認められることは当然です（川義強盗殺人事件・最高裁昭和五九年四月一〇日判決[*2]）。

これが労働契約法五条で明文化されたのです（Ⅷ－1問参照）。

元請の責任

安全配慮義務は、建設現場の元請人が下請人の雇用する労働者にも負います（鹿島建設［大石塗装］転落災害死事件・福岡高裁昭和五一年七月一四日判決など[*3]）。

造船会社で働く下請労働者が、構内作業過程で発生する騒音により難聴に罹患したとして、会社（元請企業）の安全配慮義務違反に基づく損害賠償を請求したことにつき、右労働者はいわゆる社外工として、会社の管理する設備、工具等を用い、事実上会社の指揮監督を受けて稼働し、その作業内容も会社の従業員であるいわゆる本工とほとんど同じであったという事実関係の下では、会社は右労働者との間に特別な社会的接触の関係に入ったもので、信義則上、右労働者に対し安全配慮義務を自ら負うとされています（三菱重工難聴事件・最高裁平成三年四月一一日判決）。

どんな賠償がとれるのか

損害とは、積極損害（支出を余儀なくされたもの）、逸失利益（今後得られたはずである利益の喪失）と精神的損害（慰謝料）の三つを加算したものであり、この損害から労災

＊1　この判決をはじめ、初期の主要な労災判決の解説として、岡村親宜・大竹秀達責任編集『判例通覧労災職業病』（エイデル研究所、一九八四年）があります。

＊2　塚原英治「『安全配慮義務』の範囲」『判例通覧労災職業病』五六頁。

＊3　塚原英治「元請の債務不履行責任」『判例通覧労災職業病』一〇八頁。

保険給付等により得た利益を差し引いたもの[*4]（損益相殺）（次問参照）が、加害者に対して請求できる損害賠償額です。使用者の損害賠償と労災保険給付との間では調整が行われます（労災保険法六四条）（次問参照）。労災給付がなされれば、その範囲で使用者の損害賠償義務は消滅します（労基法八四条二項）[*5]。

労災職業病・通勤災害における積極損害の主なものは、近親者の入通院および退院後の家庭での付添介護費、葬儀費用、弁護士費用などです。逸失利益は、定年までの得ることができた賃金、定年後から稼働終了年齢までの得ることができた賃金です。

ただし、被災者に落ち度（過失）がある場合は、加害者からその落ち度の割合に応じて、損害額を減額（過失相殺）せよとの主張がだされ、過失相殺を理由に損害額を減額されることがあります[*6]。

実際の事例では、一級後遺障害の場合に一億円を超えた示談例もあります。

したがって、被災者は労災の原因を追及し、弁護士・医師等の専門家の協力を得て、損害賠償の闘いを起こすことも重要です。

＊4　なお、労災保険の特別支給金は、労災保険給付とは異なり、損益相殺の対象にはなりません（コック食品事件・最高裁平成八年二月二三日判決、改進社事件・最高裁平成九年一月二八日判決）。

＊5　労災保険給付が、使用者に対する損害賠償請求権の元本に充当されるのか、遅延利息部分に充当されるのかについて、フォーカスシステムズ事件・最高裁平成二七年三月四日判決は、元本に充当されるとしました。

＊6　過労死において、労働者に基礎疾患があった場合に、民法七二二条二項（過失相殺）を類推適用して賠償減額を認めた判例があります（ＮＴＴ東日本北海道支店事件・最高裁平成二〇年三月二七日判決）。しかし、過労自殺や精神障害の場合、最高裁は労働者の過失や素因による減額を認めることに慎重です（電通事件・最高裁平成一二年三月二四日判決、東芝うつ事件・最高裁平成二六年三月二四日判決）。

16 労災保険と厚生年金、損害賠償はどのように調整されるのですか

損益相殺

損害賠償債務の発生原因が生じたことにより、債権者が損害を受けたと同時に利益を受けた場合には、その利益にあたる分を損害額から控除すべきである、という原則を損益相殺（そんえきそうさい）と呼んでいます。民法に明文の規定はありませんが、学説・判例ともこれを認めています。

将来分の労災保険給付

労災保険給付が年金によって支給される場合、右の損益相殺の考え方により既払額は損害賠償額から控除されます。将来の保険給付額が損害賠償額から控除されるべきかどうかにつき、判例は、現実の給付がない以上、これを損害額から控除する必要はないとしています（三共自動車事件・最高裁昭和五二年一〇月二五日判決）。[*1]

この最高裁判決を契機として、労災保険法が改正され、損害賠償と労災年金の一定部分との調整がされています。すなわち、前払一時金給付額[*2]の限度で損害賠償責任が免除されます（労災保険法六四条一項）。この場合でも、慰藉料その他労災保険給付と重複しない部分には何の影響もありません。先に損害賠償を受けた場合はそれに相当する期間、年金給付が停止されます（同条二項）。

＊1　地方公務員等共済組合法による遺族年金に関する事件において、最高裁は「現実に給付された年金」だけでなく、「支給を受けることが確定した年金」も控除すべきだとしました（平成五年三月二四日判決）。ただし、「支給を受けることが確定した年金」とは、口頭弁論終結後に初めて到来する年金支給月の前月までの期間に支給されるべき年金を意味するにすぎず、「将来にわたり継続して給付されることが確定している年金」のすべてが控除されるわけではありません。

＊2　遺族補償年金や障害補償年金については、一時的な出費が必要となることもあるので、受給権者からの請求により、一定範囲で一時金の支払を受けることができます（労災保険法五九条～六三条）。これを前払一時金といいます。

労災特別支給金は、損害賠償から控除されない

損害賠償の算定にあたって労災保険給付との調整がなされるのは、保険給付であっても労災によって生じた損害の填補という点で、損害賠償と機能的に重複するという理由からです。したがって、労災保険法に基づく給付であっても、損害補償の性質を有しない「社会復帰促進等事業」（労災保険法二九条）としての金銭給付、たとえば遺族特別年金、就学援護費（常石造船宮地工作所事件・広島地裁尾道支部昭和五三年二月二八日判決）、遺族特別支給金（日本工業松尾鉱山砒素中毒事件・宮崎地裁延岡支部昭和五八年三月二三日判決）、休業特別支給金、障害特別支給金（コック食品事件・最高裁平成八年二月二三日判決）などは、調整の対象になりません。

厚生年金

厚生年金法による障害年金等は、生活保障を目的とするもので損害填補の性質を有しないので、損害賠償金額から控除すべきではありません（三共自動車事件・最高裁昭和五二年一〇月二五日判決）。

17 アスベスト（石綿）による健康被害はどのように補償されますか

アスベストとは

アスベスト（石綿）は、耐久性、耐熱性、耐薬品性、電気絶縁性などの特性に非常に優れ、しかも安価であることから、建設資材を中心に、電気製品、自動車、家庭用品等、様々な用途に広く使用されてきました。

しかし、実は非常に毒性の強い物質で、後には「悪魔の鉱物」とも呼ばれるようになりました。アスベストは、非常に細かい鉱物繊維で、精製作業やアスベストを含有する建材を切断した場合など、粉じんとなって長時間空気中を舞います。これを私たちが吸い込むと、肺に沈着し、つぎのような様々な疾病を発症させるおそれがあります。

中皮腫………胸膜・腹膜などの中皮に生じる悪性腫瘍。予後が悪く、アスベストによる最も重篤な疾病です。またアスベスト曝露（ばくろ）が、短期間・微量でも発症することが報告されています。

肺がん………気管や気管支など肺にできるがんです。アスベスト曝露量が多くなるほど肺がんのリスクが増大すると言われています。石綿肺で肺がんの合併症がある場合など、一定の要件を満たすと、アスベストが原因の肺がんとして労災認定がなされます。

石綿肺………じん肺の一種で、アスベスト繊維により肺組織が固く繊維状に変化し、呼吸機能障害等を起こす疾病です。

びまん性胸膜肥厚………胸膜が癒着し拘束性障害を生じる病変で、呼吸機能障害を起こすものです。

良性石綿胸水………アスベスト粉じんにより胸水がたまる疾病で、胸痛、発熱、咳痰、呼吸困難等を伴います。

環境問題としてのアスベスト被害

アスベストの有害性、有毒性は早くから認識されており、一九八〇年代からヨーロッパ各国で次々にアスベストの使用が禁止されてきました。日本の対応は遅く、ようやく二〇〇四年に原則使用禁止となり、全面禁止となるのは二〇一二年のことです。

一九八七年、学校など公共施設でのアスベスト使用が社会問題化しましたが、大きな対策がとられることはありませんでした。二〇〇五年いわゆるクボタショックが起き、アスベスト問題は環境問題でもあることが改めて認識されました。[*1]

労災補償

アスベストの精製や吹きつけ作業などの石綿曝露作業に従事し、アスベスト粉じんに曝露したことで疾病に罹患した場合、労災補償を受けられます。[*2]

労災補償を受けるためには、労災と認定される必要があります。労災認定基準は、それぞれの疾病によって異なっていますので、「石綿による疾病の認定基準」（平成二四年三月二九日基発〇三二九第二号）を参照してください。[*3]

なお、労災申請は、医療費等（療養補償給付）については二年、遺族補償給付等につい

＊1　工場近隣住民の遺族らによる神戸アスベスト第一陣訴訟（クボタ事件）では、国の責任は認めなかったものの製造企業の責任を一部認めた大阪高裁平成二六年三月六日判決が、最高裁の上告受理申立不受理により確定しています。現在、第二陣訴訟が高裁に係属中です。

＊2　石綿製造会社に限らず、トラック・バス製造会社、JR、造船などでも、ブレーキ部品等の一部に石綿含有物を使用していたため、中皮腫による死亡者を出し、労災認定されています。

＊3　厚生労働省のホームページに掲載されています。http://www.mhlw.go.jp/new-info/kobetu/roudou/gyousei/rousai/061013-4.html

ては五年の時効期間が定められており、この期間を経過すると労災補償を受けることができません（Ⅷ－4問参照）。

アスベスト新法

二〇〇六年に、アスベスト新法（石綿による健康被害の救済に関する法律）が成立しました。この法律は、アスベストによる健康被害者（および遺族）に対する救済を、つぎの二つの面で規定しています。

(1) アスベストによる健康被害が労災保険の対象にならない人に対しても医療費や弔慰金が支払われる（救済給付）

①、労災保険の対象とならない石綿健康被害者（認定が必要です〔同法五条〕）には、医療費の自己負担分と月額一〇万三八七〇円の療養費が（同法一六条一項、同法施行令五条）、②、①の被害者の遺族には、葬祭料一九万九〇〇〇円（同法一九条一項、同法施行令六条）及び、被害者が同法施行前に死亡した場合又は申請しないまま死亡した場合には特別遺族弔慰金二八〇万円と特別葬祭料一九万九〇〇〇円（同法二〇条二項、同法施行令七条）などが支給されます。独立行政法人環境再生保全機構（〇一二〇―三八九―九三一）を通じて支払われることになっています。

なお、二〇一一年の法改正で、特別遺族弔意金等の請求期限が一〇年延長されました。その結果、中皮腫・肺がんにより法律施行日（二〇〇六年三月二六日）以前に死亡した被害者の遺族による請求は二〇二二年三月二七日まで、石綿肺・びまん性胸膜肥厚により改正政令施行日（二〇一〇年七月一日）以前に死亡した被害者の遺族による請求は二〇二六年七月一日までが期限になっています。法律・改正政令施行後に死亡した被害者の遺族による請求の期限は、死亡日の翌日から一五年以内です（同法二二条二項、同法施行令附則［平成二二年五月二六日政令一四二号］二条）。

申請の手続等制度の詳細は、独立行政法人環境再生保全機構のホームページで解説されています。[*4]

⑵　時効により労災保険法上の権利が消滅した者が救済される（特別遺族給付金）

アスベストによる健康被害が労災となるはずの労働者の遺族で、時効により労災保険法上の請求権が消滅している場合、①死亡した労働者の配偶者等で生計が一緒であった遺族に、特別遺族年金（遺族一人の場合の年二四〇万円から遺族四人以上の場合の三三〇万円まで。同法五九条三項、同法施行令一五条一項）が、②特別遺族年金の受給権者がいない場合（および特別遺族年金の受給できる遺族が消滅した場合）、配偶者等の遺族に特別遺族一時金（一二〇〇万円。同法五九条四項、同法施行令一六条）が支給されます。ただし、請求できるのは二〇一六年三月二六日までに死亡した労働者の遺族に限られ、また、請求期限は二〇二二年三月二七日までとされています。

特別遺族年金を受ける遺族には優先順位があり、先順位の遺族の権利が消滅した場合、後順位の遺族が権利を取得します。この場合、先順位の遺族の権利が消滅した時から一六年以内に請求しなければなりません（同法五九条五項）。

特別遺族一時金は、特別遺族年金を受ける遺族がいるときには発生しません。特別遺族年金を受ける遺族の権利が消滅したとき、特別遺族一時金を受ける権利が発生します。こ

＊4　独立行政法人環境保全機構ホームページ。http://www.erca.go.jp/asbestos/relief/index.html

の場合、特別遺族年金の権利が消滅した時から一六年以内に請求しなければなりません（同法五九条五項）。

制度の詳細は、厚生労働省のホームページに掲載されています。[*5]

損害賠償請求

現在、国やメーカーに対し損害賠償請求訴訟が起こされており、多くの訴訟で国の責任が認められ、メーカーの責任を認める判断もでています。石綿産業が集中していた大阪泉南地域の工場労働者・近隣住民や遺族らが国の責任を追及した大阪泉南アスベスト訴訟では、最高裁は国に規制権限不行使の違法があったことを認めて差戻し（平成二六年一〇月九日判決）、二〇一四年一二月二六日大阪高裁で和解が成立しています。この結果、法務省では、「石綿工場の元労働者やその遺族の方々が国に対して訴訟を提起し、一定の要件を満たすことが確認された場合には、国は、訴訟の中で和解手続を進めることとしています。」との方針を明らかにしています。[*6]

また、建設作業経験者およびその遺族らによる神奈川建設アスベスト訴訟・東京建設アスベスト訴訟・九州建設アスベスト訴訟・関西建設アスベスト大阪訴訟・同京都訴訟・北海道建設アスベスト訴訟が提起されており、東京地裁平成二四年一二月五日判決、福岡地裁平成二六年一一月七日判決、大阪地裁平成二八年一月二二日判決、京都地裁平成二八年一月二九日判決で、国の責任を認める判断がされています。京都地裁判決では、一部メーカーの責任も認められました。

＊5　厚生労働省ホームページ。http://www. mhlw. go. jp/stf/seisakunitsuite/bunya/koyou_roudou/roudoukijun/sekimen/izoku/index. html

＊6　法務省ホームページ。http://www.moj.go.jp/shoumu/shoumukouhou/shoumu01_00026.html

18 職場におけるいじめやパワハラはどのように扱われていますか

職場におけるいじめとパワハラ

現在、職場におけるいじめが日・米・欧で深刻な問題となっています。[*1*2]

パワーハラスメント（パワハラ）とは、厚生労働省「職場のいじめ・嫌がらせ問題に関する円卓会議ワーキンググループ報告」（二〇一二年三月一五日）における定義によれば、「同じ職場で働く者に対して、職務上の地位や人間関係などの職場内の優位性を背景に、業務の適正な範囲を超えて、精神的・身体的苦痛を与える又は職場環境を悪化させる行為」とされ、上司だけでなく後輩や部下からのパワーハラスメントも包摂する定義となっています。[*3*4]

同報告では、職場のパワーハラスメントの典型的な行為類型として、以下のものがあげられています。

① 暴行・傷害（身体的な攻撃）
② 脅迫・名誉毀損・侮辱・ひどい暴言（精神的な攻撃）
③ 隔離・仲間外し・無視（人間関係からの切り離し）
④ 業務上明らかに不要なことや遂行不可能なことの強制、仕事の妨害（過大な要求）
⑤ 業務上の合理性なく、能力や経験とかけ離れた程度の低い仕事を命じることや仕事を与えないこと（過小な要求）

*1 厚生労働省が二〇一五年六月一二日に発表した「平成二六年度個別労働紛争解決制度施行状況」によれば、二〇一四年度に都道府県労働局、各労働基準監督署内などに設けられた総合労働相談コーナーに寄せられた民事上の個別労働相談件数二三万八八〇六件のうち、「いじめ・嫌がらせ」が六万二一九一件（二一・四％）と三年連続で相談内容のトップとなっています。

アメリカにおけるいじめの実態については、ノア・ダベンポート他『職場いびり』（緑風出版、二〇〇二年）に詳しく触れられています。

*2 いじめについての包括的な検討として、水谷英夫『職場のいじめ』（信山社、二〇〇六年）、『職場のいじめ・パワハラと法対策［第四版］』（民事法研究会、二〇一四年）が有益です。

*3 大学におけるものは、アカデミックハラスメント（アカハラ）と呼ばれています。

教授から助手へのアカハラが認められた事例として、奈良県立医科大学事件・最高裁平成一四年一〇月一〇日決定があります。

*4 いわゆるマタニティ・ハラスメントについては、Ⅵ-9問参照。

⑥　私的なことに過度に立ち入ること（個の侵害）

Ⅷ－1問、15問で説明したように、使用者は、労働者が使用者の指示の下に労務を提供する過程において、労働者の生命・身体を危険から保護するよう配慮すべき義務をおっていますが、これは単に物理的なものに限るわけではありません。セクハラと同様（Ⅵ－8問参照）、事業主には雇用する労働者がパワハラなどのいじめ被害に遭わないように注意し、いじめが発生しないように配慮する義務（職場環境配慮義務）があります。

使用者が、この義務に違反したためにいじめにあった場合には、使用者は被害を受けた労働者に対する損害賠償責任を負います。

いじめをした者の責任

いじめ（パワハラ）を行い、相手の人格を傷つけた者は、不法行為（民法七〇九条）として、相手の被った損害に対して損害を賠償すべき責任があります。それとともに、職場の秩序を乱した者として、就業規則などに基づき、使用者から懲戒処分を受ける可能性もあります[*5]。

いじめ被害と労災

いじめにあった結果、心の健康を害し、休業に追い込まれたり、場合によっては自殺に追い込まれたりするケースがあります。「ひどい嫌がらせ、いじめ、又は暴行を受けた」ことは、「心理的負荷による精神障害の認定基準について」（平成二三年一二月二六日基発一二二六第一号）という労働災害の認定基準では、重要な考慮要素とされています。

パワハラにより自殺したことが業務上の死亡と認められた事例もあります（静岡労基署

*5　セクハラ行為を行った本部長の懲戒解雇が相当だと認められた事例があります（日本ヒューレット・パッカード事件・東京地裁平成一七年一月三一日判決）。

*6　川人博・山下敏雅「職場のハラスメントによるうつ病発症・自殺の労災認定」労働法律旬報一六六一号五八頁。

*7　前記の円卓会議報告では、「④から⑥までについては、業務上の適正な指導との線引きが必ずしも容易でない場合が

長［日研化学］事件・東京地裁平成一九年一〇月一五日判決[*6]）。

損害賠償が認められる場合

パワハラの場合は、教育的指導との区別が問題となります。[*7] いじめやパワハラに法的責任が認められるためには、行為の違法性、行為と被害の因果関係が必要です。[*8] 行為の態様、いじめの発生過程と頻度、いじめ・パワハラ行為を行った者の悪意と受け手の感じ方、年齢・性別・体格などが総合的に判断されます。

いじめ・パワハラの被害に対し、損害賠償が認められた事例も増えています（川崎市水道局いじめ自殺事件・横浜地裁川崎支部平成一四年六月二七日判決、誠心会北本病院事件・さいたま地裁平成一六年九月二四日判決など[*9]）。

いじめ・パワハラにあったら

セクハラ同様に会社に対処を求めることができます。とはいっても、いじめのある職場では、職場内の人的信頼関係が難しくなっている場合が多いでしょうし、上司によるパワハラであれば、社内の窓口や上司に相談したり苦情を訴えることが事実上困難な場合が予想されます。都道府県労働局長に紛争解決の援助やあっせんを求めることは有益です（X－1、2問参照）。会社が対応せざるをえなくなり、会社や会社の依頼した弁護士がいじめ・パワハラを行っている者に対する聴取などを行う結果、いじめ・パワハラが止まったり減ったりすることもあります。

日常的に気をつけること等は、セクハラのところで説明したこと（VI－8問）を参照してください。

あると考えられる。こうした行為について何が「業務の適正な範囲を超える」かについては、業種や企業文化の影響を受け、また、具体的な判断については、行為が行われた状況や行為が継続的であるかどうかによっても左右される部分もあると考えられるため、各企業・職場で認識をそろえ、その範囲を明確にする取組を行うことが望ましい。」とされています。

「上司が、単純ミスを繰り返す原告に対して、時には厳しい指摘・指導や物言いをしたことが窺われるが、それは生命・健康を預かる職場の管理職が医療現場において当然になすべき業務上の指示の範囲内にとどまるものであ」るとされパワハラが否定された事件（健和会事件・東京地裁平成二一年一〇月一五日判決）があります。

＊8　不正経理を厳しく問い質したことは、それによってその者が自殺したとしても、パワハラにならないとされたケースがあります（前田道路事件・高松高裁平成二一年四月二三日判決）。

＊9　21世紀職業財団『増補版　わかりやすいパワーハラスメント裁判例集』（二〇一一年）が、二〇一〇年までの五二の事例を整理していて便利です。

1 パートやアルバイトにも労働法は適用されますか

パート・アルバイトとは

パートは主婦について、アルバイトは学生について用いられることが多いのですが、いずれも法律上の用語ではなく、総務省統計局の「労働力調査」によれば、就業の時間や日数に関係なく、「パートタイマー」、「アルバイト」またはそれらに近い名称で、いわゆる正規労働者と区別されて呼ばれている人を指しています。パートとアルバイトには法律上差がないので、以下では、あわせてパートタイム労働者あるいはパートまたはパート労働者といいます。

パート労働法[*1]は、パートについて特別の保護をしていますが[*2]、その適用対象を「短時間労働者」としています。これは「一週間の所定労働時間が同一の事業所に雇用される通常の労働者（正社員のこと）の一週間の所定労働時間に比し短い労働者」を指しています（二条）。正社員と同じ所定労働時間である非正社員（フルタイムパート）は、パートタイム労働法の適用対象ではありません（「疑似パート」などと呼ばれています）。フルタイムパートについては、パート労働法の規定が類推適用されると考えられます[*3]。厚生労働省の指針では、パート労働法の「趣旨が考慮されるべきである」としています（平成一九年一〇月一日厚生労働省告示三二六号）。

＊1　正式名称は、「短時間労働者の雇用管理の改善等に関する法律」。一九九三年制定。

＊2　パートタイム労働指針（「事業主が講ずべき短時間労働者の雇用管理の改善等に関する措置等に関する指針」）も出されています。これらについては、厚生労働省『パートタイム労働法の概要』（二〇一五年七月）に、一般向けの解説があります。また、厚生労働省『パートタイム労働法のあらまし』により詳細な解説があります（両者とも厚生労働省のホームページで読めます）。

＊3　和田肇「パート労働法の改正の意義と今後の課題」季刊労働法二二〇号（二〇〇八年）七四〜七五頁。

第IX章 パート・アルバイト・派遣

本章では、右のような「短時間労働者」に限らず、フルタイムパートを含め、一般にパートと呼ばれている人について説明していきます。[*4]

パートやアルバイトも労働者

パート（前述のようにアルバイトも含む）も労働者であることに変わりはありませんから、労働者を守る法律はパートにも適用になります。ＩＬＯ一七五号条約（パート条約）四条でも、パートタイム労働者に対し、団結権・団体交渉権・労働者代表として行動する権利、安全衛生、雇用等における差別について、フルタイム労働者と同一の保護が受けられることを保障しなければならないとされています（日本は批准していません）。

パートでも労基法などが適用になる

労基法は、これ以下で働かせてはいけないという最低の労働条件を定めるもので、一般職国家公務員と同居の親族のみを使用する事業および家事使用人を除くすべての労働者に適用されることになっています（労基法一一六条二項）。使用者はこれを守らないと処罰されます。最低賃金法（Ⅲ-1問参照）、均等法（Ⅵ-5問参照）、育児介護休業法（Ⅵ-11、12、13問参照）等の労働保護法規も適用されます。

パートでも労働組合に入ったり、労働組合を作ったりできる

個人加盟の組合に入ったり、パートだけの組合を作ったり、正社員と同じ組合に入ったり、いろいろなケースがあります。[*5]

*4　パートタイマーの割合は一時期からすれば若干減りましたが、依然高い割合になっています。総務省の労働力調査によると、雇用者総数中に占めるパート労働者（週間就業時間が三五時間未満の雇用者）の割合は、一九七五年時点では一〇・〇%であったものが、二〇〇五年には二四・〇%と倍以上になり、二〇一五年には一八・五%になっています。特に女性では一九七五年の一七・四%から二〇〇五年には四〇・六%と全体の約四割に達し、二〇一五年時点でも三六・二%になっています。
　二〇一五年一二月のデータでは、役員を除く雇用者総数五三五五万人のうち、正規の職員・従業員三三一六万人（六一・九%）に対し、パート九八八万人（一八・五%）、アルバイト四五三万人（八・五%）、契約社員二七五万人（五・一%）、嘱託一一三万人（二・一%）、派遣社員一三四万人（二・五%）等となっています。

*5　もっとも、厚生労働省の平成二七年労働組合基礎調査結果によると、労働者全体の推定組織率が一七・四%であるのに対し、パート労働者の推定組織率は七・〇%に過ぎません。

2 パートで働いていますが、労働条件が明らかでなくはっきりしてもらいたいのですが

労働条件の明示

使用者は労働者の採用にあたって、賃金、労働時間、その他の労働条件を、労働者に書面で示す義務を負っています（労基法一五条一項、労基則五条三項）（I－4問参照）。パート労働者を雇い入れたときは、速やかに昇給、退職手当、賞与の有無などを文書の交付等[*1]により明示しなければなりません（パート労働法六条一項、同法施行規則二条）。違反すると一〇万円以下の過料[*2]の制裁があります（同法三一条）。その他の労働条件についても文書の交付等により明示するよう努めなければなりません（同法六条二項）。

「労働条件通知書」というモデル様式があり、使用者が労働条件を記載した文書をくれないときは、あなたから「労働条件通知書をください」ということができます。モデル様式を労働基準監督署や公共職業安定所（ハローワーク）でもらって、使用者に書いてもらうこともできます。

パートについても就業規則は必要

一〇人以上の労働者を雇用する使用者はすべて就業規則を作成しなければいけないことになっています（労基法八九条）。パートについて、正規従業員の就業規則との関係で適用除外をしている場合には、パートについては必ずそのための規則を作らないと、除外したことになりません。しばしば適用除外とだけ書いて、パートについての規則を作ってな

*1 文書を渡すほか、ファクシミリの送付や電子メールの送信でもよいとされています（施行規則二条二項）。

*2 過料（かりょう）法令違反行為に対して課せられる金銭罰で、刑罰でないものをいいます。

い場合があります。その場合には就業規則は正規従業員のものしかないので、性質に反しない限りそれが適用されると解すべきですが[*3]（労働契約法一二条、労基法九三条。日本ビクター事件・横浜地裁昭和四一年五月二五日決定、大興設備開発事件・大阪高裁平成九年一〇月三〇日判決）（Ⅱ－2問参照）、就業規則の作成義務違反にすぎないとして、使用者が処罰されるだけだとの考えもあります。[*4]

パート労働者について正規労働者のものと別の就業規則を作ることは許容されています。ただ、この場合でも一般従業員と不合理な差別をすることは許されません（Ⅸ－3問参照）。

パートの就業規則の作成についてパートの意見が出せる

使用者は就業規則の作成または変更について、「労働者の過半数を代表する者」の意見を聴かなければなりません（労基法九〇条）（Ⅱ－3、12問参照）。パート労働者に関して就業規則を作成・変更しようとするときは、さらにその事業所において雇用するパート労働者の過半数を代表する者の意見を聴くよう努めるものとされています（パート労働法七条）。

＊3　パート等に正社員の就業規則が当然に適用されるとすると、残業義務を定めた規定など不利益なものも適用されることになることから、個別に合理的に解釈すべきとされています（荒木尚志『労働法［第二版］』［有斐閣、二〇一三年］三二三頁）。

＊4　二一世紀職業財団編『パートタイム労働法律相談Q＆A』（二〇〇四年）一二九頁。

3 もう何年も働いているのですが、昇給・ボーナスがありません。パートではしかたがないのですか（パートの労働条件と差別）

パートの賃金の考え方

パート労働者の労働条件について、ＩＬＯ一七五号条約（パート条約）五条では、「パートタイム労働者がパートタイムで労働することを唯一の理由として、時間、業績または出来高を基礎に比例計算で求められる基本賃金で、同一の方法によって計算された、対応するフルタイム労働者の基本賃金より低い基本賃金を受けることのないように」しなければいけないとしています。時間以外の点で同一の義務を負う場合は[*1]、基本賃金においては正社員を下回ってはいけないということです。残念ながら日本はパート条約を批准していません。

同一労働同一賃金の理念

同一労働同一賃金という考え方があります[*2]。均等待遇の理念は、人格の価値を平等と認める市民法の普遍的な原理でもあります。パート労働法の制定以前の事例に関する判決ですが、正社員と勤務時間は実質的に同一で[*3]、勤務日数も変わらず、まったく同じ労働をしているパート労働者に関する事件で、勤務年数が同じ女子正社員の賃金の八割以下になるときは、許容される限度の範囲をこえ、公序良俗違反として違法となるとした判決があります（丸子警報器事件・長野地裁上田支部平成八年三月一五日判決[*4]）。日本では、年功制賃金、家族手当、住宅手当、通勤手当など労働に対応しない賃金制度をもっているため、

*1 たとえばフランスやドイツでは、パート労働者と正社員とで労務提供以外に負う義務に変わりがないといわれています（水町勇一郎『パートタイム労働の法律政策』［有斐閣、一九九七年］二一四頁）。日本では、パート労働者は、通例、正社員と異なり、時間外休日労働の義務はなく、配転もなく、兼業・競業の規制もなく、責任を負う範囲も狭いと扱われています。これらが同一の者のうち一定の者については、「通常の労働者と同視すべき短時間労働者」として差別が禁止されています。

*2 男女の同一価値労働同一賃金の原則については、Ⅲ-5問参照。

*3 形式上は最後の一五分を残業扱いにしていたので、改正パート労働法の短時間労働者にあたり、他の要件も充たしているので、「通常の労働者と同視すべき短時間労働者」にあたります。改正法では一〇〇％の賃金が認められる事件です。

*4 厚生労働省の平成二三年パートタイム労働者総合実態調査によると、正社員

同一労働同一賃金の考え方を貫くにはいくつもの問題がありますが、支持できる判決です。

パートの労働条件は正社員と比較して「不合理」なものであってはならない

二〇一四年にパート労働法の大きな改正がありました（二〇一五年四月一日施行）。その改正で、「事業主が、その雇用する短時間労働者の待遇を、当該事業所に雇用される通常の労働者の待遇と相違するものとする場合においては、当該待遇の相違は、当該短時間労働者及び通常の労働者の業務の内容及び当該業務に伴う責任の程度（以下「職務の内容」という。）、当該職務の内容及び配置の変更の範囲その他の事情を考慮して、不合理と認められるものであってはならない。」（八条）という条項が新設されました。

すなわち、パートの待遇が正社員より劣る場合、その劣ることが、パートと正社員の業務の①職務の内容、②職務の内容の変更の範囲、③配置の変更の範囲等から不合理とは認められないことが必要です。

パート労働法八条に違反した場合、不法行為として損害賠償請求が認められることに加えて、無効とされた労働条件について、通常の労働者と同じ労働条件が認められると解されています（平成二六年七月二四日基発〇七二四第二号・第3・3(7)）。

パートに対する差別的取扱いが禁止される場合がある

パート労働法は、パート労働者を以下の三つに区分して、扱いを定めています。

① 「通常の労働者と同視すべき短時間労働者」

「職務の内容（業務の内容及び当該業務に伴う責任の程度）」および「職務の内容及び配

と職務が同じパートがいる事業所のうち、パートの一時間当たりの基本賃金が正社員より高い事業所は六・四%、正社員と同じ事業所は二七・九%、正社員より低い事業所が六一・六%となっています。

雇用形態の違いによる賃金格差は契約自由の原則から許されるとする裁判例もありました（日本郵便逓送事件・大阪地裁平成一四年五月二二日判決）。しかし、二〇一六年改正のパート労働法八条が、パート労働者と正社員との待遇の相違が不合理であってはならないと定めている以上、著しい労働条件格差規定は無効ないし不法行為になると考えるべきでしょう（菅野和夫『労働法〔第一一版〕』［弘文堂、二〇一六年］三五七頁参照）。

置の変更」において正社員と同一性が認められるパート労働者については、賃金の決定、教育訓練の実施、福利厚生施設の利用等の待遇について差別的取扱いをしてはなりません（同法九条）。

業務の内容については、正社員と中核的業務が同一かを比較します。責任の程度は、与えられた権限、成果について求められる役割、緊急時に求められる対応の程度、ノルマ、業務に伴い所定外労働が必要となっているか等が考慮されます。

「職務の内容及び配置の変更」とは、人事異動を指します。転勤の有無や範囲が同一かを比較します。

責任の程度・転勤の有無等で高いハードルがあるため、これらすべてを満たすパート労働者は、二〇〇七年当時一一〇〇万人を超えていたパート労働者のうち、多くとも五〇万人から六〇万人にすぎません（二〇〇七年二月一三日衆議院予算委員会における厚生労働大臣答弁）。これらが同一であれば、時間が短いだけで差別してはならないのは当然ですが（ＩＬＯ一七五号条約五条）、明確な禁止条項が定められたことは一歩前進といえるでしょう。

② 「職務内容同一短時間労働者」

正社員と職務内容が同一の短時間労働者（①を除く）については、職務遂行上必要な能力を付与するための教育訓練は、正社員と同じように実施することが義務づけられています（パート労働法一一条一項）。

③ ①②以外の短時間労働者

①②以外の短時間労働者に対しては、使用者は正社員と「均衡のとれた待遇」をする努力義務（同法三条）、一定の訓練をする努力義務を追います（同法一一条）。

パートでも有給休暇はとれる

労基法上の要件を満たしていればとれます。この要件は、六カ月以上継続して勤務し、決められた労働日数の八割以上出勤することです（労基法三九条一項）。

有給休暇の日数は、勤務日数に比例して付与される日数が決められています（労基法三九条三項、労基則二四条の三）（Ⅶ－1問参照）。二カ月など短い雇用期間を決めていても、契約を更新して六カ月以上続けて働いていれば、やはり有休はとれます。

賃金その他の労働条件

パート労働者の賃金については、使用者は（前記①の差別が禁止されるパートを除き）、正社員との均衡を考慮しつつ、パート労働者の「職務の内容、職務の成果、意欲、能力又は経験を勘案し」て決定するよう努めねばなりません（一〇条）。ここでいう「賃金」には、通勤手当・退職手当・家族手当・住宅手当等は含まれません（同条、同法施行規則三条）。

使用者は、正社員が利用する福利厚生施設（給食施設・休憩室・更衣室）の利用機会を、パートにも与えるよう配慮しなければなりません（同法一二条、同法施行規則五条）。

使用者は、パート労働者の求めがあったときは、労働条件等の決定をするにあたって考慮した事項を説明しなければなりません（同法一四条二項）。

退職金のあるところも

平成二三年パートタイム労働者総合実態調査によると、パート労働者に対して退職金を支給している事業所の割合は一三・〇%、企業年金を実施している事業所の割合は三・一%あります。

組合を作って要求する

昇給やボーナスの要求をするのは当然のことです。厚生労働省の平成二三年パートタイム労働者総合実態調査によると、「パート」(週の所定労働時間が正社員よりも短い労働者)について定期的な昇給を行った事業所の割合は二七・八%(正社員に対しては六六・五%)、賞与を実施した事業所の割合は三七・三%(正社員に対しては八三・四%)でした。こうした要求はなかなか一人でできるものではありませんから、組合を作って要求することが大切です。

なお、パート労働者と使用者の争いについては、都道府県労働局長による助言・指導・勧告(同法二四条一項)および紛争調整委員会による調停(同法二五条一項)という紛争解決制度が設けられています。

4 パートでも健康保険・厚生年金・労災保険に入れてもらえますか

労災保険は当然加入

労災保険は、労働者を一人でも使用している事業所は、自動的に加入したことになっており、かつすべての労働者が対象になっているので、「入れてもらう」という問題はおこりません。パートでも労災にあえば、必ず労災補償が受けられます。もし使用者が保険料を払っていなかったとしても、保険料を追徴されるだけです（Ⅷ－3問参照）。

雇用保険も原則加入

雇用保険も、日雇労働者の一部や季節労働者などのほかは、全事業で働くすべての労働者に適用されることになっています（雇用保険法五条、六条）。ただし、一週間の所定労働時間が二〇時間未満の者（同法六条二号）、継続して三一日以上雇用されることが見込まれない者（同条三号）は除かれます。

二〇〇七年改正により、一般被保険者と短時間労働被保険者の区別がなくなり、基本手当の受給資格要件も一本化されました。すなわち、正社員であれパートであれ、離職の日以前二年間（特定受給資格者［倒産・解雇等による離職者］は一年間）に、賃金支払いの基礎となった日数が月一一日以上ある月が通算して一二カ月（特定受給資格者は六カ月）以上あり、かつ雇用保険に加入していた期間が一二カ月（特定受給資格者は六カ月）以上あることが基本手当の受給資格要件となっています（雇用保険法一三条、一四条、二三条二項)。

使用者が手続をとってくれないときは、公共職業安定所(ハローワーク)に行けば手続ができます。

健康保険・厚生年金は

健康保険・厚生年金保険については、すべての法人事業所と常時五人以上の従業員を使用する個人事業所(農業、畜産業、水産業、林業等は適用対象外)は法によって強制的に適用対象となります(健康保険法三条三項、厚生年金保険法六条一項)。それ以外の場合でも、被保険者資格のある従業員の半数以上の同意を得て事業主が申請し認可を受ければ適用事業所となります(健康保険法三一条、厚生年金保険法六条三項、四項)。

原則として全従業員が被保険者(加入者)となりますが、臨時に使用される者は除外されています(健康保険法三条一項)。[*1] 法の明文にはありませんでしたが、常勤であることが要件であると考えられており、その基準は、一九八〇年六月六日の厚生省・社会保険庁の内部文書によって、所定労働時間および所定労働日数が一般従業員の四分の三以上ある者として実務上運用されていました。二〇一二年の法改正によって、明文が置かれ、①所定労働時間が週二〇時間以上、②月額賃金八・八万円(年収一〇六万円)以上、③勤務期間一年以上となることが見込まれる労働者が被保険者となるが、④学生は適用除外とするとの改正がされています(新三条一項九号。二〇一六年一〇月一日より施行)。この改正は「当分の間」⑤被保険者数が五〇一人以上の企業にのみ適用されます(平成二四年法六二号附則四六条一項)。

＊1　法が定めている者は以下のとおりです。
①日々雇い入れられる者(一月を超え、引き続き使用されるに至った場合を除く。)
②二月以内の期間を定めて使用される者(所定の期間を超え、引き続き使用されるに至った場合を除く。)
③季節的業務に使用される者(継続して四月を超えて使用されるべき場合を除く。)
④臨時的事業の事業所に使用される者(継続して六月を超えて使用されるべき場合を除く。)

5 パートということで一方的に辞めさせられることはありますか。正社員になることはできますか

解雇には合理的な理由が必要

理由なく一方的に辞めさせられることはありません。期間を決めていない場合、あるいは期間を決めた場合でその期間中に、辞めさせるのは「解雇」になります。パートについても正社員同様、期間の定めがない場合、合理的な理由がないかぎり「解雇」はできません（労働契約法一六条）（Ⅴ－6問参照）。

期間の定めがある場合、途中で解雇できるのは、「やむを得ない事由」がある場合に限られています（労働契約法一七条一項）。[*1] この「やむを得ない事由」は、期間の定めのない場合の解雇より高度の必要性・相当性が求められます。[*2] このため、期間の定めがある場合は解雇が認められにくいのですが、業務命令に再三違反した場合などは期間の途中でも解雇が認められています（新生ビルテクノ事件・大阪地裁平成二〇年九月一七日判決）。

労基法は、使用者が労働者を解雇するときは、三〇日前に予告するか、代わりに三〇日分の賃金（解雇予告手当）を払うかしなければならないと定めています（二〇条）。日雇いでも一カ月を超えて雇用されている場合、二カ月以内の期間を定めていたときでも期間を超えて雇用されている場合は、予告手当を払わずに辞めさせることはできません（労基法二一条一号二号）（Ⅴ－7問参照）。

＊1　労働契約法一七条一項
「使用者は、期間の定めのある労働契約について、やむを得ない事由がある場合でなければ、その契約期間が満了するまでの間において、労働者を解雇することができない。」

＊2　行政解釈は、「法第一七条第一項の「やむを得ない事由」があるか否かは、個別具体的な事案に応じて判断されるものであるが、契約期間は労働者及び使用者が合意により決定したものであり、遵守されるべきものであることから、「やむを得ない事由」があると認められる場合は、解雇権濫用法理における「客観的に合理的な理由を欠き、社会通念上相当であると認められない場合」以外の場合よりも狭いと解されるものであること。」としています（平成二四年八月一〇日基発〇八一〇第二号）。

裁判例では、「法一七条一項にいうやむを得ない事由とは、客観的に合理的な理由及び社会通念上相当である事情に加えて、当該雇用を終了させざるを得ない

雇止め

期間を決めて契約した場合に、期間が満了したから辞めてくれというのは解雇ではなく、「雇止め」または「更新拒絶」と呼んでいます。期間の定めのある労働契約は、しばしば期間の定めのない労働契約の解雇制限（Ⅴ-6問参照）を免れるために使われているので、判例はこれを封じるための努力をしてきました。これが、二〇一二年の労働契約法の改正で明文化されています（一九条）。（Ⅸ-7問参照）

正社員への転換の促進

パート労働法は、使用者に対して、パートの正社員への転換を推進するため、以下の三つの措置のいずれかを「講じなければならない」として義務づけています（一三条）。

① 正社員の募集を行う場合は、募集に係る事項（業務の内容・賃金・労働時間）を掲示するなどして、その事業所で雇用するパートに対して周知すること（同一号）。

② 正社員の配置を新たに行う場合、当該配置の希望を申し出る機会を、当該配置に係る事業所において雇用するパートに対して与えること（同二号）。

③ パートの正社員への転換のための試験制度を設けること等、転換を推進するための措置を講ずること（同三号）。

無期への転換ができる場合がある

二〇一二年の労働契約法改正により、五年を超える期間契約を継続している場合、労働者に期間の定めのない契約締結に転換する権利が与えられました（Ⅸ-9問参照）。

特段の事情と解するのが相当である。」とするもの（東奥義塾事件・仙台高裁秋田支部平成二四年一月二五日判決）、「同条にいう「やむを得ない事由」とは、期間満了を待たずに直ちに契約を終了させざるを得ないような重大な事由をいう」とするもの（資生堂・アンフィニ事件・横浜地裁平成二六年七月一〇日判決）があります。

6 契約社員は正規社員とどこが違うのですか

契約社員とは何か

すべて労働者は使用者との間で労働契約を結んで働いているので、あらためて契約社員というのはおかしいのです。契約社員という呼び方をわざわざしているのは、期間が決まっている、あるいは個別契約だということを際立たせる目的があるのです。専門職型の契約社員も存在しますが[*1]、通常の仕事をする労働者で、いわゆる正社員（期間の定めのない雇用契約を結んでいる労働者）ではない、期間の定めのある雇用契約を結んでいる労働者を「契約社員」と呼んでいる企業がたくさんあります。

期間の定めのある労働契約（有期雇用）

呼び方は「契約社員」「パート」「アルバイト」「臨時工」「嘱託社員」等さまざまですが、正社員ではない非正規雇用労働者の多くが、期間の定めのある雇用契約で働いています。この中には、学生アルバイトのように一時的に働きたい労働者だけではなく、「正社員」として長期間働くことを希望しているが、「正社員」で雇ってくれるところがないので、やむをえず有期雇用で働いている労働者もたくさんいます。

期間の定めのある雇用契約は、Ⅸ－7問で説明するとおり、労働契約法一九条によって雇止め（更新拒絶）に一定の正当事由が必要とされる場合があるとはいえ、期限が来れば終了するのが原則ですから、解雇制限（労働契約法一六条）によって雇用が守られてい

*1　一九九八年労基法改正で、従来の一年契約の例外として三年契約を認めたときは、一時的な事業の立ち上げのときにプロフェッションを外から高額で呼び寄せる場合を念頭に置いていました。プロ野球で外国人選手を呼ぶ場合に似ています。日本の今までのシステムでは普通に、年功序列のシステムに乗せてしまうために、社内の処遇がむずかしいので、契約期間を切って、その代わりに高い報酬を出すという趣旨です。これらの専門職型契約社員については、Ⅰ－5問を参照。

る期間の定めのない雇用契約に比べて、身分が不安定です。また、契約更新時に労働条件の引き下げが行われやすいという問題もあります。社会的実態としても、有期雇用は好不況に対応した雇用調整の安全弁として利用され、正社員と同じ仕事をしていても賃金等の労働条件は正社員よりも低いのが通常です。[*2] この点については、二〇一二年の労働契約法改正で、正社員と比べて不合理な労働条件を設定することは禁止されることになりました（二〇条）（Ⅸ-10問参照）。

ドイツやフランスでは、期間を定めない雇用契約が原則とされ、有期の雇用は特別な理由がある場合に限り認められることになっています。日本でもそのような方向が目指されるべきです。

契約期間の規制

契約期間は、その間は雇用する・その間は働くという約束ですから、「やむを得ない事由」がないかぎり中途での解約はできません（民法六二八条、労働契約法一七条一項）（Ⅰ-12問参照）。そうすると、労働者が長期の雇用契約に拘束される危険があるため、労基法は契約期間を定める場合の上限を原則三年に規制しています（Ⅰ-5、12問参照）。

反対に、企業が首を切りやすくするために二カ月とか六カ月の短期の契約を更新することがあるため、労働契約法一七条二項は、「使用者は、期間の定めのある労働契約について、その労働契約により労働者を使用する目的に照らして、必要以上に短い期間を定めることにより、その労働契約を反復して更新することのないよう配慮しなければならない。」と定めています。[*3]

＊2 厚生労働省の「平成二三年有期契約労働に関する実態調査」においても、企業が有期契約労働者を雇用している理由で多いのは、「業務量の中長期的な変動に対応するため」（六〇・〇％）、「業務量の急激な変動に際して雇用調整ができるようにするため」（三六・五％）、「人件費を低く抑えるため」（三五・〇％）となっています。

＊3 厚生労働大臣は、労基法一四条二項に基づき、期間の定めのある労働契約の締結および期間満了時において紛争が生じることを未然に防止するため、「有期労働契約の締結、更新及び雇止めに関する基準」を定めています（平成一五年一〇月二二日厚生労働省告示第三五七号。その後平成二〇年等に改正）。同基準は、使用者は契約締結時に更新の有無や更新の判断基準を明示しなければならないと定めています。同基準は行政指導上の基準であり、使用者に法律上の義務を課すものではありませんが、仮に使用者が同基準を守らなければ、労働者は労働基準監督署に行政指導を促すことができます。

7 期間を定めた契約をすると期間満了で当然クビになるのですか

満了で終了するのが原則だが

期間を定めた契約をした場合、期間の満了で契約が終了するのが原則です。

しかし、労働契約では、Ⅸ－5問で述べたように、有期の契約が解雇制限を免れるために使われているので、判例はこれを封じるための努力をしてきました[*1]。

期間の定めがあるのか

まず、期間の定めが本当にあるのかが問題になります。大学卒業後、私立学校に一年の契約期間で雇われた常勤講師の期間満了による雇止めの効力が争われた事件（神戸弘陵学園事件）において、最高裁は、「使用者が労働者を新規に採用するに当たり、その雇用期間に期間を設けた場合において、その設けた趣旨・目的が労働者の適性を評価・判断するためのものであるときは、右期間の満了により右雇用契約が当然に終了する旨の明確な合意が当事者間に成立しているなどの特段の事情が認められる場合を除き、右期間は契約の存続期間ではなく、（期間の定めのない契約の）試用期間であると解するのが相当である」としています（最高裁平成二年六月五日判決）（Ⅰ－6問参照）。

更新を続けた場合は、打ち切りに正当な理由が必要となることがある

期間の定めがあっても、更新を続けた場合には、更新拒絶をすると解雇と同じに扱われることがあります。最高裁は、東芝柳町工場事件判決において、「臨時工[*2]」という名称で

*1 フランスやドイツでは、この趣旨から、法律上、期間の定めのある労働契約の締結は、合理的な理由がない限りできないとされています。合理的理由とは、臨時的・季節的な業務、一時休業者の代替などです。

*2 臨時工
工場で臨時に短期間雇用される労働者のこと。臨時工は景気変動に対する安全弁の役割を持っています。現実には本工とまったく変りない仕事に従事する長期勤続の者が多いにもかかわらず、景気の悪いときは、期間満了を理由に使用者により容易にクビにされてきました。賃金も労働条件も本工（正規労働者）に比べて劣悪です。

も、本工と同じ仕事をしており、その数は必ずしも景気変動とは関わりなく増加を続け、そのほとんどが長期間にわたって継続雇用され、採用時に会社側に長期継続雇用、本工への登用を期待させるような言動があり、必ずしも更新手続をとらないまま五回ないし二三回にわたって反復更新されていた等の事実関係のもとでは、「本件各労働契約においては、上告会社としても景気変動等の原因による労働力の過剰状態を生じないかぎり契約が継続することを予定していたものであつて、実質において、当事者双方とも、期間は一応二か月と定められてはいるが、いずれかから格別の意思表示がなければ当然更新されるべき労働契約を締結する意思であつたものと解するのが相当であり、したがつて、本件各労働契約は、期間の満了毎に当然更新を重ねてあたかも期間の定めのない契約と実質的に異ならない状態で存在していたものといわなければならず、本件各傭止めの意思表示は右のような契約を終了させる趣旨のもとにされたのであるから、実質において解雇の意思表示にあたる」とし、「解雇に関する法理を類推すべきである」との原審の判断を正当と判示しました（最高裁昭和四九年七月二二日判決）。

更新に対する期待が保護される場合がある

また、日立メディコ事件は、当初は二〇日間、その後二カ月の契約を五回更新した臨時工のケースですが、最高裁は、簡易な方法で採用され、比較的簡易な作業に従事し、更新期間の約一週間前に本人の意思を確認して更新手続を行っていた等の事実関係のもとにおいては、期間の定めのない契約と実質的に異ならない関係が生じたとはいえないが、「その雇用関係はある程度の継続が期待されていたもの」であるから、雇止めには解雇法理が類推されると判示しました（最高裁昭和六一年一二月四日判決）。

期間雇用の最初の更新拒否の場合でも、期間満了後の雇用継続を合理的に期待させるような雇用であれば、更新拒否が相当と認められるような特段の事情が必要であるとした裁判例があります（龍神タクシー事件・大阪高裁平成三年一月一六日判決）。

整理解雇の場合は

日立メディコ事件では、この事件で問題になった臨時工の「雇用関係は比較的簡易な採用手続で締結された短期的有期契約を前提とするものである以上、雇い止めの効力を判断すべき基準は、いわゆる終身雇用の期待の下に期間の定めのない労働契約を締結しているいわゆる本工を解雇する場合とはおのずから合理的な差異があるべき」とされ、事業上やむを得ない理由により人員削減をする必要がある以上、本工の希望退職募集に先立って臨時工を雇止めしてもやむを得ないと判示されました（最高裁・前掲判決）。

しかし、有期雇用であっても、基幹化している労働者の場合は、使用者は「人員整理の方法及び程度につき慎重な考慮をすべきであり、雇止めを回避すべく相当の努力を尽くすべきである」とされています（三洋電機定勤社員雇止め事件・大阪地裁平成三年一〇月二二日判決）。

判例の雇止め法理が明文化された

二〇一二年、右の判例（東芝柳町工場事件、日立メディコ事件）の雇止め法理が明文化されました（労働契約法一九条）。同条では、

(1) ①その有期労働契約が過去に反復して更新されており、それを更新しないことが解雇

と社会通念上同視できる場合（一号。東芝柳町工場事件タイプ）、②その労働者において有期労働契約の満了時に契約が更新されるとの期待することに合理的の理由があると認められる場合（二号。日立メディコ事件タイプ）、のいずれかに該当し、

(2)　①契約期間が満了する日までに労働者が契約更新の申込をした場合、または、②契約期間の満了後遅滞なく有期労働契約締結の申込をした場合であって、

(3)　使用者がその申込を拒絶することが、客観的に合理的な理由を欠き、社会通念上相当と認められないときは、

(4)　使用者は、従前の有期労働契約の内容と同一の労働条件でその申込を承諾したものと見なす、とされています。

(2)の申込には特別な様式はありません。雇止めを争っていることは、この申込に当たります。(3)の合理的な理由は、期間の定めのない労働者の解雇で説明したことと同様ですが（V－6問参照）、判例上、整理解雇の場合に右で述べたように正社員とは異なる扱いを受ける可能性があるなどの違いがあります。(4)は、いわば「法定更新」するのに、合意を擬制したものです。期間を含めて労働条件は従来どおりで、期限の定めがなくなるわけではありません。

期間の定めのない労働契約への転換

二〇一二年の労働契約法改正により、五年を超える期間契約を継続している場合、労働者に期間の定めのない契約締結に転換する権利が与えられました（IX－9問参照）。

8 契約更新の限度を定めた場合はそれ以上の更新はできませんか。次回で打切になると合意した場合はどうですか

前問で説明したように、判例で雇止め法理が確立し、労働契約法にも明文が設けられたため、契約当初に更新の限度を定めたり、途中で次回は更新しないという合意（不更新合意という）をする場合が増えてきました。

更新の限度を定めることも有効

契約時に更新しないことを確認した場合は、更新するとの期待が生じませんから、雇止めが認められます（パナソニックプラズマディスプレイ事件・最高裁平成二一年一二月一八日判決）。同様に、当初契約で更新限度を明記し、そのことについて使用者がきちんと説明し労働者も納得して合意している場合は、期間満了時の雇止めが認められます。[*1]

もっとも、労働契約法改正前の事件ですが、航空会社で雇用期間を一年間と定め、契約更新の期間を五年間と区切ったうえで雇用された客室乗務員に対する五年満了時の雇止めについて、会社において期間が満了したというだけで当然に雇止めを行うものとは考えておらず、労働者の方も正社員と同様に雇用関係が継続されるとの期待・信頼を抱き、そのような相互関係のもとに契約関係が維持・継続されてきたとして、解雇法理の類推適用を認め、経済事情の変動により剰員を生じるなど使用者においてやむを得ない特段の事情があったとは認められないとして、雇止めの効力を否定した事例があります（カンタス航空事件・東京高裁平成一三年六月二七日判決）。

*1　菅野和夫『労働法〔第一一版〕』三三一頁。

不更新合意の効力は

労働者に合理的な更新期待が生じた後に、使用者が一方的に更新しないことを通知しても、更新期待は当然には消滅しません。

問題は、更新期待が生じた後に、次回以降は更新しないとの合意をした場合です。労働契約は合意で成立し変更されるものですし（Ⅱ-5、8問参照）、合意解約も当然に認められていますから、更新しないとの合意が労働者の自由な意思に基づく限り、更新期待は消滅すると考えられます（本田技研工業事件・東京高裁平成二四年九月二〇日判決）。

もっとも、不更新の合意が更新の条件とされている場合は、労働者としては同意をせざるを得ず半ば強制的に署名させられることもありうるため、そのような条項のある書面に署名したことのみで労働者の契約終了意思を認定すべきではありません（東芝ライテック事件・横浜地裁平成二五年四月二五日判決［結論としては雇止めを肯定］）。このため、裁判例では、合意によって当然には期待消滅とはせずに、雇止めの合理的理由・社会的相当性の判断に労働者が合意した事実を考慮すると解するものもあります（明石書店事件・東京地裁平成二二年七月三〇日決定）。

第Ⅸ章 パート・アルバイト・派遣

 8……契約更新の限度を定めた場合はそれ以上の更新はできませんか。次回で打切になると合意した場合はどうですか

9 五年を超えると正社員になれる法律があると聞きましたが、本当ですか（期間の定めのない契約への転換）

有期契約の無期契約への転換

二〇一二年の労働契約法改正では、有期労働契約が反復更新されている場合の雇止めに対する不安を解消するため、有期労働契約が一定期間を超えて反復更新された場合に、有期契約労働者の申込によって、有期契約を無期契約に転換させる制度が創設されました（一八条）。

無期契約への転換が認められるためには

① 二〇一三年四月一日以降に開始した同一の使用者間の有期労働契約の通算契約期間が五年を超える場合[*1]、その契約期間の初日から末日までの間に、労働者は、使用者に対して無期転換の申込をすることができます。

これは、二〇一三年四月一日以降に開始する有期労働契約のみが対象であって、二〇一三年三月三一日以前に開始した有期労働契約は通算契約期間には含まれないので注意が必要です。

② 労働者から無期転換の申込をすると、使用者がその申込を承諾したものとみなされ、その時点で無期労働契約が成立します。ただし、実際に無期契約に転換されるのは、申込時の有期労働契約が終了する日の翌日からです。

＊1 五年を超える契約期間が認められている場合（Ⅰ－5参照）に五年を超える期間が定められ、一度も更新が無い場合は、この制度の適用はありません（平成二四年年八月一〇日基発〇八一〇第二号第五・四参照）。

図1

無期転換の申込みができる場合

【契約期間が1年の場合の例】

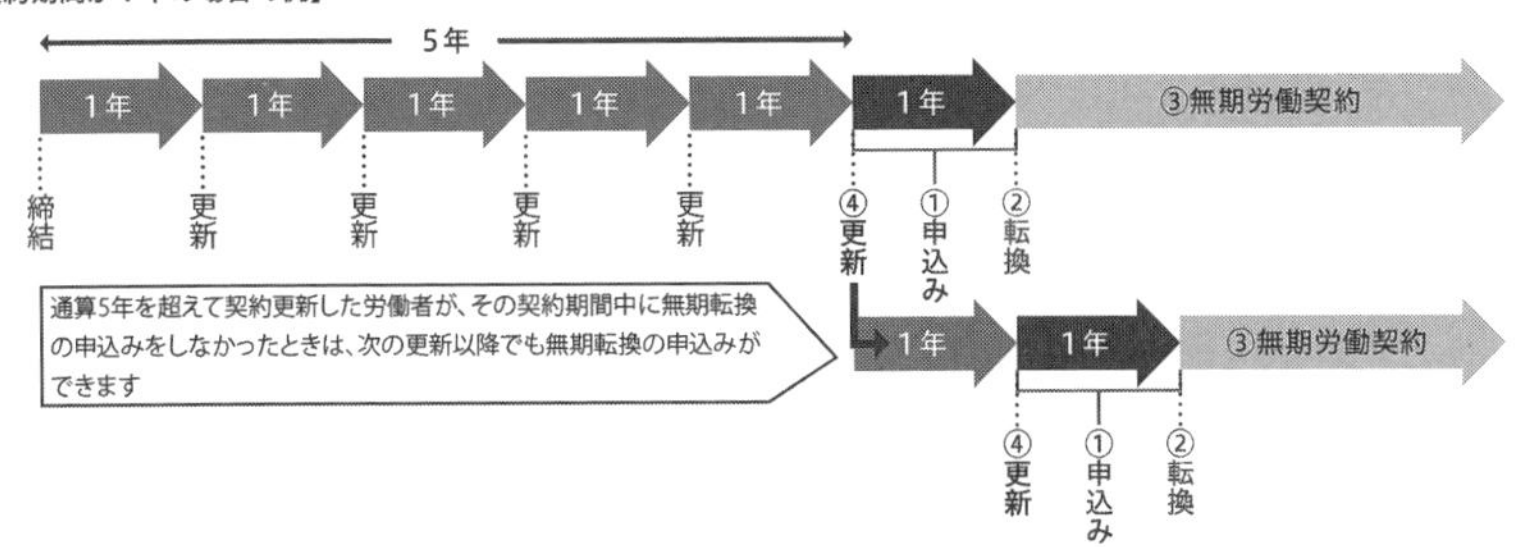

【契約期間が3年の場合の例】

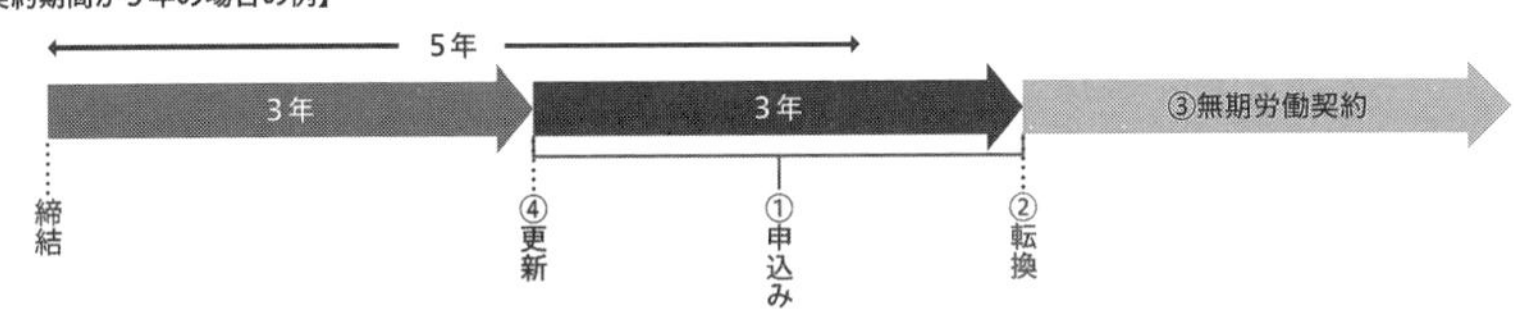

出典：厚生労働省ホームページ

無期転換後の労働条件は

無期労働契約の労働条件（職務、勤務地、賃金、労働時間など）は、別段の定めのない限り、直前の有期労働契約と同一になります。正社員になるわけではありません。ただし、期間の定めのない従業員についての就業規則が一つしかないときは、その条件が適用されます（Ⅱ‐2問参照）。

ここでいう「別段の定め」とは、労働協約、就業規則、個々の労働契約のことです。これらによって、無期転換後の労働条件を引き下げることも可能ですが、職務の内容などが変更されていないにもかかわらず、無期転換後の労働条件を低下させることは、無期転換を円滑に進める観点から望ましいものではないとされています（前記通達）。

無期転換申込後の使用者からの労働契約終了の意思表示は解雇となる

労働者から無期転換の申込がなされると、有期労働契約終了日の翌日からの無期労働契約が成立するので、有期労働契約終了時点で使用者が労働契約を終了させようとする場合は、雇止めではなく、解雇となります。

解雇の場合には、「客観的に合理的な理由を欠き、社会通念上相当であると認められない場合は、その権利を濫用したものとして、無効」とされます（労働契約法一六条）。

無期転換申込権の放棄は無効

使用者からの求めに応じ、有期契約労働者が、無期転換申込権を発生前に放棄するということがあったとしても、そのような意思表示は公序良俗（民法九〇条）に違反して無効と考えられています（前記通達参照）。

図2

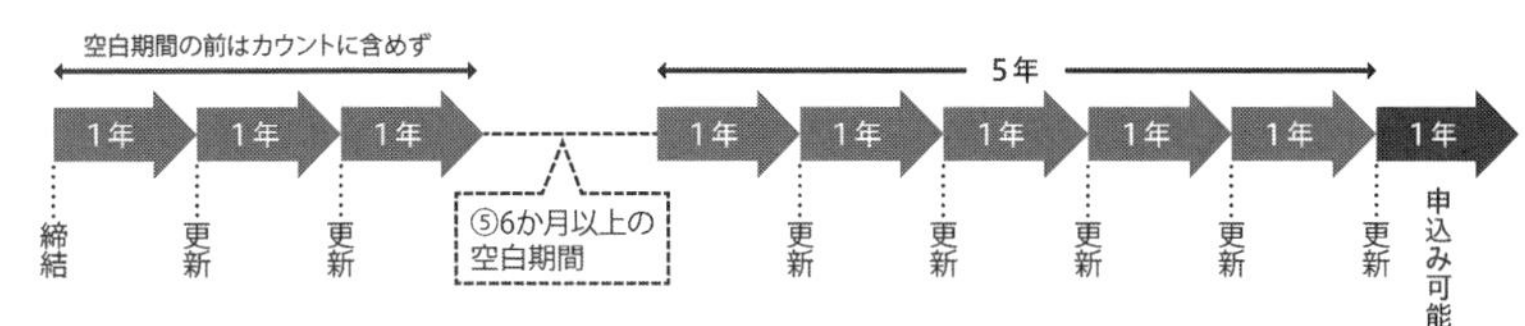

出典：厚生労働省ホームページ

空白期間（クーリング）とは

有期契約労働者が、無期転換の申込をするためには、有期労働契約の通算契約期間が五年を超える必要があります。有期労働契約とその次の有期労働契約との間に、契約がない期間が六カ月以上あるときは、その空白期間より前の有期労働契約は通算契約期間には含まれません。これをクーリングといいます（労働契約法一九条二項）。

また、通算対象の契約期間が一年未満のときは、その二分の一（一カ月未満の端数は切り上げ）以上の空白期間があれば、その空白期間より前の期間は通算契約期間に含まれません（労働契約法一九条二項、労働契約法第十八条第一項の通算契約期間に関する基準を定める省令）。

例外規定

この規定の例外として、大学等および研究開発法人の研究者、教員等については、無期転換申込権発生までの通算契約期間が五年ではなく一〇年とされています（大学の教員等の任期に関する法律七条、研究開発システムの改革の推進等による研究開発能力の強化及び研究開発等の効率的推進等に関する法律一五条の二）。

10 有期契約労働者ですが、無期契約労働者と同様の労働条件を要求することはできますか

不合理な労働条件の禁止

有期契約労働者は、無期契約労働者と比べて雇用が不安定であるほか、賃金その他の労働条件も低い場合が多く見受けられます。

労働契約法の二〇一二年改正では、同じ使用者との間で労働契約を結んでいる、有期契約労働者と無期契約労働者との間で、契約期間の定めがあることにより不合理に労働条件を相違させることが禁止されました（二〇条[*1]）。

対象となる「労働条件」とは

ここでいう「労働条件」とは、賃金や労働時間等の狭義の労働条件だけではなく、労働契約の内容になっている災害補償、服務規律、教育訓練、付随義務、福利厚生等労働者に関する一切の待遇を包含するもの、とされています（平成二四年八月一〇日基発〇八一〇第二号・第五・六（二）イ）。

労働条件の相違が不合理と認められる場合

労働条件の相違が不合理と認められるかどうかは、①職務の内容（業務の内容および当該業務に伴う責任の程度）、②当該職務の内容および配置の変更の範囲、③その他の事情、を考慮して、個々の労働条件ごとに判断されます。

通勤手当、食堂の利用、安全管理などについて労働条件を相違させることは、上記①〜

＊1　労働契約法二〇条（期間の定めがあることによる不合理な労働条件の禁止）「有期労働契約を締結している労働者の労働契約の内容である労働条件が、期間の定めがあることにより同一の使用者と期間の定めのない労働契約を締結している労働者の労働契約の内容である労働条件と相違する場合においては、当該労働条件の相違は、労働者の業務の内容及び当該業務に伴う責任の程度（以下この条において「職務の内容」という。）、当該職務の内容及び配置の変更の範囲その他の事情を考慮して、不合理と認められるものであってはならない。」

＊2　正社員（無期契約）である配送ドラ

③を考慮して、特段の理由のない限り、合理的ではないと解されます（前記通達第五・六（二）オ）。

不合理とされた労働条件の定めは無効となり、無期労働契約者と同じ労働条件が認められると解されています。また、不法行為として損害賠償が認められるとも考えられています（同第五・六（二）カ）。

いくつか裁判例も出ています。*2 定年退職後に嘱託社員（有期契約労働者）として働いている配送ドライバーが、正社員（無期契約労働者）である配送ドライバーとの間に賃金について不合理な相違があるとして争った事案で、裁判所は、嘱託社員と正社員との間に職務の内容、当該職務の内容及び配置の変更の範囲に全く違いがないにもかかわらず、賃金の額に関する労働条件の相違は、不合理なものであり、労働契約法二〇条に違反するとして、嘱託職員の労働条件のうち無効となった賃金の定めに関する部分については、正社員と同様のものとなると判断しました。裁判所は、「①有期契約労働者の職務内容並びに②当該職務の内容及び配置の変更の範囲が無期契約労働者と同一であるにもかかわらず、労働者にとって重要な労働条件である賃金の額について……相違を設けることは、その相違の程度にかかわらず、これを正当と解すべき特段の事情がない限り、不合理であるとの評価を免れない」と判断しています（長澤運輸事件・東京地裁平成二八年五月一三日判決）。

イバーに支給される諸手当（無事故手当、作業手当、給食手当、住宅手当、皆勤手当、家族手当）が、有期契約の配送ドライバーには支給されていないことが争われた事案があります。裁判所は、「正社員のドライバーと契約社員のドライバーの業務内容自体に大きな相違は認められないものの…、正社員は、業務上の必要性に応じて就業場所及び業務内容の変更命令を甘受しなければならず、出向も含め全国規模の広域異動の可能性があるほか、会社の行う教育を受ける義務を負い、将来、会社の中核を担う人材として登用される可能性がある者として育成されるべき立場にあるのに対し、契約社員は…就業場所の異動や出向等は予定されておらず、将来、会社の中核を担う人材として登用される可能性がある者として育成されるべき立場にあるとはいえない。」と事実認定したうえで、通勤手当については、会社の「経営・人事政策上の施策として不合理」であるとしましたが、その他の手当については不合理なものとはいえないとしました。不合理とされた通勤手当については、正社員の労働者の労働条件と同じになるという効力までは認められないとして、不法行為に基づく損害賠償のみ認められています（ハマキョウレックス事件・大津地裁彦根支部平成二七年九月六日判決）。

11 労働者派遣はどのような場合に認められるのですか

労働者派遣法の適用業務は拡大された

一九八六年七月から労働者派遣が法律上認められました。みずから雇用する労働者を、その雇用関係のもとで第三者（派遣先）の指揮命令のもとにおき、第三者のために労務を提供させることを派遣といいます（派遣法二条一号）[*1]。これを認めた本来の趣旨は、専門的業務について各事業所でそれぞれ臨時的な労働力需要（プロジェクトの立ち上げ、産休代替要員など）が起こるので、それをつないで長期的な雇用をつくるということでした。雇用責任を負わずに労働者を使用することを認めるのは労働法の大原則に反するものであり大議論があったため[*2]、当初は、正規雇用者の雇用の安定を侵害しないということを眼目に、適用対象事業を限定していました。

しかし、規制緩和の流れの中で、一九九九年、二〇〇三年に、派遣法が大改正され、これにより派遣は大きく増加しました[*3]。二〇〇八年には、リーマンショックで大量の派遣切りがなされ、同年末から二〇〇九年年初に日比谷公園に「年越し派遣村」が設置されるなど、派遣労働は大きな社会問題となりました。これを受け、民主党連立政権下の二〇一二年に派遣労働者を保護する重要な改正がされました[*4]。自民党連立政権に代わると二〇一五年に、これを覆す内容を含む大改正がされて同年九月三〇日に施行されたため、派遣の仕組みが大きく変わっています。次問以下で詳しく説明します。

＊1　労働者派遣とは、「自己の雇用する労働者を、当該雇用関係の下に、かつ、他人の指揮命令を受けて、当該他人のために労働に従事させること」をいい、「当該他人に対し当該労働者を当該他人に雇用させることを約してするもの」（出向）を含まないものとされています（派遣法二条一号）。

＊2　労働者派遣は、労働者を他人に供給する側面をもつため、職業安定法四四条（労働者供給事業の禁止）において禁止されていました。ＩＬＯ九六号条約にも違反するものであったため、日本の多くの労働組合がＩＬＯ理事会にＩＬＯ憲章二四条に基づく申立てを行いました。塚原英治「労働者派遣法に関するＩＬＯ提訴について　1〜4」労働法律旬報一一二五号、一一三七号、一一六二号、一一九四号参照。

＊3　この改正を受けて、派遣労働者数（登録者を入れた数）は、二〇〇〇年一三九万人、二〇〇一年一七五万人、二〇〇二年二一三万人、二〇〇三年二三六万人、二〇〇四年二二七万人、二〇〇五年

一九九九年改正のポイントは、①それまで認められていた二六業務（「専門職型派遣」）については、専門的な知識や特別の雇用管理を必要とするものであるので、従来の規制を維持するとする一方、②新しい業務の派遣を認め、適用対象業務については、禁止業務以外はすべて許されるという「ネガティブリスト」方式をとり、その代わり、派遣期間を厳しく制限するというものでした（この期間制限は二〇一五年改正で大きく変わっています）（Ⅸ－⑫問参照）。

二〇〇三年改正のポイントは、原則禁止とされていた製造業務の派遣が認められたことです。その結果、派遣が禁止される業務は、港湾運送、建設、警備業務、政令で定める業務となりました（派遣法四条一項）。政令で定める業務としては、医師・歯科医師・看護師などの医療業務が規定されています（派遣法施行令二条）。[*5]

労働者派遣については、派遣法四七条の四に基づき、厚生労働大臣が詳細な指針を発しています。[*6]

派遣契約

派遣先が派遣を受けようとするときは、派遣元との間で派遣契約を書面で締結します（派遣法二六条）。派遣労働者は、この派遣契約に従って、派遣元と派遣労働契約を結んで派遣されるのです。派遣労働契約は、その期間の定めの有無により、無期雇用派遣（派遣法三〇条の二第一項）と有期雇用派遣（同法三〇条一項）に分類されます。二〇一五年改正により無期雇用派遣の場合、派遣期間に制限がなくなりました（次問参照）。

二五五万人、二〇〇六年三二一万人、二〇〇七年三八一万人、二〇〇八年三九九万人と増大しました。リーマンショックで派遣切りがなされた後は、二〇〇九年三〇二万人、二〇一〇年二七一万人、二〇一一年二六二万人、二〇一二年二四五万人と減り続け、その後二〇一三年二五二万人、二〇一四年二六三万人と微増しています。常用換算した数字では二〇一五年六月一日現在で一三四万人の派遣労働者がいるという統計になっています。厚生労働省「労働者派遣事業報告書の集計結果」各年版による。

＊4　この際、法律の名称が「労働者派遣事業の適正な運営の確保及び派遣労働者の就業条件の整備等に関する法律」から「労働者派遣事業の適正な運営の確保及び派遣労働者の保護等に関する法律」に改められ、法律の目的にも、派遣労働者の保護のための法律であることが明記されました。

＊5　ただし、医療業務に関して、紹介予定派遣の場合、あるいは、産前産後休業、育児介護休業中の労働者の業務について行う労働者派遣は許されています（派遣法施行令二条）。

＊6　「派遣元事業主が講ずべき措置に関する指針」（平成一一年労働省告示一三七号、最終改正平成二八年厚生労働省告

派遣労働者の特定の禁止

派遣契約に基づいて派遣労働者を選定するのは派遣元の権限です。したがって、派遣先は、派遣契約の締結に際して、派遣労働者を特定することを目的とした行為をしないよう努めなければなりません（ただし、次に述べる紹介予定派遣は除きます。派遣法二六条六項）。具体的には、事前の面接、履歴書を送付させること、年齢・性別の限定行為などです（派遣先指針第二・三、第二・四）。このため、派遣契約に派遣労働者の性別を記載してはなりません（派遣元指針第二・一一（二）、派遣先指針第二の四）。

紹介予定派遣

これは、職業紹介を明示して派遣を行い、派遣期間満了時に派遣先と派遣労働者双方が気に入れば正社員として雇用するという派遣形態（「ジョブサーチ型派遣」ともいいます）で、二〇〇三年改正において、条文上も認められました（派遣法二条四号）。通常の派遣では、派遣先は、派遣契約の締結に際して、派遣労働者を特定することを目的とした行為をしないよう努めなければなりませんが、紹介予定派遣は除かれています。紹介予定派遣の場合、期間は六カ月以内とするよう指導されています（派遣元指針第二・一三（一）、派遣先指針第二・一八（一））。また、紹介予定派遣を受けた派遣先が職業紹介を受けることを希望しない場合または職業紹介を受けた者を雇用しない場合には、派遣元の求めに応じ、その理由を、書面の交付等（ファクシミリ、電子メールを含む）により派遣元に対して明示しなければなりません（同法施行規則二二条の二第一号、派遣先指針第二・一八（二））。

示七七号。以下「派遣元指針」という）および「派遣先が講ずべき措置に関する指針」（平成一一年労働省告示一三八号、最終改正平成二八年厚生労働省告示七八号。以下「派遣先指針」という）です。

12 労働者派遣の期間はどのように規制されているのですか

派遣期間の制限

二〇一五年改正により、それまで取られていた業務単位の派遣制限は廃止され、①事業所単位と②人単位での制限に変わりました。

①事業所単位の期間制限

派遣先が同一事業所で派遣労働者を継続して受け入れる[*1]ことができる期間は原則三年とされました。ただし、派遣期間満了の一カ月前までに、事業所の過半数労働組合等（Ⅱ－12問参照）の意見を聴取して期間を延長することとし[*2]、異議が述べられた場合には、延長する理由を過半数労働組合等に期間満了の前日までに説明すれば[*3]、期間を三年間延長することができます（派遣法四〇条の二）。派遣先には、過半数労働組合等に対する意見聴取及び異議に対する説明について、誠実に行う努力義務があります（同条六項）。

「事業所」は、工場、事務所、店舗等、場所的に他の事業所その他の場所から独立していること、経営の単位として人事、経理、指導監督、労働の態様等においてある程度の独立性を有すること、一定期間継続し、施設としての持続性を有すること等の観点から実態に即して判断されます（派遣先指針第二・一四（一））。労基法の事業場と同じだと考えられます。

②人単位の期間制限

*1 「継続して」派遣労働者を受け入れたかどうかについては、事業所内において前の派遣の終了と後の派遣の開始の間が三カ月を超えないときは、継続して派遣を受け入れていたものとみなされます（派遣先指針第二・一四（三））。

*2 派遣先は、意見聴取にあたって、十分な考慮期間を設けなければなりません（派遣先指針第二の一五（二））。また、事業所の派遣受入開始時からの派遣労働者数、派遣先の直接無期雇用労働者数の推移に関する資料など、意見聴取に対して意見を述べるのに参考となる資料を過半数労働組合等に提供しなければなりません。さらに、過半数労働組合等からの要求があれば、派遣先の部署ごとの派遣労働者数、個々の派遣労働者の派遣期間などの情報を提供することが望ましいとされています（派遣先指針第二・一五（一））。

*3 この説明にあたっては、過半数労働組合等の意見を勘案して延長について再検討を加えることなどにより、過半数労働組合等の意見を十分に尊重するように

派遣先が、事業所の同一の組織単位の業務に同一の派遣労働者を継続して受け入れることができる期間は三年に制限されます[*4]（派遣法三五条の三、四〇条の三）。この期間制限は組織単位で見るため、他の組織単位での継続した受け入れは可能です。

同一の「組織単位」とは、「労働者の配置の区分であって、配置された労働者の業務の遂行を指揮命令する職務上の地位にある者が当該労働者の業務の配分に関して直接の権限を有するものとして厚生労働省令で定めるもの」と定められています（派遣法二六条一項二号）。一般には「課」がイメージされていますが、実態で判断されます。[*5]

期間制限の例外

二〇一五年改正では、期間制限の例外も定められました（派遣法四〇条の二第一項但書）。無期雇用派遣労働者（期間を定めないで雇用される派遣労働者）、六〇歳以上の者の労働者派遣、終期が明確な有期プロジェクト業務に係る労働者派遣、日数限定業務に係る労働者派遣（一カ月の勤務日数が派遣先の通常の労働者の半分以下、かつ一〇日以下であること）、産前産後休業、育児休業、介護休業等で休む労働者の業務に係る労働者派遣については、①の事業所単位の期間制限も、②の労働者個人単位の期間制限も適用されません。

期間制限に違反するとどうなるか

①事業所単位の期間制限、②人単位の期間制限のいずれかに違反すると、派遣先は、善意無過失を立証しない限り、受け入れている派遣労働者について直接雇用の申込みをしたものとみなされ、派遣労働者が希望すれば直用化されます（Ⅸ-14問参照）。

努めなければなりません（派遣先指針第二・一五（三）イ）。また、二回目以降の延長で、再度過半数労働組合等から異議が出た場合、派遣先は意見を十分に尊重し、延長中止、延長短縮、延長期間の派遣労働者数の削減等の対応を検討して、その結論をより一層丁寧に説明しなければなりません（派遣先指針第二・一五（三）ロ）。

*4 同一の組織単位における同一の派遣労働者の受入について、前の当該派遣労働者の受入の終了と後の当該派遣労働者の受入の開始の間が三カ月を超えないときは、継続して同じ派遣労働者を受け入れていたものとみなされます（派遣先指針第二・一四（四））。

*5 省令では、「名称のいかんを問わず、業務の関連性に基づいて（中略）派遣先（中略）が設定した労働者の配置の区分であつて、配置された労働者の業務の遂行を指揮命令する職務上の地位にある者が当該労働者の業務の配分及び当該業務に係る労務管理に関して直接の権限を有するものとする。」とされています（派遣法施行規則二一条の二）。なお、派遣先指針第二・一四（二）にも、「組織単位」の判断についての留意事項が定められています。

二〇一五年改正によって派遣受入期間の制限が事実上撤廃されましたが、それでも派遣労働は、臨時的・一時的な労働力の需給調整の対策であり、常用雇用に代替するものであってはならないとされています（派遣法二五条）。派遣先の労働組合等は、派遣先が派遣労働者を利用する場合でも、その利用は臨時的・一時的なものとであるという派遣法の規定に合致する運用を派遣先に求め、恒常的に必要とされている人員は直接雇用することを求めるべきです。

日雇派遣の禁止

雇用が不安定な「日雇派遣」は、二〇一二年改正によって原則禁止されました。「日々又は三十日以内の期間を定めて雇用する労働者」を「日雇労働者」として、彼らの派遣を原則禁止したのです（派遣法三五条の四）。ただし、情報処理システム開発、機械設計、事務用機器操作、通訳・翻訳・速記、秘書、ファイリング、調査等の「その業務を迅速かつ的確に推敲するために専門的な知識、技術又は経験を必要とする業務」については、例外として禁止されません（派遣法三五条の四、派遣法施行令四条一項）。また、六〇歳以上の者、学生・生徒、副業として日雇い派遣に従事する人（生業収入が五〇〇万円以上ある場合）、主たる生計維持者ではない人（世帯収入が五〇〇万円以上ある場合）にも、「雇用の機会の確保が特に困難であると認められる労働者の雇用の継続等を図るために必要であると認められる場合」として、例外的に日雇派遣が認められます（派遣法三五条の四、派遣法施行令四条二項）。

13 派遣労働者にはどのような権利がありますか

派遣元と契約・派遣先で就労

派遣労働者が実際に仕事をするのは派遣先ですが、派遣法では、雇用契約は派遣元（派遣会社）との間にしかないとされています（二条一号）。派遣先との関係は使用関係であって雇用関係ではないというのです。派遣先は、労働者に対し直接指揮命令をなす立場で、労働時間や職場の安全衛生など「使用者」としての責任は負担しますが（派遣法四四条ないし四七条の二）、賃金支払いなど「雇用主」としての責任は負担しません。

常用型と登録型

派遣労働者が派遣会社との間で期間の定めのない労働契約をしているものを「常用型」と呼び、派遣労働を希望する労働者を登録しておき、労働者派遣をするに際し、条件に合致する労働者を雇い入れたうえで派遣するものを「登録型」と呼んでいます。[*1]

就業条件等の明示

派遣会社は、労働者派遣をしようとするときは、派遣労働者に対し、派遣先における就業条件、派遣先の事業所単位の期間制限に抵触することになる最初の日及び派遣労働者個人単位の期間制限に抵触することになる最初の日をあらかじめ書面（「就業条件明示書」）で明示することが必要です。やむをえず口頭で明示した場合も、派遣労働者が請求したとき、および派遣期間が一週間を超えるときは、事後でも必ず書面で明示しなければなりま

＊1　登録型は著しく身分が不安定なことから二〇一二年改正の民主党・社民党・国民新党案では原則禁止との提案がされましたが、国会で修正されたため存続しています。二〇一五年改正により、事業者の区別だけがなくなりました（Ｘ－⑯問参照）。

せん（派遣法三四条、同法施行規則二六条一項）。明示すべき就業条件は、従事する業務の内容、仕事に従事する事業所の名称および所在地、就業中の指揮命令者に関する事項、派遣の期間および就業する日、就業の開始および終了の時刻並びに休憩時間、派遣労働者からの苦情処理に関する事項等です（派遣法三四条一項、同法施行規則二六条一項）。

なお、二〇一二年の改正によって、派遣会社は、事業所への書類の備え付けやインターネットの利用などの方法によって、マージン率や教育訓練に関する取組状況の情報提供を行うことが義務付けられています（派遣法二三条五項、派遣則一八条の二）。

「就業条件明示書」の内容と異なる仕事をさせられたら

「就業条件明示書」に記載されている業務内容以外の業務については、契約の範囲外ですから、従う義務はありません。

有休は取れるか

派遣労働者も労基法に定める基準を満たせば、年次有給休暇をとることができます（Ⅵ－1問参照）。有休は六カ月間継続勤務し、定められている労働日の八割以上出勤して取得できますが、申請するのは派遣元に対して行うことになるので注意が必要です。この労働日は、派遣労働者の場合には、派遣先において就業すべき日をさします（ユニ・フレックス事件・東京高裁平成一一年八月一七日判決）。

出産休暇は派遣元に、生理休暇や育児時間は派遣先に請求することになります（派遣法四四条一項、二項）。

残業を命じられることはあるか

派遣先が時間外・休日労働を命じるためには、派遣契約に明記されていることが必要です（派遣法施行規則二二条二号）。また、派遣労働者に示す就業条件に明示され、さらに派遣元において時間外労働に関する三六協定が締結され、労働基準監督署に届け出られていなければなりません（Ⅳ－13問参照）。以上の条件を満たすときに派遣先が時間外・休日労働を指示することができるのですが、時間外・休日割増手当は派遣元が支払うのです。

派遣先が講ずべき措置

派遣先は、労働者派遣契約に定められた就業条件に反することのないように適切な措置を講じなければなりません（派遣法三九条）。そのうえで、派遣先は、派遣労働者からの苦情の申出については、派遣元との密接な連携のもと、誠意をもって遅滞なく、当該苦情の適切かつ迅速な対応を図らねばなりません（派遣法四〇条一項）。

均等法上のセクシュアル・ハラスメント防止、マタニティ・ハラスメント防止や妊産婦保護規定（Ⅵ－3問参照）については、派遣先が配慮義務を負います（派遣法四七条の二）。

派遣先労働者との均衡待遇

派遣元は、派遣労働者の従事する業務と同種の業務に従事する派遣先に雇用される労働者の賃金水準との均衡を考慮しつつ、①当該派遣労働者の職務の内容・成果、意欲、能力もしくは経験等を勘案し、当該派遣労働者の賃金を決定するように配慮しなければなりません（派遣法三〇条の三第一項）。また、②その労働者について、教育訓練および福利厚生の実施などの円滑な派遣就労のために必要な措置を講じなければなりません（同条二項）。派遣元は、派遣労働者として雇用しようとする労働者に対して、雇用した場合の賃金額の見込みなどの待遇に関する事項を説明しなければなりません（派遣法三一条の二第一項）。さらに、派遣元は、派遣労働者から求められた場合、以上の配慮すべきこととされている事項に関する決定をするにあたって考慮した事項について説明しなければなりません（同条二項）。

キャリアアップのための措置など

派遣元は、派遣労働者が派遣就業に必要な技能および知識を習得できるように教育訓練を実施しなければなりません。派遣労働者が無期雇用の場合、その教育訓練は、その派遣労働者が職業生活の全期間を通じてその能力を有効に発揮できるように配慮されなければなりません（派遣法三〇条の二第一項）。また、派遣元は、派遣労働者の求めに応じて、その派遣労働者の職業生活の設計に関し、相談の機会の確保その他の援助を行わなければなりません（同条二項）。

派遣元は、その雇用する派遣労働者、また派遣労働者として雇用しようとする労働者について、希望、能力、経験に応じた就業の機会、教育訓練の機会の確保、労働条件の向上そのほかの雇用の安定を図るために必要な措置を講ずることにより、これらの者の福祉の増進を図るようにしなければなりません（派遣法三〇条の四）。

派遣社員と社会保険

派遣会社は一定の派遣労働者について社会保険に加入させる義務があります。厚生年金保険などの社会保険は、期間の定めなく雇用されている派遣労働者はすべて、有期で雇用されている派遣労働者であっても、一年以上の雇用の見込みがあり、一週間の所定労働時間が二〇時間以上であれば、五〇一人以上の企業では強制加入です[*2]（Ⅸ－④問参照）。雇用保険については、期間の定めなく雇用されている派遣労働者はすべて、有期で雇用されている派遣労働者でも、三一日以上の雇用見込みがあり、一週間の所定労働時間が二〇時間以上であれば、加入させなければなりません（雇用保険法六条二号、三号）。

派遣会社は、派遣労働者を雇い入れようとする際には、雇用保険、労働・社会保険の資格の取得等（資格取得の見込み等）に関する事項を書面の交付等により説明しなければなりません（派遣法三一条の二、派遣則二五条の六第二項）。派遣会社は、労働・社会保険に加入する必要がある派遣労働者については、原則として、加入させてから労働者派遣を行わなければなりません（派遣元指針第二の四）。派遣会社は、派遣先が受け入れる派遣労働者の保険加入状況を確認できるよう、派遣先に対し、派遣労働者の労働・社会保険への加入を証明するものを示さなければなりません（派遣法三五条一項、派遣則二七条四項、二七条の二）。

派遣労働者の団交権

派遣先は、法律上雇用主ではないとされていても、派遣労働者の身分・労働条件について、派遣労働者が加入する労働組合と、その労働組合が申し入れる団体交渉事項によっては、団体交渉に応じる義務があります。

労働基準法等の労働保護法規は派遣先を使用者とみなして適用されるものが少なくありませんが（派遣法四四条二項三項）、それらの事項については、派遣先は労働組合法上の

＊2　それ以下の企業では、雇用期間が二カ月を超え、所定労働時間および所定労働日数が一般従業員の四分の三以上ある者であれば、加入させなければなりません。

使用者として団体交渉に応じる義務があります。派遣労働者が加入する労働組合が、派遣先に対して、労働時間管理に関する団体交渉を要求した事件について、派遣先の団体交渉応諾義務が認められています（阪急交通社事件・東京地裁平成二五年一二月五日判決）。

また、派遣先が派遣労働者を直接雇用する方針を決めた後であれば、直接雇用後の労働条件について、派遣先は団体交渉に応じる義務があります（クボタ事件・東京地裁平成二三年三月一七日判決、東京高裁平成二三年一二月二一日判決）。

違法派遣がなされている場合、派遣先が、派遣労働者の労働条件等について、雇用主である派遣元と部分的とはいえ同視できる程度に現実的かつ具体的な支配力を有していれば、派遣先は、その労働条件について、労働組合法上の使用者として団体交渉に応じる義務があります（朝日放送事件・最高裁平成七年二月二八日判決、ショーワ事件・中労委平成二四年九月一九日命令）。

派遣についての相談先は

派遣元や派遣先に法令違反があるときは、派遣労働者は厚生労働大臣（実際にはハローワーク担当者）に申告することができます（派遣法四九条の三第一項）。派遣元や派遣先は申告を理由として派遣労働者を不利益に取り扱ってはならず（同条二項）、これに違反すると六カ月以下の懲役または三〇万円以下の罰金に処せられます（同法六〇条二号）。

公共職業安定所（ハローワーク）は、派遣労働者からの相談に応じ、必要な助言や援助を行うことができます（同法五二条）。

14 派遣契約が打ち切られると解雇されるのですか。派遣元の雇用安定措置義務とは何ですか

派遣契約の打ち切り・解除

派遣は雇用ではなく、派遣の打ち切りは、派遣元と派遣先の契約の解除にすぎないとされています。もっとも契約の特殊性から、いろいろな規制や行政指導がされています。

派遣先は、予告手当の支払いなど、雇用責任を負担しないため、経営の都合や好みによって安易に契約を打ち切って派遣労働者を職場から排除する傾向があります。しかし、派遣先と派遣元との間の労働者派遣契約は、契約期間が満了すれば終了しますが、期間途中に派遣先が一方的に契約を解除することは原則としてできません。解除できるのは、派遣元と派遣先が合意する場合か、契約に定めた解除事由または派遣元の債務不履行が発生した場合に限られます。また、派遣先は、派遣労働者の国籍・信条・性別・社会的身分・労働組合活動などを理由にして、派遣契約を解除してはなりません（派遣法二七条）。

派遣先が、派遣先の都合で労働者派遣契約を解除する場合、派遣労働者の新たな就業機会の確保、派遣元による休業手当の支払いに要する費用を確保するための費用負担など、必要な措置を講じなければなりません（派遣法二九条の二）。また、派遣労働者に責任がある場合以外の事由で解除が行われた場合は、派遣先の関連会社での就業をあっせんする等により派遣労働者の新たな就業機会の確保を図らなければなりません（派遣先指針第二・六（三））。

派遣先が派遣契約を解除する場合、派遣元から請求があったときは解除の理由を明らかにしなければなりません（派遣先指針第二・六（五））。また、派遣先が自己の責めに帰すべき事由により派遣契約を解除するときは、民法上派遣元に対し損害賠償義務を負います。そこで指針では、少なくとも三〇日前に予告するか、当該派遣労働者の三〇日分以上の賃金に相当する損害賠償をしなければならないとしています（派遣先指針第二・六（四））。

派遣契約期間中に契約が解除されると労働者は解雇されるのか

そのようなことはありません。「就業条件明示書」に記載された派遣期間中は会社間の派遣契約が解除されても派遣労働者と派遣元との間の雇用契約は続いています。派遣会社は新たな派遣先を探す義務を負います。期間の定めのない派遣労働者を解雇することは、合理的な理由がないかぎりできません（労働契約法一六条）（Ⅴ－6問参照）。期間の定めのある派遣労働者を期間途中に解雇することは、やむを得ない事由（合理的理由よりさらに厳格なもの）がないかぎりできません（労働契約法一七条）（Ⅸ－5問参照）。

リーマンショックのために派遣先から契約を解除されても、それは「やむを得ない事由」とはいえないとされた事例があります（プレミアライン（仮処分）事件・宇都宮地裁平成二一年四月二八日決定）。

契約期間が満了した場合、更新はされないか

期間の定めのある派遣労働契約の場合に、派遣元が労働契約の更新を拒絶することを雇止めといいますが、この雇止めの有効性は労働契約法一九条に基づいて判断されます（Ⅸ

-7問参照)。契約更新の期待に合理的な理由がある場合には、雇止めに客観的合理的な理由があり社会通念上相当だと言える場合に限り、契約は終了します。

登録型派遣の雇用契約は、派遣契約期間が満了すれば、雇用契約は終了します(伊予銀行・いよぎんスタッフサービス事件・高松高裁平成一八年五月一八日判決)。この事件では、一三年余りにわたって同一の銀行の同一の支店に派遣されて事務用機器の操作等に従事し、この間派遣元との雇用契約を反復更新してきた社員に対する雇止めにつき、同社員が雇用継続について強い期待を抱いていたことは明らかであるとしつつ、その期待は、常用代替防止を立法目的とする派遣法の趣旨に照らして合理性を有さず、保護すべきものではないとされています。[*1] 最高裁は上告を受理しませんでしたが(平成二一年三月二七日決定)、今井裁判官の「長期にわたって雇用契約の更新を繰り返されてきた労働者については、派遣労働者であっても雇止めの法理が適用される場合があり得る」とする反対意見が付されています。

雇用継続の合理的期待を認め、雇止めを無効とした裁判例もあります(資生堂ほか一社事件・横浜地裁平成二六年七月一〇日判決)。

派遣元の雇用安定措置義務

二〇一五年改正法によって、派遣元は、一定の場合、派遣労働者に対してその雇用を継続させるための措置(雇用安定措置)をとることが義務付けられました。雇用安定措置の対象者は、(A)同一の組織単位の業務に一年以上派遣される見込みがあり、派遣終了後も継続就業を希望している派遣労働者(特定有期雇用派遣労働者。派遣法三〇条一項、派

*1　ただし、この事件の労働者を登録型と解することは誤りですし(濱口桂一郎評釈・ジュリスト一三三七号一一六頁参照)。いよぎんスタッフサービスは、Ⅸ-17問で説明する「もっぱら派遣」の会社であり、この結論は不当なものです。

遣則二五条一項)、(B)派遣元での雇用通算期間が一年以上の有期雇用派遣労働者(特定有期雇用派遣労働者等。派遣法三〇条一項、派遣則二五条三項、四項)です。

雇用安定措置の内容は、①派遣先に対し直接雇用を求めること、②派遣労働者として就業させることができるように、当該労働者の能力、経験等に照らして合理的な条件での就業の機会を提供すること、③派遣労働者以外の労働者として無期雇用できるようにするために雇用の機会を確保し提供すること、④雇用の安定に特に資する教育訓練その他の雇用の安定を図るために必要な措置をとることです(派遣法三〇条一項)。

派遣元は、(A)特定有期雇用派遣労働者のうち「同一の組織単位の業務について三年間当該派遣労働者派遣に係る労働に従事する見込みがある者」については、①~④のいずれかの雇用安定措置を講じる義務があります。また、(A)特定有期雇用派遣労働者については、①~④のいずれかの雇用安定措置を講じる努力義務があります。(B)特定有期雇用派遣労働者等については、②、③のいずれのかの雇用安定措置を講じる努力義務があります。

派遣元は、キャリアコンサルティング、労働契約更新の際の面談等の機会や電子メールを利用して、派遣労働者の派遣終了後の継続就業の希望の有無や希望する雇用安定措置の内容を把握することになります(派遣元指針第二・八(二)ロ)。その際、派遣元は、派遣終了の直前ではなく、早期に雇用安定措置の希望内容について聴いて、十分な時間的余裕をもってその措置に着手しなければなりません(派遣元指針第二・八(二)ニ)。

15 派遣先に直接雇用される制度ができたときききましたが、どういうものですか（労働契約申込みみなし制度）

労働契約申し込みみなし制度とは

二〇一二年の改正で、一定の場合に派遣先への直接雇用を義務づける規定が設けられ、二〇一五年一〇月一日より施行されています。[*1] これは、派遣先が、①禁止業務、②無許可派遣、③事業所単位での派遣期間制限を超えた派遣、④同一組織単位での同一派遣労働者の派遣期間制限を超えた派遣、⑤偽装請負のいずれかに該当する派遣を受けた場合、「その時点において、派遣先から派遣労働者に対し、その時点における派遣労働者に係る労働条件と同一の労働条件を内容とする[*2]労働契約の申込みをしたものとみなす」という制度です（派遣法四〇条の六第一項本文）。

適用される違法派遣

みなし制度の適用される違法派遣の内容は、次のとおりです（同項各号）。

①の禁止業務は、港湾運送業務、建設業務などです（一号、派遣法四条一項、同条三項）。（Ⅸ－⑩問参照）

②の無許可派遣とは、派遣法五条一項の許可を受けた派遣元以外の事業主から労働者派遣の役務の提供を受けることです（二号、派遣法二四条の二）。[*3]

③は、事業所単位での派遣可能期間は原則三年とされているところ、それを超えた派遣を受け入れた場合です（三号、派遣法四〇条の二第一項）。[*4] もっとも、Ⅸ－⑫問で説明し

＊1　施行直前に二〇一五年改正がされ、期間制限に大きな変更が加えられました。

＊2　派遣元の労働条件の意味です。

＊3　二〇一五年改正前まで届出制に基づいて労働者派遣事業を営んでいた「特定労働者派遣事業主」に対しては、二〇一八年九月二九日まで許可を得ることなく営業できるとの経過措置があります（平成二七年改正法附則六条一項）。

＊4　ただし、「派遣法四〇条の二第四項に規定する意見の聴取手続のうち厚生労働省令で定めるものが行われないことにより同条一項の規定に違反することとなったときを除く」とされています。派遣則三三条の三に定める手続の違反は、直接雇用を強制する原因にはならないとするものです。

たとおり、事業所単位の派遣可能期間制限は、過半数労働組合等からの意見聴取で、上限を三年として延長が可能ですし、再延長も可能です。

④は個人単位の三年の期間制限に違反した場合です（四号、派遣法四〇条の三）。

⑤の偽装請負とは、「この法律又は次節の規定により適用される法律の適用を免れる目的で、請負その他労働者派遣以外の名目で契約を締結し、第二六条第一項各号に掲げる事項を定めずに労働者派遣の役務の提供を受けること」です（五号）（Ⅸ－17問参照）。

派遣先の善意無過失

派遣先が、自己の行為が、右の①～⑤のいずれかに該当することを知らず、かつ、知らなかったについて過失がなかったとき（善意無過失）には、みなし制度の適用はありません（派遣法四〇条の六第一項但書）。この善意無過失の立証責任は派遣先にあります。

派遣先が、善意無過失かどうかは、派遣労働者の就労後に判断されます。派遣先が受入の時点では仮に善意無過失であったとしても、その後に善意無過失でなくなった場合には、その翌就業日以降に行われた行為については、善意無過失の主張は認められません（平成二七年九月三〇日職発〇九三〇第一三号）。

もっとも、①派遣禁止業務であることを知らなかったという主張は認められないでしょうし、②派遣元が無許可であることを知らなかったなどという主張も、厚労省「人材サービス総合サイト」で確認することができるため認められません。③④の期間制限についても、同様です（期間制限違反は二〇一五年改正から最短でも三年ですので、法の周知期間としては十分です）。

派遣労働者の承諾の意思表示

派遣労働者は、違法派遣・偽装請負の派遣を受け入れる行為が終了した日から一年を経過する日までの間、派遣先の労働契約申込みに対して承諾する旨の意思表示をすることができます[*5*6*7]。承諾は、口頭でも可能ですが、なるべく文書にしてコピーを残したり、内容証明郵便で通知したほうがいいでしょう。この期間内は、派遣先は申込みを撤回することができません（派遣法四〇条の六第二項）。

派遣先の雇用努力義務

右のみなし制度は、派遣先に契約を強制するものですが、以前から努力義務も定められています。すなわち、派遣先は、同一の組織単位の業務に同一の派遣労働者を一年以上受け入れたときは、派遣実施期間経過後、同一の業務のために正規労働者を雇おうとするときは、その派遣労働者を遅滞なく雇用する努力義務があります（派遣法四〇条の四）。

このため、派遣先は、同一の事業所に同一の派遣労働者を一年以上受け入れたときは、その事業所で「通常の労働者」（正社員）の募集を行うときは、募集要項を事業所内に掲示するなどして、その派遣労働者に周知しなければなりません（派遣法四〇条の五第一項）。また、派遣先は、同一の組織単位の業務に三年間派遣される見込みのある特定有期雇用派遣労働者を受け入れているときは、その事業所で労働者の募集を行うときは、募集要項を事業所内に掲示するなどして、その派遣労働者に周知しなければなりません（同条二項）。

＊5　派遣先との労働契約が成立するのは、派遣労働者が承諾の意思表示をした時点です（平成二七年職発〇九三〇第一三号）。

＊6　派遣先は違法な派遣を受け入れた日ごとに、派遣労働者に対して、その時点における派遣労働者に係る労働条件と同一の労働条件を内容とする労働契約の申込みをしたものとみなされます（派遣法四〇条の六第一項本文）。違法派遣が継続している間に派遣労働者の労働条件が変更された場合は、労働条件が異なる複数の労働契約の申込みがなされたことになり、派遣労働者はどの労働条件の労働契約申込みを承諾するかを選択することができます。

＊7　みなし制度は派遣先等に対する制裁ですので、違法行為の前にあらかじめ派遣労働者が「承諾しない」ことを意思表示した場合であっても、その意思表示に係る合意は公序良俗に違反し、無効とされます（平成二七年職発〇九三〇第一三号）。

16 派遣事業者・派遣先の規制

派遣事業の規制

労働者派遣事業を行うには、事業毎に厚生労働大臣の許可を受ける必要があります（派遣法五条）[*1]。事業の適正な運営を確保するために、事業主としての欠格事由と許可基準が設けられています（派遣法六条、七条）。許可の有効期間は三年です（派遣法一〇条一項）。

グループ企業内派遣の八割規制

派遣元は、派遣元事業主の経営を実質的に支配することが可能となる関係にある者その他の派遣元事業主と特殊の関係にある一定の者（関係派遣先）に労働者派遣をするときは、関係派遣先の派遣割合が八割以下[*2]になるようにしなければなりません（同法二三条の二）。

派遣契約

派遣先が派遣を受けようとするときは、派遣元との間で派遣契約を書面で締結します。派遣契約には、派遣労働者が従事する業務の内容、就業の場所、派遣先で指揮命令を行う者、派遣期間、始業終業の時刻と休憩時間、時間外労働、休日労働の労働条件等を定め、書面にして記載しておかなければなりません（派遣法二六条一項、同法施行規則二一条、二二条）。またこの契約中には、派遣労働者からの苦情を処理する「派遣先責任者」の氏名を特定して、明記しなければなりません。

＊1　派遣先労働者が常時雇用される労働者だけである事業（常用型）は届出制、これ以外の事業は許可制とされていましたが、二〇一五年改正法によって、許可制に一本化されました。

＊2　この計算からは六〇歳以上の定年退職者は除外されます（派遣法施行規則一八条の三第四項）。

正社員を派遣労働者にできるか

労働者を派遣する場合、必ずその対象となる労働者の同意を得なければなりません（派遣法三二条二項）。労働者が同意しない場合でも、そのことを理由として不利益に扱ってはなりません（派遣元指針第二・七）。

二重派遣の禁止

派遣会社からA社に派遣された派遣労働者を、A社がさらにB社に派遣することを二重派遣といいます。A社は雇用主ではないので、労働者を他の使用者の元で働かせることは、派遣ではなく、次問で説明する「労働者供給」にあたり、これを業とすることは職業安定法四四条違反になります。B社がこれを受け入れて働かせるのも同条違反です。いずれも、一年以下の懲役または一〇〇万円以下の罰金に処せられます（同法六四条九号）。

争議中の職場への派遣は禁止

争議中の職場への派遣は禁止されています（派遣法二四条、職業安定法二〇条）。そうした動きがあったときは、職業安定所に通報してやめさせなければなりません。

違法な派遣への対応

許可を得ずに派遣事業を行うと一年以下の懲役または一〇〇万円以下の罰金に処せられます（派遣法五九条、五条一項）。刑事告発[*3]も可能です。[*4]

派遣先が違法な派遣を利用することも禁止されています（派遣法二四条の二）。処罰はされませんが、厚生労働省は是正命令を出すことができ、これに従わないときは企業名公表の制裁を受けます（派遣法四九条、四九条の二）。

＊3　告発（こくはつ）
犯罪の被害者やその配偶者・親族など（告訴権者）が捜査機関に対して犯罪事実を申告し、犯人の捜査および訴追を求めることを「告訴」といいます（刑事訴訟法二三〇条以下）。書面または口頭で検察官または司法警察員にします。告訴権者以外の者が同様のことをする場合は「告発」といいます。犯罪が行われたと考えるときは、だれでも告発をすることができます。

＊4　派遣法制定前ですが、航空会社への労働者供給が職業安定法違反・労基法六条違反で処罰された例もあります（花王航空事業事件・東京地裁昭和五三年一〇月一七日判決）。

17 アウトソーシングと派遣・偽装請負

特定派遣（専ら派遣）の禁止

部門を丸ごと外部に業務委託して社員も移籍させ、派遣労働者として活用するというリストラ策が見られますが、特定会社だけに労働者を派遣することは認められていません。特定の企業に固定して使用されるスタッフは、本来その特定の企業に雇用されるべきであり、親会社などが雇用責任を逃れるために派遣子会社を設立することはできません。

こうした派遣子会社の設立を防ぐため、一九九九年の法改正で、「専ら労働者派遣の役務を特定の者に提供することを目的として行われるもの」（「特定派遣」とか「専ら派遣」と呼んでいます）には、労働者派遣事業の許可を与えないことが明記されました（派遣法七条一項一号）。ここでいう特定の者とは特定の一社だけでなく、複数の企業の場合も含まれます。二〇一二年の改正で、前問で説明した「グループ企業内派遣の八割規制」も設けられています。

離職させて子会社に移籍させることの規制

労働者を退職させ、派遣会社に転籍させて、引き続き労働者を派遣労働者として受け入れ、その際労働条件を切り下げるという方策が銀行などで用いられていました。二〇一二年改正法は、このような方法を規制しています。

離職した労働者を一年以内に派遣労働者として受け入れることは原則として禁止されて

います（派遣法四〇条の九、三五条の五）。ただし、六〇歳以上の定年で退職した者については許されます（派遣法四〇条の九第一項、派遣法施行規則三三条の一〇）。

名目的な派遣では派遣先との労働契約が認められることがある

派遣労働者と派遣先との間では、労働契約はないとされています。しかし偽装請負がなされている場合などで、労務を提供している派遣先（注文者）との間で労働契約が成立するかが問題となってきました。二〇一二年改正法により、二〇一五年一〇月一日以降は、このような違法派遣がなされた場合、労働者が希望すれば、派遣先との労働契約締結が強制されます（派遣法四〇条の六第一項）（Ⅸ‐15問参照）。

改正以前の事例としては、製造業務派遣が禁止されている時期に請負の形式で行われた派遣について、労働者派遣法違反であっても、派遣元と派遣労働者間の労働契約が無効となるものではなく、派遣先と派遣労働者間の黙示の労働契約が成立するものではない、とした判例があります（パナソニックプラズマディスプレイ事件・最高裁平成二一年一二月一八日判決）。

他方で、派遣先企業が製造業務派遣の派遣可能期間一年経過後は三カ月間サポート社員として直接雇用し、その後は労働者派遣に切り替えていたという事案では、派遣先と労働者の間の黙示の労働契約の成立が認められています（マツダ防府工場事件・山口地裁平成二五年三月一三日判決）。

労働者供給事業の禁止

「労働者供給」とは、「供給契約に基づいて労働者を他人の指揮命令を受けて労働に従事させること」をいいます（職業安定法四条六項）。親方による強制労働や中間搾取（ピンハネ）の弊害をなくすため、職業安定法は、労働者供給事業を行うこと、その事業者から労働者供給を受けることを罰則（一年以下の懲役または一〇〇万円以下の罰金）付きで禁止しています（四四条、六四条九号）。

派遣法は一定の場合にこの禁止を解除したものです。労働者供給事業が許されるのは、労働組合等が厚生労働大臣の許可を得て無料で行う場合に限られています（職業安定法四五条）。

労働者供給と請負との区別

職業安定法施行規則四条一項は、「労働者を提供しこれを他人の指揮命令を受けて労働に従事させる者」は、労働者派遣事業者を除き、「たとえその契約の形式が請負契約[*1]であつても、次の各号のすべてに該当する場合を除き」、職業安定法四四条が禁じる「労働者供給の事業を行う者」にあたるとしています。適法な請負と認められるためには、以下の四要件すべてを満たさなければなりません。

「一　作業の完成について事業主としての財政上及び法律上のすべての責任を負うものであること。

二　作業に従事する労働者を、指揮監督するものであること。

三　作業に従事する労働者に対し、使用者として法律に規定されたすべての義務を負うものであること。

四　自ら提供する機械、設備、器材（業務上必要なる簡易な工具を除く。）若しくはそ

＊1　民法六三二条（請負）
「請負は、当事者の一方がある仕事を完成することを約し、相手方がその仕事の結果に対してその報酬を支払うことを約することによって、その効力を生ずる。」

の作業に必要な材料、資材を使用し又は企画若しくは専門的な技術若しくは専門的な経験を必要とする作業を行うものであつて、単に肉体的な労働力を提供するものでないこと。」

派遣と請負の区別

派遣と請負の区別については、厚生労働省により判断基準が示されています。[*2] 適法な請負と認められるためにはまず、請負業者が自分で労働者への指示・管理をしている必要があります。注文主が直接に労働者に指示し、労働者の雇用管理をしているものは請負ではありません。また、単に肉体的な労働力を提供するだけでも請負とは認められません。請負と認められるためには、「自己の責任と負担で準備し調達する機械、設備等により業務を処理すること」、あるいは「自己の有する専門的な技術・経験に基づいて業務を処理すること」等の独立性がなければいけません。

偽装請負

偽装請負とは、契約の形式は請負とされているものの、発注者が直接請負労働者に指揮命令するなど労働者派遣事業に該当するものをいいます。労働者派遣の実態を持ちつつ派遣法の規制を満たしていないものは、派遣法違反となり、刑事罰の対象です(前問参照)。

出向と派遣の区別

出向は出向先との雇用関係が生じると考えられているため、派遣先との雇用関係が生じない派遣とは区別されています。しかし、出向も、「労働者供給」にあたるので、雇用する労働者を他企業へ出向させることのみを業務とすることは、職業安定法に違反します。[*3]

*2 「労働者派遣事業と請負により行われる事業との区分に関する基準」(昭和六一年四月一七日労働省告示三七号)。これにつき、一九九九年一一月に労働省の「具体的判断基準」が出されています。厚労省の出している「疑義応答集」や労働局の需給調整課が発行しているチェックリストが参考になります。

*3 木村大樹『労働者派遣・業務請負の就業管理』(全国労働基準関係団体連合会、二〇〇七年)三三頁。

1 労働契約に関して紛争が生じたとき、どこに相談に行けばよいのですか

相談窓口

労働者の権利が侵害された場合には、早急にその侵害を除去し、原状を回復しなければなりません。そのための当事者同士の話し合いも重要ですが、話し合いで解決しないことも考えられます。こんなとき、労働者の相談に乗ってくれたり、あるいは、当事者同士の話し合いの仲介に入ったり、解決方法を教えてくれる相談窓口があればたいへん便利です。こうした相談窓口として、これまでよく利用されてきたものに、つぎに紹介する労働基準監督署、労政事務所、法律事務所があります。

個別労働紛争の増加に対処するため、二〇〇一年に「個別労働関係紛争の解決の促進に関する法律」が制定され、都道府県労働局における相談・情報提供および紛争調整委員会によるあっせんの制度が設けられました（X－2問参照）[*1]。現在では、これを利用するのが便利でしょう。都道府県労働局内や労働基準監督署等に「総合労働相談コーナー」[*2]が設けられていますので、ここで相談が受けられます（同法三条）。解決のための援助を求めた場合には、必要な助言や指導をすることになっています。ただし、裁判所や労働委員会にかかっている事件や労働組合と事業主との間で話し合いが進行している紛争については、助言や指導はされません。[*3]

＊1　法律の解説として、厚生労働省大臣官房地方課労働紛争処理業務室編『個別労働関係紛争解決促進法』（労務行政研究所、二〇〇一年）。運用の実態について、村田毅之『労使紛争処理制度』（晃洋書房、二〇〇七年）。

＊2　東京労働局総合労働相談コーナーは、千代田区九段南一－二－一、九段第三合同庁舎一四階にあります。〇三－三五一二－一六〇八です。東京では、各労基署の他に、有楽町にもあります。

＊3　前掲『個別労働関係紛争解決促進法』一一一頁。

労働基準監督署

労働基準監督署は、厚生労働省の機構に属する・労基法を施行するために置かれた行政機関です。[*4][*5]労働者は、使用者が労基法に違反して、自分の権利を侵害した場合、その事実を監督署に所属する労働基準監督官に申告して、適切な措置（電話での使用者に対する照会、事業場の臨検、関係帳簿の提出指示など）をとってもらうことができます（労基法一〇四条一項）。労働基準監督官は、使用者が労基法をはじめとする雇用関係の法に違反していると認めた場合、その是正・勧告を行ったり、場合によっては司法警察官の職務（事業場の捜索、使用者の取り調べ、法違反者の逮捕等）を行うこともあります（労基法一〇二条）。こうした強制的な権限は、他の相談窓口にはないもので、それが適切に行使される場合、権利侵害の迅速かつ適切な救済が期待できます。

もっとも、実際に監督署に相談をしても、なかなか迅速に対応してもらえないという苦情が寄せられています。実際、労働基準監督官は、使用者による法違反がないか、各会社を回っていますが、全国三二〇〇名の監督官が、[*6]四三〇万箇所の事業所を監督するのですから、一年で一七万件[*7]を監督するとして、その割合は全事業所の四％ぐらいです。そうすると、一つの会社に来るのは二五年に一回になります。ところが定期監督で実際に監督官が行って調べた結果の労基法違反率は六九・四％もあります。[*8]最低基準であり、それに反すれば罰則が科されるという労基法に七割の事業所が違反しているのです。ですから、監督を強化すれば、迅速な紛争の解決、効果のある監督が期待できるのです。しかし、実際には人手不足です。国は監督官の増員を図るとしながらも、その数はわずかです。監督署

＊4　労働基準監督署は各都道府県に設けられています。東京都には、中央、三田、上野、王子、足立、向島、江戸川、亀戸、品川、大田、渋谷、新宿、池袋、三鷹、立川、八王子、町田、青梅の一八カ所あります。

＊5　労働基準監督署や監督官の仕事については、会田朋哉『労働基準行政と労働基準監督官』（日本法令、二〇〇七年）。

＊6　厚生労働省労働基準局『平成二六年労働基準監督年報』三三頁によると労働基準監督官の総数は二〇一四年度で三九五四人ですが、本省に四〇人、都道府県労働局に七〇七人が配置されているので、労働基準監督署にいるのは三二〇七人です。

＊7　同年報三七頁によれば、二〇一三年の監督実施数は一七万八一三三件、二〇一四年は一六万六四四九件（定期監督一二万九八八一件、申告監督二万二四三〇件、再監督一万四一三八件）となっています。

＊8　同年報四〇頁。

の人員の充実、監督行政の強化が求められています。

労政事務所

労政事務所は、各都道府県に設けられている相談窓口です。東京都には、六カ所の労働相談センターがあります。[*9] 自治体によっては、労政課の中に相談員を置いて対応しているところもあります。

労政事務所は、中小企業を中心に、労働者だけでなく、使用者からも、雇用関係の問題をはじめ紛争の類型を問わず、さまざまな労働問題に関する相談に応じ、適切な助言・指導を行っています。また、労使が自主的に解決できない紛争については、労使からの要請により、あっせん（労政事務所の職員が、労使の間に立って、紛争解決に関する労使の合意形成の手助けをする）も行っています。労政事務所は、監督署とは異なり強制的な紛争解決権限を有しないという限界はありますが、こと単純な性格の紛争については、解決期間も短く、費用もかからない簡便な公的相談機関として、大切な役割を果たしています。東京都の労働相談情報センターの相談件数は、二〇一四年度で年間五万三一〇四件にも達しています。あっせんの件数は二〇一四年度では年間六二五件で解決率は七一％です。

法律事務所

法律事務所には資格を有する弁護士がいます。弁護士は、労働者から相談を受け、労働者のどういう権利が侵害されているのか、紛争の争点は何なのか等、その問題を判断する基準を提供することができます。また、弁護士は労働者から委任された場合には、裁判所、労働局、労働基準監督署、労働委員会など公的な紛争解決機関における紛争解決のプ

＊9　飯田橋、亀戸、大崎、池袋、国分寺、八王子です。東京都労働相談情報センターについては、以下を参照。
http://www.hataraku.metro.tokyo.jp/soudan-c/center/

ロセスに、委任した労働者の利益を守るために参加していくことになります。

弁護士は、私人であり、行政機関と異なり強制権限を有していません。また、委任するには弁護士費用がかかります。しかし、身近で、権利侵害、紛争の本質を早期に把握し、迅速に対応することができる点、しかもあくまで委任した労働者の利益を守るという姿勢で紛争解決にあたる点で、重要な相談窓口となっています。

もっとも、一般の法律事務所が労働事件に習熟しているというわけでもありませんので、労働事件を扱っている法律事務所を知りたいときには、日本労働弁護団（電話〇三―三二五一―五三六三）や自由法曹団（電話〇三―五二二七―八二五五）に問い合わせてみてください。

2 労働局のあっせんとはどういうものですか。どのように利用すればよいですか

労働局のあっせんとは

二〇〇一年に制定された「個別労働紛争の解決の促進に関する法律」に基づいて、紛争当事者の間に第三者（紛争調整委員会の委員）が入り、場合によっては具体的なあっせん案を提示するなど、紛争当事者間の話し合いを促進することにより、自主的な解決を促進する制度です[*1]（同法五条、一二条以下）。紛争調整委員は、学識経験を有する者等のうちから厚生労働大臣が任命する委員（あっせん委員）で組織されます（同法六条、七条）[*2]。

このうち事件ごとに指名される三人の委員によりあっせんが行われます（同法一二条）。当事者間であっせん案に合意した場合は、民法上の和解契約の効力をもつこととなります。

どのような事件を扱うか

労働局のあっせんは、「個別労働関係紛争」を扱いますが、以下のものは除かれています。

① 労働関係調整法六条の「労働争議」になっているもの（個別労働紛争の解決の促進に関する法律五条一項、四条一項）
② 「募集・採用」に関する紛争（同法五条一項）
③ 「事件がその性質上あっせんをするのに適当でない」もの（同法施行規則五条二項）

＊1　厚生労働省「平成二六年度個別労働紛争解決制度施行状況」によると、申立件数は五〇一〇件、二〇一四年度内に処理したあっせん五〇四五件のうち合意が成立したものは一八九五件（三七・六％）となっています。

＊2　都道府県知事は、「個別労働関係紛争の解決の促進に関する法律」二〇条に基づき、労働委員会に個別の労働問題についてあっせんを委任することができるため、現在では四四の労働委員会であっせんを行っています。

これに当たるものとして、通達（平成一三年九月一九日厚生労働省発地一二九号）は、以下のもの等をあげています。

・裁判において係争中である又は確定判決が出された紛争

・労働組合と事業主との間で問題として取り上げられており、両者の間で自主的な解決を図るべく話合いが進められている紛争

あっせんのメリット

裁判と異なり、手続が簡易で、無料であることが特徴です。あっせん申請をした労働者への不利益取扱いは禁止されています（同法五条二項、四条三項）。

裁判と異なり、弁護士以外に、紛争解決手続代理業務試験に合格した社会保険労務士（「特定社会保険労務士」という）も代理人となることができます（社会保険労務士法二条一項一の四号、同条二項）。

あっせんの限界

相手方はあっせんに参加することを強制されたり、参加しないことにより不利益を被ることはないので、無視されることがありえます。なお、あっせん案は、受諾が強制されるものではなく、あっせん案を飲むかどうかは自由です。[*3]

あっせんの申立て

まず、最寄の労働局や労基署の労働相談コーナーで相談します（X-[1]問参照）。あっせん申請書（次頁に掲載）がおいてありますので、自分で必要事項を埋めて提出します（個別労働関係紛争の解決の促進に関する法律施行規則四条）。

＊3　あっせんの具体的な事例につき、濱口桂一郎『日本の雇用紛争』（労働政策研究・研修機構、二〇一六年）、野田進『労働紛争解決ファイル』（労働開発研究会、二〇一一年）が参考になります。

様式第１号（第４条関係）（表面）

あ っ せ ん 申 請 書

<table>
<tr><td rowspan="3">紛争当事者</td><td>労働者　氏名
住所</td><td>〒
電話　（　　）</td></tr>
<tr><td>事業主　氏名又は名称
住所</td><td>〒
電話　（　　）</td></tr>
<tr><td>※上記労働者に係る事業場の名称及び所在地</td><td>〒
電話　（　　）</td></tr>
<tr><td colspan="2">あっせんを求める事項及びその理由</td><td></td></tr>
<tr><td colspan="2">紛争の経過</td><td></td></tr>
<tr><td colspan="2">その他参考となる事項</td><td></td></tr>
</table>

年　　月　　日

申請人　氏名又は名称　　　　　　　　　　　　印

労働局長　殿

様式第１号（第４条関係）（裏面）

あっせんの申請について

(1) あっせんの申請は、あっせん申請書に必要事項を記載の上、紛争の当事者である労働者に係る事業場の所在地を管轄する都道府県労働局の長に提出してください。

申請書の提出は原則として申請人本人が来局して行うことが望ましいものですが、遠隔地からの申請等の場合には、郵送等による提出も可能です。

(2) 申請書に記載すべき内容及び注意事項は、次のとおりです。

① 労働者の氏名、住所等

紛争の当事者である労働者の氏名、住所等を記載すること。

② 事業主の氏名、住所等

紛争の当事者である事業主の氏名（法人にあってはその名称）、住所等を記載すること。また、紛争の当事者である労働者に係る事業場の名称及び所在地が事業主の名称及び住所と異なる場合には、(　) 内に当該事業場の名称及び所在地についても記載すること。

③ あっせんを求める事項及びその理由

あっせんを求める事項及びその理由は、紛争の原因となった事項及び紛争の解決のための相手方に対する請求内容をできる限り詳しく記載すること（所定の欄に記載しきれないときは、別紙に記載して添付すること。）。

④ 紛争の経過

紛争の原因となった事項が発生した年月日及び当該事項が継続する行為である場合には最後に行われた年月日、当事者双方の見解、これまでの交渉の状況等を詳しく記載すること（所定の欄に記載しきれないときは、別紙に記載して添付すること。）。

⑤ その他参考となる事項

紛争について訴訟が現に係属しているか否か、確定判決が出されているか否か、他の行政機関での調整等の手続へ係属しているか否か、紛争の原因となった事項又はそれ以外の事由で労働組合と事業主との間で紛争が起こっているか否か、不当労働行為の救済手続が労働委員会に係属しているか否か等の情報を記載すること。

⑥ 申請人

双方申請の場合は双方の、一方申請の場合は一方の紛争当事者の氏名（法人にあってはその名称）を記名押印又は自筆による署名のいずれかにより記載すること。

(3) 事業主は、労働者があっせん申請をしたことを理由として、当該労働者に対して解雇その他不利益な取扱いをしてはならないこととされています。

3 労働審判とはどういうものですか。どのような事件がむいていますか

労働審判制度の特長

司法制度改革の一環として、二〇〇四年に労働審判法が制定され、二〇〇六年四月から、労働審判という裁判所を利用した解決手段が始められました。[*1]

労働審判制度は、個々の労働者と使用者との間の労働関係に関する紛争について、裁判官（労働審判官）一名と労働関係についての専門的な知識を有する労使それぞれの出身の労働審判員二名よりなる労働審判委員会（労働審判法七条）が、迅速・簡易な審理の結果認められる当事者間の権利関係および労働審判手続の経過をふまえて、労働審判を行う手続です。

この制度の特徴は何よりも早期の解決が図られることです。審理は原則三回以内で（同法一五条二項）、申立てから審判までおおむね三カ月以内というのが目安となっています。二〇一四年の全国の地方裁判所での労働審判手続の利用状況についての統計によれば、申立てから終了までの期間は平均で二・六月、労働審判や調停（次問参照）により紛争が終局的に解決する比率は七六％に上っています。[*2]

どのような紛争が対象となるか

労働審判の対象は「個別労働関係民事紛争」とされています。したがって労働組合を一方の当事者とする集団的労使紛争や労働者同士の紛争などは含まれません。また公務員に

＊1　菅野和夫他『労働審判制度［第二版］』（弘文堂、二〇〇七年）、日本労働弁護団『労働審判実践マニュアル　Ver．2』（二〇一三年）。

＊2　最高裁事務総局行政局「平成二六年度労働関係民事・行政事件の概況」法曹時報六七巻八号四四頁。

関しては、公法上の法律関係に属するもの（公務員の身分の得喪、懲戒処分、配置転換）は労働審判の対象とはなりませんが、そのほかの労使紛争は広く労働審判の対象となります。

しかし、三回の審理手続ではとうてい事案の解明ができないと思われる複雑な事案の場合には労働審判手続が終了されることがあります（同法二四条。この場合は本裁判へ移行します）。これらの場合は審判の申立てではなく、通常裁判か仮処分の方法をとる必要があるでしょう。賃金差別事件、整理解雇事件、労働条件の不利益変更、過労死などの損害賠償事件は一般的には複雑なことが多く、三回の審理では解決困難なのが通常ですが、要は事案の内容によるものですから、よく吟味のうえ、どのような方法をとるのが最善か、検討すべきです。[*3]

実際にも、スカンジナビア航空事件では、二〇〇七年に発生した従業員一名の整理解雇につき、被解雇者が労働審判を申し立て、三回目の審判期日で解雇撤回・復職の調停が成立しています。[*4]

調停による解決が期待できる事案が向いている

労働審判制度において、紛争が迅速に解決しているのは、調停が成立する割合が七割と高いことにあります。労働審判に向くかどうかは、当事者間に話し合いによる解決の可能性が存在することが一つのポイントになります。

＊3　林俊之「労働審判制度開始から二年を振り返って」法律のひろば二〇〇八年三月号五六頁は、「権利関係に争いはあるが、争点自体は比較的単純な事件（例えば争点が比較的単純な解雇事件、賃金又は退職金請求事件、解雇予告手当請求事件等）」が労働審判に向くとしています。ただし、本文でも述べたように、一般に不向きだと考えられている集団解雇や就業規則紛争、労災などの事件についても頭から不向きと考える必要はありません。代理人の弁護士とよく相談して対応を決めるのがよいでしょう。

＊4　佐藤誠一解説・季刊労働者の権利二七五号。

4 労働審判の申立てはどのようにすればよいですか。手続はどのように進行しますか

申立て

労働審判を申し立てるには、申立書を作成して、会社所在地・労働者の就業地の地方裁判所に提出します（労働審判法二条、五条）。申立書には、労働審判委員会が紛争の実情を十分に理解できるよう、紛争の要点を漏らさず簡潔にまとめます[*1]（同法五条三項、労働審判規則九条一項）。申立てを基礎付ける重要な証拠も添付します（規則九条三項）。手数料として印紙を貼り[*2]、相手方に送るための切手も納付します。

手続の進行

第一回期日の一〇日前程度には相手方の答弁書が送られてきますから、これを十分に検討し、必要な反論を用意しなければなりません。その際、証人をお願いしたい人がいれば、その人に証人として出頭してもらえるように働きかけることも必要です。

第一回の期日は申立ての日から四〇日以内の日が指定されて、相手方（使用者）とともに呼び出されます（規則一三条）。相手方には出頭の義務があり、正当な理由なく出頭しないときは、裁判所は五万円以下の過料に処することができます（労働審判法三一条）。手続は非公開です（同法一六条）。

第一回期日では争点や証拠の整理がなされ、証人調べの段取りが決められます（規則二一条一項）。労働審判委員会からは、事案に関して不明な点について質問を受け、その場

＊1　日本労働弁護団『労働審判実践マニュアル　Ｖｅｒ・２』（二〇一三年）に申立書式が掲載されています。

＊2　申立手数料の額は民事調停の場合と同じ額です（労働審判法附則三条、民事訴訟費用等に関する法律別表第一の一四）。訴訟の場合より安くなっています。

で回答することを求められます。第一回で、ほぼ論点が出尽くす程度までの審理が行われますし、場合によっては出頭した当事者の取り調べまで進みます。通常の裁判の場合は第一回は五分か一〇分で終わってしまい、後は次回ということが多いのですが、労働審判では、そのようなことは許されていません。そのため、事前に十分な準備を行い、当日は、臨機応変に、必要な主張、証拠の説明、尋問を行い、事案の解明に努めることが大切です。

第二回は、第一回で整理しきれなかったものの整理や証拠調べが行われ、調停（話し合いによる解決）の試みも行われます（調停は第一回から行われることもあります）。したがって、どのような調停を希望するのかについても、事前に考えをまとめておかなければなりません。

第三回は主として調停の試みが行われることになります。調停が成立しない場合は審理の終結が宣言され、労働審判が下されることとなります。このため話し合いで解決しようという意思がある場合は、その場で対応を決定できる権限のある者が参加する必要があります。

労働審判に臨む注意

労働審判は短期間の解決を目標としており、そのための手続も短期に集中した審理を目指しています。そこで労働者側も使用者側もそれぞれの期日に行われることを予想して、十分な準備をして臨む必要があります。

各期日の所用時間も、かなりの時間を費やすことを予定して準備する必要があります。

東京地方裁判所では、事案の内容にもよりますが、一期日についておおむね一時間半程度の時間をかけています。

この手続では申立書と答弁書で基本的な主張がなされた後は書面による主張が予定されていません。それを補充するのは原則として口頭によるやりとりとなりますので、その場で答えられるように準備する必要があります。通常の訴訟では「追って書面で」というような答えをすることがあり、これも原則として許されていますが、労働審判ではそのようなことは原則として許されません。

第一回の期日についても、変更は原則として許されていません。代理人を依頼するときはできるだけ早めに依頼する必要があります。

調停

労働審判委員会は期日において調停を行うことができるので（規則二二条一項）、第一回期日から調停が試みられることも少なくありません。調停が成立した場合は調書が作成されます（規則二二条二項）。調停調書の記載には、裁判上の和解と同一の効力があります（労働審判法二九条、民事調停法一六条）。

審判

調停が成立しない場合、審理の終結が宣言されます（労働審判法一九条）。それに続いて口頭で労働審判が言い渡される場合（同法二〇条六項）と、後日審判書が送達される場合（同条四項）とがあります。実際にはほとんどが口頭での言い渡しにより行われています。審判に二週間以内に異議が出なければ、裁判上の和解と同一の効力が生じます（同法二一条四項）。

審判について不服のある場合

労働審判に対する不服を申し立てるときは、言い渡しのあった場合はそのときから、審判書の送達で審判書が届いたときはその届いた日から二週間以内に異議を申し立てる方法により行います（同法二一条一項）。異議の申立てがあったときは、審判は効力を失い、本裁判に移行します（同条三項）。この場合審判の申立てをしたときが訴訟提起の時と見なされます（同法二二条一項）。賃金のように時効が問題となるような場合、時効中断は審判申立て時に生じます（民事訴訟法一四七条）。

弁護士の依頼

労働審判手続は、労働者本人が申立てをすることができます。代理人を付ける場合には弁護士を付けなければなりません（労働審判法四条一項本文）。制度上は、裁判所の許可を受けて弁護士以外の代理人を立てることも可能ですが（同項但書）、実際にはほとんど許可されていません。申立て等は書面により行わなければならず、しかも、第一回期日において、労働審判委員会が紛争の実情を十分に理解できるよう、紛争の要点を漏らさず簡潔にまとめておく必要があります。その後の手続も即決が求められることが多いので、経験と訓練を積んだ弁護士に依頼した方がうまくいくことが多いでしょう。東京地裁では、弁護士をつけることを原則にしています。

中立て労働者の負担を軽減するため、労働組合の役員が代理人となれるようにすることも考えられます。

5 会社の業務命令により配転（出向）を命じられましたが、納得できません。争う方法はありますか

配転・出向命令の有効性は

使用者から配転や出向を命じられた場合、これに応ずる義務があるかどうかは、Ⅴ－1問～3問をみてください。

契約の範囲を超えた配転・出向命令は無効ですし、違法な配転・出向命令も無効ですから、これに従う義務はありません。配転・出向命令を拒否し、従来の職場での就労を要求するのが本筋の闘いです。

不当労働行為の場合

配転・出向が労働組合の活動を理由とする不利益取扱いの不当労働行為（労組法七条一号）に該当する場合、個人または労働組合は、労働委員会に救済命令の申立てをすることができます[*1]し、配転・出向命令の違法・無効を主張して、裁判所に仮処分[*2]や訴訟を起こすこともできます。

裁判所で争う場合

配転・出向が、法律に違反している場合、就業規則・労働協約違反がある場合、または、会社には特別にその労働者を配転・出向させる必要がない一方で、配転・出向を命じられた労働者に家族生活や労働生活を送るうえで著しい不利益が発生するような、権利濫用にあたる場合などは、個人が原告（申立人）となって、裁判所で争うことができます。

＊1　東京南部法律事務所編『新・労働組合Q＆A』（日本評論社、二〇一六年）第Ⅹ章参照。

＊2　東京測器研究所事件では、組合員を東京本社から明石営業所に配転したことが不当労働行為として無効であるとして、配転先での就労義務がないことを仮に定める仮処分が認められています（東京地裁平成二六年二月二八日決定）。

裁判所での配転の争いは、その多くが本訴ではなく仮処分によって行われています。仮処分の方が簡易な手続で行われ、比較的早く結論がでるからです。二〇〇六年から施行されている「労働審判法」による労働審判も利用しやすいものです（X－3、4問参照）。

異議をとどめつつ争う方法もある

労働者が配転・出向を拒否した場合、使用者は、それを理由に懲戒解雇をすることが多くあります。配転・出向命令が有効とされるときは、拒否に対する懲戒解雇も有効とされることが多いので注意が必要です[*3]。解雇を避けるためには、異議をとどめて（使用者に争い続けることを述べて）配転・出向に応じたうえで裁判を起こす方法があります[*4]。

また、配転や出向の内示の段階で、事前差止め（効力停止）の仮処分の申請をすることもできます（パン・アメリカン航空事件・千葉地裁佐倉支部昭和五四年五月三〇日決定[*5]）。

どんな点に気をつけるか

不当な配転命令に対してあくまでそれを拒否して争うか、いったん従って争うかは、さまざまな事情を考慮したうえで、組合や弁護士と相談して決めることになります。労働委員会や裁判所に申し立てたうえで、労働委員会や裁判所に解雇しないよう「要望」や「勧告」を出させるなどの方法をとって、使用者が解雇することを牽制するやり方もあります。

*3　ただし、配転命令は有効であるが、これに従わなかった者に対する懲戒解雇は性急にすぎ配慮を欠くとして無効とした事例もあります（メレスグリオ事件・東京高裁平成一二年一一月二九日判決）。

*4　朝日火災海上保険のHさんは全損保朝日支部神戸分会の委員長をしていましたが、金沢営業所への配転を命ぜられ、異議をとどめて金沢に赴任し、裁判を起こしました。裁判所は配転は不当労働行為で無効とし、さらに単身赴任による精神的苦痛に対して一五〇万円の慰藉料の支払いを命じました（大阪高裁平成三年九月二六日判決）。この判決は一九九三年二月一二日最高裁でも維持されています。

*5　塚原英治「配転命令の事前差止の許否と労働仮処分の必要性」労働判例三二六号四頁。

6 不当に解雇された場合、どう争えばよいのですか。法的な手段を教えてください

労働委員会または裁判所で争う

不当な解雇に対して、労働組合が抗議し、解雇撤回を求めて争議行為をすることが正当であることはいうまでもありません。このように実力で争うほかに法的に争うためには、労働委員会あるいは裁判所を利用することができます。

不当労働行為にあたる解雇（組合活動等を理由とする解雇）は労働委員会または裁判所で、それ以外の解雇は裁判所で争うことになります。裁判には、手続が比較的簡易で迅速な「仮処分」と、本格的な本裁判があります。新設された労働審判も利用しやすいものです（X－3、4問参照）。ここでは、本訴と仮処分について説明します。

*1 『新・労働組合Q＆A』第XI章参照。

不当解雇の争い方・手段の選択

解雇に何らかの問題がある場合、その争い方としては、①解雇の効力を争う、②解雇の効力は争わずに金銭の請求をする（X－7問参照）、のいずれの手段を選択するのかの見きわめを行うことが必要です。*2 この場合、経済的にどこまで闘えるのか、家族・労働組合・職場の仲間等の支援は得られるのか、職場に復帰した場合の環境はどうか等の諸点について十分検討することが必要です。組合や弁護士とよく相談してください。

*2 金銭請求の場合は、労働審判の利用が考えられます。

仮処分

解雇事件では、通常、労働者は兵糧攻めにあうわけですから、早期に収入を確保するた

めには仮処分の申立てを行います。仮処分は、労働契約上の権利を有する地位を仮に定める地位保全の仮処分と賃金仮払いの仮処分の両方を申し立てるのが通常です。仮処分の手続の中で裁判所の和解勧告により和解が成立することもあります。

地位保全の仮処分

地位保全の仮処分とは、労働者の労働契約上の地位に争いがあり、本裁判の判決の確定を待っていては時間がかかりすぎて、労働者に著しい損害または差し迫った危険が生じるおそれがある場合に、労働者に暫定的な地位を認める（たとえば、雇用契約上の地位を有することを仮に定める）手続です（民事保全法二三条の二）。

裁判所によっては、解雇無効が疎明（即時に取り調べることができる証拠〔疎明資料〕に基づいて解雇が無効であると一応認められる場合）されても、「保全の必要性」がないとして、地位保全を認めることに難色を示す場合があります。そうした場合は、判決による解決を待っていては、職場復帰が困難となること、職業経歴上の不利益が生ずること、専門技術が低下すること、就労が免許・資格の要件となっていること、社会保険の被保険者資格を回復する必要があること等を積極的に主張する等の工夫が必要です。

賃金仮払いの仮処分

賃金仮払いの仮処分とは、労働者の生活が賃金に依存せざるをえないことから、解雇の有効・無効が判決で確認されるまで、とりあえず労働者に対して賃金の仮払いを命ずる仮処分です。解雇された労働者にとっては、なるべく多くの額の、かつ長い期間にわたっての賃金の仮払いが認められることが必要となりますので、具体的な家計の状況など、保全の必要性（最終的な事実の確定を待たずに、労働者に暫定的な地位を認める必要性）を裏づける事実を詳細に主張する等の工夫が必要です。

手続

労働仮処分においては、通常は債権者（労働者）・債務者（使用者）双方から主張や事情を聴取する審尋が行われるので（民事保全法二三条二項、四項）、申立てに際しては、債務者用に申立書の副本と疎明資料の写しを裁判所に提出することが必要です。疎明資料としては、陳述書、解雇通知書、就業規則、賃金明細書等が最低限必要となります。申し立ててから暫くすると、裁判所から審尋期日の指定がなされます（急ぐ場合には債権者から早期の期日指定を促します）。審尋期日には、さらに準備書面・疎明資料の追加・補充を行う等の工夫を行うべきです。

審尋は一回で終わらないことが多く、本裁判の口頭弁論期日より短めの周期で数回の審尋を経て、和解による解決となるか、または決定が下されることになります。

使用者が判決・決定に従わないときは強制執行ができる

解雇が違法無効とされた場合は、解雇されていたため就労できなかった期間の賃金（バックペイといいます）の支払いを受けることができます。使用者がバックペイを支払わないときなどには、裁判所に強制執行（仮処分であれば保全命令の執行）を申し立て、使用者の財産、たとえば売掛金、商品などを差し押さえて、金銭に換えることで判決・決定の実現をはかることができます。

7 違法な解雇に対して損害賠償を請求することはできますか

解雇が不法行為になる場合

解雇が不法行為に当たる場合は、使用者は損害賠償責任を負います（民法七〇九条[*1]）。解雇が不法行為に当たるためには、解雇が違法であり、使用者に故意または過失があることが必要です。①法律違反の解雇（V－6問参照）や、②公序良俗違反の解雇（V－6問参照）などは、不法行為となります。権利濫用となる解雇（労働契約法一六条）（V－6問参照）の場合は、当然に不法行為になるわけではありません。解雇が「その趣旨・目的、手段・態様等に照らし、著しく社会的相当性に欠けるものであることが必要」だとした裁判例があります（三枝商事事件・東京地裁平成二三年一一月二五日判決）。

どのような損害があるか

解雇が無効な場合は、就労可能な状態にあった場合は、労働者は民法五三六条二項[*2]により（損害賠償としてではなく）、解雇期間中の賃金の支払いを受けることができます（「バックペイ」と呼んでいます）。地位確認・賃金支払を求める事件の場合は、これによって労働者の損害がすべて填補されたと見られるかが問題となります。

慰謝料が認められることがあります。V－6問で紹介したノース・ウエスト航空事件の他にも、会社再建のため設立された別会社への転籍出向命令を拒否した従業員が業務命令違反として懲戒解雇された事例で、精神的苦痛に対する慰謝料には、解雇期間中の夏期

＊1　民法七〇九条（不法行為による損害賠償）
「故意又は過失によって他人の権利又は法律上保護される利益を侵害した者は、これによって生じた損害を賠償する責任を負う。」

＊2　民法五三六条二項（債務者の危険負担等）
「債権者の責めに帰すべき事由によって債務を履行することができなくなったときは、債務者は、反対給付を受ける権利を失わない。この場合において、自己の債務を免れたことによって利益を得たときは、これを債権者に償還しなければならない。」
　この条文は二〇一五年に国会に上程された民法改正案では、「債権者の責めに帰すべき事由によって債務を履行することができなくなったときは、債権者は、反対給付の履行を拒むことができない。この場合において、債務者は、自己の債務を免れことによって利益を得たときは、これを債権者に償還しなければならない。」と変更する提案がされています。意味を変えるわけではないというのですが、わかりにくい変更です。

手当等の各種手当や昇給を受ける機会を奪われたことに対する苦痛も考慮に入れて決するべきであるとされ、七〇〇万円が認められた裁判例があります（三和機材事件・東京地裁平成七年一二月二五日判決）。

損害賠償のみを求める場合

「解雇はけしからん。納得はできないけれども、いまさら戻りたくない」という場合、どのような訴訟が起こせるでしょうか。

吉村事件・東京地裁平成四年九月二八日判決は、①「解雇が不法行為を構成する違法なものであって、また無効と解される場合には、当該労働者は、解雇無効を前提としてなお労務の提供を継続する限り、賃金債権を失うことはない。この場合には、当該労働者は賃金請求権を有しているのであるから、特段の事情のない限り、右賃金請求権の喪失をもって損害とする余地はないことが明らかである。」②「他方、当該解雇に理由がない場合であっても、当該労働者がその解雇を受入れ、他に就職するなどして当該使用者に対し労務を提供し得る状態になくなった場合には、賃金が支給されない状態と違法な解雇との間には相当因果関係がないから、賃金相当額をもって、直ちに違法解雇がなければ得べかりし利益として、その賠償を求めることはできないことになる。」としています。

この判決の考え方では、慰謝料の請求を除けば、解雇無効を主張して、実際に再就職するまでの賃金請求ができるだけだということになります。

しかし、近時は右の判決の考え方に限らず、損害賠償請求を認める裁判例が一般的です。東京セクハラ（M商事）事件・東京地裁平成一一年三月一二日判決は、六カ月分の給与および三カ月分の賞与に相当する金額を解雇がなかったならば得られたであろう賃金相当分の損害として認めています。就労をあきらめた場合は解雇によって失った賃金の損害が発生するとしたうえ、解雇と相当因果関係が認められる損害は、特段の事情が認められない限り、再就職に必要な期間の賃金相当額に限られるとして、三カ月分を認容した裁判例もあります（三枝商事事件・東京地裁平成二三年一一月二五日判決）。

右の各判決のように再就職までの合理的な期間の賃金（三カ月、六カ月、一年とする考えがあります）を損害とする考え方以外に、仮に再就職した場合でも、従前の賃金との差額があればその分も損害であるとの考え方があります。*3

ＪＴ乳業事件・名古屋高裁金沢支部平成一七年五月一八日判決は、牛乳製造販売会社が食中毒事件を起こして解散し従業員を解雇したことに関して、従業員が、商法二六六条の三（現在の会社法四二九条に相当）に基づき、代表取締役の個人責任を追及した特殊な事件ですが、代表取締役の任務懈怠がなければ少なくとも解雇の日から二年間は会社が存続していたと推認した上で、解雇後二年間の賃金相当額と再就職先での賃金との差額および一〇〇万円の慰謝料が認容されています。

＊3　井上幸夫「解雇の逸失利益等損害賠償請求の訴訟」季刊労働者の権利三一三号一〇二頁。

8 解雇期間中、解雇された労働者が気をつけるべき点を教えてください

予告手当・退職金は受領してよいか

使用者が、労働者を解雇しようとする場合は、少なくとも三〇日前にその予告をするか、解雇予告手当として三〇日分以上の平均賃金を支払わなければなりません（労基法二〇条一項本文）（Ⅴ－7問参照）。また、就業規則等に退職後一定の時期までに退職金を支給する旨の規定があれば、使用者は解雇した労働者に対しても、定められた日に退職金を支給しなければなりません。

そこで、使用者は、労働者を解雇するに際して、解雇予告手当や退職金を受領するようにいってきたり、労働者の口座に振り込んできたりすることがあります。解雇された労働者が解雇を争っている場合に、この予告手当を受け取ったり、あるいは一方的に振り込まれた予告手当を返さないで放置しておくと、使用者による解雇を認めたこととみなされて、後で裁判等で解雇の効力を争う場合に不利にならないか問題となります。

解雇予告手当や退職金を受領すれば、もはや解雇の効力を争うことはできないと法律に定められているわけではありません。しかし、使用者の求めに応じて労働者が予告手当を受領したり、振り込まれた予告手当・退職金を放置していたりすれば、使用者は労働者が解雇の効力を争うことはないと思うのが通常です。[*1] 労働者が後で解雇の効力を争うことは、使用者の信頼を覆すことになります。そこで、使用者の信頼が法的にも保護に値する

＊1　O法律事務所事件では、使用者の退職勧奨に対して、労働者が残りの勤務日に対して有給休暇を取得したり、雇傭契約が終了する日に事務所に退職金の振込口座を記載した書面をファックス送信し、これに基づいて事務所が振り込んだ退職金を受領していました。一審の名古屋地裁平成一六年六月一五日判決が、労働契約の合意解約を認めたのに対して、名古屋高裁平成一七年二月二三日判決は、労働者が一貫して仕事を継続したい旨の意向を表明していたことから、右事実のみによっては使用者の主張する解約の合意は認められないとしています。

とみられる場合には、労働者が解雇の効力を争うことは信義則違反[*2]（民法一条二項）として認められなくなります。どのような場合がこれにあたるかは一概にいえませんが、たとえば、振り込まれた退職金を使用し、他の会社に再就職して長期間が経過したような場合がこれにあたるでしょう。

こうした事態を避けるためには、予告手当や退職金の受領を拒絶するか、振り込まれた予告手当などを使用者に返還する、使用者が受領を拒絶する場合には法務局に供託[*3]することが望ましいといえます。

もっとも、解雇を争う場合には、収入もなく、生活がたいへん苦しいのが普通です。一方、無効な解雇を行った使用者は、解雇した労働者が働けないことに責任がありますから、労働者は解雇期間中の賃金請求権を有しています（民法五三六条二項）。そこで、労働者としては、受領した退職金などが未払いの賃金に満たない場合には、これを賃金として受領する旨を使用者に通知する方法で、これらの金員を使用することができます。

退職金などを返還するか、それとも右のような通知をしたうえで使用するかは、組合や弁護士とよく相談してください。

失業保険を受領できる

雇用保険の被保険者であった人が、働く意思と能力があるにもかかわらず仕事に就くことができない場合には、公共職業安定所で求職の申し込みをした上で、失業していることの認定を受ければ、失業給付の基本手当が支給されます（雇用保険法一〇条、一五条）。

それでは、解雇された労働者が解雇の効力を争っている場合にもこの基本手当を受給でき

＊2　信義則（しんぎそく）　「信義誠実の原則」の略。すべての人は、共同生活を営む社会の一員として、互いに相手の信頼を裏切らないように誠意をもって行動すべきであるという私法上の原則。民法一条二項は、「権利の行使及び義務の履行は、信義に従い誠実に行わなければならない」と規定しています。

＊3　供託（きょうたく）　法令の規定により、金銭、有価証券その他の物品を供託所に寄託すること。供託の手続は供託法に規定されています。ここで説明しているのは「弁済供託」ですが、債権者の受領拒絶、受領不能、および債務者が過失なしに債権者を確知できない場合等に、債務者が弁済の目的物を供託すると債務消滅の効果があります（民法四九四条）。

るのでしょうか。

これについては、裁判所に訴訟、仮処分または労働審判の申立てをしたり、労働委員会に不当労働行為の救済命令の申立てをするなどして解雇の効力を争っている場合であれば、離職証明書や離職票の欄外にその旨を記載して署名押印するとともに、公共職業安定所に使用者と係争中であることを証明するもの（事件係属証明書、仮処分申立書のコピーなど）を提出し、かつ、将来復職してバックペイを受けた場合には受領した保険給付を返還する誓約書を提出した場合に限って、基本手当を受給する（仮給付）ことができます（法に規定はありませんが「業務取扱要領」で認められています）。この場合、求職活動をすることは不要ですが、将来、復職してバックペイを受けた場合には、約束どおり受領した保険給付を返還しなければなりません。

健康保険はどうするか

労働者は、会社を解雇されれば、会社の加入している健康保険の被保険者の資格を失います。これは、労働者が解雇の効力を争っていても同様です。このため、労働者は解雇されれば、健康保険証を健康保険組合に返さなければなりません。しかし、労働者は、解雇闘争中は、国民健康保険に加入するか、家族の健康保険に被扶養者として加入する以外には、会社の健康保険を継続して使用するしかありません。

この場合、労働者は、「任意継続」の制度を利用することができます。これは、従来、会社と労働者がそれぞれ負担していた健康保険の保険料を労働者が全額負担することで、個人で健康保険に加入を続けることができる制度です。その要件は、被保険者の期間（保

第X章 問題が起こったら

険料を支払っていた期間）が二カ月以上あったことです（健康保険法三条四項）。この制度は、被保険者の資格を失ったとき（解雇された日の翌日）から引き続いて二年間利用できます（同法三八条一〇号）。この手続を利用するため、健康保険任意継続被保険者資格取得申請書を、資格喪失（解雇日の翌日）から二〇日以内に、健康保険組合（協会けんぽの場合は年金事務所）に提出します（健康保険法三七条一項）。

この任意継続制度の利用期間中に、裁判所や労働委員会で解雇の無効が確定した場合、遡って資格喪失の処理が取り消されます。これにより、労働者は、解雇前と同じ保険料を支払えばよいことになります。また、解雇期間中は、本来会社が負担すべき健康保険料を負担していたことになるので、その分の保険料を健康保険組合の方から還付してもらえます。

解雇無効が確定した場合は、健康保険の被保険者資格が回復されるので、労働者が国民健康保険に加入していた場合は、納付済みの国民健康保険料を返してもらい、解雇闘争期間中の健康保険料の労働者負担分を健康保険組合に支払うことになります（和解では、使用者に支払わせているところが多いようです）。

9 付加金とはどういうものですか

付加金制度

労基法一一四条は、「裁判所は、第二十条（解雇予告手当）、第二十六条（休業手当）若しくは第三十七条（時間外・休日・深夜割増賃金）の規定に違反した使用者又は第三十九条第七項（年次有給休暇）の規定による賃金を支払わなかつた使用者に対して、労働者の請求により、これらの規定により使用者が支払わなければならない金額についての未払金のほか、これと同一額の付加金の支払を命ずることができる。ただし、この請求は、違反のあつた時から二年以内にしなければならない。」と定めています。

一〇〇万円の未払残業代があるときに、裁判所はそれに加えて一〇〇万円の支払いを命じられるのです。二倍額がもらえることになるので、二年以内に必ず請求しましょう。

最高裁によれば、「その趣旨は、労働者の保護の観点から、上記の休業手当等の支払義務を履行しない使用者に対し一種の制裁として経済的な不利益を課すこととし、その支払義務の履行を促すことにより上記各規定の実効性を高めようとするもの」に加え、「使用者による上記の休業手当等の支払義務の不履行によって労働者に生ずる損害の塡補という趣旨も併せ有する」とされています（平成二七年五月一九日判決）。

請求時に追加の印紙代は不要

これまで、未払いの残業代等に付加金を併せて請求する際、その額を請求額に加算して訴訟の手数料である印紙代を決めるのかどうか、裁判所によりまちまちでしたが、最高裁は右の判決で、付加金の請求は「民訴法九条二項にいう訴訟の附帯の目的である損害賠償又は違約金の請求に含まれるものとして、その価額は当該訴訟の目的の価額に算入されないものと解するのが相当である。」として決着を付けました。

支払いを命じるかどうかは裁判所の裁量とされている

「支払いを命じることができる」という条文の文言から、支払いを命じるかどうか、未払額全額ではなく一部の支払いを命じるかは、裁判所の裁量に委ねられていると考えるのが、裁判例の傾向です。学説は批判的です。

控訴審の口頭弁論終結までに使用者が支払うと命じられない

最高裁は、「付加金の支払義務は、使用者が未払割増賃金等を支払わない場合に当然発生するものではなく、労働者の請求により裁判所が付加金の支払を命ずることによって初めて発生するものと解すべきであるから、使用者に同法三七条の違反があっても、裁判所がその支払を命ずるまで（訴訟手続上は事実審の口頭弁論終結時まで）に使用者が未払割増賃金の支払を完了しその義務違反の状況が消滅したときには、もはや、裁判所は付加金の支払を命ずることができなくなると解すべきである。」としています（平成二六年三月六日判決）。

なお、付加金に対する遅延損害金は、判決確定の翌日から（最高裁昭和四三年一二月一九日判決）、利率は会社に対する賃金請求が年六分（商事法定利率）となるのと異なり、法定債権として、民事法定利率の年五分になります（最高裁昭和五一年七月九日判決）。

わ 行

ら　行

ま　行

や　行

は　行

な　行

た 行

さ　行

事 項 索 引

この事項索引は、本書でふれている質問やその回答を項目化して五十音順に並べたものです。

読者のみなさんが当面する問題やすぐに知りたい事柄は、この索引から探し出すのが便利です

あ 行

か 行

●編者

塚原英治（つかはら・えいじ）　1978年弁護士登録
青山学院大学大学院法務研究科教授

●執筆者

坂井興一（さかい・こういち）　1969年弁護士登録
船尾　徹（ふなお・てつ）　1970年弁護士登録
清見　栄（きよみ・さかえ）　1976年弁護士登録
安原幸彦（やすはら・ゆきひこ）　1977年弁護士登録
海部幸造（かいふ・こうぞう）　1982年弁護士登録
佐藤誠一（さとう・せいいち）　1986年弁護士登録
山口　泉（やまぐち・いずみ）　1988年弁護士登録
大森夏織（おおもり・かおり）　1992年弁護士登録
堀　浩介（ほり・こうすけ）　1996年弁護士登録
早瀬　薫（はやせ・かおる）　2000年弁護士登録
長尾詩子（ながお・うたこ）　2001年弁護士登録
芝田佳宜（しばた・よしのり）　2005年弁護士登録
小林大晋（こばやし・ひろゆき）　2010年弁護士登録
黒澤有紀子（くろさわ・ゆきこ）　2011年弁護士登録
竹村和也（たけむら・かずや）　2012年弁護士登録
大住広太（おおすみ・こうた）　2014年弁護士登録

東京南部法律事務所（とうきょうなんぶほうりつじむしょ）
〒144-8570　東京都大田区蒲田5-15-8　蒲田月村ビル4F
電話 03-3736-1141　FAX 03-3734-1584

しん　ろうどうけいやくキューアンドエイ
新・労働契約Q & A
会社であなたをまもる10章
2016年7月20日　第1版第1刷発行

編　者　東京南部法律事務所
発行者　串崎　浩
発行所　株式会社 日本評論社
〒170-8474　東京都豊島区南大塚3-12-4　振替　00100-3-16
電話　03-3987-8621（販売：FAX-8590）
03-3987-8592（編集）
https://www.nippyo.co.jp/
印刷所　精文堂印刷
製本所　井上製本所
ブックデザイン　Malpu Design

ISBN978-4-535-52149-0　Printed in Japan